国家重点研发计划课题（课题编号:2017YFC1502903）资助出版

重大自然灾害恢复重建
规划、监测与评价关键技术研究

何凡能 吕爱锋 宁志中 崔燕 詹宇 赵亮 师满江 等◎著

气象出版社
China Meteorological Press

内容简介

恢复重建是应急管理中预防、准备、响应等内容的关键一环。本书通过实地调研和典型案例剖析，发展灾区恢复力与资源环境承载力综合评估技术；构建恢复重建规划编制技术体系与规程；应用卫星遥感、无人机和地面监测等手段，研发恢复重建动态监测技术；应用抽样调查、分层分析等方法，构建面向多主体参与的恢复重建后效评价技术体系。本书系统开展了灾区恢复重建的恢复力评价、资源环境承载力评价、规划编制、过程监测与后效评价等关键技术的探讨，可为灾区恢复重建提供技术支持。

本书可供自然灾害、应急管理相关专业学生及科研人员参考。

图书在版编目（CIP）数据

重大自然灾害恢复重建规划、监测与评价关键技术研究 / 何凡能等著. -- 北京 : 气象出版社, 2021.12
ISBN 978-7-5029-7638-5

Ⅰ. ①重… Ⅱ. ①何… Ⅲ. ①自然灾害－灾区－重建－研究 Ⅳ. ①D57

中国版本图书馆CIP数据核字(2021)第267323号

重大自然灾害恢复重建规划、监测与评价关键技术研究

Zhongda Ziran Zaihai Huifu Chongjian Guihua、Jiance yu Pingjia Guanjian Jishu Yanjiu

出版发行：气象出版社
地　　址：北京市海淀区中关村南大街 46 号　　**邮政编码**：100081
电　　话：010-68407112(总编室)　010-68408042(发行部)
网　　址：http://www.qxcbs.com　　**E-mail**：qxcbs@cma.gov.cn
责任编辑：蔺学东　张盼娟　　**终　　审**：张　斌
责任校对：张硕杰　　**责任技编**：赵相宁
封面设计：艺点设计
印　　刷：北京地大彩印有限公司
开　　本：787 mm×1092 mm　1/16　　**印　　张**：21.25
字　　数：564 千字
版　　次：2021 年 12 月第 1 版　　**印　　次**：2021 年 12 月第 1 次印刷
定　　价：160.00 元

前言

自然灾害是自然界的变异现象，其之于人类，却常常带来无尽的伤害和悲恸，因而得到各国政府、相关国际组织与学术界的高度重视。减轻自然灾害影响已成为人类长期奋斗的目标。随着灾害研究的深入与防灾减灾救灾理念的发展，构建自然灾害风险管理体系应运而生，灾后恢复重建作为灾害风险管理体系的重要环节而备受关注。2015 年，第三届联合国世界减轻灾害风险大会（WCDRR）通过了《2015—2030 年仙台减轻灾害风险框架》，将"在复原、恢复和重建中让灾区'重建得更好'（Build Back Better，BBB）"作为四个优先事项之一，并强调应将 BBB 原则纳入地区或国家层面未来灾害风险管理的行动纲领。

我国是世界上自然灾害最严重的国家之一，在绵延数千年与自然灾害抗争的历史中，积累了丰富的恢复重建经验。重大自然灾害灾后恢复重建既是衡量一个国家或地区经济能力、行政组织和动员能力的综合体现，也是有效降低灾区脆弱性、促进灾区可持续发展的重要途径。然而，无论是对社区还是国家而言，灾后恢复重建均无通用的蓝图，都要依据灾区独特情况，因地制宜地制定和实施灾后恢复重建的政策和行动。如何践行 BBB 原则，合理平衡安全与速度、包容与适应、短期与长期等之间的关系，科学协调可持续发展与"跨越式发展"、客观制定检验方法与标准等问题，已成为亟待深入研究的新课题。

有鉴于此，"十三五"国家重点研发计划项目"重大自然灾害监测预警与防范"的重点项目"重大自然灾害评估、救助与恢复重建技术研究与示范"设立了"重大自然灾害恢复重建规划、监测与评价关键技术研究"课题（课题编号：2017YFC1502903），旨在面向国家自然灾害恢复重建规划与实施管理决策需求，分析不同层级重大自然灾害灾后恢复重建的多主体需求，发展灾区恢复力与资源环境承载力综合评估技术，构建恢复重建规划编制的技术体系与规程，研发基于卫星遥感、无人机和地面监测等手段的恢复重建动态协同监测与后效评价技术等，为重大自然灾害恢复重建方案制定与规划编制决策提供技术支撑。针对研究目标，课题将研究内容分解为四个专题：①灾区恢复力与资源环境承载力综合评估技术；②基于多主体需求的恢复重建规划编制技术；③灾后恢复重建动态监测技术；④灾区恢复重建后效评价技术。本书即是上述研究成果的总结，内容共分七章：第 1 章，灾区恢复力评价技术与应用；第 2 章，灾区资源环境承载力评价技术与应用；第 3 章，灾区恢复重建需求评估技术与应用；第 4 章，灾区恢复重建规划编制技术研究；第 5 章，灾区恢复重建动态监测技术与应用；第 6 章，灾区恢复重建后效评价技术研究；第 7 章，汶川地震灾区恢复重建的后效评价。各章执笔人如下：

第 1 章：曾文、李文晶、谭春萍、詹宇

第 2 章：吕爱锋、韩雁、范磊

第 3 章：师满江、王婷、曹琦、宁志中

第 4 章：宁志中、师满江、徐新创、崔明川

第 5 章：崔燕、刘亮、刘明

第 6 章：何凡能、赵亮、戴尔阜

第 7 章：赵亮、何凡能、杨帆

全书由何凡能、赵亮负责统稿。

课题承担单位是中国科学院地理科学与资源研究所，参加单位有应急管理部国家减灾中心、四川大学等。在课题执行和本书编写过程中，得到中国科学院地理科学与资源研究所吴绍洪研究员、郑景云研究员、张红旗研究员等的指导和帮助，项目负责人北京师范大学汪明教授、应急管理部国家减灾中心科技标准部张磊主任等课题同仁，以及四川、黑龙江、贵州、甘肃、江西等省示范区的领导同志贡献了许多有益的建议和支持，在此一并致以诚挚的谢意。

灾后恢复重建是一个系统性与技术性都较强的复杂问题，不仅影响因素多、涉及面广，而且政策性强，本书虽然涉猎了灾后恢复重建的诸多方面，但从践行 BBB 原则、构建具有中国特色的恢复重建方案来看，研究还只是探索性的，形成的认识也仅是初步的。加之受水平所限，书中不当之处在所难免，敬请专家与读者批评指正。

何凡能

2021 年 12 月 3 日

目 录

第 1 章
灾区恢复力评价技术与应用

地震、洪涝、干旱、台风等自然灾害是多因素驱动造成的异常现象，对社会造成的经济损失、人员伤亡和对自然环境造成的破坏是阻碍区域可持续发展的重要因素。自然灾害的危害程度与区域内的恢复能力有关，通常极大地依赖区域内的经济发展和人口弹性(Bankoff et al.,2004)。我国地形结构复杂，三级阶梯地势落差大，特殊的地理位置也使得生态环境脆弱、地质构造活动强烈、自然灾害频发。提升受灾区域恢复力，减少各类自然灾害带来的经济损失和人员伤亡，是灾区恢复力研究的重点；加强对受灾区域恢复力研究，了解各类自然灾害恢复力的现状短板，提升区域防灾减灾能力，既关系到人们的生命财产安全，也关系到受灾地区的长远发展。

1.1 国内外灾区恢复力研究述评

1.1.1 恢复力的定义及发展

恢复力(resilience)一词来源于拉丁文“resilio”，意为“回到原始状态”(Klein et al.,2003)，后来，逐渐演化为英语中的“resile”，并逐渐沿用至今。随着19世纪中叶西方工业的发展，恢复力一词应用于力学领域，用于描述材料在没有断裂或者完全形变的情况下，恢复到原始状态的能力。20世纪70年代，Holling(1973)在生态学领域引入“恢复力”这一概念，将其定义为受到外力干扰后的系统恢复到原始状态的能力，即为工程恢复力(Engineering Resilience)。之后，学者将工程恢复力阐述为受到外力扰动后的系统恢复到原有稳定状态的速度(Pimm,1984)。接着对工程恢复力进一步拓展，认为可以通过系统恢复到原有稳定状态所需时间以及恢复效率等因素，对系统的恢复力进行表征(Berkes et al.,1994；Folke,2006)。由此可见，工程恢复力假设系统有且仅有一个稳定状态，认为当系统遭受外部干扰时，会努力恢复至原有稳定状态或原有状态附近的稳定状况，认为系统恢复力的强弱取决于其受到外部扰动，脱离原有稳定状态后恢复到原有稳定状态的速度，强调效率和恒定。此后，对恢复力的进一步深入研究发现，一些系统由于环境持续存在干扰，无法维持在稳定状态，且在外部干扰消失后，系统的稳定状态也并不唯一(Liao,2012)，工程恢复力僵硬、单一等缺点开始显露。Holling(1996)进一步修正了之前关于恢复力的定义，提出生态恢复力的概念，将其描述为系统在不改变原有状态和功能的情况下，可以吸收外部扰动的能力。也有学者认为，恢复力是指系统受到外部干扰后，可以达到新的平衡状态的能力，但这个平衡状态并不局限于系统的原有状态，可能低于、高于原有平衡状态，或者与原有平衡状态相同(Folke,2006)，强调系统存在多个稳态，关注系统的变化和不可预测性，进一步促进了生态恢复力概念的发展。生态恢复力是系统在外部干扰下适应新环境的能力，侧重系统的持久性和功能的延续性，而工程恢复力主要强调系统保持稳定的能力(Liao,2012)。

此后，在生态恢复力的基础上，随着对系统构成和变化机制认识的进一步深入，学者们进一步提出“演进恢复力”这一概念。恢复力不应该仅被看作系统对于原有稳定状态的恢复，而是复杂的社会生态系统在应对外部干扰下的变化(change)、适应(adapt)和改变

(transform)的能力(Walker et al.,2004)。强调恢复力是和系统自身发展变化的调节能力紧密相关的一种动态的系统属性。

随着恢复力这一概念开始运用于经济学、社会学和社会生态学等多个领域,恢复力的概念和研究也得到进一步的丰富和发展。在经济学领域,经济恢复力定义为经济体重新配置公司、行业、技术等(Martin,2012),以便可以在产业、就业和财务等方面保持增长的能力,可以从静态和动态的角度对经济恢复力进行阐述(Rose,2007)。在社会学领域,恢复力描述为经济社会系统吸收和应对外部干扰,并从干扰中进一步恢复的能力(Cutter et al.,2008)。社会恢复力定义为系统(包括某一群体或者某一社会)应对外部干扰或者打击(包括社会变革、环境变化等)的能力(Adger,1998,2000)。在社会生态学方面,社会生态恢复力定义为系统在保持其结构和功能不变的情况下,可以吸收外部干扰的大小,包括系统通过学习、调整等举措,增强适应外部环境变化的能力(Carpenter et al.,2001)。也有学者在研究社会-生态属性的未来发展轨迹时,通过盆地模型,将恢复力定义为系统在受到外界干扰时,能够保持自身原有功能、结构、特性以及对结构、功能的反馈基本稳定的能力(Walker et al.,2004)。

虽然不同领域的恢复力定义有所不同,但是基本都包括系统在遭受外部冲击时,能最大限度减轻冲击带来的损失,以及遭受外部冲击后能恢复到某一稳定状态的能力(Doorn,2017)。

对于恢复力评价的研究,有学者以越南沿海地区为研究区域,调查当地社会恢复力与生态恢复力间的联系,并认为恢复力可以从人口的变化、制度变迁、经济结构改变等方面来进行测度(Adger,1998,2000)。也有的从城市治理、自然环境、基础设施等子系统出发,评价中国上海、香港、高雄以及新加坡等地的生态恢复力,发现生态文明建设对于城市的生态恢复力有着重要的积极影响。滨海旅游区的社会-生态系统恢复力时空变化的研究表明,恢复力受社会、经济系统影响相对较大。

总的来说,生态系统恢复力相关理论研究的发展经历了三个阶段,即由最开始的工程恢复力到生态恢复力,再到后来的社会-生态系统恢复力,相应的概念也从简单逐渐过渡到复杂,对生态系统的理解由单一稳定态过渡到多稳定态,再转为处于演变中的动态相互作用。

1.1.2 灾区恢复力研究进展

在灾害学领域,灾区恢复力是指一个区域能够应对某一极端自然事件,减轻其对区域造成影响的能力(Council,2006)。灾区的恢复力越强,系统抵御灾害的能力越强,越能在灾害中更好地保持原有的状态和功能,并在灾后尽快恢复到原有稳定状态。国外对于灾区恢复力的研究相对较早。1981年,学者将恢复力这一概念从生态学引入灾害领域(Timmerman,1981),并与灾害脆弱性联系起来,将其描述为系统吸收灾害的能力,包括灾后恢复的能力。此后,关于灾区恢复力的研究逐渐增多。1999年,学者从灾害学角度将灾区恢复力解释为区域对某一自然灾害所造成影响的可接受水平(Mileti,1999)。联合国国际减灾战略(United Nations International Strategy for Disaster Reduction,UNISDR)将灾区恢复力定义为:系统、社区或社会暴露在致灾因子下,抵御、减轻灾害带来的影响,并从中恢复的能力(Regional et al.,2010)。灾区的恢复力源于对灾后可持续生活的诉求,是系统、社区或社会在面对外部冲击(压力)时,能够改变其非必需属性,进行自我重建,适应新环境的能力(Manyena,2014)。

国内关于灾区恢复力的研究起步相对较晚,且多集中于研究综述。有学者总结自然灾害恢复力研究进展提出,灾区恢复力是指社会-生态系统(此系统可为人、家庭、社区、城市、国家等不同尺度)遭遇自然灾害时,在不损害其长期发展的情况下,可以对灾害进行吸收、响应,避免居民生产、生活及基础设施受到扰动,以及在自然灾害发生后,社会-生态系统恢复到稳定状态的能力(费璇 等,2014)。也有学者通过对力学领域、生态学领域等方面的灾区恢复力研究发展进行梳理,将灾区恢复力分为广义和狭义两层含义(刘婧 等,2006)。广义的灾区恢复力包括系统抵抗灾害干扰的能力(静态部分)和灾后通过自我调节、适应,恢复到新稳定状态的能力(动态部分);狭义的灾区恢复力只包括系统在灾后适应、恢复和重建方面的能力,可以由恢复速度、恢复到稳定状态所需要的时间,以及恢复后达到新的稳定状态所需时间来表征。

目前,在灾区恢复力评价方面,学界已积累了丰富的研究案例。例如考虑了生态、经济、社会、基础设施、社区应对、机构设置六个方面内容,所构建的社区灾害恢复力指数标准(the Disaster Resilience of Place,DROP)(Cutter et al.,2008)。在此基础之上,2014 年再次提出社区基线弹性指标体系(Baseline Resilience Index for Communities,BRIC)(Cutter et al.,2014)。也有的从人口、生态环境、政府服务、基础设施等角度考虑,建立社区恢复力评价指标体系(PEOPLES);从社会、经济、机构和基础设施等方面构建识别印度尼西亚灾害恢复力相对薄弱部分指标体系(Kusumastuti et al.,2014);从自然、社会、经济、机构等方面选取指标,提出对亚洲地区沿海城市的气候灾害恢复力进行评价的社区气候灾害恢复力指数(Climate Disaster Resilience Index,CDRI)(Shaw et al.,2009);从灾害信息、个人属性、基础设施、经济、教育和职业等维度选取指标,建立评价指标体系(Zhang et al.,2018),比较 207 个国家和地区的灾害恢复力,并得出结论:人口密度、灾害发生频率和 GDP(国内生产总值)是影响灾害恢复力的三个最关键因素。

1.1.3 地震灾区恢复力研究进展

关于地震灾区恢复力,众多学者从生态恢复力、社会恢复力、经济恢复力等各方面进行了探讨。针对经济恢复力,一方面,有学者围绕地震造成的经济损失、人员损失以及当地在遭受地震后,恢复到原有状态所需时间等方面考虑,建立地震灾区恢复力评价指标体系。另一方面,也有学者结合脆弱性和地震灾区恢复力,通过构建评价指标体系,探讨区域的生态脆弱性和地震灾区恢复力现状(Azzimonti et al.,2019)。也有研究从地震灾害脆弱性、地震灾害适应性和地震灾区恢复力三个角度出发,评价汶川地震灾区的恢复力现状,分析各类社会经济因素,如少数民族人口占比、第二产业占比、平均工资等对地震灾区恢复力的影响。

评价角度不同,往往得到的结论也不尽相同,有的从承灾能力、应对能力、恢复能力和适应能力等角度评价定远县的地震灾区恢复力;有的通过构建评价指标体系,对北京三个社区的地震恢复力进行对比;有的以兰州地震所的"地震灾害防御能力综合评价指标研究"为基础,通过进一步优化指标体系,分析汶川地震灾区的地震灾区恢复力;也有的以日本地震救援为例,通过建立解释结构模型,分析地震灾区恢复力的主要影响因素及各因素间的相互作用情况。这些评价方式最终的落脚点还是集中在生态、社会、经济等方面。

在地震灾区的生态恢复研究方面，有的选取土地利用、NDVI（归一化植被指数）、景观格局指数等指标（Lin et al.，2005，2006，2008），对中国台湾“9·21”地震受灾区域的植被恢复情况进行研究，分析地震灾区的生态环境变化；有的以岷江上游为研究区，分析植被在汶川地震中的损毁情况以及震后恢复状况；有的基于 MODIS 的 EVI 数据，研究汶川地震受损区域的生态恢复力，分析海拔高程、坡度、降水量和蒸发量对植被恢复的影响（Liu et al.，2017）；有的对汶川地震灾区 2007—2011 年的植被净初级生产力恢复情况进行评价；有的通过 MODIS 的 NDVI 数据，分析汶川地震灾区的汶川、茂县等地的植被恢复情况（Jiang et al.，2015）；还有的着眼于林冠截留量等指标，研究汶川地震重灾区生态服务功能的恢复情况。在生态角度，学者选择的指标一般为土地利用和植被覆盖等，着重探讨气象、地形等自然环境的影响。

对于地震灾区的社会恢复力研究，我国学者基于中国现状，提出十项社区恢复力评价标准（10-Item Conjoint Community Resiliency Assessment Measurement，CCRAM-10），并通过线性回归模型，证实了所建评价指标体系的可靠性（Cui et al.，2019）。也有学者通过对不同经济状态国家在历史地震中的死亡率进行分析，得到结论：社会维度因素（如加强地震逃生避难知识培训等）可以增强灾区居民对地震灾害的应对能力，减少地震伤亡人数（NicBhloscaidh et al.，2021）。社会恢复力角度最重要的是考虑了人与社会在灾后恢复中的作用，尤其是从地震救援、震后短期重建、震后长期重建等角度，分析女性角色的参与对当地地震灾害社会维度的恢复力影响（Hou et al.，2020）。

关于地震灾区的经济恢复力研究，一般认为，地震灾害的经济恢复力是指经济系统在地震灾害发生后的响应，包括静态和动态两个方面（Rose，2007）。静态恢复力是指系统遭遇严重冲击时，能够保持原有状态的能力；而动态恢复力是指系统在遭遇外部冲击后，能恢复并达到新平衡状态的能力。对比阿坝州在汶川地震前后经济增长情况的不同可以发现，阿坝州的产业结构在汶川地震中遭受较大冲击，但第三产业恢复相对较快，通过可变 DEA 模型、Malmquist 等方法进一步测度汶川地震重灾区的经济恢复力，可以得到结论，在地震灾区经济恢复力层面，第二产业的经济恢复力低于第一产业和第三产业。

关于地震灾区的社会经济恢复力研究，有学者通过访谈、问卷调查等方法，评价汶川地震灾区居民的社会经济恢复力，认为城市地区居民的恢复力高于农村地区（Tang et al.，2015），并建议当地政府加强农村经济建设，提高农村社会经济恢复力。但通过访谈、问卷等方式获取到的数据主观性相对较强，不一定能反映客观现实。因而更多学者通过构建指标体系，对研究区域的社会经济恢复力进行分析。如有的从技术、组织、社会、经济四个维度建立指标体系，分析社区在电力、供水、医院等方面的地震灾区恢复力（Bruneau et al.，2003）。有的通过构建的社会-经济损失模型评估地震损失量，从而评价系统的地震灾区恢复力（Chang et al.，2004），强调加强灾害管理，汲取以往灾害经验等措施，从而提高当地的防灾减灾能力，减轻下次地震灾害带来的损失。在分析遭受地震灾害后当地社会经济恢复力的影响因素时，有学者认为，教育程度对地震灾害的社会经济恢复力影响较大，受教育程度较高的地区可以更快地恢复到原始状态（Bastaminia et al.，2017）。有的学者以汶川地震重灾区为研究区域，运用主成分分析法评价影响汶川地震经济社会恢复力的主要因素，认为经济发展水平、人口密度、基础设施条件等对社会经济恢复力有明显正相关关系，而第二产业占比和人均 GDP 与灾害恢复力存在一定负相关关系。在地震灾区的社会生态恢复力方面，有的学者通过访谈了解到，社区在遭受地震后，社会生态恢复力的主要限制因素为交通通达度差、经济单一性以及地方财政收入少等（Cradock-Henry et al.，2019）。

此外，还有众多学者对地震灾区的建筑结构、交通网络、供水系统等基础设施恢复力，居民的心理恢复力，教育系统的恢复力等方面进行了研究。

1.1.4 洪涝灾害恢复力研究进展

洪涝灾害恢复力（也称洪涝恢复力），在很长一段时间内并没有统一的概念，不同专家学者对洪涝灾害恢复力的定义进行了探讨。起初，洪涝灾害恢复力被定义为系统从洪涝灾害中恢复到原始状态的能力（Apan et al.，2010），如 Kang 等（2007）认为，洪涝灾害恢复力是指洪灾发生后，承灾体从非完美状态恢复到正常状态的能力。基于对灾区恢复力的概念讨论，部分学者将洪涝灾害恢复力定义为社会-生态复合系统从洪涝灾害中可以恢复到正常水平或者可接受水平的潜力或者实际能力（包括在外界援助下的恢复）。也有学者认为，洪涝灾害恢复力是系统的客观属性，指系统在不改变原有状态条件下能够吸收的扰动量（洪水强度）。对以往关于洪涝灾区恢复力的研究进行总结后，有学者提出，洪涝灾害恢复力是指社会系统（包括个人、家庭、社区、城市、国家等不同尺度）受到洪灾冲击后，通过自我调节以及外界的援助下，不断适应灾害冲击，尽快恢复到正常有序状态的能力，具体体现在灾前准备、灾中救援、灾后恢复重建等各个方面。也有学者进一步将洪涝灾害恢复力诠释为系统由于受到重大洪涝灾害打击，承灾体遭受损失后，能继续抵抗并弥补损失，使系统恢复到原有生产、生活水平的能力。后来也有学者将洪涝灾害恢复力描述为洪涝灾区在灾后调整、适应、恢复和重建的能力，包括灾区群众生活安置和生产恢复等，并认为对恢复力起到主导作用的是减灾资源的可获取性（包括政府、社会救援等减灾资源的可获取性）。

在针对洪涝灾害恢复力概念探讨的同时，也有学者通过构建评价指标体系以评价洪涝灾害恢复力。例如，有学者使用 DROP 模型，对 2008 年泰国洪灾的恢复力大小进行评估，并对比了农村地区和城市地区的恢复力差异（Siebeneck et al.，2015）。有学者以湖南长沙为研究区域，从 TOSE 四个维度出发构建评价指标体系，并结合主成分分析法，分析 1980—2007 年湖南长沙各个区的洪涝灾区恢复力动态变化，得出结论：农业人口人均耕地占有量、城乡消费水平差距和城乡收入水平差异对恢复力的影响相对较大。也有的研究通过访谈、问卷调查等方式，研究津巴布韦的洪涝灾区恢复力现状，发现经济收入、就业情况、教育情况等方面对于灾区洪涝恢复力有重要影响（Mavhura et al.，2013）。相对客观的是从“压力-状态-响应（PSR）”概念出发，选取年降水量、地表径流量、人口密度、卫生机构床位、人均 GDP、道路密度等指标，构建洪涝恢复力评价指标体系，并结合熵权法和 TOPSIS 等方法，对湖南省的洪涝恢复力进行评价。还有人认为，水系发达、水土流失严重的地区应对洪涝灾害的能力相对较差，并通过建立指标体系，结合德尔菲法和 AHP 法等方法，对洪涝灾害的农业经济恢复力进行评价。还有的研究从自然、社会、经济、技术和管理五个维度构建评价指标体系，对巢湖地区的灾区洪涝恢复力进行评价，得出结论：自然因素对巢湖地区的洪涝恢复力影响相对较大（Sun et al.，2016）。对小镇的洪涝灾害恢复力进行评价时，有学者强调了防灾保险对洪涝恢复力的重要性(Brilly et al.,2005)。有的研究从自然维度、社会维度、经济维度和技术维度出发,考虑降水、植被覆盖、人口、文化水平等因素,选取全年降水量、建成区绿化覆盖率、人口自然增长率、卫生机构数等 28 个指标,对湖南省的农业洪涝灾害灾后恢复力进行评价,得出结论:经济维度对农业洪涝恢复力影响最大,社会维度次之。国外也有以问卷调查为主的研究方法,如巴基斯坦学者通过问卷调查搜集受灾区域在社会、经济、机构等方面的数据,通过分析、评价研究区域的恢复力,进一步呼吁加强对洪涝恢复力的关注,加强经济建设和避难知识普及教育,从而提高当地的洪涝恢复力(Qasim et al.,2016)。问卷调查结合多种数据源往往能获得相对准确的结论,如采用问卷调查结合 ISM、DEMATEL、ANP 等多种方法分析南宁市的洪涝恢复力发现,灾区洪涝灾害恢复力由大到小排序为城区社区＞大学＞农村社区;且人口对灾区洪涝恢复力影响最大,其次为个人能力、经济敏感性等(Xu et al.,2020)。洪涝恢复力评价的应用,主要分为定性分析和定量分析两个方面。定性分析主要以问卷调查为主,但具有较强的人为主观性;定量分析主要是收集各种数据源,构建指标体系。在实际研究中,以两种方法结合使用为多。

1.1.5 干旱灾害恢复力研究进展

干旱灾害是世界上影响范围最广、造成损失最严重的自然灾害之一。全球因旱受灾人口占总受灾人口的 30%,位居所有自然灾害之首。我国是世界上旱灾发生频繁、损失严重的国家之一。干旱灾害恢复力(也称干旱恢复力)是在恢复力的基础上发展而来的。目前,干旱恢复力涉及农业旱灾恢复力、农业旱灾灾后恢复力和农户干旱恢复力等多种定义。农业旱灾恢复力是指农业系统遭受重大旱灾打击,受灾体(农作物、农户)遭受损失后,继续抵抗损失并弥补损失,以便能够快速恢复到原来生产、生活水平的能力。农业旱灾恢复力是农业承灾体遭受旱灾后,从灾害中恢复的容量,即旱灾损失后抵抗损失,并不断弥补损失、恢复正常的能力,主要表述灾中至灾后农业承灾体的变化过程。农业旱灾恢复力也是农业系统在遭受旱灾打击后,通过系统自我调节和外部能量输入,保持系统结构和功能完整性的能力,即旱灾后的农业自然生态系统或人类社会经济系统遭受损失后,抵抗干旱,从旱灾中调整、适应、恢复和重建的能力。农户干旱恢复力是农户在遭遇干旱后,不断地去适应和弥补这种干旱的天气带来的损失,不断与频繁的干旱相互斗争的过程中形成的一种内在能力与适应规律。

1.1.6 台风灾害恢复力研究进展

台风是中国沿海地区最具破坏性的自然灾害之一,由于频发性及影响范围广等特点,其破坏性的严重程度及造成的损失是仅次于洪涝灾害的一种自然灾害。据统计,全球每年平均约有 1.5 万～2 万人死于台风灾难(史培军,1996)。目前,有学者通过致灾因子分析、台风强弱(如最大风速、风力和最大降水量等指标)、灾害损失分析(如台风对沿海地区人员、农作物、林木、房屋建筑、交通等的破坏)以及暴露-易损性分析(选取相关经济指标,如 GDP 等)对沿海台风灾害风险进行评估;也有学者选取 60 岁以上人口比例、农业人口比例、失业人口比例等敏感性指标以及应对能力指标(公民防灾意识教育普及率、每万人拥有医生数、灾害应急预案的完善程度等指标)评价城市的恢复力(韩金,2021)。一般可通过选取自然环境指标(如植被覆盖率、生活污水处理率)、社会指标(学校在校人数、社会保障支出等)以及经济指标(GDP、财政总收入、居民可支配收入等)来判断海岛的社会-生态系统恢复力,也可以通过文献查询、专家咨询、实地调研等方法,选择致灾因素(台风气压、降水、位置等)、承灾体脆弱性指标(海水养殖面积、渔业机动船舶数等)和防灾减灾能力指标(居民收入水平、教育水平等)建立居民海岛台风灾害评估指标体系。

1.2 灾区恢复力评价方法

本节在前人研究基础上,构建灾区恢复力综合评价指标体系,结合数据标准化、模糊逻辑、熵权法等多种方法,建立灾区恢复力评价模型;选取西南地区为典型案例区,进行评价;并通过灰色关联分析,剖析灾区恢复力的主要影响因素。

1.2.1 评价指标体系构建

(1)评价指标体系构建原则

评价指标体系构建是开展恢复力评价工作的关键。为使结果与实际相符,选取的指标与指标体系的设置应遵循关联性与科学性、全面性与层次性、代表性与可比性、灵活性与可行性等基本原则,使得最终得到的评价结果科学合理。

关联性与科学性原则:须紧密结合研究区的实际情况,围绕系统的灾区恢复力这一核心,从不同角度遴选与评价目标密切相关的指标;且恢复力评价指标体系的设置必须具有科学性。

全面性与层次性原则:灾区恢复力与自然环境、农业生产、社会经济、工程技术和政府组织等多个要素密切相关,并且每一要素涉及多个因素,因而在选取指标时须全面考虑各种影响因子;同时,指标体系的构建须根据所选取指标的具体情况划分层次,以反映指标体系的复杂程度。

代表性与可比性原则:灾区恢复力的影响因素很多,可供选择的评价指标也纷繁复杂,但通常无法将所有指标纳入评价体系,因此,应选择代表性较好的指标;同时,由于区域之间及区域内的灾害恢复力均存在差异,因此,遴选指标时,应在时间和空间尺度上统一,以保证指标间的可比性。

灵活性与可行性原则:在评价指标的遴选和体系构建时要充分考虑研究区当地的实际情况,做到因地制宜;而且,须考虑评价指标数据的可获得性及可操作性,应尽量选取简单易行且又能反映评价目标的指标。

(2)灾区恢复力评价指标

在遵循关联性与科学性、全面性与层次性、代表性与可比性、灵活性与可行性等基本原则的基础上,结合西南地区实际情况,针对地震、洪涝和干旱,从影响灾区恢复力的自然、经济、社会、水利设施等维度考虑，遴选指标，构建西南灾区恢复力综合评价指标体系（表 1.1）。

生态维度：水分等气候条件作为生态系统的重要决定因素，可以对植物的生理过程产生影响，进而影响当地的生态恢复力。适宜的气候条件有利于减轻灾害对于当地的生态环境影响，并有利于灾后受损生态系统的恢复进程。本节主要选取降水量和蒸发量、NDVI 等因素，表征当地的气候和生态状况。

经济维度：经济状况与当地有效的防灾减灾规划密切相关，经济相对较强的区域可以将更多的资金用于防灾减灾建设，并可以在灾后重建中投入更多的资金，促进灾区恢复到灾前水平。稳定增长的经济条件可以显著提升城市的抗击灾害能力，而经济条件相对较差的地区应对灾害时往往处于被动状态。遭受地震、洪涝等自然灾害后，经济条件相对较差地区的贫困率可能上升（Buckle et al.，2001；Walker et al.，2004）。本节选取国内生产总值（GDP）、人均 GDP、产业结构占比等指标对研究区的经济恢复力进行描述。

社会维度：社会发展情况对灾区恢复力也有重要影响。本节选取人口密度、城镇登记失业率、在校生所占比例、移动电话普及率、公路密度和千人卫生技术人员来评价研究区域的社会恢复力。

水利设施维度：选取排灌机械总动力、堤防里程、旱涝保收耕地所占比例等指标来评价研究区域在水利设施维度的恢复力。

表 1.1　西南灾区恢复力综合评价指标体系

维度层	指标层	指标说明	地震	洪涝	干旱
自然维度	多年平均降水量/mm	多年平均降水量可反映研究区域的气候条件。地震、洪涝等的发生会对当地植被等造成破坏。适宜植被生长的气候条件有利于当地生态环境的恢复（Liu et al.，2017）	√	√	√
	多年平均蒸发量/mm	多年平均蒸发量与多年平均降水量相似，是反映研究区域气象条件的重要指标	√	√	√
	相对高差/m	反映当地的地形条件。相对高差较大的地区，遇到洪涝时可减少水的聚集，减轻洪涝灾害造成的影响。而相对高差较小的地区，地势相对平坦，排洪排涝相对困难，洪涝恢复力较差		√	
	河网密度/(km/km^2)	反映当地的河流分布情况。河网密度较大的区域更有利于泄洪，减轻洪涝灾害给当地带来的影响。对干旱恢复力评估而言，河网密度越高地区的居民获取水源的能力越强，可以减轻干旱对当地产生的影响		√	√
	NDVI	NDVI 可指示植被生长状态，与植被分布密度线性相关，其值越大，表示植被覆盖情况越好。植被覆盖较好的地方，植物庞大的根系对土壤有一定的加固作用，并可以在一定程度上减轻地震、洪涝等灾害对生态环境的破坏，促进生态环境尽快恢复。因而，NDVI 与灾害恢复力正相关	√	√	√
	土壤可蚀性因子	反映土壤对外力作用的敏感程度，与土壤质地、土壤有机质含量等密切相关。土壤可蚀性较低的地区，土壤抗侵蚀能力强，可以更快使当地生态环境恢复到灾前水平		√	

续表

维度层	指标层	指标说明	地震	洪涝	干旱
	GDP/亿元	GDP 反映地区经济水平。GDP 相对较高的地区可在道路、避难场所等基础设施建设中投入更多资金，从而减轻灾害带来的损失，并有利于灾后恢复。GDP 值越高，灾区恢复力越强	√		
	人均 GDP/元	人均 GDP 较高的地区经济状况较好，当地政府在灾后可以更好地安置受灾群众，帮助当地居民尽快恢复到灾前水平	√	√	√
经济维度	地均 GDP/（万元/km²）	地均 GDP 较高的地区，可以投入更多资金用于堤防、排水管网、蓄水设施等的建设，从而提高当地的恢复力		√	√
	产业结构占比/%	产业结构占比对当地的恢复力也有着一定影响。地震、洪涝、干旱等会对第一产业造成直接经济损失，包括庄稼减产、农作物被破坏、耕地绝收等。第一产业占比较高的地区恢复力较差	√	√	√
	人均地方财政收入/元	人均地方财政收入较高的地区，当地政府可以将更多资金投入防灾减灾建设，增强灾害恢复力	√	√	√
	人口密度/（人/km²）	相同等级的灾害，发生在人口密集的地区可能造成的生命财产损失往往要比人员稀疏的经济落后地区大得多（Azzimonti et al.，2019）。且人口密度较大的地区灾后安置较为困难，人均资源占有量相对较少，在遇到灾害时和灾后恢复重建时可以利用的资源相对较少，对生态环境的压力较大，灾区恢复力较弱	√	√	√
	劳动力比重/%	指当地的劳动力人口所占比重。劳动力比重较高的区域，应对灾害能力较强，在灾后可以更好地帮助当地恢复重建，缩短恢复所需时间	√	√	√
社会维度	城镇登记失业率/%	反映当地的就业水平。城镇登记失业率较低的城市，可以给当地居民提供更多的工作机会，在遇到地震、洪涝等灾害时，当地居民离开这个地方的概率相对较低（Norris et al.，2008），可以更快恢复到原有经济状态	√	√	
	在校生所占比例/%	反映研究区域的受教育水平。受教育程度较高的区域，当地居民的人口素质相对较高，获取信息的途径较广、速度较快，应对灾害的能力较强，在灾害来临时可以及时采取有效的避难应对措施，也可以在灾后更好地利用周围的信息、资源等，从而达到更快恢复（Bastaminia et al.，2017）。此外，教育程度较高的地区可以更好地从以往灾害中吸取教训，减轻下一次灾害的影响	√	√	√
	百人移动电话拥有量/（部/百人）	百人移动电话拥有量反映移动电话普及率。通信设施是重要基础设施之一，在灾害响应及恢复阶段起着重要作用。移动电话普及率较高的城市信息通达度较高，在灾害应急响应阶段可以及时发布灾害信息，提醒当地居民应对灾害，并在灾害发生后尽快向外界发布受灾消息，为救灾赢得宝贵的救援时间。因而移动电话普及率与灾害恢复力正相关	√	√	√

续表

维度层	指标层	指标说明	地震	洪涝	干旱
社会维度	千人卫生技术人员/(人/千人)	反映当地的医疗资源情况。医疗资源较为丰富的地区,可以在遭受灾害后及时展开专业自救、互救等,减少生命损失(Athey et al.,2002),并可以在灾后通过对居民进行心理疏导、康复训练等,帮助受灾群众尽快恢复正常生活	√	√	√
	公路密度/(km/km^2)	公路作为城市的重要基础设施,可以反映当地的交通水平。公路密度较高的区域,交通通达度较高,可以实现更快的人员转移及救灾物资运输,从而减轻灾害带来的损失,缩短灾后恢复时间		√	√
	排水管网密度/(km/km^2)	反映当地的基础设施水平。排水管网密度较高的地区可以实现更快的泄洪,减轻洪涝灾害对当地的影响	√	√	
水利设施维度	排灌机械总动力/kW	反映当地应对洪涝灾害的能力。排灌机械总动力越强,在洪涝灾害来临时,当地可以越快地完成排洪泄洪,减轻洪涝灾害产生的影响		√	
	堤防里程/km	反映当地的基础设施状况。堤防里程高的地区,更难受到洪涝灾害影响,在洪涝灾害来临时,也可以减轻其带来的破坏		√	
	旱涝保收耕地所占比例/%	反映当地的农业生产情况,旱涝保收耕地比例越高,当地受洪涝、干旱等灾害影响越小		√	√
	有效灌溉面积所占比例/%	反映当地灌溉能力。有效灌溉面积所占比例越高,应对干旱的能力越强			√
	水库库容/(万 m^3)	反映当地灌溉能力。水库库容越大,应对干旱的能力越强		√	√

注:"√"表明对应的灾区恢复力评价指标体系中包含这个指标。

1.2.2 评价指标的标准化

由于灾害恢复力的评价指标存在数据量纲(单位和数量级)不同的情况,为了消除数据量纲对评价结果的影响,需要进行标准化处理。本章采用极差标准化法,将原指标数据转化为无量纲数值,步骤如下。

对于正向性指标(指标与灾害恢复力呈正相关),有

$$a_{ij}=\frac{x_{ij}-\min(x_j)}{\max(x_j)-\min(x_j)} \tag{1.1}$$

对于负向性指标(指标与灾害恢复力呈负相关),有

$$a_{ij}=\frac{\max(x_j)-x_{ij}}{\max(x_j)-\min(x_j)} \tag{1.2}$$

式(1.1)和式(1.2)中,x_{ij} 为第 i 个样本中第 j 个指标的原始值,$\min(x_j)$ 为第 j 个指标的最小值,$\max(x_j)$ 为第 j 个指标的最大值,a_{ij} 为 x_{ij} 标准化的结果。

(县),共 84 个城市(或单元)。研究区东邻广西、湖南、湖北三省(区),西连西藏、青海,北接青海、甘肃、陕西三省,南接缅甸、越南、老挝等国家,总面积达到 105.4 万 km^2,约占全国总面积的 11.50%。

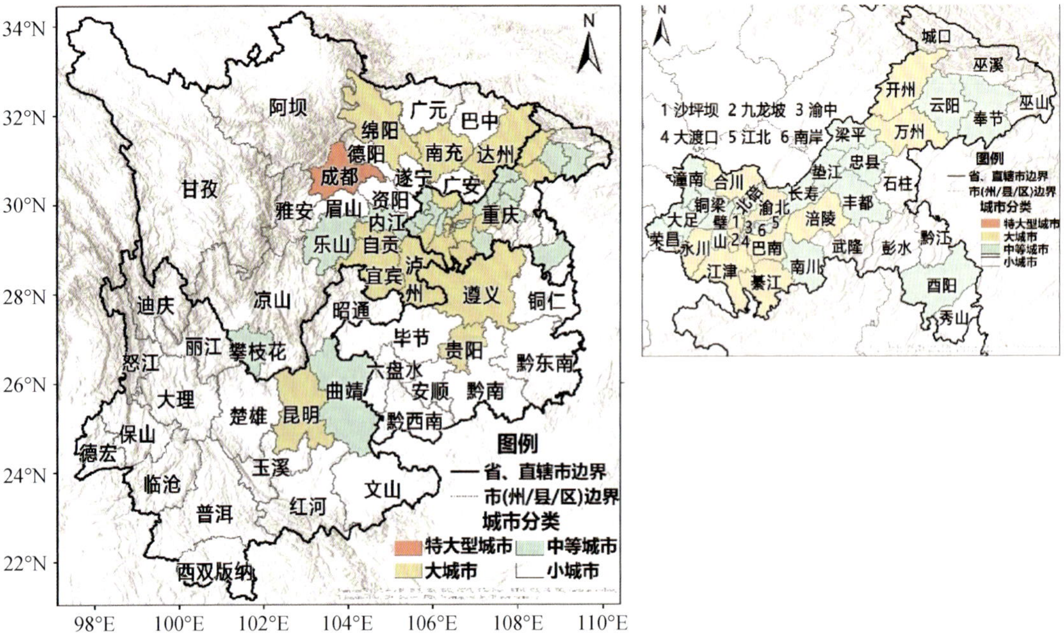

图 1.1 研究区地理位置及行政区划示意图

依据 2014 年国务院发布的《关于调整城市规模划分标准的通知》,以城区常住人口数 50 万、100 万和 500 万为界,将城市划分为小城市、中等城市、大城市和特大城市四个等级。本节据此标准,并参考《2019 年城市建设统计年鉴》中的城区常住人口,将研究区域包含的城市划分为不同城市类型。对于四川、云南、贵州所辖自治州,以其包含城市的平均城区常住人口进行划分。而直辖市重庆则以《2019 年重庆统计年鉴》中统计的所辖区县的年末常住人口进行划分。据此可得,2019 年西南四省(市)中,成都为特大城市,昆明市、贵阳市、泸州市及万州区、渝北区、合川区等 20 个单元为大城市,中等城市包括南岸区、云阳县、曲靖市、内江市等 22 个单元,其余秀山县、彭水县、广安市、大理州等 41 个单元为小城市(图 1.1)。

西南地区地处长江上游,主要位于我国第一阶梯青藏高原和第二阶梯长江中下游平原的过渡带。海拔范围变化大,从西到东总体呈现降低趋势。西南地区以高原、山地和丘陵为主,主要包括云贵高原、川西北高原、四川盆地以及龙门山、横断山脉等。其中,云贵高原和川西北高原属于青藏高原东南一隅,平均海拔为 3000~5000 m;四川盆地作为我国四大盆地之一,面积达到 16.5 万 km^2,平均海拔约为 500 m。

西南地区以亚热带季风性气候为主,年平均气温为 12~20 ℃,大部分地区年降水量在 900~1200 mm,降水丰富,雨热同期,主要植被类型包括常绿阔叶林、落叶阔叶林、针叶林等。川西北高原和滇西北地区为高山高寒气候,春秋相对较短,年降水量偏少,年平均气温较低,为 0~6 ℃,气温年较差小,日较差大,植被类型以高山草甸植被为主。

西南四省(市)河湖数量众多,分别属于长江、珠江、红河、澜沧江等水系,主要河流包括长江、怒江、金沙江、赤水河、岷江、澜沧江等。其中岷江、沱江、涪江、嘉陵江从四川北部山地向南流入长江，怒江、澜沧江、金沙江在云南境内三江并流，流经云南后分别进入四川省和缅甸、老挝等国家。多数河流因为河流落差相对较大，水流湍急，因而水利资源丰富。西南地区主要湖泊包括滇池、洱海、抚仙湖、泸沽湖等。

2019 年，研究区域各行政区划总常住人口达到 19007 万，人口密度达到 180.91 人/km^2。作为长江经济带的重要组成部分以及西部大开发战略区域，2019 年，西南四省（市）地区生产总值达到 109712.3 亿元，三次产业产值比重达到 8∶39∶53。第三产业相对发达，旅游资源丰富，有云南滇池、苍山、洱海、香格里拉，四川九寨沟、峨眉山、乐山大佛、熊猫基地，重庆红岩村、大足石刻，贵州黄果树瀑布、龙宫、㵲阳河等闻名遐迩的旅游胜地。

1.2.7 数据来源及预处理

所用自然数据包括降水量、蒸发量、NDVI 和土壤数据等。降水量和蒸发量数据来源于中国气象数据网（http://data.cma.cn/），汇总 2006—2019 年西南四省（市）360 个气象站的日降水量和蒸发量，将其统计为年尺度数据，结合 ArcGIS 软件的克里金插值（Kriging Interpolation）和分区统计功能，得到西南各城市的年降水量、蒸发量数据。NDVI 数据来自于美国地质调查局的 MOD13A3 合成产品（2006—2019 年），将其导入 ArcGIS 软件，通过最大合成法（Maxmum Value Composites）获得年植被指数，并统计得到各城市的 NDVI 值。土壤数据来源于世界土壤数据库（HWSD）的中国土壤数据集（https://data.tpdc.ac.cn/zh-hans/），运用 ArcGIS 分析其黏土、砂土、土壤有机质等的含量，并采用 Williams 等人在 EPIC（Environmental Policy-Integrated Climate）模型采用的算法（范兰 等，2012），得到土壤可蚀性因子。

社会经济数据主要来源于西南地区各省（市）2007—2020 年统计年鉴、2007—2020 各市（州）社会统计公报、2007—2020 年中国城市统计年鉴、2007—2020 年中国县域统计年鉴等。地区生产总值（GDP）、人均 GDP、产业结构占比、人口密度等数据主要来源于上述统计资料；千人卫生技术人员由卫生技术人员除以年末常住人口经换算获得。在校生所占比例由当地小学与普通中学在校学生数之和除以年末常住人口数获得。对于部分城市统计数据的缺失值，使用缺失随机森林法进行插补订正，并用居民消费价格指数将往年的 GDP、人均 GDP 等经济指标数据调整为 2019 年标准。

针对部分指标数据缺失的情况，采用缺失森林法进行插补订正。缺失森林法是基于随机森林（Random Forest）的方法，由 Stekhoven 在 2012 年提出，可以用于含有不同类型变量的缺失值填补及变量间含有复杂的相互作用和非线性关系的缺失数据补充，且补充数据的效果相对较好。本章缺失森林法用于补充部分省（市）缺失的城镇登记失业率、在校生所占比例等数据。具体步骤如下。

（1）对于西南地区 m 个城市 n 个指标的原始数据，构建矩阵如下：

$$\boldsymbol{R}=\begin{bmatrix} r_{11} & r_{12} & \cdots & r_{1n} \\ r_{12} & r_{22} & \cdots & r_{2n} \\ \vdots & \vdots & \cdots & \vdots \\ r_{m1} & r_{m2} & \cdots & r_{mn} \end{bmatrix} \tag{1.11}$$

(2)令 $\boldsymbol{R}=(R_1,R_2,\cdots,R_n)$,将其中含有缺失部分的变量记为 R_s。把数据集分为四个部分:变量 R_s 的观测值记为 $y_{obs}^{(s)}$,变量 R_s 的缺失值记为 $y_{mis}^{(s)}$;在变量 R_s 上有观测值的其他变量记为 $x_{obs}^{(s)}$;变量 R_s 上缺失值的其他变量记为 $x_{mis}^{(s)}$。

(3)通过均值填补等方法初步填补数据缺失值,以缺失值个数对变量 R_s 进行升序排列,将初步填补的数据记为 R_{old}^{imp}。变量 R_s 的填补过程如下:① 用因变量 $y_{obs}^{(s)}$ 和自变量 $x_{obs}^{(s)}$,拟合随机森林;② 输入特征变量 $x_{mis}^{(s)}$,用训练后的随机森林预测缺失值 $y_{mis}^{(s)}$,经过预测填补后的矩阵为 x_{new}^{imp};③重复上述填补过程,直至符合停止标准(新填补矩阵 X_{new}^{imp} 和前一个矩阵 X_{old}^{imp} 的差值开始增加时)。本节采用缺失森林的参数,n_{tree} 设为 1000,max_{iter} 设为 300。

1.3 西南地区地震灾害恢复力

1.3.1 地震灾害恢复力评价指标体系

基于构建的灾区恢复力综合评价指标体系(表 1.1),综合考虑数据的可得性和指标间的相关性,经进一步优化后,得到西南地区地震灾害恢复力评价指标体系(表 1.2)。

表 1.2 西南地区地震灾害恢复力评价指标体系

维度层	权重 1	指标层	权重 2	指标方向
自然维度	$\frac{1}{3}$	降水量/mm	0.59	−
		蒸发量/mm	0.35	−
		NDVI	0.06	+
经济维度	$\frac{1}{3}$	GDP/(亿元)	0.60	+
		人均 GDP/(元/人)	0.27	+
		第二产业占比/%	0.04	−
		第三产业占比/%	0.09	+
社会维度	$\frac{1}{3}$	人口密度/(人/km^2)	0.02	−
		城镇登记失业率	0.01	−
		在校生比例/%	0.13	+
		千人卫生技术人员/(人/千人)	0.39	+
		公路密度/(km/km^2)	0.45	+

注:"+"意为指标与地震恢复力正相关,是正向性指标;"−"意为指标与地震恢复力负相关,是负向性指标。

1.3.2 地震灾害恢复力总体现状

基于上述所构建地震灾害恢复力评价指标体系,通过熵权法和模糊逻辑等方法,计算得出西南四省(市)地震灾害的自然恢复力指数、经济恢复力指数、社会恢复力指数和地震灾害综合恢复力指数。采用自然间断法,根据各指数值由低至高将恢复力分为五个等级:弱、较弱、一般、较强和强(图1.2、表1.3)。

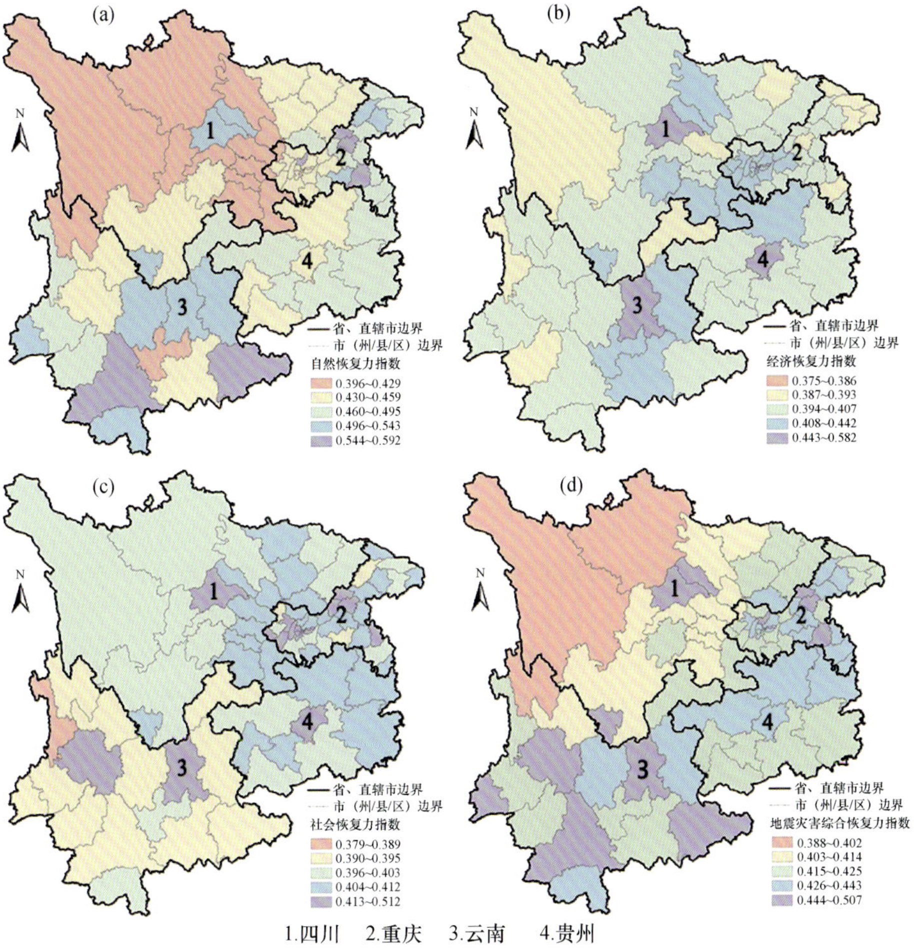

图1.2 2019年西南地区地震灾区恢复力指数及各维度恢复力指数空间分布

(a)自然恢复力指数;(b)经济恢复力指数;(c)社会恢复力指数;(d)地震灾害综合恢复力指数

表1.3 西南地区地震灾害恢复力指数等级划分表

等级	自然恢复力指数	经济恢复力指数	社会恢复力指数	地震灾害综合恢复力指数
弱	0.396～0.429	0.375～0.386	0.379～0.389	0.388～0.402
较弱	0.430～0.459	0.387～0.393	0.390～0.395	0.403～0.414
一般	0.460～0.495	0.394～0.407	0.396～0.403	0.415～0.425
较强	0.496～0.543	0.408～0.442	0.404～0.412	0.426～0.443
强	0.544～0.592	0.443～0.582	0.413～0.512	0.444～0.507

(1)地震灾害的自然恢复力

总体来看,西南地区各类型城市自然恢复力排序为:特大城市 > 中等城市> 小城市 > 大城市(表 1.4)。2019 年,特大城市“成都”自然恢复力指数为 0.508,处于恢复力较强范畴;研究区 20 个大城市中,65.0% 的大城市恢复力处于较弱等级;中等城市自然恢复力指数在各个等级均有分布;小城市的自然恢复力指数主要落在恢复力一般的范畴内,所占比例为 39.02%。

表 1.4 2019 年西南地区各类型城市地震灾害自然恢复力分布表 (单位:个)

城市类别	恢复力弱	恢复力较弱	恢复力一般	恢复力较强	恢复力强
特大城市	0	0	0	1	0
大城市	4	13	1	2	0
中等城市	3	8	5	3	3
小城市	8	9	16	5	3
总计	15	30	22	11	6

空间上,2019 年西南地区地震灾害的自然恢复力存在明显的空间差异(图 1.2a)。2019 年,西南地区自然恢复力强的城市主要位于云南和重庆中部部分地区(包含普洱市、文山州等小城市以及梁平区、北碚区等中等城市),占各城市类型的比例分别为 7.31% 和 13.63%。其中,普洱市是西南地区自然恢复力最强的城市,其自然恢复力指数为 0.592;梁平区和文山州次之,自然恢复力指数分别为 0.584 和 0.582。自然恢复力较强的城市在四川、云南和重庆都有分布,其中位列前三位的是德宏州、武隆县和楚雄州等三个小城市,其自然恢复力指数分别为 0.543、0.535 和 0.528;中等城市攀枝花位居第四,其自然恢复力为 0.526;大城市昆明位列第五,其自然恢复力指数为 0.523。自然恢复力一般的城市主要分布在贵州南部和重庆东部地区,主要包括大城市万州区及丰都区、酉阳县、昭通市、毕节市等 21 个中小城市,在这一等级排名前两位的是丰都区和酉阳县,其自然恢复力指数分别为 0.495 和 0.493;昭通县排名第三,其自然恢复力指数为 0.492。自然恢复力较弱的城市相对较多,约占西南地区城市总数的 38.10%,在此等级中排前三位的是巴中(小城市)、达州(大城市)和六盘水(小城市),其自然恢复力分别为 0.459、0.458 和 0.457,而最差的是渝中区和江北区,其自然恢复力指数为 0.432。自然恢复力弱的城市共有 14 个,占西南城市总数的 16.67%,分布于四川西部及中部部分地区,其中大城市绵阳市、小城市甘孜州和阿坝州的自然恢复力指数分别为 0.397、0.401 和 0.402,成为 2019 年西南地区地震灾害自然恢复力最差的 3 个城市。上述西南地区地震灾害自然恢复力的空间差异,是由多年平均降水量、多年平均蒸发量和 NDVI 等自然要素的空间差异(图 1.3)综合作用所致的。

(2)地震灾害的经济恢复力

2019 年,西南四省(市)多数大中小城市处于恢复力较强和恢复力一般范畴中(表 1.5),所占比例分别为 29.76% 和 50.00%;恢复力强和恢复力弱的城市相对较少,所占比例分别为 5.95% 和 1.19%。

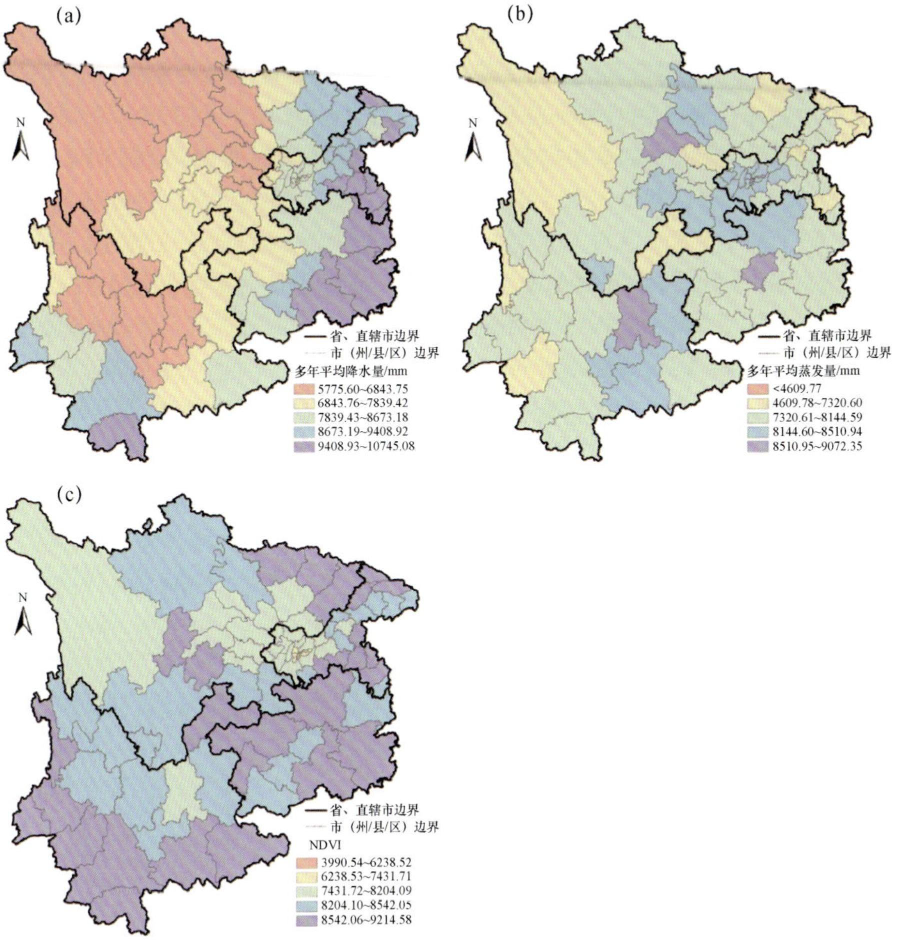

图 1.3　2019 年西南地区自然维度指标数值空间分布

(a)多年平均降水量;(b)多年平均蒸发量;(c)NDVI

表 1.5　西南地区各类型城市地震灾害的经济恢复力等级分布表　　(单位:个)

城市类别	恢复力弱	恢复力较弱	恢复力一般	恢复力较强	恢复力强
特大城市	0	0	0	0	1
大城市	0	0	7	11	2
中等城市	1	3	7	9	2
小城市	0	8	28	5	0
总计	1	11	42	25	5

空间上,2019 年西南地区地震灾害的经济恢复力存在明显的空间差异(图 1.2b),主要由 GDP、产业结构等多因素的空间差异共同作用所致(图 1.4)。2019 年,经济恢复力强的城市主要为各省省会及重庆市中心城区,包括成都市、昆明市、渝中区、江北区、贵阳市等城市。可能原因为:这些城市经济基础相对较好,GDP 和人均 GDP 相对较高,第三产业占比相对较高,而第二产业占比相对较低,因而经济恢复力较强。以特大城市成都为例,2019 年成都市 GDP 和人均 GDP 分别达到 17012.65 亿元和 66908.51 元;第三产业占比相对较高,为

65.57%；第二产业占比为30.83%，因而特大城市成都的经济恢复力相对较强，经济恢复力指数达到0.582，远高于西南地区其他城市。昆明、渝中区、江北区等大中城市，其经济恢复力指数分别为0.582、0.476和0.471，分别位列第二、三、四名。

经济恢复力较强的城市主要位于西南三省省会城市周边地区、重庆主城区及周边地区，包括九龙坡区、渝北区、涪陵区等11个大城市，南岸区、璧山县等9个中等城市，以及云南玉溪、德阳等5个小城市，分别占各城市类别的55.00%、40.91%和12.20%。其中，九龙坡区和渝北区的经济恢复力指数均为0.439，并列经济恢复力较强等级之第一；南岸区经济恢复力位列该等级第八，经济恢复力指数为0.419。其原因可能为：这些城市主要位于西南三省省会和重庆主城区周边地区，在省会城市和重庆主城区的辐射带动下，这些周边城市的经济实力也相对较强，带动了经济恢复力的发展。

经济恢复力处于一般等级的有7个大城市，包括万州区、南充区等，占大城市总数的55.00%。其中，大城市万州区的经济恢复力指数为0.407，在该等级中排名第一；处于一般等级的还有梁平区、潼南区等7个中等城市，梁平区以0.405的经济恢复力排位第二名；迪庆、黔南等28个小城市的经济恢复力也处于恢复力一般范畴；小城市普洱经济恢复力为0.394，位列该等级最末。

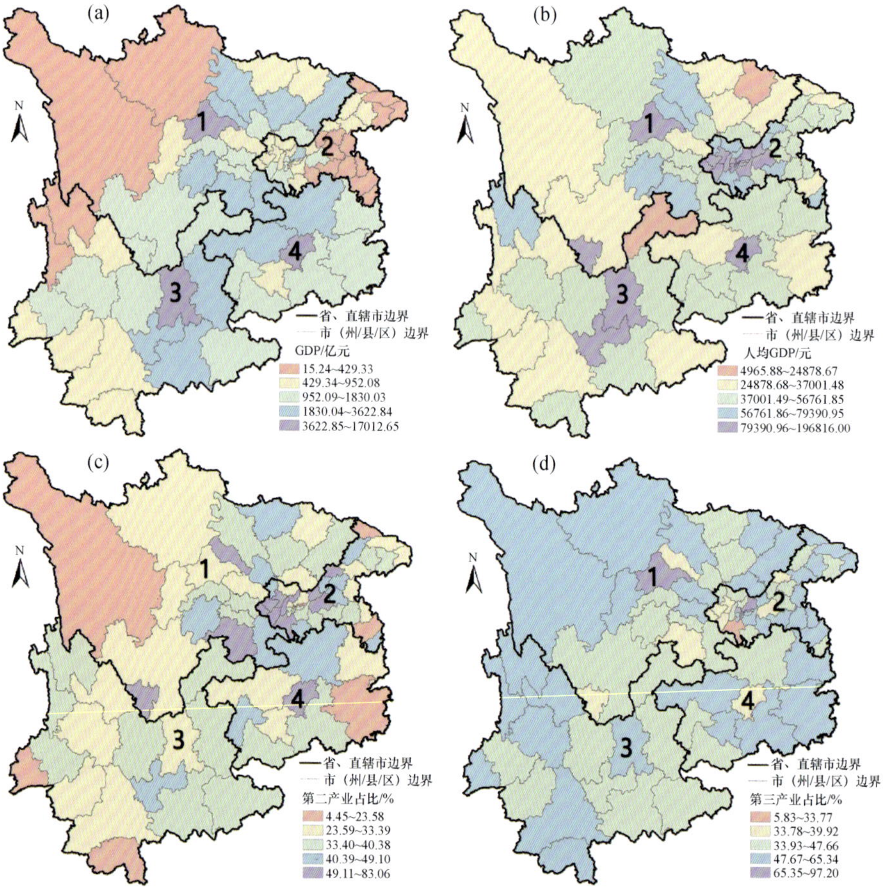

1.四川　2.重庆　3.云南　4.贵州

图1.4　2019年西南地区经济维度指标数值空间分布

(a)GDP；(b)人均GDP；(c)第二产业占比；(d)第三产业占比

经济恢复力较弱的城市包括忠县、资阳、甘孜等 11 个中小城市，在四川、重庆和云南均有少量分布。忠县、资阳、甘孜和巫山的经济恢复力均为 0.393，在该等级并列第一，主要是由于这些城市距离西南三省省会城市和重庆主城区相对较远，经济发展较慢，经济恢复力相对较弱。忠县、资阳市、甘孜州和巫山的 GDP 分别为 396.94 亿、777.80 亿、388.46 亿和 172.97 亿元，其人均 GDP 分别为 53184、31019、32440 和 38778 元，其第二产业占比分别为 43.31%、30.55%、36.55%和 29.38%，第三产业占比为 44.39%、51.18%、59.96%和 53.75%。

2019 年，西南地区地震灾害经济恢复力最弱的是巫溪县，其 GDP 和人均 GDP 分别为 107.58 亿元和 28011 元，第三产业占比为 53.87%，相较同年西南地区其他城市低，经济恢复力为 0.388，相对较差，处于恢复力弱的范畴。

(3)地震灾害的社会恢复力

2019 年，西南地区地震灾害的社会恢复力(图 1.2c)及社会维度下各指标(图 1.5)呈现明显的空间差异。2019 年，西南地区社会恢复力强的城市主要分布在西南三省省会城市及重庆主城区，共 17 个城市，占西南城市总数的 20.24%，包括成都、昆明、重庆渝中区、九龙坡区、沙坪坝区等省会城市和重庆主城区。由图 1.5 可看出，2019 年，虽然这些城市人口聚集程度相对较高，在校学生比例相对较低，对社会恢复力有一定的负面影响，但由于公路密度和千人卫生技术人员对社会恢复力的影响相对更大，且此类城市的基础建设相对较好，医疗资源较为丰富，千人卫生技术人员和公路密度相对较强，城镇登记失业率相近，因而社会恢复力强。其中中等城市重庆渝中区社会恢复力指数达到 0.512，是 2019 年西南地区社会恢复力最强的城市。特大城市成都和大城市昆明则分别以 0.430 和 0.416 的社会恢复力指数，排名第 8 位和第 14 位(表 1.6)。

表 1.6　2019 年西南地区各类型城市地震灾害社会恢复力等级分布表　(单位：个)

城市类别	恢复力弱	恢复力较弱	恢复力一般	恢复力较强	恢复力强
特大城市	0	0	0	0	1
大城市	0	1	4	10	5
中等城市	0	2	5	6	9
小城市	1	11	12	15	2
总计	1	14	19	31	17

社会恢复力较强的城市占西南城市总数的 36.90%，主要分布在四川东部、重庆中部以及贵州东部地区，包括 9 个大城市(泸州、宜宾、綦江等)、12 个中等城市(南岸区、内江市等)和 11 个小城市(资阳市、秀山县、广安市等)。其中，中等城市南岸区 2019 年社会恢复力指数为 0.413，位列该等级第一，主要受教育、人口、医疗水平和交通等因素的综合影响，其在校生占比为 11.29%，人口密度为 3527.3 人/km^2，千人卫生技术人员为 8.5 人/千人，公路密度为 2.22 km/km^2，城镇登记失业率为 2.4%。而大城市合川区的社会恢复力为 0.404，在这一等级中排名最末。

社会恢复力一般等级中，有大城市巴南、绵阳，中等城市南川、酉阳，小城市黔西南、雅安等共 21 个城市，占西南地区城市总数的 25.00%，主要分布在四川西部以及贵州西南地区。其中，巴南区和绵阳市以及黔西南的社会恢复力指数均为 0.403，并列该等级第一。

社会恢复力较差的城市主要分布于云南和重庆部分地区。其中，中等城市潼南和小城市德宏的社会恢复力指数均为 0.395，并列该等级第一；大城市开州的社会恢复力指数为 0.394，与武隆、保山、红河三个小城市并列该等级第二。

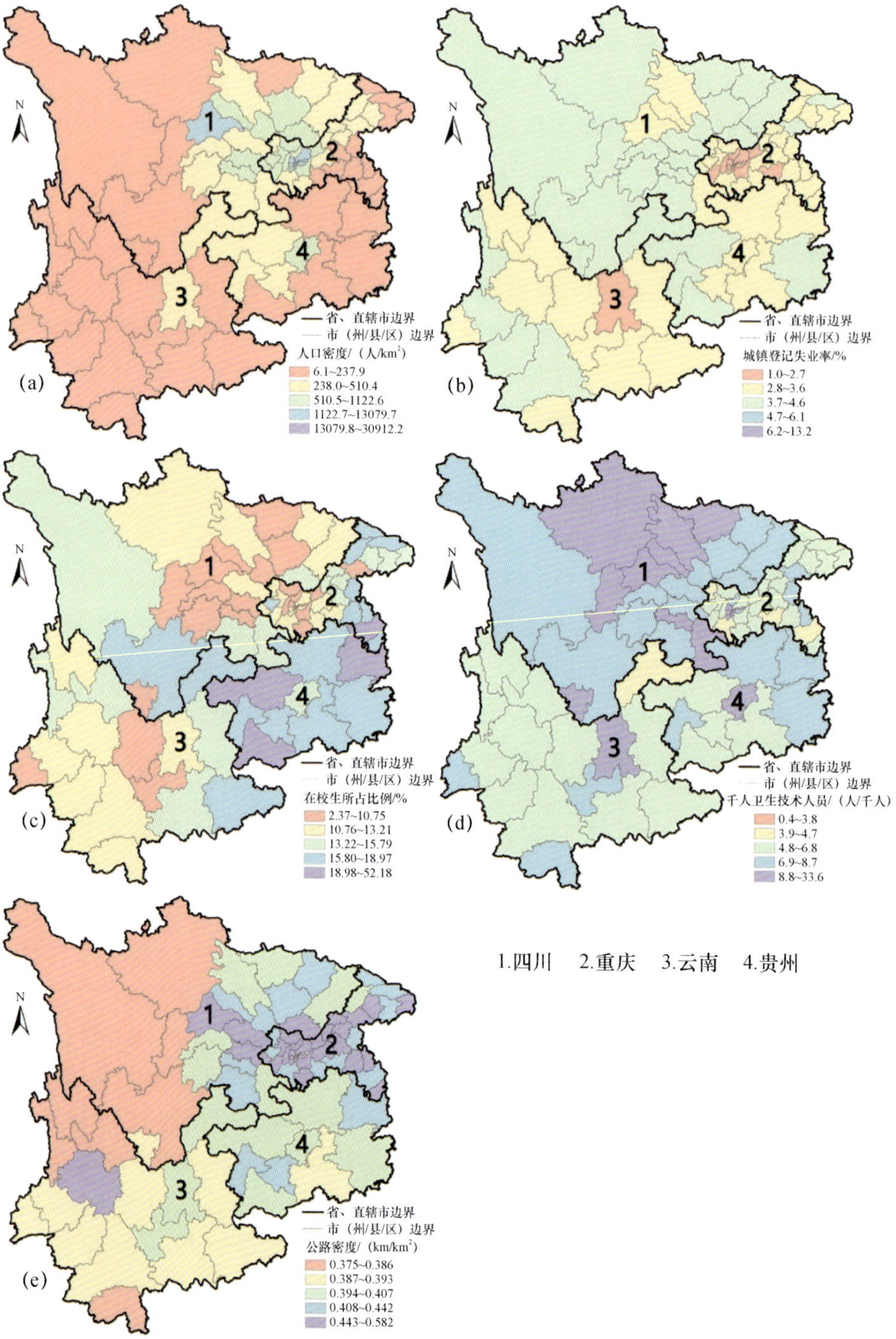

图 1.5　2019 年西南四省(市)社会维度指标数值空间分布

(a)人口密度；(b)城镇登记失业率；(c)在校生所占比例；(d)千人卫生技术人员；(e)公路密度

社会恢复力最弱的城市为云南怒江，其社会恢复力指数为0.389。2019年，怒江在校学生所占比例为14.98%，人口密度为37.9人/km²，城镇登记失业率为4.1%，千人卫生技术人员达到5.1人/千人，但由于公路密度相对较低，为0.42 km/km²，因而其社会恢复力相对较弱。

(4)地震灾害综合恢复力

2019年，西南地震灾害综合恢复力与城市规模相关，除中等城市的地震灾害综合恢复力略高于大城市外，其他类型的城市地震灾害综合恢复力随城市规模增大而增强，即地震灾害综合恢复力由强至弱，呈现“特大城市>中等城市>大城市>小城市”的趋势(图1.6)。此外，由表1.7可得：研究区20个大城市地震灾害综合恢复力在各个等级均有分布，但主要处于恢复力较强和恢复力一般范畴中，所占比例均为40.0%。对于22个中等城市，地震灾害综合恢复力主要分布在恢复力强、恢复力较强和恢复力一般范畴中，所占比例分别为27.27%、36.36%和27.27%。而小城市的地震灾害综合恢复力在各个等级均有分布，其中恢复力一般的小城市相对较多，占小城市总数的41.46%。

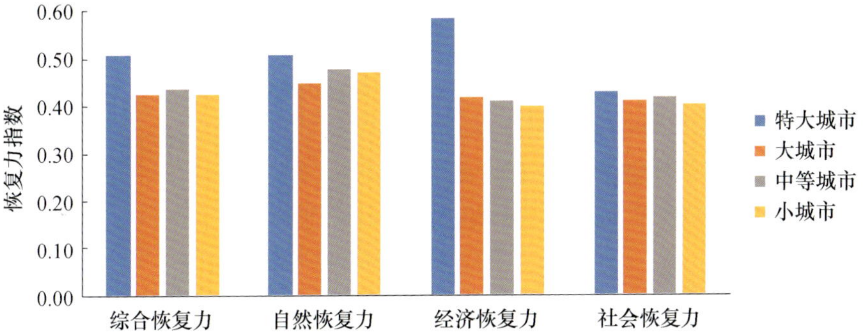

图1.6 2019年西南地区地震灾害综合恢复力指数及各维度恢复力指数对比

表1.7 2019年西南地区各类型城市地震灾害综合恢复力等级分布表 (单位:个)

城市类别	恢复力弱	恢复力较弱	恢复力一般	恢复力较强	恢复力强
特大城市	0	0	0	0	1
大城市	0	3	8	8	1
中等城市	0	2	6	8	6
小城市	3	7	17	8	6
总计	3	12	31	24	14

由表1.7可得，2019年多数城市地震灾害综合恢复力处于中等和较强两个等级，所占研究区城市总数的比例分别为36.91% 和28.57%；恢复力强和恢复力较差的城市相对较少。

2019年，西南地区地震灾害综合恢复力强的城市包括：特大城市成都，大城市昆明，渝中区、梁平区、北碚区等5个中等城市以及彭水、普洱等6个小城市，主要分布于四川、云南的省会，重庆主城区及重庆中部部分地区等。其中特大城市成都的地震综合恢复力最强，为0.507。昆明恢复力指数为0.472，位列第二。中等城市重庆渝中区和梁平区2019年的地震综合恢复力指数均为0.471，在恢复力强这一等级中并列第三。小城市彭水和普洱并列第七，地震综合恢复力指数均为0.459。究其原因，可能为：上述城市处于西南地区重点建设区域，经济实力较为雄厚，且基础设施相对完善，因而地震综合恢复力强。

地震灾害综合恢复力较强的城市包括大城市九龙坡区、开州、贵阳市，中等城市曲靖、垫江、云阳以及小城市武隆、楚雄、西双版纳等，主要位于重庆中部地区和贵州北部地区，在云南和四川也有零星散布。大城市九龙坡区和开州的地震综合恢复力指数分别为0.441和0.434，分别位列恢复力较强这一等级的第三和第八。中等城市曲靖地震综合恢复力在该等级排名第二，为0.442。小城市楚雄和西双版纳以0.440和0.437的恢复力指数分别位列第四、第五。

地震灾害综合恢复力一般的城市在四川、云南、贵州和重庆都有分布，包括巴南区、永川区、达州区等8个大城市，荣昌区、奉节县、长寿区等6个中等城市，以及昭通市、石柱县、城口县等17个小城市。其中，中等城市南川区和小城市昭通市、石柱县、城口县、黔南州的地震综合恢复力指数均为0.425，在这一等级并列第一。大城市泸州市、江津区和小城市红河州、黔西南州的地震综合恢复力指数均为0.415，在这一等级并列最末。

地震灾害恢复力较弱的城市主要位于四川省，包括大城市宜宾、自贡、绵阳，中等城市内江、潼南区和小城市广元、凉山等，共12个城市。宜宾的地震综合恢复力在这一等级中最高，为0.414；广元、凉山、丽江等小城市次之，地震灾害综合恢复力指数均为0.413；中等城市内江的综合恢复力指数为0.410，排名第五。

地震综合恢复力最差的城市主要位于研究区域西北部，包括迪庆、阿坝和甘孜3个小城市，地震恢复力指数分别为0.399、0.399和0.397。

1.3.3 地震灾害恢复力的时间变化

通过构建指标体系，综合运用熵权法与模糊逻辑等方法，计算得出2006—2019年西南地区地震灾区恢复力后，分析其动态变化过程，明晰城市建设发展及自然环境动态变化对西南地区地震灾区恢复力的影响，为初步了解地震灾区恢复力主要影响因素以及科学制定城市发展政策，提高当地地震灾区恢复力奠定基础。

2006—2019年，西南各类型城市的地震恢复力指数变化如图1.7所示。2006—2019年，中国经历了“十一五”（2006—2010年）至“十三五”（2016—2020年）近三个五年计划阶段。在自然、经济、社会三个维度的综合作用下，西南地震综合恢复力总体呈增强趋势，恢复力指数范畴从0.388～0.452增加至0.397～0.507。但不同城市类型的地震恢复力增长情况因时间段和城市类型不同而异。2006—2019年，西南各城市类型的地震恢复力增速随时间推移逐渐增大。以特大城市成都为例，2006—2010年，成都的地震恢复力指数从0.443增加到0.456，恢复力指数平均年增速为0.0027；2011—2015年，平均年增速变为0.0037；2016—2019年，恢复力指数平均年增速达到0.0055。2016—2019年，其他大中小城市的地震恢复力指数平均年增速明显提高，分别为0.0016、0.0019和0.0013。可能原因为：2006年，西南各类型城市的经济基础相对薄弱，但随着工业、服务业发展以及交通、医疗等各方面的建设，经济恢复力和社会恢复力均迅猛增长。随着交通建设与经济发展相互促进，2016—2019年，西南各类型城市的经济恢复力有了长足的进步。此外，发展特色旅游业、推进义务教育普及、推进医疗资源普及等措施在 2016—2019 年初见成效，因而西南各类型城市的地震恢复力平均年增速在这一阶段达到最大。

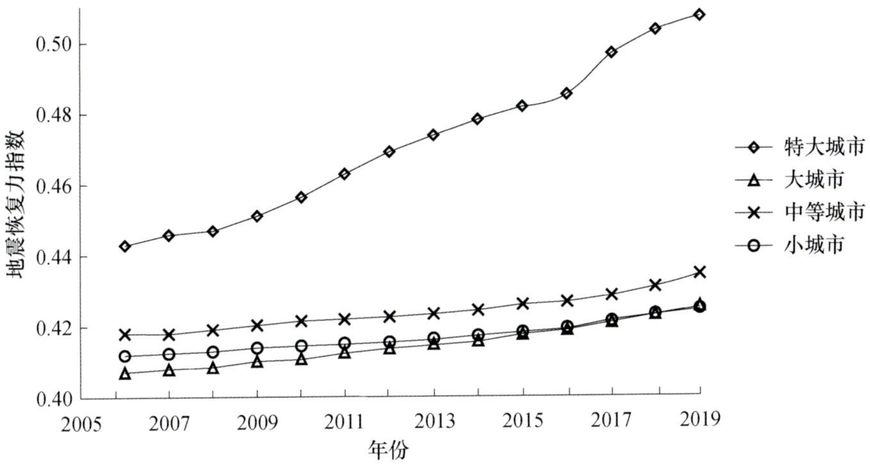

图 1.7 2006—2019 年西南四省(市)各类型城市地震灾害恢复力指数变化

地震恢复力增幅与城市类型相关。2006 年，各城市类型地震恢复力强弱排序为：特大城市＞中等城市＞小城市＞大城市。但到 2019 年，这一排序变为：特大城市＞中等城市＞大城市＞小城市。特大城市成都的地震恢复力从 2006 年的 0.443 增加至 2019 年的 0.507，增幅为 0.064。昆明、贵阳等大城市的地震恢复力增幅为 0.018。2006—2019 年，南岸区、云阳县等中等城市的恢复力增幅为 0.0017，秀山县、黔江区等小城市的地震恢复力增幅为 0.012。究其原因，可能为：特大城市成都以及昆明、贵阳等大城市作为省会城市，经济基础相对较好，西南四省(市)在遵循可持续发展战略、保护当地自然环境的同时，发挥省会城市的区位优势，集中优势资源，发展现代工业、物流业、服务业，完善基础设施，地震灾区恢复力有了明显提升。而中、小城市的经济基础相对较差，教育、医疗等基础设施较为薄弱，虽然加大了医疗、教育投入，但地震恢复力增长幅度仍然相对较小。

从自然维度来看，本章选取的降水量和蒸发量为多年平均值，能够较好地反映西南各城市气候整体水平和空间分布情况，因而自然维度恢复力的变化主要与 NDVI 相关。2006—2019 年，西南四省(市)均采取生态脆弱区环境修复、退耕还林、退耕还草、退耕还湿等措施，推进城市绿化建设，各省 NDVI 总体呈现波动增加趋势(图 1.8)。其中，贵州的 NDVI 从 8257.28 增加至 8554.26，四川的 NDVI 值从 8151.30 增加至 8233.87，云南和重庆也在 2019 年分别增加至 8612.68 和 7984.67。但由于 NDVI 权重相对较小，2006—2019 年，虽然西南四省(市)约有 78.57%的城市自然恢复力呈增加趋势，但变化并不明显(图 1.9)。

从经济维度来看，2006—2019 年，不同城市类型经济恢复力差距进一步增大(图 1.10)，不同城市类型的增加幅度为：特大城市＞大城市＞中等城市＞小城市。2006—2019 年，特大城市成都的地震经济恢复力从 0.421 增加至 0.582，增幅为 0.161；昆明、贵阳等大城市的地震经济恢复力从 0.386 增加至 0.419，增幅为 0.033；南岸区、云阳县等中等城

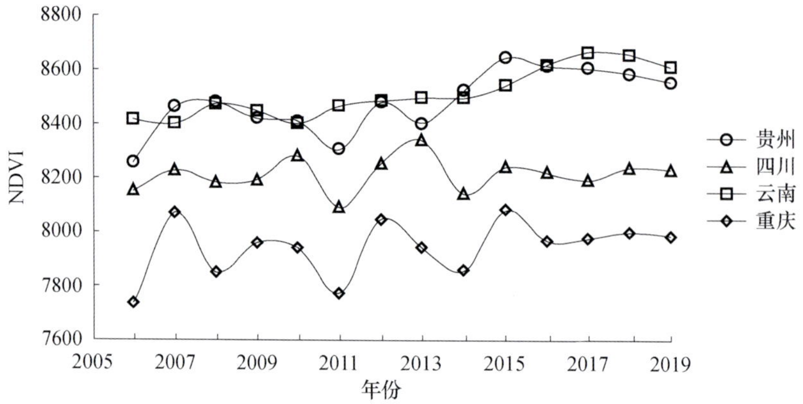

图 1.8 2006—2019 年西南四省(市)NDVI 变化

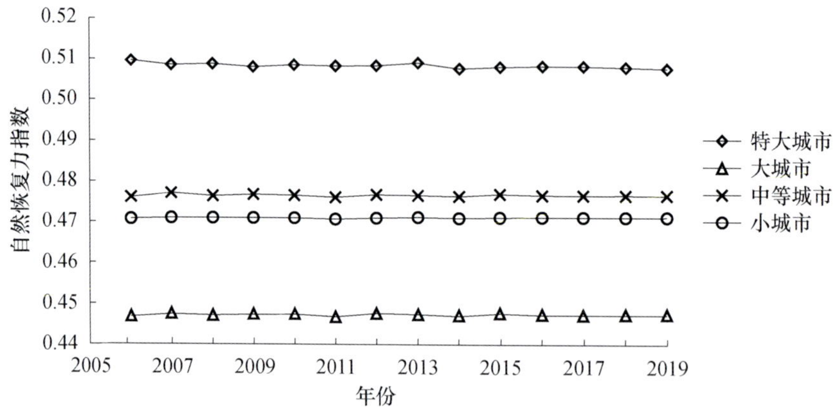

图 1.9 2006—2019 年西南四省(市)各类型城市地震灾害自然恢复力指数变化

市的经济恢复力增幅为 0.027;秀山县、黔江区等小城市的经济恢复力增幅为 0.018。究其原因,可能为:西南特大城市和大城市的经济基础相对较好,在西部大开发战略推动下,各省集中优势资源发展成渝经济区、滇中经济区和黔中城市带,而特大城市及大中城市多处于这些经济区中,因而经济恢复力迅速增加。从经济恢复力增速来看,随着时间推移,经济恢复力平均年增速逐渐增大。

从社会恢复力来看,2006—2019 年,不同城市类型的地震社会恢复力增幅为:特大城市＞中等城市＞大城市＞小城市(图 1.11)。特大城市成都的地震社会恢复力从 0.397 增加至 0.430,增幅为 0.033。昆明、贵阳等大城市的地震社会恢复力从 0.389 增加至 0.409,增幅为 0.020;南岸区、云阳县等中等城市的社会恢复力平均增速为 0.022;秀山县、黔江区等小城市的社会恢复力增幅为 0.0018。究其原因,可能为:西南特大城市成都虽然因为外来务工人员相对较多,人口密度较大,在校学生所占比例相对较少,但由于医疗资源丰富,交通发达,千人卫生技术人员和公路密度相对较高,社会恢复力较强。此外,随着医疗卫生机构和交通道路的建设,社会恢复力增幅较大。对于阿坝、凉山、甘孜等小城市,虽然 2006 年这些小城市的道路密度相对较低,医疗资源较为匮乏,但政策倾斜使得社会恢复力有了明显提升。与地震灾区恢复力和经济恢复力一样，各类型城市的社会恢复力平均年增速也随着时间推移逐渐增大。

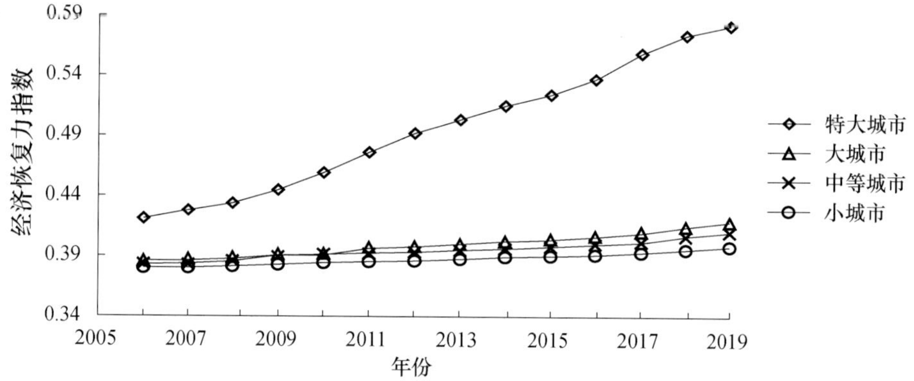

图 1.10 2006—2019 年西南四省(市)各类型城市经济恢复力指数变化

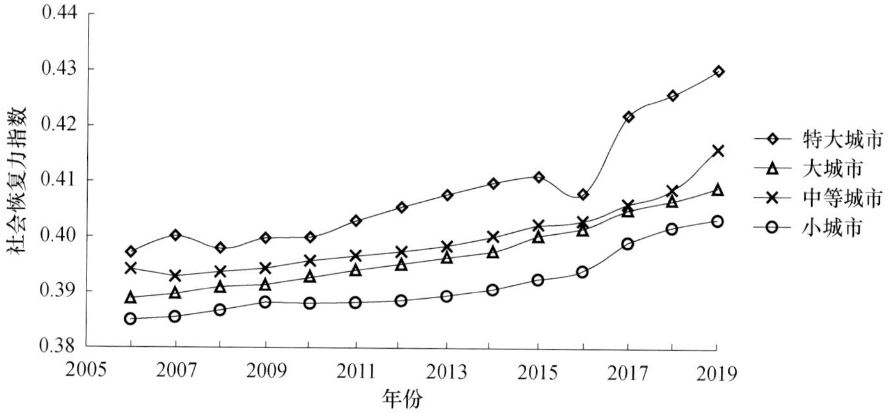

图 1.11 2006—2019 年西南四省(市)各类型城市社会恢复力指数时空变化

1.3.4 地震灾害恢复力的空间变化

(1)地震灾害的自然恢复力

从自然维度来看，2006—2019 年，西南地区地震灾害的自然恢复力存在明显的空间差异(图 1.12)。2006 年，西南四省(市)多数城市的自然恢复力处于恢复力较弱和一般范畴，所占比例分别为 35.71% 和 25.00%。而自然恢复力强的城市主要位于云南和重庆的部分地区，包括普洱、梁平等城市。其中普洱和梁平位列 2006 年自然恢复力前二，自然恢复力指数分别为 0.592 和 0.584。恢复力较弱的城市主要位于四川和重庆接壤处，包括安顺、巴中、丽江等城市。而恢复力弱的城市主要分布在四川西部和东南部分地区，包括绵阳、甘孜、阿坝等城市。2006 年，绵阳的自然恢复力指数为 0.396，是西南地区自然恢复力最差的城市。此后，西南四省(市)纷纷实施生态工程，建设绿化城市。贵州在东部地区实施生态工程、森林资源管护、控制生态脆弱区的自然资源开发等措施，推进绿色生态廊道、城镇公共绿

GDP(0.86)＞第三产业占比(0.75)＞第二产业占比(0.67)。小城市第二产业占比相对较低，第三产业占比随着生态旅游业、服务业等的发展而增加。2019年，小城市的第三产业占比达到50.39%，仅次于特大城市成都。但因为经济基础相对薄弱，人均GDP远小于其他三类城市，小城市的经济恢复力较其他类型城市差。

在社会维度上，小城市各指标的灰色关联度排序为：千人卫生技术人员(0.85)＞公路密度(0.78)＞城镇登记失业率(0.72)＞人口密度(0.62)＞在校生所占比例(0.56)。小城市虽然人口密度较低，在校学生所占比例相对较高，但由于基础建设比较薄弱，社会恢复力相对较低。此后，虽然通过加强道路建设、完善医疗体制等措施，千人卫生技术人员和道路密度有了一定提高，但小城市的社会恢复力仍然低于大中城市。

在自然维度上，小城市的灰色关联度为：降水量(0.70)＝NDVI(0.70)＞蒸发量(0.54)。

1.4 四川省洪涝灾害恢复力

1.4.1 洪涝灾害恢复力评价指标体系

基于上述构建的灾区恢复力评价指标体系(表1.1)，综合考虑数据的可得性和指标间的相关性，进一步剔除数据缺失较多的指标及指标对中信息重复较多的指标(相关系数大于0.8)，得到四川省洪涝灾害恢复力评价指标体系(表1.8)。

表1.8 四川省洪涝灾害恢复力评价指标体系及权重

维度层	权重1	指标层	权重2	指标方向
自然维度	$\frac{1}{3}$	降水量/mm	0.09	－
		蒸发量/mm	0.40	＋
		相对高差/m	0.20	＋
		河网密度/(km/km^2)	0.10	＋
		NDVI	0.09	＋
		土壤可蚀性因子	0.12	－
经济维度	$\frac{1}{3}$	人均GDP/(元/人)	0.21	＋
		地均GDP/(万元/km^2)	0.50	＋
		第一产业占比/%	0.04	－
		第二产业占比/%	0.07	－
		第三产业占比/%	0.18	＋

续表

维度层	权重1	指标层	权重2	指标方向
社会维度	$\frac{1}{3}$	人口密度/(人/km^2)	0.04	−
		城镇登记失业率/%	0.06	−
		在校生所占比例/%	0.14	+
		百人移动电话拥有量/(部/百人)	0.08	+
		千人卫生技术人员/(人/千人)	0.12	+
		公路密度/(km/km^2)	0.11	+
		排水管网密度/(km/km^2)	0.45	+

注："+"意为指标与洪涝恢复力正相关，是正向性指标；"−"意为指标与洪涝恢复力负相关，是负向性指标。

1.4.2 洪涝灾害恢复力总体现状

通过熵权法和模糊逻辑等方法，计算得出四川省洪涝灾害的自然恢复力指数、经济恢复力指数、社会恢复力指数和洪涝灾害综合恢复力指数，采用自然间断法，根据各指数值由低至高将恢复力分为五个等级：弱、较弱、一般、较强和强(表1.9、图1.18)。

表1.9 四川省洪涝灾害恢复力指数等级划分表

等级	自然恢复力指数	经济恢复力指数	社会恢复力指数	洪涝灾害综合恢复力指数
弱	0.409～0.429	0.396～0.407	0.402～0.413	0.405～0.421
较弱	0.430～0.445	0.408～0.414	0.414～0.423	0.422～0.430
一般	0.446～0.456	0.415～0.422	0.424～0.432	0.431～0.440
较强	0.457～0.475	0.423～0.440	0.433～0.438	0.441～0.469
强	0.476～0.566	0.441～0.613	0.439～0.581	0.470～0.581

(1)洪涝灾害的自然恢复力

2019年，四川各城市在洪涝灾害的自然恢复力五个等级中均有分布(图1.18)，其中恢复力弱和恢复力较强的城市所占比例最大，分别为28.57%和23.81%，主要位于四川南部地区和中部部分城市。而恢复力强、恢复力一般和恢复力较弱的城市所占比例相对较小。2019年，自然恢复力强的范畴中，特大城市成都的自然恢复力最强，恢复力指数达到0.550，德阳和攀枝花的自然恢复力指数则分别以0.545和0.520位列该等级的第二、第三。恢复力较强的城市包括乐山、凉山、雅安等五个中小城市，其中乐山的自然恢复力指数为0.475，位列该范畴第一；凉山和雅安的自然恢复力次之，其自然恢复力指数分别为0.471和0.469。自然恢复力一般的城市占四川城市总数的19.05%，包括广元、绵阳和南充等四个大中城市，其中南充市洪涝灾害的自然恢复力指数为0.450，在"恢复力一般"层级中排序末位。处于自然恢复力较弱等级的城市数最少，包括阿坝、泸州和甘孜三个城市，其自然恢复力指数分别为0.441、0.440和0.437。2019年，四川省处于洪涝灾害自然恢复力弱一级的城市有六个，包括两个大城市(自贡、宜宾)、一个中等城市(内江)和三个小城市(遂宁、眉山、资阳)。其中资阳排最末位，其洪涝灾害的自然恢复力指数为0.418。

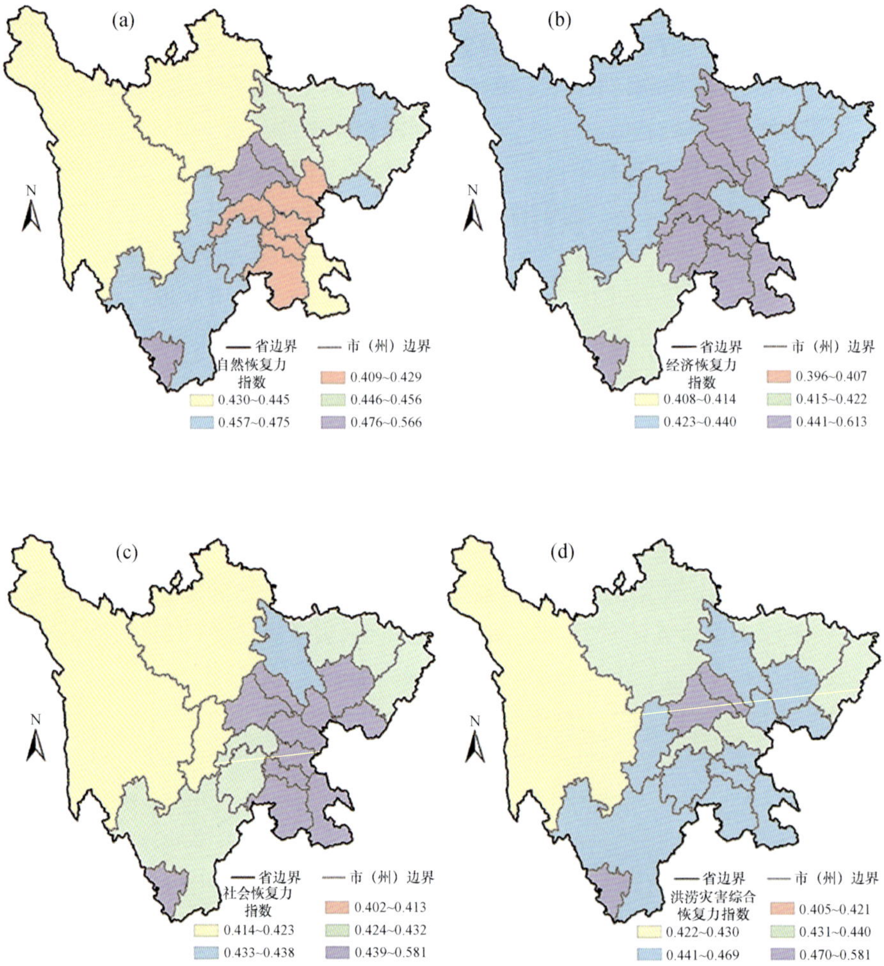

图 1.18　2019 年四川省洪涝灾害恢复力指数及各维度恢复力指数空间分布

(a)自然恢复力指数；(b)经济恢复力指数；(c)社会恢复力指数；(d)洪涝灾害综合恢复力指数

(2)洪涝灾害的经济恢复力

2019 年，四川省洪涝灾害的经济恢复力总体水平较高，除了凉山州以经济恢复力指数 0.422 处于经济恢复力一般的范畴外，其余城市均处于恢复力较强和恢复力强的范畴。经济恢复力强的城市主要分布于四川中部和东南部分地区，包括特成都、自贡、绵阳、宜宾、攀枝花和内江等 12 个城市，占四川城市总数的 57.14%。究其原因，可能是由于这些城市位于成渝经济区，且距离成都相对较近，在成都、重庆的经济辐射带动以及城区经济区的建设下，其经济基础逐渐雄厚，因而其经济恢复力强。其中，特大城市成都的经济恢复力最强，恢复力指数为 0.613；小城市德阳和大城市自贡的经济恢复力次之，经济恢复力指数分别为 0.479 和 0.464；中等城市攀枝花以 0.459 的经济恢复力指数位列第四。恢复力较强的城市包括雅安、阿坝、南充、资阳等八个城市。其中，雅安和阿坝的经济恢复力指数分别为 0.438 和 0.437，处于恢复力较强城市的前两名；巴中和广元的经济恢复力在恢复力较强这一范畴中并列最末，恢复力指数均为 0.424。

(3)洪涝灾害的社会恢复力

四川省洪涝灾害的社会恢复力总体水平较高。2019年,四川省52.38%的城市处于社会恢复力强的范畴,包括成都、德阳、内江等11个城市,主要位于四川成渝经济区的南部地区(图1.18)。其中,特大城市成都的社会恢复力最强,恢复力指数为0.581,远高于其他城市;德阳、内江和自贡的社会恢复力次之,恢复力指数分别为0.462、0.460和0.457;而中等城市攀枝花则以0.439的社会恢复力指数处于这一范畴最末。社会恢复力较强的城市包括绵阳、广元、眉山和巴中等四个城市。大城市绵阳的社会恢复力相对更强,恢复力指数达到0.433;而广元、眉山、巴中在同级社会恢复力范畴中并列第二,其社会恢复力指数均为0.432。社会恢复力一般的城市包括凉山、达州以及乐山等三个城市,恢复力指数分别为0.431、0.430和0.427。此外,雅安、甘孜和阿坝的社会恢复力相对较差,处于恢复力较弱的城市范畴。其中阿坝的社会恢复力最弱,其社会恢复力指数为0.416。

(4)洪涝灾害的综合恢复力

四川省洪涝灾害的综合恢复力总体水平较高,2019年四川省一半以上的城市洪涝灾害的综合恢复力处于"强"和"较强"等级(图1.18)。2019年,四川省恢复力强的城市包括特大城市成都、小城市德阳以及中等城市攀枝花,其洪涝灾害综合恢复力指数分别为0.581、0.495和0.472。多数城市主要处于恢复力较强和恢复力一般范畴,分别占四川城市总数的52.38%和28.57%,主要位于四川南部和中部地区。恢复力较强的城市有11个,主要位于四川南部及成都周边地区,包括大城市绵阳、南充、泸州和宜宾,中等城市乐山和内江,以及小城市广安和雅安。其中,小城市广安的综合恢复力指数为0.455,在恢复力较强范畴中位列第一;中等城市乐山和内江的综合恢复力指数分别为0.450和0.447,位列第二和第四;而凉山州的综合恢复力指数为0.441,在这一等级中排最末。恢复力一般的城市有六个,包括大城市达州,小城市巴中、广元和资阳等。其中,巴中、达州、广元、资阳的综合恢复力指数均为0.437,在恢复力一般这一等级中并列第一;眉山和阿坝的恢复力次之,综合恢复力指数分别为0.434和0.430。2019年,四川洪涝灾害恢复力较弱的城市为甘孜州,其综合恢复力指数为0.430。

综合分析来看,在自然、经济、社会等因素的综合作用下,2019年四川省洪涝灾害恢复力与城市规模相关,除中等城市的洪涝灾害恢复力略高于大城市外,其他城市类型的洪涝灾害恢复力随城市规模增大而增强,即洪涝灾害恢复力由强至弱,呈现"特大城市>中等城市>大城市>小城市"的规律(图1.19)。

1.4.3 洪涝灾害恢复力的时间变化

(1)洪涝灾害的自然恢复力

2006—2019年,四川省洪涝灾害的自然恢复力总体保持平稳(图1.20),大多数城市的(14个)自然恢复力呈现较小上升趋势,但上升幅度较小,包括泸州、达州等大城市,攀枝花等中等城市,以及资阳、巴中、广元等小城市。其中,泸州市洪涝灾害的自然恢复力指数从0.430(2006年)增加至0.440(2019年),增长幅度最大,为0.010;资阳和达州的自然恢复力指数增长幅度均为0.009,仅次于泸州市。然而,德阳、自贡、眉山和成都的自然恢复力在研

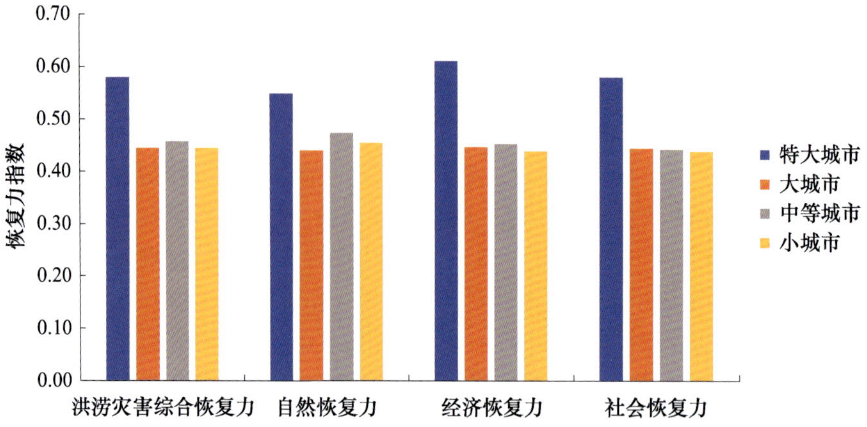

图 1.19 2019 年四川省不同类型城市洪涝灾害恢复力指数及各维度恢复力指数

究时段有所下降，其中成都市的自然恢复力指数从 2006 年的 0.566 下降至 2019 年的 0.550，降幅最大；德阳、自贡和眉山的自然恢复力指数降幅分别为 0.001、0.003 和 0.005，其降幅相对较小。究其原因，本节选取的降水量和蒸发量为多年平均值，能够较好地反映西南各城市气候整体水平和空间分布情况，且土壤可蚀性因子和相对高差是固定值，因而四川省洪涝灾害自然恢复力的变化主要与 NDVI 和河网密度的变化相关。2006—2019 年，四川通过生态脆弱区环境修复、退耕还林、退耕还草、退耕还湿等措施，不断推进绿化建设，多数城市 NDVI 呈现波动增加趋势。其中，达州的 NDVI 从 8167.93（2006 年）波动增加至 8606.88(2019 年)，增幅高达 438.95，是四川 NDVI 增加最多的城市；巴中和广元的 NDVI 增幅次之，分别为 318.81 和 299.54；自贡、眉山和成都等城市随着城市的建设，NDVI 呈现波动下降趋势，其中成都市的 NDVI 值从 8248.64 波动降低至 7722.76，降幅高达 525.88，而眉山和自贡的 NDVI 降幅则相对略小。同时期，成都市的河网密度略有下降，而其他城市的河网密度则保持稳定。

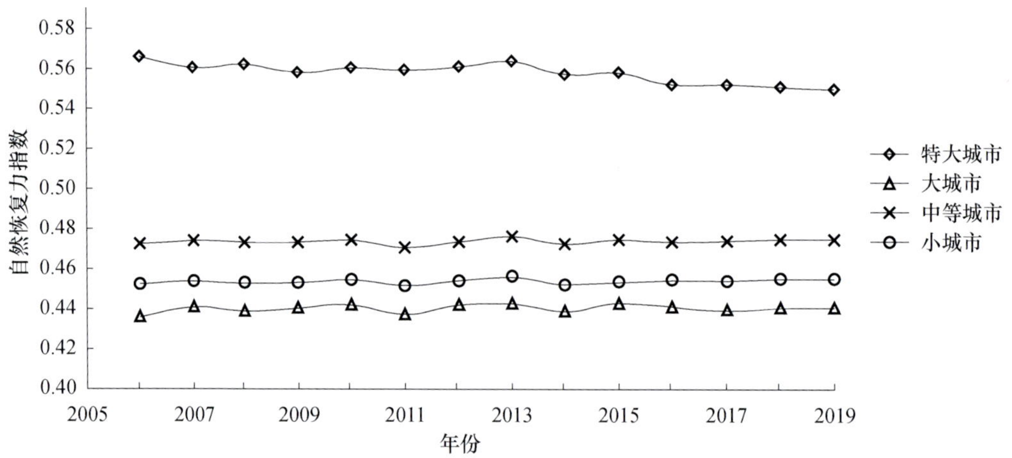

图 1.20 2006—2019 年四川各类型城市自然恢复力指数变化

(2)洪涝灾害的经济恢复力

2006—2019年,四川各类型城市洪涝灾害的经济恢复力总体呈上升趋势(图1.21)。2006—2019年,经历了"十一五""十二五"以及"十三五"的前四年,四川各类型城市的经济恢复力不断增强,经济恢复力指数从"0.397～0.455"增长至"0.422～0.613"。不同城市类型经济恢复力差距进一步增大,不同城市类型的增加幅度为:特大城市＞中等城市＞大城市＞小城市。其中,特大城市成都的经济恢复力指数从2006年的0.455增长至2019年的0.613,增幅达到0.157;攀枝花、内江和乐山等中等城市的经济恢复力增幅为0.048,仅次于成都;内江的经济恢复力从0.402(2006年)增长至0.452(2019年);乐山的经济恢复力也从0.399(2006年)增长至0.448(2019年);自贡、泸州等大城市的经济恢复力增幅为0.044,略小于中等城市,其中自贡的经济恢复力指数从0.411(2006年)增长至0.464(2019年),增幅为0.053,高于其他大城市。小城市的平均恢复力增幅为0.038,低于其他城市类型。其中,巴中的经济恢复力指数从0.400(2006年)增加至0.424(2019年),广元的经济恢复力指数也从0.401(2006年)增加至0.424(2019年),其增幅分别为0.024和0.023。

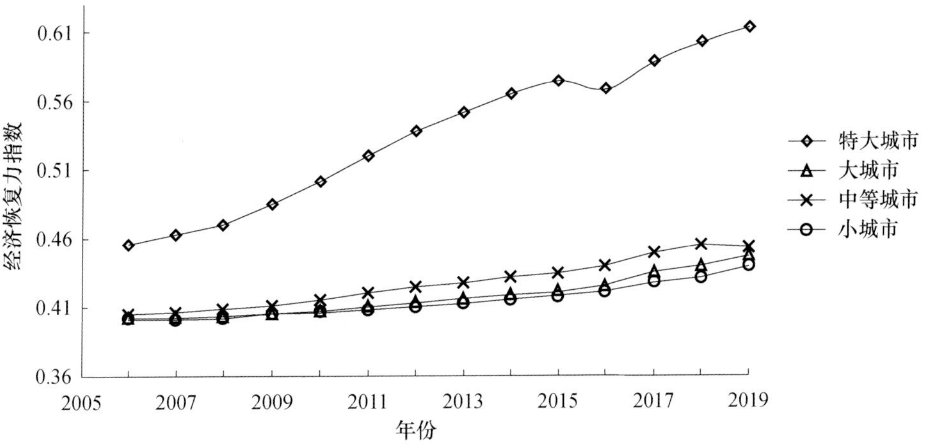

图1.21 2006—2019年四川各类型城市经济恢复力指数变化

此外,随着时间推移,四川多数城市的经济恢复力增速不断增加。"十一五"期间(2006—2010年),特大城市成都的经济恢复力指数从0.455(2006年)增加至0.501(2010年),恢复力平均年增速为0.0092。在"十二五"期间,这一平均年增速达到0.0107;2016—2019年,经济恢复力平均年增速达到0.0112。大城市的经济恢复力平均年增速也从0.0010(2006—2010年)、0.0021(2011—2015年)增长至0.0052(2016—2019年)。以南充为例,"十一五"期间,南充的经济恢复力指数从0.400(2006年)增加至0.402(2010年),恢复力评价年增速为0.0005;2011—2015年,年增速增至0.0018,经济恢复力从2011年的0.404增长至2015年的0.413;2016—2019年,经济恢复力则从0.417增长至0.436,经济恢复力年增速达到0.0046。攀枝花、乐山、内江等中等城市的经济恢复力平均年增速从0.0021(2006—2010年)增长至0.0033(2016—2019年),而遂宁、眉山、德阳等11个小城市的经济恢复力年增速也从0.0009(2006—2010年)增长至0.0019(2011—2015年)后,2016—2019年经济恢复力年均增速达到0.0046。可见,宜宾、南充等大城市和遂宁、眉山等小城市的经济恢复力增速在 2016—2019 年有明显的增长。其原因可能为:特大城市成都和中等城市攀枝花等的经济基础相对较高,人均 GDP 和地均 GDP 相对较高,经济恢复力较强,且在产业结构调整等政策的作用下,第一产业、第二产业的占比逐步降低,而第三产业的占比逐渐增大,因而经济恢复力不断增强。而大城市和小城市则在西部大开发、成渝经济区建设等政策带动下,经济基础逐步雄厚,因而经济恢复力增长速度不断增快,并在 2016—2019 年恢复力年增速达到最大。

(3)洪涝灾害的社会恢复力

2006—2019 年,四川各类型城市洪涝灾害的社会恢复力总体呈上升趋势(图 1.22)。2006—2019 年,四川不同城市类型的社会恢复力增幅从大到小排序,依次为特大城市>大城市>中等城市=小城市,社会恢复力指数增幅分别为 0.126、0.032、0.025 和 0.025。其中,特大城市成都对洪涝灾害的社会恢复力从 0.455(2006 年)增长至 0.581(2019 年),增加幅度远高于其他城市;大城市的社会恢复力增加幅度次之,如泸州的社会恢复力从 0.412(2006 年)增长至 0.449(2019 年)。中等城市和小城市的社会恢复力增幅相对较小。其中,中等城市内江的社会恢复力指数从 2006 年的 0.422 增长至 2019 年的 0.460,恢复力增幅达到 0.038;而乐山、攀枝花等中等城市的社会恢复力增加相对较小,恢复力增幅分别为 0.025 和 0.011。在四川的小城市中,德阳市的社会恢复力增长较多,社会恢复力指数从 2006 年的 0.405 增加到 2019 年的 0.462,恢复力增幅达到 0.057。而甘孜的社会恢复力指数增幅相对较小,接近于 0。分析其原因,排水管网密度和千人卫生技术人员数等因素对四川各城市的洪涝社会恢复力影响较大。特大城市和大城市的基础建设相对较好,且随着现代化城市建设、海绵城市等概念的提出,排水管网建设不断完善,较好的经济基础也促进了交通通达度和信息通达度的不断增强,因而社会恢复力增长相对较快。中小城市经济相对较差,基础设施相对欠缺,因而社会恢复力相对较弱。而此后,随着经济的发展,当地的医疗、道路、通信等基础设施也逐步完善,因而恢复力不断增强,且恢复力增强的速度不断加快。

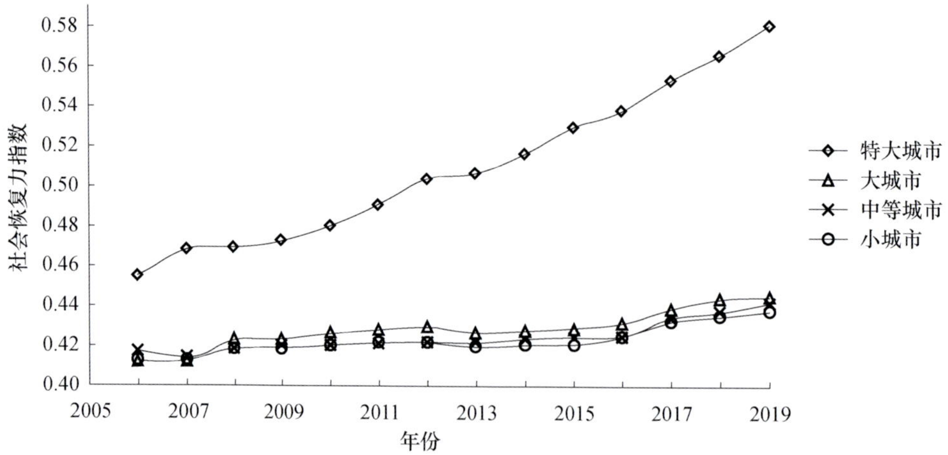

图 1.22　2006—2019 年四川各类型城市社会恢复力指数变化

(4)洪涝灾害的综合恢复力

2006—2019年,在自然、经济、社会三个维度的综合作用下,四川洪涝灾害综合恢复力总体呈增强趋势(图1.23),综合恢复力指数范畴从“0.405～0.492”增长至“0.430～0.581”。但四川省各城市洪涝灾害综合恢复力的增长情况因时间段和城市类型不同而异。2006—2019年,四川各城市类型的综合恢复力增速随时间推移逐渐增大。例如,2006—2010年特大城市成都的综合恢复力指数从0.492(2006年)增长到0.514(2010年),综合恢复力指数平均年增速为0.0044;2011—2015年平均年增速变为0.0061;2016—2019年,综合恢复力指数平均年增速达到0.0071。大城市的综合恢复力年增速从2006—2010年的0.0017增长至2016—2019年的0.0028,中、小城市的恢复力平均年增幅也从0.0010(2006—2010年)分别增长至2016—2019年的0.0026和0.0027。此外,对大中小城市而言,2016—2019年,综合恢复力指数平均年增速明显提高。可能原因为,特大城市成都在经济、社会、自然等各方面区位优势明显,且在四川集中优势资源发展成都的政策下,特大城市成都一直以较快速度发展建设,综合恢复力指数始终处于较快增长状态。而其他大中小城市经济、社会基础相对薄弱,但西部大开发战略、成渝经济区建设等政策的扶持下,各地加大力度发展经济、完善基础设施建设,使洪涝胁迫下的经济、社会恢复力得到了一定程度的提高。经济基础的逐步夯实,为教育、医疗、交通、通信等的发展也提供了良好的背景条件。因而2016—2019年,在社会、经济等因素的综合作用下,大、中、小城市的综合恢复力平均年增速达到最大。

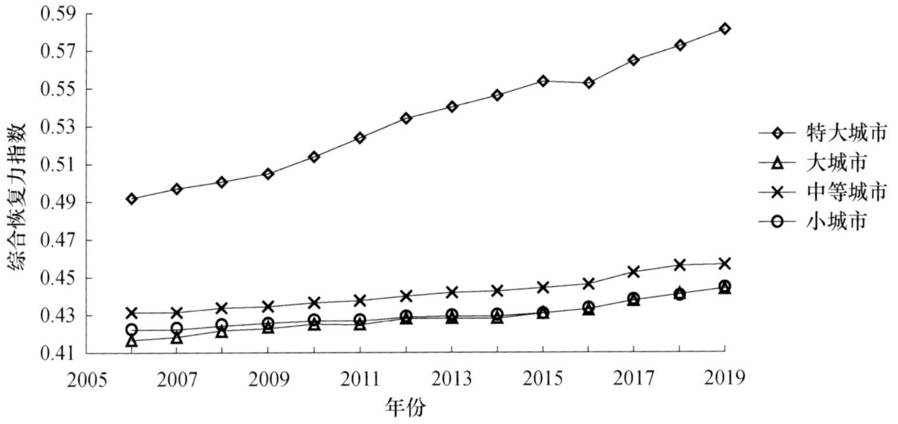

图1.23　2006—2019年四川洪涝灾害综合恢复力指数及各类型城市恢复力指数变化

对于不同城市类型,综合恢复力增幅与城市类型相关,并在总体上随着城市规模增大而增大。2006年,四川各城市类型综合恢复力强弱排序为:特大城市＞中等城市＞小城市＞大城市。2019年,这一排序变为:特大城市＞中等城市＞大城市＞小城市。特大城市成都的综合恢复力从2006年的0.492增长至2019年的0.581,增幅为0.089;泸州、宜宾等大城市的综合恢复力增幅为0.027;内江、乐山等中等城市的恢复力增幅为0.0025;遂宁、眉山等小城市综合恢复力的增幅为0.022。

1.4.4 洪涝灾害恢复力的空间变化

(1)洪涝灾害的自然恢复力

2006—2019年,四川省洪涝灾害的自然恢复力呈现明显的空间差异。2006年,四川省洪涝灾害自然恢复力强的城市主要包括成都、德阳和攀枝花等三个城市,其自然恢复力指数分别为0.566、0.545和0.515。自然恢复力较强的城市主要分布在四川南部,包括乐山、雅安等四个城市,其中,乐山的自然恢复力指数为0.474,是该等级中恢复力最强的城市;雅安和凉山次之,恢复力指数分别为0.466和0.465。恢复力弱的城市相对较多,占四川城市总数的28.57%,包括内江、眉山、自贡等六个城市。其中,资阳的自然恢复力指数为0.409,是2006年四川省洪涝灾害的自然恢复力最差的城市。由于本节洪涝灾害的自然恢复力评价主要考虑相对高差、多年平均降水量和多年平均蒸发量等指标,因而2006—2019年四川洪涝灾害的自然恢复力主要随着NDVI而变化。此后,四川推行长江上游绿色生态廊道建设工程,通过退耕还湿、退耕还林等措施,NDVI总体呈现波动增长趋势。因而,2006—2019年四川省多数城市的自然恢复力随着NDVI的增大而增强,其中泸州市的自然恢复力指数增长幅度最大,从0.430(2006年)增加至0.440(2019年);乐山、宜宾和内江三个城市2019年的自然恢复力指数与2006年相等。此外,德阳、自贡、眉山和成都四个城市的自然恢复力指数有所下降。其中,成都的自然恢复力指数从2006年的0.566下降至2019年的0.551,下降幅度最大,为0.015。

(2)洪涝灾害的经济恢复力

2006—2019年,四川省洪涝灾害的经济恢复力存在明显的空间差异(图1.24)。2006年,由于成都的经济相对发达,人均GDP、地均GDP都相对较高,经济恢复力相对较强,经济恢复力指数达到0.455,处于恢复力强的城市范畴。攀枝花、自贡等城市的经济恢复力次之,恢复力指数分别为0.413和0.411。甘孜、绵阳、广安等17个城市处于经济恢复力较弱的范畴,约占四川城市总数的80.95%。此后,随着西部大开发政策的实施,以及成渝经济圈的建设,四川的经济不断发展,经济恢复力不断增强,经济恢复力强和较强的城市不断增加,而恢复力较弱和恢复力弱的城市不断减少。2011年,成都市的经济恢复力增长到0.520,恢复力弱和较弱的城市所占比例降低至42.86%和33.33%。此后,基础设施的发展完善也进一步促进了当地经济的发展,经济恢复力继续增长。2019年,四川中部和南部的大部分城市(多处于成渝经济圈中)均处于恢复力强和恢复力较强的范畴,所占比例分别为57.14%和38.10%。其中成都市的经济恢复力远高于其他城市,经济恢复力指数为0.613,处于经济恢复力强的城市范畴。德阳和自贡的经济恢复力指数分别为0.479和0.464,在恢复力强的城市范畴中分别排名第二、第三。泸州在经济恢复力强这一范畴中相对较差,恢复力指数为0.442。2019年,雅安、阿坝、南充等8个城市的经济恢复力处于恢复力较强范畴。其中雅安的经济恢复力指数为0.438,在恢复力较强这一范畴中排名第一。阿坝和南充的经济恢复力相对次之,恢复力指数分别为0.438和0.437。广元和巴中的经济恢复力在恢复力较强这一范畴中排名最末,经济恢复力指数均为0.424。2019年,凉山经济恢复力指数为0.422,处于恢复力一般范畴。

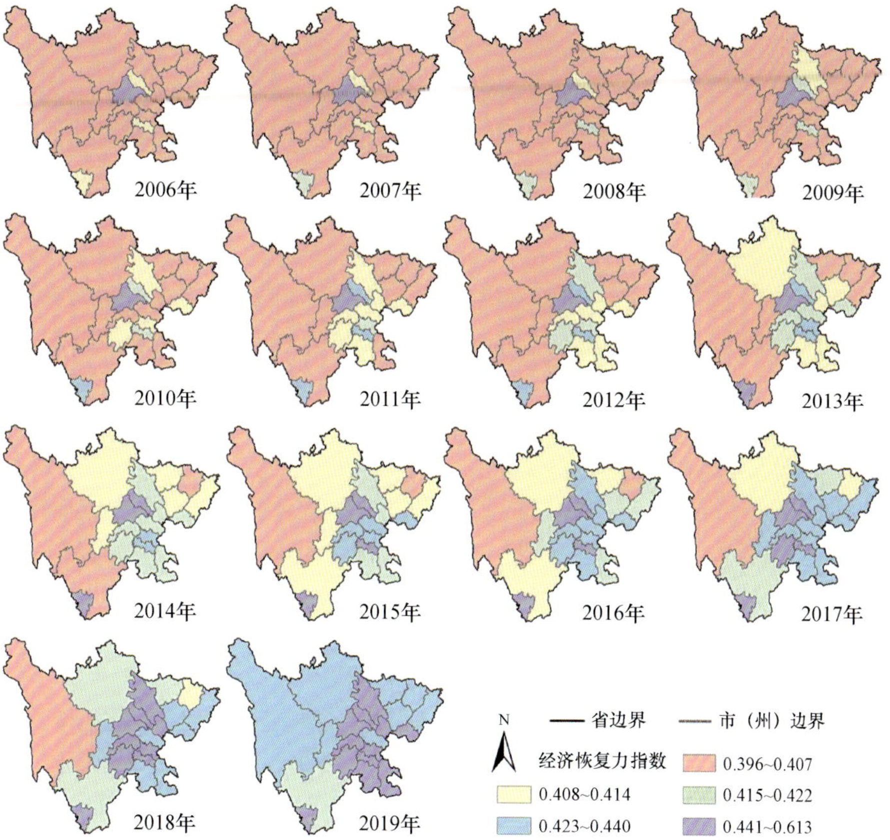

图 1.24　2006—2019 年四川洪涝胁迫下的经济恢复力指数时空变化

(3)洪涝灾害的社会恢复力

2006—2019 年，四川省洪涝灾害的社会恢复力时空变化如图 1.25 所示。2006 年，四川除成都市和攀枝花的社会恢复力相对较强外，多数城市处于恢复力较弱和恢复力弱范畴。成都市的恢复力指数达到 0.455，属于恢复力强的城市范畴；而攀枝花的恢复力稍弱，恢复力指数为 0.428，属于恢复力一般的城市范畴。恢复力较弱的城市包括广安、遂宁、巴中等 7 个城市，占四川城市总数的 33.33%；广元、凉山、泸州等 11 个城市的社会恢复力弱；而乐山的恢复力最差，为 0.402。2019 年，四川各城市对洪涝灾害的社会恢复力进一步增加，恢复力强的城市范围进一步扩大为四川中部及东南的成都、德阳、内江、自贡等 11 个城市，占四川城市总数的 52.38%。特大城市成都的社会恢复力指数从 0.566(2016 年)增长到 0.581(2019 年)；德阳、内江的社会恢复力次之，恢复力指数分别为 0.462 和 0.460；攀枝花的社会恢复力在恢复力强这一范畴中排名最末，恢复力指数为 0.439。绵阳、广元等 4 个城市处于恢复力较强范畴。除绵阳的恢复力指数为 0.433，恢复力相对较强外，广元、眉山、巴中的社会恢复力指数均为 0.432。凉山、达州和乐山的社会恢复力指数分别为 0.431、0.430 和 0.427，处于恢复力一般范畴。雅安、甘孜和阿坝的社会恢复力相对较差，恢复力指数分别为 0.423、0.420 和 0.416。

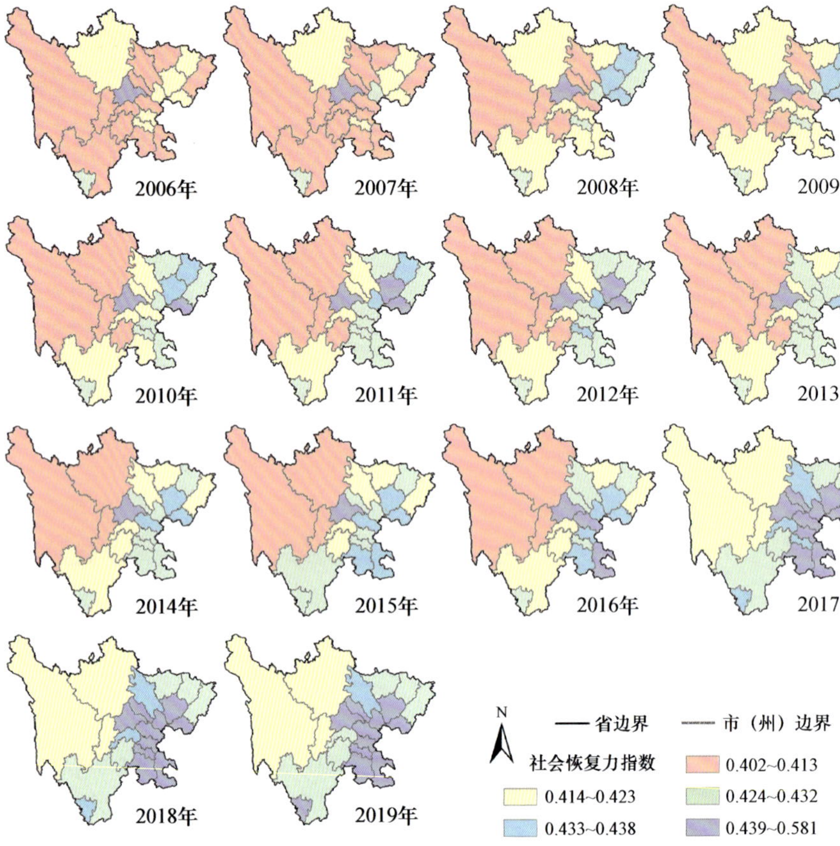

图 1.25　2006—2019 年四川社会恢复力指数时空变化

(4)洪涝灾害的综合恢复力

2006—2019 年，在自然、经济、社会因素的综合作用下，洪涝灾害综合恢复力弱和较弱的城市数目逐渐减少，恢复力一般、较强和恢复力强的城市数目不断增加。

2006 年，四川除了成都市区位优势明显，经济基础较好，且基础设施相对完善，洪涝灾害综合恢复力指数为 0.492，处于恢复力强的范畴外，多数城市的综合恢复力处于恢复力弱和较弱范畴，占城市总数比例分别为 57.14% 和 28.57%；而恢复力强和较强的城市相对较少，所占比例分别为 4.76%和 9.52%。随着经济发展以及基础设施的逐步完善，2006—2010 年，恢复力弱的城市数目显著下降，绵阳、自贡、内江、遂宁等城市从综合恢复力弱的范畴进入恢复力较弱的范畴，四川恢复力弱的城市从广元、阿坝、绵阳等 12 个城市(2006 年)下降至阿坝、宜宾、眉山等 5 个城市(2010 年)，所占比例从 57.14%(2006 年) 下降至 23.81%(2010 年)。此后，恢复力强、较强、一般的城市继续增加。2019 年，综合恢复力强的城市增加至成都、德阳、攀枝花等 3 个城市，占四川城市总数的比例增加至 14.29%，三个城市的综合恢复力指数分别为 0.581、0.495 和 0.472。综合恢复力较强的城市增加至广安、乐山、自贡、内江等 11 个城市，主要分布在四川南部及中部地区，占四川城市总数的比例增加至 52.38%。恢复力一般和恢复力较弱的城市占四川城市总数的比例则分别下降至 28.57%和 4.76%(图 1.26)。

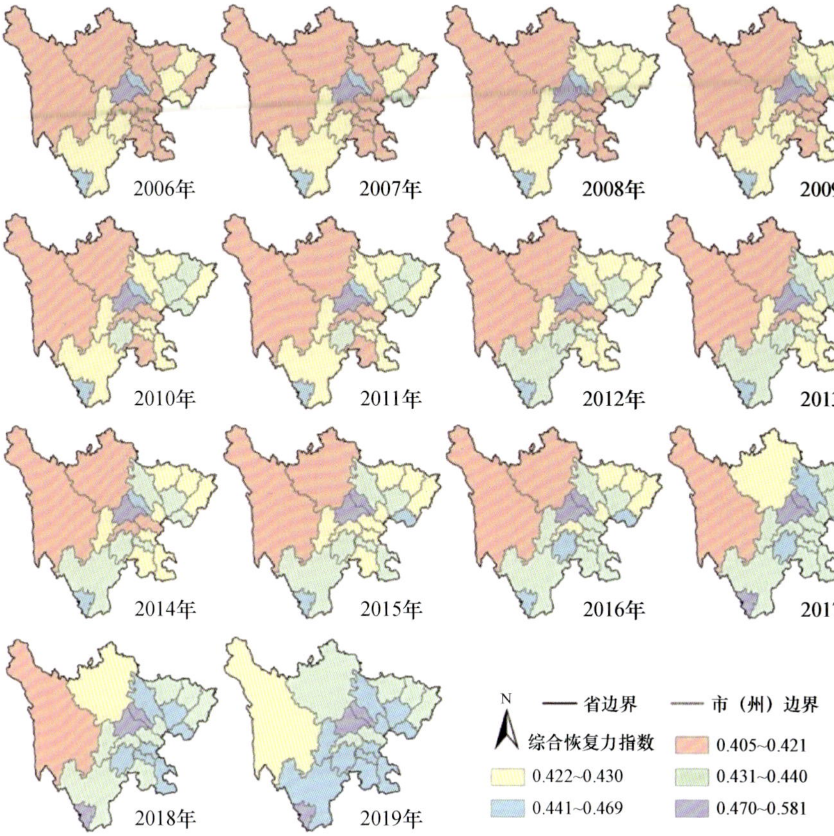

图 1.26　2006—2019 年四川洪涝灾害综合恢复力指数时空变化

1.5　四川省干旱灾害恢复力

1.5.1　干旱灾害恢复力评价指标体系

基于上述构建的灾区恢复力评价指标体系（表 1.1），综合考虑数据的可得性和指标间的相关性等，经进一步优化后，得到四川省干旱灾害恢复力评价指标体系（表 1.10）。

表 1.10　四川省干旱灾害恢复力评价指标体系及权重

维度层	权重 1	指标层	权重 2	指标方向
自然维度	$\frac{1}{3}$	降水量/mm	0.37	+
		蒸发量/mm	0.18	−
		河网密度/(km/km^2)	0.24	+
		NDVI	0.21	+

续表

维度层	权重 1	指标层	权重 2	指标方向
经济维度	$\frac{1}{3}$	人均 GDP/(元/人)	0.29	+
		地均 GDP/(万元/km^2)	0.66	+
		第一产业占比/%	0.05	−
社会维度	$\frac{1}{3}$	人口密度/(人/km^2)	0.09	−
		在校生所占比例/%	0.28	+
		百人移动电话拥有量/(部/百人)	0.15	+
		千人卫生技术人员/(人/千人)	0.25	+
		公路密度/(km/km^2)	0.23	+

注："+"意为指标与干旱恢复力正相关，是正向性指标；"−"意为指标与干旱恢复力负相关，是负向性指标。

1.5.2 干旱灾害恢复力总体现状

依据自然间断法，将四川省干旱灾害的自然恢复力指数、经济恢复力指数、社会恢复力指数和旱灾综合恢复力指数，由低至高分为弱、较弱、一般、较强和强五个等级(表 1.11、图 1.27)。

表 1.11 四川省干旱灾害恢复力等级划分表

等级	自然恢复力指数	经济恢复力指数	社会恢复力指数	旱灾综合恢复力指数
弱	0.393～0.427	0.374～0.388	0.404～0.426	0.394～0.415
较弱	0.428～0.462	0.389～0.396	0.427～0.439	0.416～0.434
一般	0.463～0.488	0.397～0.410	0.440～0.454	0.435～0.449
较强	0.489～0.516	0.411～0.430	0.455～0.464	0.450～0.470
强	0.517～0.571	0.431～0.620	0.465～0.543	0.471～0.544

(1)干旱灾害的自然恢复力

2019 年，四川省各城市在干旱灾害的自然恢复力五个等级中均有分布(图 1.27)，其中处于恢复力较强和恢复力弱的城市相对较多，分别占四川城市总数的 23.81% 和 33.33%，而处于恢复力强、恢复力一般和恢复力弱的城市相对较少。巴中和达州市干旱灾害的自然恢复力指数分别为 0.570 和 0.563，远高于其他城市，属于恢复力强的城市范畴；而广安的自然恢复力次之，恢复力指数为 0.517。恢复力较强的城市包括广元、泸州、南充、乐山、雅安等五个城市，相对分散分布于四川中部及东部地区。广元、泸州的恢复力指数分别为 0.514 和 0.513，是恢复力较强这一等级中的前两名；而雅安的恢复力指数为 0.503，是该等级中恢复力相对较弱的城市。2019 年，资阳和甘孜的自然恢复力指数分别为 0.425 和 0.397，是四川干旱灾害自然恢复力最差的两个城市。

(2)干旱灾害的经济恢复力

四川省干旱灾害的经济恢复力总体水平较高，一半以上的城市经济恢复力处于"强"和"较强"两个等级。2019 年，四川省各城市干旱灾害的经济恢复力在各个等级均有分布(图 1.28)。

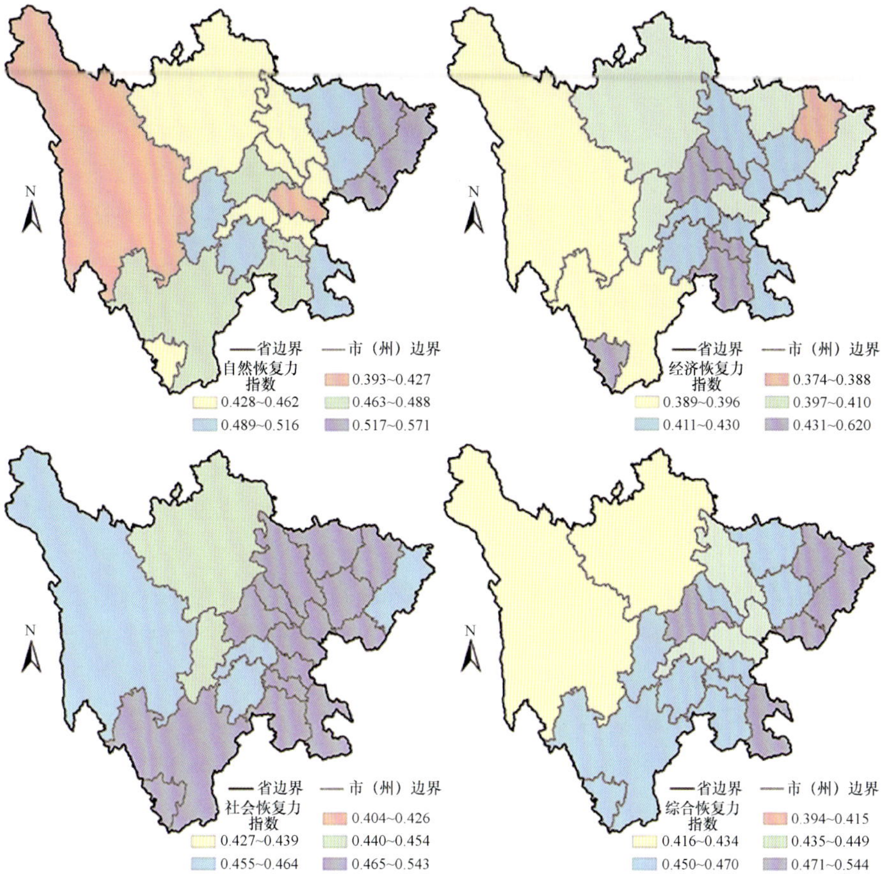

图 1.27　2019 年四川省旱灾综合恢复力指数及各维度恢复力指数空间分布

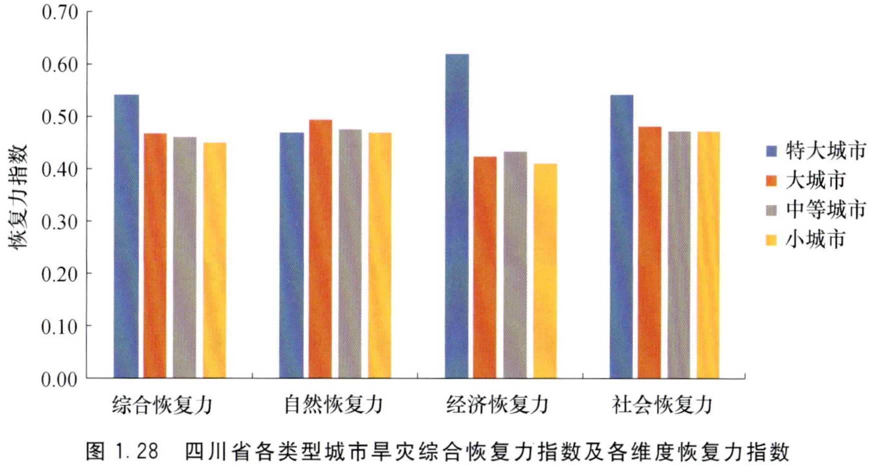

图 1.28　四川省各类型城市旱灾综合恢复力指数及各维度恢复力指数

经济恢复力强的城市占全省城市总数的 23.81%，包括成都、德阳、攀枝花、自贡和宜宾等五个城市，主要位于四川中部和南部部分地区。其中，成都市的经济恢复力指数高达 0.620，远高于其他城市；德阳、攀枝花和自贡的经济恢复力相对次之，恢复力指数分别为 0.471、0.447 和 0.446。经济恢复力较强的城市占四川城市总数的 38.10%，包括内江、遂宁、乐山等八个城市。其中，内江和遂宁的经济恢复力指数均为 0.428，并列该等级第一；乐山和德阳的经济恢复力稍次之，恢复力指数分别为 0.427 和 0.426。恢复力一般的城市也占 23.81%，包括雅安、达州、资阳等五个城市，其中雅安的经济恢复力在这一等级中排第一位，其经济恢复力指数为 0.408。巴中的经济恢复力指数为 0.388，属于恢复力弱的范畴，是 2019 年四川经济恢复力最差的城市。

(3)干旱灾害的社会恢复力

四川省干旱灾害的社会恢复力总体水平较高，90.00%以上的城市社会恢复力处于“强”和“较强”两个等级。2019 年，雅安和阿坝的社会恢复力指数分别为 0.452 和 0.447，属于社会恢复力一般的范畴。除了雅安和阿坝外，四川其余 19 个城市均处于恢复力强和恢复力较强的范畴，分别占全省城市总数的 71.43%和 19.05%。社会恢复力强的城市包括成都、广安、泸州等 15 个城市，主要分布在四川中部和南部地区。其中，成都市的社会恢复力指数为 0.543，是 2019 年四川恢复力最强的城市；广安和泸州的社会恢复力指数次之，分别为 0.509 和 0.505；资阳和宜宾则以 0.501 的恢复力指数并列这一等级的第四。恢复力较强的城市包括达州、甘孜、乐山和眉山等 4 个城市，其中乐山和眉山的社会恢复力指数均为 0.456，并列恢复力较强这一等级的最末。

(4)干旱灾害的综合恢复力

四川省干旱灾害的综合恢复力总体水平较高，2019 年多数城市处于恢复力强、恢复力较强和恢复力一般三个等级，所占比例分别为 23.81%、47.62%和 19.05%。总体来看，四川干旱灾害综合恢复力随城市规模增大而增强，即综合恢复力由强至弱，呈现“特大城市＞大城市＞中等城市＞小城市”的规律。成都、广安、泸州等五个城市属于恢复力强的城市范畴。其中，成都的恢复力指数为 0.544，是 2019 年四川恢复力最强的城市；广安和泸州的综合恢复力相对次之，恢复力指数分别为 0.481 和 0.480。恢复力较强的城市包括德阳、南充、宜宾、自贡、乐山等。其中，德阳、南充和宜宾的综合恢复力指数均为 0.468，并列恢复力较强城市范畴的第一；自贡、乐山和广元的综合恢复力次之，恢复力指数分别为 0.465、0.464 和 0.461；雅安和凉山的综合恢复力在这一等级中相对较差，恢复力指数分别为 0.454 和 0.450。恢复力一般的城市有遂宁、绵阳、资阳和眉山等四个城市，其综合恢复力指数分别为 0.448、0.446、0.443 和 0.439。2019 年，阿坝和甘孜是四川干旱灾害综合恢复力最差的两个城市，其恢复力指数分别为 0.425 和 0.416。

1.5.3 干旱灾害恢复力的时间变化

(1)干旱灾害的自然恢复力

2006—2019 年，四川省干旱灾害的自然恢复力总体呈上升趋势，其变化主要与反映植被生态状况的 NDVI 相关。随着四川推进城市绿化建设，以及施行退耕还林、退耕还草、退耕还湿、生态区保护等措施，四川的 NDVI 呈波动增加趋势，四川城市的平均自然恢复力指数从 0.474(2006 年)波动增加至 0.478(2019)，自然恢复力指数平均增幅为 0.004。资阳、达州、巴中等 17 个城市的自然恢复力都有着不同程度的增加。其中资阳的自然恢复力指数增幅最大，为 0.022；达州和巴中的恢复力增幅次之，分别为 0.020 和 0.014；乐山、宜宾和内江的自然恢复力指数增幅相对较小，均为 0.001。德阳、自贡、眉山和成都四个城市的自然恢复力指数有所下降，其中成都的自然恢复力下降幅度最大，从 2006 年的 0.508 下降为 2019 年的 0.469，下降了 0.039。

（2）干旱灾害的经济恢复力

2006—2019 年，四川干旱灾害的经济恢复力总体呈增强趋势（图 1.29），其恢复力指数阈值从“0.374～0.428”增加至“0.388～0.620”。不同类型城市的增加幅度为：特大城市＞中等城市＞大城市＞小城市。特大城市成都的经济恢复力指数从 0.428（2006 年）增加至 0.620（2019 年），其增幅达到 0.192，是增幅最大的城市。内江、乐山和攀枝花三个中等城市的经济恢复力平均增幅为 0.047，其中攀枝花的增幅相对更大，其经济恢复力指数从 2006 年的 0.395 增加至 2019 年的 0.447，增幅达到 0.052；乐山和内江的经济恢复力指数增幅相对次之，分别为 0.046 和 0.045。大城市的平均经济恢复力从 0.383（2006 年）增加到 0.424（2019 年），增幅达到 0.041；而小城市的经济恢复力相对较小，为 0.029。

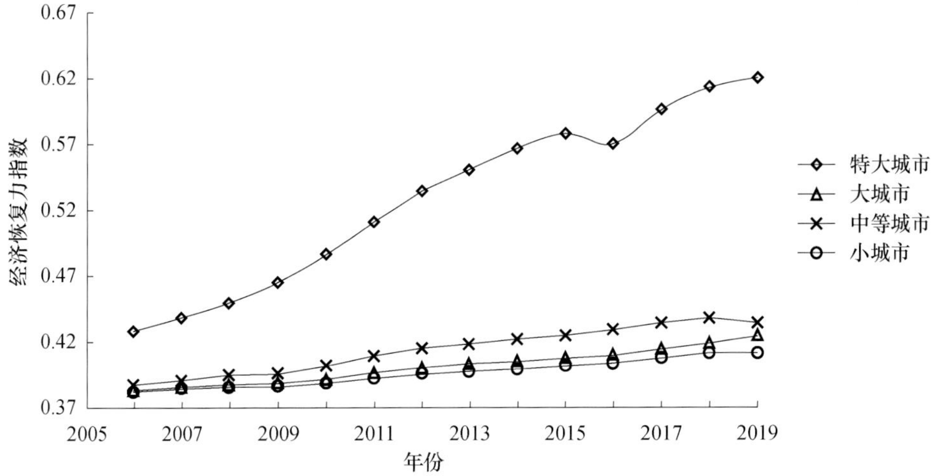

图 1.29　2006—2019 年四川各类型城市经济恢复力指数变化

（3）干旱灾害的社会恢复力

2006—2019 年，四川省干旱灾害的恢复力总体呈上升趋势（图 1.30）。总体而言，2006—2019 年四川不同类型城市旱灾社会恢复力增幅随城市规模的增大而增大，表现为“特大城市＞大城市＞小城市＞中等城市”。特大城市成都的社会恢复力指数从 2006 年的 0.478 增加到 2019 年的 0.543，增幅为 0.065。泸州、宜宾、南充等大城市的平均社会恢复力指数则从 0.423（2006 年）增加至 0.483（2019 年），增幅为 0.060。其中。泸州的社会恢复力指数从 2006 年的 0.419 增加到 2019 年的 0.505，增幅为 0.086，是 2006—2019 年四川省旱灾社会恢复力增幅最大的城市。宜宾的社会恢复力指数则从 0.427（2006 年）增加到 0.501（2019 年），恢复力指数增幅为 0.074，略高于成都。中等城市的平均社会恢复力指数从 0.431（2006 年）增加到 0.472（2019 年），增加幅度为 0.041；小城市的社会恢复力平均增加幅度则为 0.046。

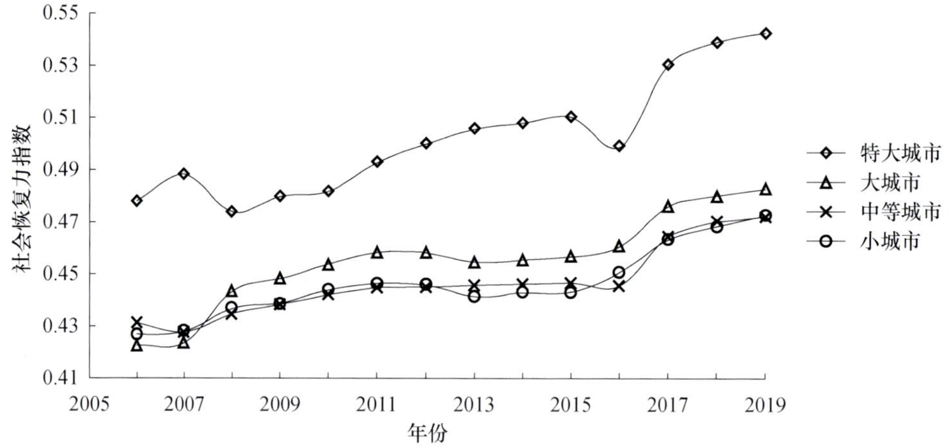

图 1.30　2006—2019 年四川各类型城市社会恢复力指数变化

(4)干旱灾害的综合恢复力

2006—2019 年,四川省干旱灾害综合恢复力总体呈增强趋势(图 1.31),其恢复力指数阈值从"0.394～0.471"增加至"0.416～0.544"。但城市的综合恢复力增长情况因城市类型不同而异。综合恢复力增幅与城市类型相关,并随着城市规模增大而增大,即为"特大城市＞大城市＞中等城市＞小城市"。特大城市成都的综合恢复力指数从 0.471(2006 年)增加至 0.544(2019 年),其增幅达到 0.073。大城市的恢复力增幅相对次之,其中泸州和宜宾的增幅分别为 0.044 和 0.042;南充的综合恢复力指数从 0.439(2006 年)增加到 0.468(2019 年),增幅相对较小,为 0.029。内江、乐山和攀枝花三个中等城市的综合恢复力指数增幅分别为 0.032、0.033 和 0.028;遂宁、眉山、德阳等小城市的综合恢复力增幅相对较小。阿坝的综合恢复力指数从 2006 年的 0.414 增加到 2019 年的 0.425,是综合恢复力增幅最小的城市。

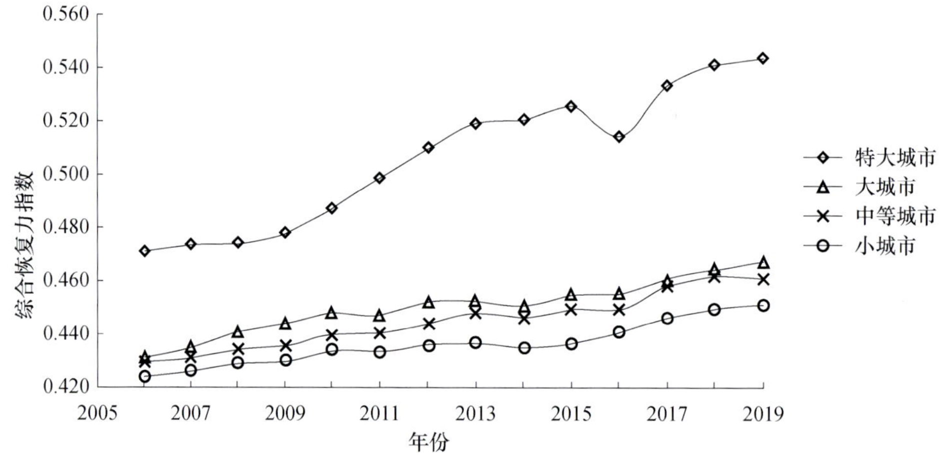

图 1.31　2006—2019 年四川干旱灾害综合恢复力指数变化

四川集中优势资源，努力建设成都经济区。成都的经济不断发展，经济恢复力不断增强，且经济的增强也进一步促进了社会恢复力的增强，因而虽然自然恢复力有所下降，但旱灾综合恢复力仍然不断增强。在成都经济区建设及成都的辐射带动下，大、中、小城市的人均 GDP、地均 GDP 不断增长，城市道路密度、千人卫生技术人员、百人移动电话拥有量也不断增加，在大城市的经济建设、基础设施完善及产业结构调整下，各城市的平均干旱恢复力指数从 2006 年的 0.431 增加到 2019 年的 0.467，平均增幅为 0.036；中小城市平均干旱恢复力指数从 0.425(2006 年)增加为 0.453(2019 年)，增幅为 0.028。

1.5.4 干旱灾害恢复力的空间变化

(1)干旱灾害的自然恢复力

在空间上，四川省干旱灾害的自然恢复力及其变化呈现出明显的空间差异。2006 年，四川省旱灾的自然恢复力较强和较弱的城市各占 33.33%，其中恢复力较强的城市主要分布在四川东部和中部部分地区，包括广安、成都、乐山、泸州等七个城市；而恢复力较弱的主要是内江、德阳、凉山等城市。此外，巴中和达州是 2006 年四川干旱灾害的自然恢复力最强的两个城市，恢复力指数分别为 0.556 和 0.542，属于恢复力强的城市范围；而甘孜的自然恢复力最差，恢复力指数为 0.395。此后，四川多数城市的自然恢复力随着 NDVI 的增大而增强，四川各城市的自然恢复力平均指数从 2006 年的 0.474 增加至 2019 年的 0.478，增加了 0.004。2006—2019 年，四川干旱灾害的自然恢复力增幅最大的城市为资阳市，其自然恢复力指数从 0.403(2006 年)增加至 0.425(2019 年)，增幅为 0.022 ；达州和巴中仅次于资阳，恢复力增幅分别为 0.020 和 0.014。然而，德阳、自贡、眉山和成都的自然恢复力指数有所下降，下降幅度分别为 0.002、0.006、0.012 和 0.039。

(2)干旱灾害的经济恢复力

2006—2019 年，四川省干旱灾害的经济恢复力及其变化存在明显的空间差异(图 1.32)。成都作为四川省会，区位优势明显，经济基础较好，生产要素聚集，地均 GDP 和人均 GDP 相对较高，经济恢复力相对较强。2006 年，成都市的人均 GDP 为 32185.39 元，经济恢复力为 0.428，属于经济恢复力较强范畴；德阳、攀枝花和自贡的经济恢复力相对次之，经济恢复力指数分别为 0.395、0.395 和 0.389，属于经济恢复力较弱的范畴。而其他 17 个城市均为恢复力弱的范畴，占四川城市总数的 80.95%。其中，遂宁的经济恢复力指数为 0.385，位列该范畴中的第一；资阳、眉山和内江的经济恢复力相对次之，恢复力指数均为 0.384，并列该等级第二；甘孜的经济恢复力指数为 0.374，是 2006 年四川经济恢复力最差的城市。

此后，随着经济进一步发展，以及产业结构调整优化等措施的实施，四川各城市的经济恢复力进一步增强。四川各城市的平均经济恢复力指数从 0.385(2006 年)增加到 0.401(2011 年)，此外，在成都市和成渝经济区建设的辐射带动下，成渝经济区包含城市的经济恢复力也不断增强，恢复力弱的城市显著减少。2011 年，四川经济恢复力相对较强的城市主要分布在成渝经济区。其中，恢复力最强的城市仍然为成都市，经济恢复力指数为 0.511，属于恢复力强的城市范畴。恢复力较强的城市包括攀枝花、德阳和自贡三个城市，恢复力指数分别为 0.423、0.421 和 0.414，占四川城市总数的 14.29%。恢复力弱的城市数目从 2006 年的 17 个下降至 2011 年的 5 个(雅安、凉山、广元等)，占四川城市总数的比例也从 80.95%下降至 23.81%。其中，甘孜的经济恢复力为 0.380，是 2011 年四川旱灾经济恢复力最弱的城市。

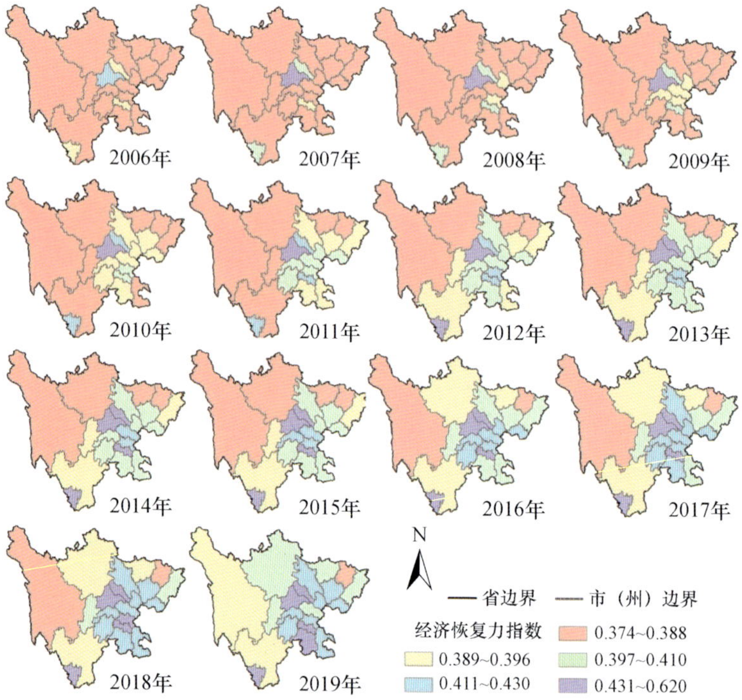

图 1.32　2016—2019 年四川在干旱胁迫下的经济恢复力时空变化

此后，随着经济更进一步发展，四川经济恢复力强和较强的城市数目继续增加，而恢复力较弱和恢复力弱的城市数目不断减少。2019 年，恢复力强的城市增加到包括成都、德阳、攀枝花等的 5 个城市。其中，成都市的经济恢复力最强，经济恢复力指数为 0.620，远高于其他城市。德阳和攀枝花的经济恢复力略次之，恢复力指数分别为 0.471 和 0.447。恢复力较强的城市从 2006 年 1 个城市(成都市)增加到 2019 年的 8 个城市(内江、遂宁、乐山等)，所占四川城市总数的比例增大到 38.10%，分布范围也扩大至成渝经济区的部分城市。其中，内江和遂宁的经济恢复力指数均为 0.428，并列经济恢复力较强等级中的第一；乐山和绵阳的经济恢复力指数相对次之，恢复力指数分别为 0.427 和 0.426。恢复力弱的城市数目从 17 个下降至 1 个，只有巴中市。2019 年，巴中的经济恢复力指数为 0.388，是四川经济恢复力最弱的城市。

(3)干旱灾害的社会恢复力

2006—2019 年，四川各城市干旱灾害的社会恢复力时空变化如图 1.33 所示。2006 年，除特大城市成都的社会恢复力指数为 0.478，属于恢复力强的城市范畴外，其余 20 个城市处于恢复力一般、较弱和弱的范畴。恢复力较强的城市包括攀枝花、广安、巴中等 5 个城市，占四川城市总数的 23.81%。其中，内江和阿坝的社会恢复力在该等级中排名最末，恢复力指数均为0.440。社会恢复力较弱的城市包括南充、遂宁、凉山和宜宾，恢复力指数分别为0.435、0.432、0.429和0.427。恢复力弱的城市主要分布在四川中部和西部部分地区，包括达州、德阳、广元等11个城市。其中，达州的社会恢复力指数为0.426，在社会恢复力弱这一等级中位列第一；德阳和广元的社会恢复力指数分别为0.424和0423，位列该等级的第二和第三；雅安和乐山是社会恢复力最差的两个城市，恢复力指数分别为0.410和0.405。

此后，随着四川基础设施的不断完善，2006—2011年，社会恢复力强和较强的城市不断增多，恢复力一般和恢复力弱的城市数目则不断减少。2011年，恢复力强的城市包括成都、广安等4个城市，占四川城市总数的19.05%。成都的社会恢复力最强，恢复力指数为0.493；广安、巴中和南充的社会恢复力次之，恢复力指数分别为0.488、0.474和0.472。恢复力较强的城市数目从2006年的0个增加到2011年的7个，主要分布在四川东部部分地区，占四川城市总数的33.33%。恢复力弱的城市数目则从2006年的11个下降至2011年包括甘孜、乐山和雅安3个城市，恢复力指数分别为0.424、0.422和0.413。

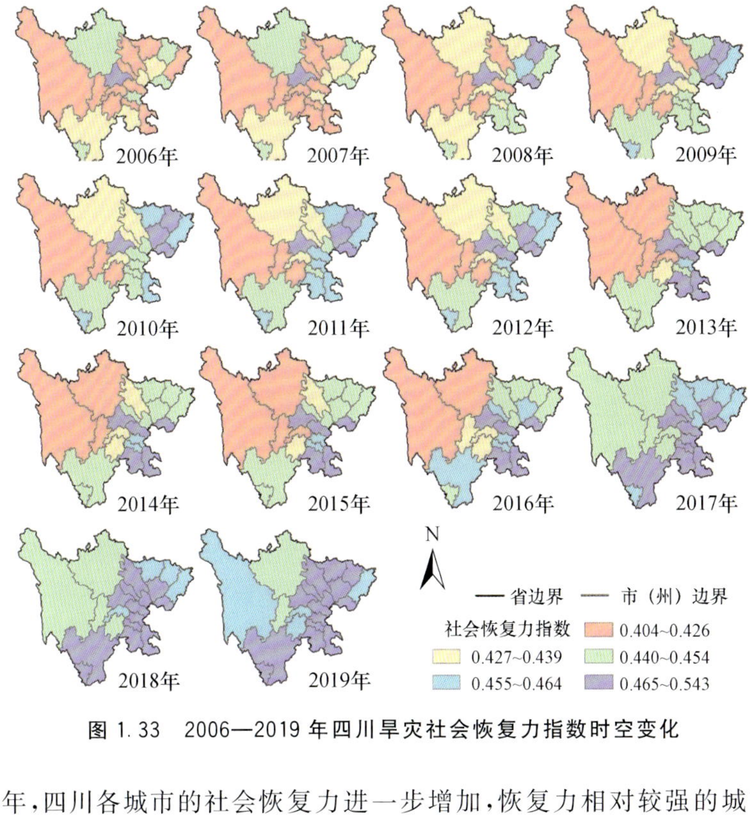

图1.33　2006—2019年四川旱灾社会恢复力指数时空变化

到2019年，四川各城市的社会恢复力进一步增加，恢复力相对较强的城市范围进一步扩大为成都、广安、泸州等15个城市，主要分布范围也进一步扩大到成渝经济区及四川南部部分地区。其中，成都的社会恢复力最强，恢复力指数为0.543；攀枝花、巴中的社会恢复力指数分别为0.468和0.465，在恢复力强这一等级中排名最末两位。恢复力较强的城市包括达州、甘孜和乐山等四个城市。其中达州和甘孜的社会恢复力相对较强，恢复力指数分别为0.463和0.461。雅安和阿坝是2019年四川在干旱胁迫下社会恢复力最差的两个城市，恢复力指数分别为 0.452 和 0.447，属于恢复力一般的城市范畴。

(4)干旱灾害的综合恢复力

2006—2019 年，在自然、经济、社会因素的综合作用下，四川省干旱灾害的综合恢复力总体在增强，综合恢复力较弱的城市数明显减少，恢复力较强和恢复力强这两个等级的城市在不断增加(图 1.34)，但在空间上也存在明显的差异。2006 年，四川省综合恢复力较弱的城市占全省城市总数的 52.38%，主要位于四川南部和中部部分地区，包括广元、乐山、内江、宜宾、德阳等 11 个城市。在这些城市中，广元的综合恢复力相对最强，恢复力指数为 0.434；乐山和攀枝花次之，恢复力指数均为 0.431；而眉山的综合恢复力在这一范畴中最差，恢复力指数为 0.416。2006 年，成都的综合恢复力最强，恢复力指数为 0.471，属于恢复力强的范畴。资阳和甘孜是综合恢复力最差的两个城市，其恢复力指数分别为 0.402 和 0.394。随着经济发展以及基础设施的逐步完善，综合恢复力强和较强的城市逐渐增多，而恢复力弱和较弱的城市数目显著下降。2019 年，四川多数城市的综合恢复力得到明显提升，恢复力弱的城市从 4 个(2006 年)下降至 0 个(2019 年)；恢复力较弱的城市从 11 个(2006 年)下降至 2 个(2019 年)，所占四川城市总数的比例从 52.38%(2006 年)下降至 9.52%(2019 年)；恢复力强的城市从 2006 年的 1 个(成都)增加至 5 个(成都、广安、泸州等)。其中，成都的综合恢复力最强，恢复力指数为 0.544。广安和泸州的综合恢复力指数次之，分别为 0.481 和 0.480。达州和巴中的综合恢复力在恢复力强这一范畴中排名最末，恢复力指数分别为 0.477 和 0.474。恢复力较强的城市从 2 个(巴中和达州)增加至 10 个(德阳、南充、宜宾等)，所占四川城市总数的比例从 9.52%增加至 47.62%，主要分布范围也从四川东部扩大至四川南部及东北部分城市。

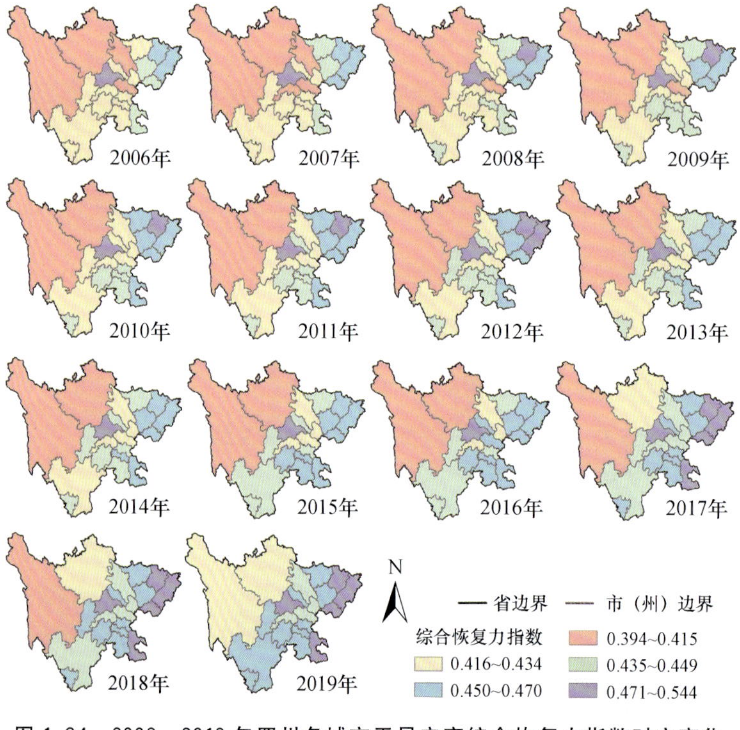

图 1.34　2006—2019 年四川各城市干旱灾害综合恢复力指数时空变化

第2章 灾区资源环境承载力评价技术与应用

2.1 灾区资源环境承载力评价的概念与发展

2.1.1 资源环境承载力相关概念

2.1.1.1 承载力

承载力(Carrying Capacity)是一个起源于古希腊时代的古老概念,原本是物理学中的物理量,指物体在不产生任何破坏时所能承受的最大负荷。这一概念起初应用于工程地质领域,后来逐渐演变为对发展的限制程度进行描述的常用概念(吴振良,2010)。

尽管承载力的概念起源于 Malthus(1789)在其著作《人口原理》(中文译名)一书中阐述了食物对人口增长的最终约束作用,并提出了第一个承载力研究的基本框架,即根据限制因子的状况来计算研究对象的极限数量。1921 年,Park 首次提出了生态承载力的概念,并将其定义为:某一特定环境条件下,某种个体存在数量的最高极限。

相比国外,我国承载力的概念最早出现于 1991 年,出自我国沿海新经济开发区环境的综合研究——《福建省湄洲湾开发区环境规划综合研究》,由此引起了众多学者的广泛研究。20 世纪 60 年代以后,随着人口、资源和环境问题日趋严重,人们逐渐意识到人类社会系统是由生态系统提供的资源和环境支撑起来的(叶京京,2007)。因此,当人们再次讨论资源和环境与人类社会系统之间的关系时,承载力便成为一个探讨可持续发展无法回避的概念。

如今,随着承载力概念的广泛应用,其在环境、经济和社会的各个领域都得到了不同程度的延伸,并且这些不同的科研领域都根据自己的研究特点赋予承载力不同的内涵。

2.1.1.2 资源承载力

资源承载力(Resource Bearing Capacity)是在承载力基础上的一种延伸和细化。关于资源承载力的概念描述,目前学术界广泛认同的是 20 世纪 80 年代联合国教科文组织的定义,即“一个国家或地区的资源承载力是指在可以预见到的期间内,利用本地能源及其自然资源和智力、技术等条件,在保证符合其社会文化准则的物质生活水平条件下,该国家或地区能持续供养的人口数量”。后来我国学者牛文元(1982)在其研究中也提出了资源承载力的简明概念。资源承载力研究大致先后包括土地资源、水资源、矿产资源、森林资源四大模块。

资源承载力描述的是一个极其复杂的系统,从上述联合国教科文组织给出的定义来看,这里资源包括自然资源和社会资源两大类。其中自然资源包括水、土地、森林、草原、动物、矿藏以及阳光、空气等;而后者则包括人力资源、信息资源以及经过劳动创造的各种物质财富。现有的资源承载力研究主要集中在土地资源承载力和水资源承载力等自然资源领域。

2.1.1.3 环境承载力

20世纪80年代，我国土地资源承载力的研究迅速兴起，如陈念平（1989）从土地资源承载力定义的理解、土地生产力的计算、单产预测、土地资源评价和土地利用结构调整等五个方面进行了深入的探讨。环境承载力是继土地、水、矿产、森林等资源承载力之后新的研究热点，最初来自于环境容量这一概念。《福建省湄洲湾开发区环境规划综合研究总报告》（福建省湄洲湾开发区环境规划综合研究组，1991）中提出了较为严格的"环境承载力"（Environment Bearing Capacity）概念，指"区域环境在某一个时期的状态条件下，其能够接受人类社会经济活动的临界值"。黄宁生等（2000）认为，从广义上讲，环境承载力指某一区域的环境对人口增长和经济发展的承载能力；从狭义上讲，即环境容量。黄秋香（2009）认为，环境自身具备一定的维持生态稳定的能力，一方面，它为人类活动提供资源，并为人类活动提供相应的空间和载体；另一方面，环境又能够容纳人类活动所产生的废弃物。但是，这种能力不是无限的，它有一定的限度，即这种能力存在一个阈值，而这个阈值就是人们所说的环境承载力。环境承载力是可持续发展的内涵之一，也是生态学的规律之一。环境承载力概念的出现源于人类面临的日益严峻的资源危机。环境承载力反映了环境系统对人类社会的支持能力（邓伟，2010）。

环境承载力反映的是环境与人类的相互作用关系，当人类社会活动对环境的作用不足以打破环境系统自身的平衡时，即外界的"刺激"尚没有超出环境系统维持其自身动态平衡的抗干扰能力时，环境系统保持正常运转，不会引发环境问题；当人类社会活动对环境的作用超过了环境所能支持的极限，即外界的"刺激"超出了环境系统维持其自身动态平衡的抗干扰能力时，人类活动对环境的作用力就超出了环境承载力，此时就会产生种种环境问题（齐亚彬，2005；李岩，2010；王志伟 等，2010）。

环境承载力还具有客观性和主观性两方面的特征。一方面，在一定的环境状态下其环境承载力是客观的，是一定的，也是可以衡量和把握的，表现出其客观的一面；另一方面，环境承载力的指标及数值会因人类社会行为内容的不同而发生相应的变化，而且人类可以通过调节自身的行为，特别是社会经济行为来改变环境承载力的大小，从而控制其变化的方向。

环境承载力的概念提出以后，学者们的研究不断深入，不仅丰富了有关环保和可持续发展领域的理论研究，还为区域实现经济社会和生态环境建设协调发展提供了理论支撑和指导，有着重大的理论意义和现实意义。

2.1.1.4 资源环境承载力

（1）概念

无论是基于资源承载力和环境承载力的研究发展，还是从资源环境-社会经济系统相互作用角度出发，学者们越来越重视资源环境综合承载力的研究。我国学者基于理解从不同角度给出了资源环境承载力的定义，但内容上又有统一之处，如齐亚彬（2005）提出，资源环境承载力（Resource Environmental Bearing Capacity）是由一系列相互制约又相互对应的发展变量和制约变量组成，包括自然资源变量、社会条件变量、环境资源变量等。邓伟（2010）认为，资源环境承载力指"特定时期内，在保证资源合理开发利用和生态环境保育良好的前提下，不同尺度区域的资源环境条件对人口规模及经济总量的承载能力”。

资源环境承载力的基本内涵包括两个方面：一方面是资源环境系统的支撑能力，即资源环境可供养的人口数量和能承受的社会经济总量等因素；另一方面是资源环境系统压力部分，即人类活动对资源环境产生的污染与破坏。资源环境承载力是一个包含资源、环境要素的综合承载力概念。资源系统提供人类生存和发展所必需的各种资源，因而资源承载力是环境承载力的基础。同时，资源的开发利用必然会引起环境的变化，人类在消耗自然资源的同时必然会向环境系统排出大量的废弃物，而环境系统对这些废弃物的承载能力是有限的，所以环境承载力构成了资源环境承载力的约束条件。

目前学术界对资源环境承载力方面的研究主要包括：①资源环境承载力的评价指标体系的建立；②资源环境承载力评价模型的构建；③资源环境承载力的综合评估；④与区域资源环境承载力相协调的区域资源环境保护的对策措施等。

(2)特性

一定时期、一定空间的资源环境承载力是客观存在的，是可以衡量和评价的，是一定区域的资源环境结构和功能的客观表征。

① 客观性

在一定时空下，对某一地区来说，环境的容纳能力以及资源的供给能力是一个相对固定的数值，所以资源环境承载力是客观存在的。同时区域作为一个开放的系统，它可以与外界相互联系，使其具有相对的稳定性，所以在区域资源环境系统本质上不发生变化的情况下，区域资源环境承载力在一定时间范围内是客观的，是可以估算的(刘蕾，2013)。

② 变异性

由于人类对资源环境不断施加各种压力，使资源环境系统结构发生变化，而这种变化将会导致资源环境质和量上的变化。质上的变化主要表现为承载力指标的改变；量上的变化主要表现为指标值的变化(刘晓丽，2013)。

③ 有限性

在一定的时空下，区域的环境纳污能力以及资源的供给能力并不是无限大的，是有一定限度的，这就意味着资源环境承载力有个最大的极限值，不能超过这个最大的资源环境承载力(王帆，2012；张丽，2012)。

④ 有限可控性

人类可以根据自己生产和生活的实际需要，对资源环境进行有目的的改造。换句话说，人类可以在一定程度上对资源环境承载力的变动加以控制，使其朝着人们期望的目标变动，但是这种控制并不是无限制的，人们只能在有限的范围内对其加以控制(陆建芬，2012；叶属峰，2012)。

(3)理论基础

① 资源稀缺理论

资源稀缺理论是伴随着自然资源的有限而提出来的。资源的稀缺性表现在资源量的有限性上，使人们不能无限地占有和使用资源，从而使资源具有了价值。Malthus(1789)在其著作《人口原理》(中文译名)中提出的“人口论”认为，人口的指数增长与自然资源的非指数平稳增长持续一段时间后，由于自然资源的稀缺性，人口数量或早或迟将超过自然资源所能承受的水平。Malthus认为,资源的稀缺性表现为报酬递减。Malthus(1836)在《政治经济学原理》(中文译名)中对这一点做了经济学的表述。自然资源的极限被表述为食物生产或其他生活必需品的极限,这种极限不会因为人口的增加或需求的扩大而有所扩张。由于存在这一极限,所有的自然资源都将很快被人类所占据利用。此时,人口的增加便意味着劳动力的增加;新增加的劳动力投入的报酬将呈递减趋势。在Malthus看来,无论是资源数量的有限性还是经济上的稀缺,都是必然存在的,而且是绝对的。它不会因技术进步和社会发展而有所改变。如果人类不重视自然资源的有限性,自然资源与环境将面临破坏,人口数量将以灾难性的形式减少(刘蕾,2013;刘晓丽,2013;黄洁,2014)。

新古典经济学的乐观派学者认为,市场机制的自发运行可以解决资源与可持续发展的矛盾,从而避免Malthus理论中资源绝对稀缺的悲惨处境,认为科技水平的提升可以提高土地和其他资源的生产率,从而克服报酬率递减的趋势。新古典经济学乐观派认为,价格会对资源的稀缺程度做出灵敏的反应。资源越稀缺则该种资源的价值就越高,从而增加了人们使用该种资源的成本,促使人们去改进技术发明以节约这种资源或是寻找替代品(黄洁,2014)。

② 增长极限理论

古典经济学家的资源稀缺论是基于社会经济对资源的需求来考虑的,含有对资源自然供给极限的认识,但它所强调的并不是自然极限本身,而是对经济的影响,对劳动力和资本投入的报酬和收益的影响。

1972年,受罗马俱乐部的委托,Meadows等(1972)出版了《增长的极限》(*The Limits to Growth*)一书,运用电子计算机技术,计算世界人口增长对经济所造成的影响,认为当前对世界经济影响最大的是人口增长、粮食供应短缺、资本投资、环境污染、资源枯竭五大因素;而且这五大因素都是呈指数增长的。他们进而提出了"经济增长极限论"。经济增长极限观点的提出,使人类社会从征服自然进而实现经济增长的自我陶醉中醒悟过来,重新审视资源利用、环境保护与经济发展三者之间的关系。极限论者指出,对自然资源的开采利用有一个限量,社会经济排放到自然环境的废弃物也有一个极限。如果将自然环境对废物的吸纳降解容量理解为一个仓库的话,那么这一仓库容量就是极限。因此,人类社会在追求经济增长的同时,必须关注资源环境承载力问题。

③ 人与自然和谐理论

西方自然保护的思想形成于18世纪中叶,美国的地理学家、外交家Marsh(1864)的《人与自然》(中文译名)一书是西方环境保护的开创性著作。在其著作中,他提出了人与自然相和谐的观念,其主要内容是:自然界是一个整体,自然资源是由有机生命体和无机物质组成的一个整体的"物质王国",它已形成一种牢靠的平衡状态。自然界自身有着稳定性和抗逆性的特征。稳定性和抗逆性是生态系统的重要特征,尽管生态系统概念在20世纪30年代才出现,但其特征已为George所揭示。George认为,只要排除人类的敌意活动,由稳定性和抗逆性所形成的自然界均衡将会永远存在下去。人类活动给自然带来极大的破坏,自然均衡状态的破坏将会使地球降低其生产力,造成其表面破碎、凌乱,气候变得异常、极端,从而威胁人类的生存。因此,由人类不明智的经济活动带来的环境退化和自然资源的非持续利用,最终危及的还是人类本身。人类对自然有着破坏性的力量,但人类是可以避免使用这一力量的。人类对自然不应抱有敌意,不能试图征服自然,而应当认识并顺从自然,寻求一

明确结论的定性或定量指标。同时，所选的指标要能从不同角度和侧面对资源环境承载力进行衡量。

(2)协调性原则

这一原则要求各指标之间要保持良好的协调性，既要保持各个指标的独特性，以防出现过度相似的指标，又要保持整个指标体系的系统性和完整性，以便尽可能完整地反映经济系统是否高效、社会系统是否健康、生态系统是否向良性循环的方向发展等。

(3)可比性原则

可比性原则的要求主要体现在两个方面：在时间方面，要求选取的指标要具有历史可比性，即目前的指标可以和过去的指标进行很好的对比；在空间方面，要求指标具有区域可比性，即要求所选的指标要在灾区内部不同区域间具有可比性。

(4)区域性原则

任何区域系统的结构都具有一定的一致性。在选取不同区域间的指标时要注意保持同类数据结构的一致性，尽量选取一些有共性的、能说明普遍问题的指标。同时，我们也要认识到不同区域又有其不同于其他区域的特殊性，因为不同区域之间资源环境承载力在不同空间与时间上具有较大的差异性，地域性很明显，这种差异很大程度上决定了区域资源环境承载力的不同，因此，在相同指标体系构架中，指标项的选取还应尽可能反映出区域间的差异，尽量选取一些包含反映这种区域特色的指标。

(5)可操作性原则

指标项选取的难易程度、可定量化水平等应成为指标选取过程中的关键性原则。就灾区而言，部分受灾地区经济发展水平落后，在基础数据资料的收集统计、基本经济社会发展信息的披露方面都比较迟缓，而且很多数据资料的权威性有待考察。因此，我们在选取灾区资源环境承载力的相关评价指标时，务必要注意数据资料的可靠性和获取的难易程度，对于那些不够权威、不易获取的指标要进行适当的规避，竭力确保最终所选指标的可操作性。

2.2.2 灾区资源环境承载能力评价指标体系

文传浩等(2002)在综述近年来国内外旅游环境承载力研究进展的基础上，将旅游环境承载力划分为自然环境承载力、社会环境承载力、经济环境承载力三个层次，从而建立了自然保护区的生态旅游环境承载力评价指标体系。

苗丽娟等(2006)从海洋生态环境系统与社会经济系统两个方面构建海洋生态环境承载力指标体系，一类指标用来反映区域社会经济发展对海洋生态环境的压力，另一类则用来反映海洋生态环境对区域社会经济发展的承载能力，为定量分析沿海地区生态环境承载力奠定基础。

程军蕊等(2006)在系统论述流域水资源承载力指标体系设计原则的基础上，根据钱塘江流域水资源的特点构建了该流域水资源承载力的评价指标体系，同时提出了流域水资源承载指数、压力指数及承载度指数的计算方法。

黄秋香(2009)根据矿区资源综合环境承载力，对设施承载力、资源环境承载力、经济社会承载力及社会心理承载力进行研究。李岩(2010)通过土地面积、人口密度、地区生产总值、单位 GDP 能耗、播种面积、客运量、货物周转量、废水排放总量、工业废气排放总量以及工业固体废物产生量10个主要统计指标，选取主成分分析法去计算资源与环境综合承载力的大小。

董文等(2011)把资源环境承载力的评价指标体系分为五类，包括大气、水、土地、能源和生态要素，这一指标体系的划分主要是对省级主体功能区划进行展开的。随着承载力概念在经济和社会各个领域进行延伸，其在环境规划及管理等领域也得到广泛的应用。与此同时，很多学者从不同角度对资源环境承载力进行了概念界定和理论探索，取得较为丰硕的成果，至此资源环境承载力思想在全球范围内形成。

建立一套相对科学的评价指标体系对灾区资源环境承载力的评价至关重要。体系的主要工作任务是根据对水土资源、生态重要性、生态系统脆弱性、自然灾害危险性、环境容量、经济发展水平等方面的综合评价，确定可承载的人口总规模，提出适宜人口居住和城乡居民点建设的范围以及产业发展导向。

灾区资源环境承载能力评价指标可分为四层：第一层是目标层，即灾区资源环境承载能力；第二层为领域层，根据资源承载能力和环境承载能力两方面得出水土资源支撑能力与环境容量评价、灾害危险性评价、人口和经济基础条件评价、基础设施支撑能力评价这四个资源环境承载能力的属性；第三层为属性层，对相应领域层的各种属性类型进行表征；第四层为指标层，即采用科学合理的评价指标对各属性层进行定量化评价。

(1)水土资源支撑能力评价与环境容量评价。水土资源支撑能力评价即土地资源支撑能力评价和水资源支撑能力评价。土地资源是评估灾区资源环境承载能力的关键因素，是人类经济社会活动作用于土地资源的综合反映。土地资源评价采用适宜建设用地和适垦耕地表征人类居住和生产用地的特殊需求，同时反映出可利用土地资源的数量和质量结构，为将来产业结构布局打下基础。水资源评价采用可利用水资源量代替水资源量，可以代表区域水资源的丰富程度，反映水资源对重建区域经济发展的支撑能力。资源环境承载能力评价中的环境容量评价也是重要部分，其评价目的是从区域的各项环境组成要素的角度判断灾区开发重建的适宜性。重建规划区存在各种对环境的污染源等，水资源作为后续发展的重要支撑能力，采用水环境容量作为指标，即水体环境在一定的功能要求、设计水文条件和水环境目标下，所允许容纳污染物量可利用水污染胁迫指数表征。它是了解一个区域内的现状污染程度，掌握水环境容量的余量，为人口的恢复和后续的经济产业布局提供相应的依据。

(2)灾害危险性评价揭示灾区地震诱发的滑坡、崩塌、泥石流等次生地质灾害的发育分布特征，评估次生地质灾害易发度和危害性，划分地质灾害避让区，为灾区恢复重建选址和规避提供依据。采用致灾因子，即降雨量、地形坡度、切割深度、构造断裂带密度、地壳活动性以及岩土体种类等作为度量次生地质灾害的易发性指标。除了度量灾害易发性，还需要度量灾害所产生的不利影响，即采用河流密度、工程密度、灾害密度、森林覆盖率和人口分布密度等作为受灾害影响的对象。最后将各指标以其权重进行加权得到次生灾害危险性指数。

(3)人口和经济基础条件评价，即对人口和经济产业在空间上的合理配置程度进行评价。首先对人口进行评价，采用人口发展合理性评价指数表征空间分布的合理性，其下级指标包括灾区人口规模、人口密度、城镇化率、外出打工人口比例、人口灾害伤亡率、民族人口比率这七个指标，作为人口配置适应性综合评价依据。结合地形因子中的高程和坡度进行约束来表征人口发展的合理性。与灾害危险性评价相似，采用量化指标以其权重进行加权最终得到人口发展合理性评价指数。经济基础评价采用地均GDP反映经济活动的稀疏状态和聚集程度，非农业产值比重反映城市群经济结构状况，GDP 和财政收入反映灾区各地的经济规模和经济发展水平。上述四个指标进行权重加权表示该地区的灾前经济总体发展水平评价。

（4）基础设施支撑能力评价，是衡量基础设施优劣和水平高低的评价指标，采用交通设施支撑能力、水利设施支撑能力和能源设施支撑能力三个指标。其中，交通设施支撑能力包括铁路、公路和机场三项支撑能力；水利设施支撑能力包括自然河流和水库支撑能力；能源设施支撑能力包括资源禀赋、电源设施和电路设施三方面。由上述三个指标最终得到基础设施支撑能力评价，如表 2.1 所示。

表 2.1　灾区自然环境承载能力评价指标体系

目标层	领域层	属性层	指标层
灾区资源环境承载能力	水土资源支撑能力与环境容量评价	土地资源承载能力评估	适宜建设用地
			人均耕地面积
		水资源承载能力评价	人均可利用水资源量
		水环境容量	水环境容量
			水污染胁迫程度
			工业废水达标率
	灾害危险性评价	灾害易发性评价	地形坡度
			切割深度
			降雨敏感性
			构造断裂带密度
			地壳活动性
			岩土体种类
		灾害影响评价	河流密度
			森林覆盖率
			灾害密度
			工程密度
			受灾面积比例
	人口和经济基础条件评价	经济总体发展水平评价	GDP
			地均 GDP
			财政收入
			非农业产值比重
		人口发展合理性评价	灾区人口规模
			人口密度
			城镇化率
			外出打工人口比例
			人口灾害伤亡率
			民族人口比率
			万人拥有医疗机构技术人员数

续表

目标层	领域层	属性层	指标层
灾区资源环境承载能力	基础设施支撑能力评价	交通设施支撑能力评价	铁路
			公路
			机场
		水利设施支撑能力评价	自然河流
			水库
		能源设施支撑能力评价	资源禀赋
			电源设施
			电路设施

2.2.3 主要评价指标的计算

(1)适宜建设用地

对于高程＜2500 m、地形坡度＜15°的耕地、园地、林地、草地、已有建设用地、未利用地，按坡度＜5°、5°～8°、8°～15°进行分级，对应适宜、较适宜和条件适宜三个等级。

(2)人均耕地面积

对应适垦耕地，用来评价灾区可利用土地资源的数量结构和质量特征，在一定程度上反映对人口、经济发展等的承载能力。

$$人均耕地面积=\frac{灾区耕地面积}{灾区人口数} \tag{2.1}$$

(3)人均可利用水资源量

$$人均可利用水资源量=\frac{多年平均可利用水资源总量}{灾区人口数} \tag{2.2}$$

人均可利用水资源量指标分级如表 2.2 所示。

表 2.2　人均可利用水资源量分级

等级	人均可利用水资源量/m^3
1	＜500
2	500～1000
3	1000～1700
4	1700～3000
5	＞3000

(4)森林覆盖率

森林覆盖率指郁闭度 0.2 以上的乔木林、竹林、国家特别规定的灌木林地面积，以及农田林网和村旁、宅旁、水旁、路旁林木的覆盖面积的总和占土地面积的百分比，反映森林资源的丰富程度和生态平衡状态。

$$森林覆盖率=\frac{森林面积}{灾区土地面积} \tag{2.3}$$

(5)水环境容量

环境容量指灾区主要环境要素的容量及超载情况，包括大气环境容量和水环境容量。这里主要考虑水环境容量，指满足一定水环境质量标准要求的最大允许污染负荷量。以COD作为主要污染物，计算公式为

$$水环境容量_{COD}=Q(C_i-C_{i0})+k_iC_i \tag{2.4}$$

式中，Q 代表区域的水资源量；C_i 表示环境介质污染物允许浓度（即某种环境标准值）；C_{i0} 代表环境介质中某种污染物的原始浓度；k_i 为污染物降解系数，设定COD降解系数为0.2 L/D。

(6)地形坡度

按照坡度>30°，每5°为一级，将坡度分为5个等级，如表2.3所示。

表 2.3 地形坡度分类的等级

等级	坡度/°
1	30～35
2	35～40
3	40～45
4	45～50
5	>50

(7)降雨敏感性

采用多年平均降水和触发地质灾害的降水阈值的比值来表征降雨敏感性。

$$降雨敏感性=\frac{多年平均降水}{降水阈值} \tag{2.5}$$

(8)构造断裂带密度

指灾区单位面积构造断裂带长度，是衡量地质背景条件的重要指标之一。

$$构造断裂带密度=\frac{构造断裂带长度}{灾区面积} \tag{2.6}$$

(9)岩土体种类

一般来说，岩土体强度越大，山体越稳定，承受外界因素破坏能力越大，能为地质灾害发育提供的地表松散物质越少；相反，松软的岩石，如半成岩、第四系沉积等本身就能直接为地质灾害的发育提供松散物质源，发生地质灾害可能性就大，根据不同岩土体的岩性以及其硬度划分不同等级并且进行打分（表2.4）。

表 2.4 岩土体分类

名称		定性坚定	代表性岩石	抗压强度/MPa	打分
硬质岩	坚硬岩	锤击声清脆，有回弹，震手，难击碎；浸水后，大多无吸水反应	未风化至微风化的花岗岩、正长石，闪长岩、辉绿岩、玄武岩、安山岩、片麻岩、石英片岩、硅质板岩、石英岩、硅质胶结的砾岩、石英砂岩、硅质石灰岩等	>60	1～2

续表

名称		定性坚定	代表性岩石	抗压强度/MPa	打分
硬质岩	较坚硬岩	锤击声清脆,有轻微回弹,稍震手,较难击碎;浸水后,有轻微吸水反应	弱风化的坚硬岩;未风化至微风化的熔结凝灰岩、大理岩、板岩、白云岩、石灰岩、钙质胶结的砂岩等	30~60	3~4
软质岩	较软岩	锤击声不清脆、无回弹、较易击碎;浸水后,指甲可刻出印痕	强风化的坚硬岩;弱风化的较硬岩;未风化至微风化的凝灰岩、千枚岩、砂质泥岩、泥灰岩、泥质砂岩、粉砂岩、页岩等	15~30	5~6
	软岩	锤击声哑,无回弹,有凹痕,易击碎;浸水后,手可掰开	弱风化的坚硬岩;弱风化至强风化的较坚硬岩;弱风化的较软岩;未风化的泥岩等	5~15	7~8
	极软岩	锤击声哑,无回弹,有较深凹痕,手可捏碎;浸水后,可捏成团	全风化的各种岩石;各种半成岩	<5	9~10

(10)万人拥有医疗机构技术人员数

万人拥有医疗机构技术人员数反映公共医疗发展水平和医疗结构,表征灾区重建的医疗技术水平。

$$\text{万人拥有医疗机构技术人员数}=\frac{\text{年末医疗技术人员数}}{\text{年末常住人口数量}\times 10000} \tag{2.7}$$

(11)人口密度

人口密度是指单位土地面积上的人口数量,是衡量地区人口分布状况的重要指标。

$$\text{人口密度}=\frac{\text{人口数量}}{\text{灾区面积}} \tag{2.8}$$

(12)人均GDP

人均GDP由一个地区核算期内(通常是一年)实现的国内生产总值与地区常住人口的比值计算得出,是衡量地区宏观经济运行状况和人民生活水平的重要指标。

(13)受灾人口

受灾人口是指因灾害而造成生命、财产等损失的人口数量,是衡量灾害严重程度的重要指标之一。

(14)受灾经济损失

受灾经济损失是指灾害对经济造成的破坏情况和损失程度,一般用货币形式表示。主要包括两部分:一是因各种工程设施及工农业产品、商储物质、生活与生产设施和物品等因灾破坏后所形成的财产损失;二是社会生产和其他经济活动因灾导致停工、停产或受阻等所形成的损失。

2.2.4 指标权重确定

为了准确反映各评价指标对资源环境承载力影响的大小,考虑到主客观两方面的因素，本节采取层次分析法(Analytic Hierarchy Process，AHP)来确定权重。层次分析法是一种以数位相关领域专家的研究经验判断为基础，再进一步结合适当的数学模型运算来确定权重的方法。该方法确定权重的流程如下。

首先，建立承载力属性表征层的判断矩阵：

$$\boldsymbol{B}=\begin{bmatrix}1 & \cdots & a_{1i}\\ \vdots & \ddots & \vdots\\ \dfrac{1}{a_{1j}} & \cdots & 1\end{bmatrix} \tag{2.9}$$

根据专家主观判断各指标的相对重要性，进行相对重要性的评判(表2.5)。

表2.5 判断矩阵标度确定

标度	含义
1	两者同样重要
3	指标 i 比指标 j 稍微重要
5	指标 i 比指标 j 重要
7	指标 i 比指标 j 强烈重要
9	指标 i 比指标 j 稍微重要
2,4,6,8	判断的中值
倒数	指标 i 与指标 j 判断标度为 a_{ij}，则指标 j 与指标 i 判断标度 $a_{ji}=1/a_{ij}$

计算判断矩阵的特征向量 W_i 与特征根 λ_i，得到判断矩阵的最大特征根 λ_{max} 以及其对应的最大特征向量 W_0。

然后，为了确保权重的正确性，需要进行一致性检验：

$$\mathrm{CI}=\frac{\lambda_{max}-n}{n-1} \tag{2.10}$$

$$\mathrm{CR}=\frac{\mathrm{CI}}{\mathrm{RI}} \tag{2.11}$$

式中，λ_{max} 表示判断矩阵的最大特征根，n 表示矩阵的阶数，RI为平均随机一致性。当 $\mathrm{CR}<0.1$ 时，表示矩阵的一致性是可接受的(表2.6)。

表2.6 平均随机一致性

阶数	1	2	3	4	5	6	7	8
RI	0	0	0.52	0.89	1.12	1.26	1.36	1.41
阶数	9	10	11	12	13	14	15	
RI	1.46	1.49	1.52	1.54	1.56	1.58	1.59	

最后，进行权重的归一化。当得到最大特征根对应的最大特征向量 W_0 时，W_0 就是各指标的权重，但是指标权重应满足以下条件：

$$\sum_{n=1}^{j} W_{0n}=1 \tag{2.12}$$

式中，W_{0n} 表示最大特征根所对应的特征向量。所以判断矩阵一致性满足条件时，表示指标的权重是合理的。为了使权重的加权之和为1，对权重归一化，过程为

$$W_n = \frac{W_{0n}}{\sum_{n=1}^{j} W_{0n}} \tag{2.13}$$

式中，W_n 表示各指标对应的AHP主观权重。

2.3 灾区资源环境承载力测度方法与标准确定

2.3.1 灾区资源环境承载力测度方法

纵观国内外承载力的发展历程，从生态学关于物种的承载力到资源和环境对人类社会经济发展限制而进行的土地资源、水资源、环境等单要素承载力研究，最后到现在的资源环境综合承载力的研究，研究的内容越来越复杂，研究的方面也越来越综合。不同的学者针对不同的问题选取的指标和分析法有所差别，但总体来看都是围绕资源规模、环境影响因素和经济社会三大方面展开。大多通过分析资源环境承载力的含义，结合所要研究的问题，确定影响资源环境承载力的指标，然后建立其评价指标体系，最后通过综合分析、定性分析、层次分析、德尔菲法等进行评价，根据评价结果对某区域的发展提出相应的对策。

彭再德等(1996)分析了环境承载力与区域环境容量和区域环境规划的区别和联系，建立评价指标的灰色关联度模型及各项指标变化的灰色预测模型，并以此对上海市浦东新区区域环境承载力进行分析研究。

蒋晓辉等(2001)建立了研究区域水环境承载力的大系统分解协调模型，并将模型应用于关中地区，进而得到不同方案下该地区的水环境承载力指数，并据此提出了提高关中地区水环境承载力的最优策略。毛汉英等(2001a)探讨了区域承载力定量研究方法，指出其是由资源承载力和环境承载力演化而来的，提出采用状态空间法作为量度区域承载力的基本方法。毛汉英等(2001b)通过建立评价指标体系对环渤海地区区域承载力进行定量评价，并利用系统动力学模型对区域承载力和承载状况的变化趋势进行模拟和预测。马爱锄(2003)选取生态足迹分析方法对西北地区的资源环境承载力进行了分析评价，并对西北地区开发模式的选取进行了探讨。还有学者根据矿区资源环境承载力的内涵，建立了矿区资源环境承载力评价指标体系，并应用矢量法建立了矿区资源环境承载力评价的多指标评价模型，为矿区资源环境承载力评价提供一种更加符合客观实际的评价方法(闫旭骞，2006；闫旭骞等，2005)。

程雨光(2007)运用主成分分析方法研究了江西省11个地市2004年的资源环境承载力，提出了相对资源环境承载力的概念，并计算江西省1998—2002年的相对资源环境承载力，提出了改善资源环境承载力的对策建议。刘晓丽等(2008)通过分析国内外资源环境承

若某因素的某项评价指标的上限值为 $\max(x_i)$，下限值为 $\min(x_i)$，且该指标以最大为最优，那么，它的隶属度 x_{ij} 可用升半梯形函数表示，见图 2.3(a)，计算公式为

$$r_{ij}=\begin{cases}0 & 0\leqslant x_j\leqslant \min(x_j)\\ \dfrac{x_{ij}-\min(x_j)}{\max(x_j)-\min(x_j)} & \min(x_j)<x_j\leqslant \max(x_j)\\ 1 & x>\max(x_j)\end{cases}\quad i=1,2,\cdots,n;j=1,2,\cdots,n \tag{2.21}$$

若某因素的某项评价指标 X_{ij} 的上限值为 $\max(x_i)$，下限值为 $\min(x_i)$，且该指标以最小化为最优；那么，它的隶属度 r_{ij} 可用降半梯形函数表示，见 2.3(b)，计算公式为

$$r_{ij}=\begin{cases}1 & 0\leqslant x_j\leqslant \min(x_j)\\ \dfrac{\max(x_j)-x_{ij}}{\max(x_j)-\min(x_j)} & \min(x_j)<x_j\leqslant \max(x_j)\\ 0 & x>\max(x_j)\end{cases}\quad i=1,2,\cdots,n;j=1,2,\cdots,n \tag{2.22}$$

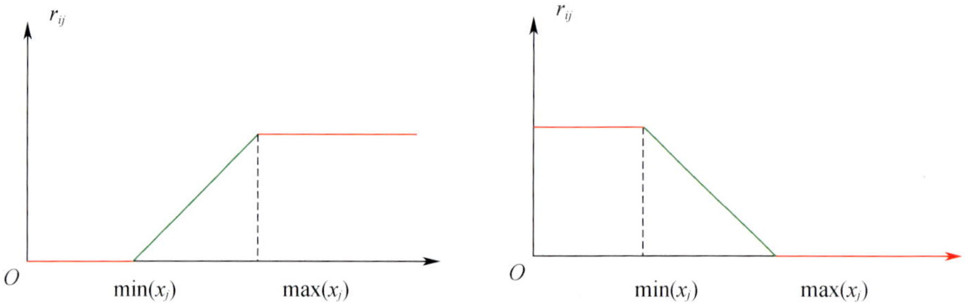

(a) 升半梯形函数示意图　　(b) 降半梯形函数示意图

图 2.3　升、降半梯形函数示意图

2.3.2　灾区资源环境承载力评价标准设定

这里引入承载强度(RCI)的概念。所谓承载强度，反映的是一个地区在一定时期内资源环境系统对人类作用的承载状况，可以由该地区环境理想的承载状况(RCC)与现实承载力(RCS)之间的离差来表示。一个地区资源环境理想的承载状况与现实承载力之间会出现以下三种情况：

当 RCS>RCC 时，表示该地区资源环境处于超载状态；

当 RCS=RCC 时，表示该地区资源环境处于满载状态；

当 RCS<RCC 时，表示该地区资源环境处于可载状态。

以上三种情况可以作为评判一个地区资源环境承载力状况的基本标准。

2.4 灾区资源环境承载力评价应用——以长宁地震灾区为例

2.4.1 灾前资源环境承载力评估

2.4.1.1 数据准备

2.4.1.1.1 人口数据

长宁地震主要波及了四川省宜宾市六个县(区)。六个县(区)的总人口合计为331.12万,户籍人口密度492人/km²,其中翠屏区户籍人口密度最高。六个县(区)中仅翠屏区常住人口大于户籍总人口,其余五个县的户籍人口都低于常住人口,且五个县人口增长率皆为负,人口净流出特征突出,其中珙县最为突出。灾区的城镇化水平高于四川省52.29%的城镇化水平,但县区之间的差异较大,其中兴文县的城镇化率仅为39.03%,远低于四川省的城镇化率;翠屏区的城镇化率达到了77.5%,远高于四川省的平均水平。详见表2.7。

表2.7 灾区人口统计汇总表

地区	户籍总人口/万人	户籍人口密度/(人/km²)	常住总人口/万人	城镇化水平/%	人口增长率/‰
长宁县	46.27	462	34.67	45.57	−5.6
高县	52.94	400	41.50	41.30	−13.5
珙县	43.01	374	37.50	51.79	−14.5
江安县	55.70	610	41.80	46.88	−12.5
兴文县	48.56	354	38.80	39.03	−6.2
翠屏区	84.64	754	89.20	77.50	0
灾区全部	331.12	492	283.47	53.10	−5.7

图2.4是地震灾区的人口密度分布图。该图很好地反映了地震灾区的人口聚集程度,灾区的人口密度大部分在200人/km²以下以及200~400人/km²,有五个区域的人口密度大于800人/km²,分别是江安县、长宁县、高县、珙县、翠屏区五个县区的市区地区,其中翠屏区的人口密度超过了2000人/km²。

2.4.1.1.2 地形数据

长宁地震灾区地处云贵川三省结合部,金沙江、岷江、长江三江交汇处,具有独特的山水格局及优良的生态环境,地形整体南高、北低,相对高差达到1611 m。西南部为低中山区,地质构造复杂,地形切割强烈,山势陡峻,险峰峥嵘,喀斯特发育。东北部为丘陵区,地质构造简单,地貌起伏较小且开阔,沟谷切割较浅且迂回曲直。地形坡度在25°以上的山地面

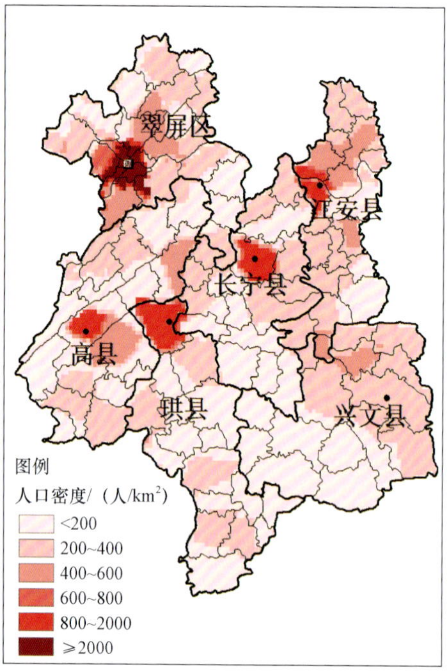

图 2.4 长宁地震灾区人口密度分布图

积占总面积的 15.1%。复杂的地形导致灾区的救援难度呈指数增加，地形条件对地区资源环境承载能力的约束性极强。

（1）地形高程空间分异特征

长宁地震灾区海拔高程的分级标准按照海拔小于 200 m、200～400 m、400～800 m、800～1000 m 和大于 1000 m 划分为五个级别（表 2.8），分别对应平原、丘陵、低山山地、中山山地、高山山地。根据 SRTM 30 m 分辨率的高程数据生成地形高程分级图，灾区具体高程空间分布见图 2.5。

表 2.8 长宁地震灾区海拔高程分异情况

地区	<200 m		200～400 m		400～800 m		800～1000 m		>1000 m	
	面积/km²	比重/%	面积/km²	比重/%	面积/km²	比重/%	面积/km²	比重/%	面积/km²	比重/%
长宁县	0	0	570.00	57.00	380.00	38.00	30.00	3.00	20.00	2.00
高县	0	0	258.00	19.50	1000.20	75.60	59.50	4.50	5.30	0.40
珙县	0	0	24.20	2.10	704.60	61.30	291.00	25.30	129.90	11.30
翠屏区	0	0	797.00	71.00	325.67	29.00	0	0	0	0
兴文县	0	0	236.20	17.20	639.82	46.60	228.00	16.60	269.10	19.60
江安县	9.12	0.01	652.30	71.52	258.46	28.34	1.20	0.13	0	0
灾区全部	9.12	0.13	2537.70	36.83	3308.75	48.03	609.70	8.85	424.30	6.16

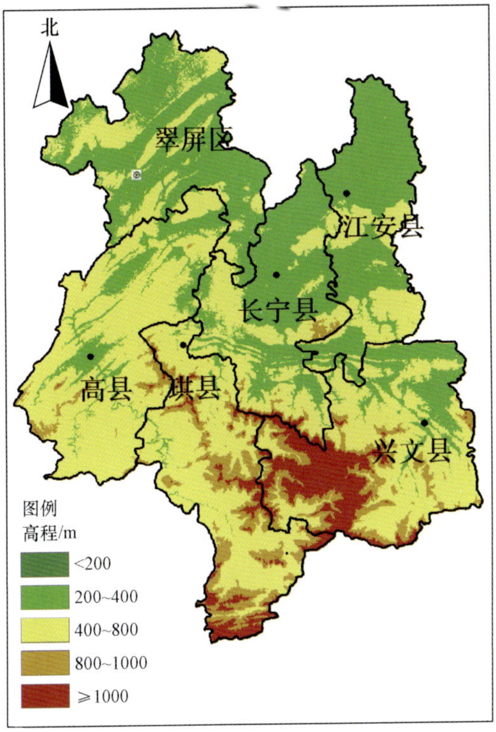

图 2.5　长宁地震灾区地形高程图

地震灾区的高程主要集中在 200～800 m 的丘陵地区与低中山地上，200～800 m 的区域合计面积占灾区总面积的 84.86%。其中，200～400 m 的低山山地主要集中在翠屏区、长宁县、江安县三县境内，分别占三县面积的 71%、57%和 71.52%；而 400～800 m 的中山山地主要集中在高县、珙县、兴文县三县境内，分别占三县的 75.6%、61.3%和 46.6%。高程大于 1000 m 的高山山地主要集中分布在珙县与兴文县境内，分别占两县的 11.3%和 19.6%。

分县统计结果显示，重灾区珙县的地形复杂程度与地形整体高度明显高于其余两个重灾区长宁县与高县，表现在其地形分布起伏大，有较破碎的中山及高山山地，且境内缺少平原丘陵，山地面积占全境的 97.9%。重灾区高县的高程以低山山地为主，占全境面积的 75.6%，少部分的丘陵地带分布于境内的中部与北部地区，占全境的 19.5%。重灾区长宁县高程主要以丘陵与低山山地为主，分别占长宁县总面积的 57%和 38%，在空间分布上呈现从北到南的交错分布，即丘陵—山地—丘陵—山地。长宁地震灾区高程分异情况见表 2.8。

(2)地形坡度空间分异特征

长宁地震灾区地形坡度分为小于等于 5°、5°～8°、8°～15°、15°～25°以及大于 25°五个等级，分别代表平地、平坡地、缓坡地、中坡地和陡坡地。坡度越小，建设布局的自由度越大，建设成本越低，越适宜建设开发；坡度越大，建设布局的难度越大，不仅前期需要更大的经济投入，在开发建成后，也容易引起边坡失稳，造成生命财产损失。地形坡度分级标准及依据如下。

5°：地形坡度在 5°及其以下，水土流失基本与平地一样，适宜城镇建设。地势平坦，有利于节约用地，而且对城镇道路和管网的布局基本上没有限制。

8°：地形坡度5°～8°较适宜城镇建设。地形有一定坡度，须采用台地与平地结合的混合式竖向设计，增加一定的土石方和防护工程量；对道路和管网布局构成少量限制，但容易营造有特色的城镇景观。

15°：15°是水土流失的一个相对质变点，15°以上水土流失急剧增大。地形坡度8°～15°属于中等适宜城镇建设。当地形坡度大于8°时居住区地面连接形式宜选用台地式，台地之间须用挡土墙或护坡连接，土石方和防护工程量较大，对道路和管网布局构成较大限制。当居住区内道路坡度大于8°时，应辅以梯步解决竖向交通，并在梯步旁附设推行自行车的坡道，建设成本的增加比较显著，生活有一定不便。

25°：地震灾区25°～35°的斜坡多有形成泥石流的物质分布，30°～50°易发生滑坡现象。地形坡度在25°以上时无法集中安排城市建设用地，也不适于工业仓储用地的交通组织和生产工艺流程组织。可安排少量居住用地，但纵向交通组织和管网布局均具有很大局限性。通常道路坡度很陡，需要设专门的道或采用迂回式道路，建设成本显著上升，安全性下降，生活十分不便。

本节选择SRTM 30 m DEM数据作为底图，使用ArcGIS提取地震灾区的经纬度范围，最终生成图2.6显示灾区的坡度空间分布。

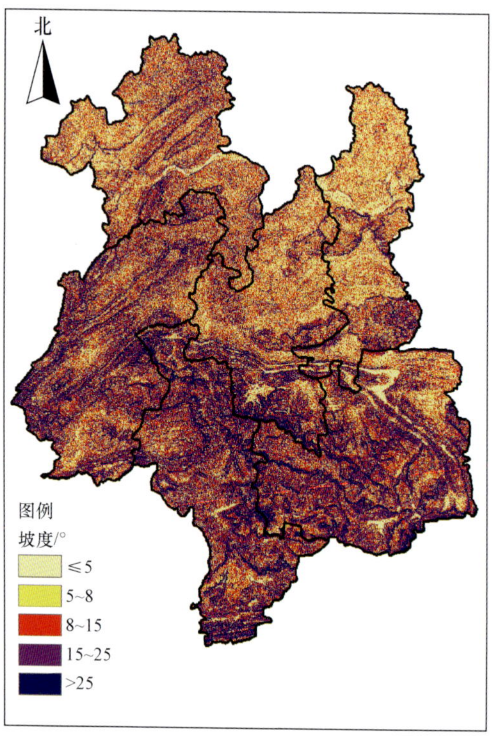

图2.6　长宁地震灾区地形坡度图

从地形坡度分级数据来看(表2.9)，坡度大于15°的面积总计为2880.7 km²，占灾区总面积的41.9%，主要分布在灾区的南部山区，北部丘陵与低山地区仅有少量分布；而坡度小于15°的面积达到了4000.4 km^2，占灾区总面积的58.1%，主要分布在北部丘陵与低山地区，仅在南部有少量分布。分县统计结果显示，坡度小于等于15°的地区占比从大到小分别是江安县的79.6%、翠屏区的72.6%、长宁县的65.9%、高县的50.7%、兴文县的47.9%与珙县的41%。重灾区珙县的坡度地形条件明显差于其余各县市区，其坡度小于等于5°的区域仅占总面积的6%，坡度介于5°～8°的区域占总面积的9%，坡度介于8°～15°的区域占总面积的26%，这三项指标都为同项指标中的最低值；而坡度介于15°～25°的区域占总面积的33%，坡度大于25°的区域占总面积的26%，这两项指标都为同项指标中的最高值。重灾区长宁县的坡度地形条件则明显优于其余两个重灾区高县与珙县，它在坡度小于等于15°的三个指标中的值皆为重灾区三个县的指标最高值，而在坡度大于25°的两个指标中的值则为重灾区三县的最低值，高县则介于两者之间。从图2.6中能够明显地看出灾区北部比灾区南部的坡度地形条件更好。

表2.9　长宁地震灾区坡度分异情况

地区	≤5°		5°～8°		8°～15°		15°～25°		>25°	
	面积/km^2	比重/%	面积/km^2	比重/%	面积/km^2	比重/%	面积/km^2	比重/%	面积/km^2	比重/%
长宁县	164.0	16.4	169.0	16.9	326.0	32.6	219.0	21.9	122.0	12.2
高县	119.0	9.0	150.8	11.4	400.8	30.3	410.0	31.0	242.4	18.3
珙县	69.0	6.0	103.5	9.0	298.9	26.0	379.2	33.0	298.9	26.0
翠屏区	196.5	17.5	207.8	18.5	411.0	36.6	238.1	21.2	69.6	6.2
兴文县	132.5	9.6	138.6	10.1	387.1	28.2	428.4	31.2	287.0	20.9
江安县	236.2	25.9	200.6	22.0	289.1	31.7	133.2	14.6	52.9	5.8
灾区全部	917.2	13.3	970.3	14.1	2112.9	30.7	1807.9	26.3	1072.8	15.6

2.4.1.1.3　土地利用数据

(1)土地利用总体特征

土地资源是评估灾区资源环境承载能力的关键因素，而土地利用人类经济社会活动的作用于土地资源的综合反映体现了人类适应、利用和改造土地资源的过程。因此，评价土地资源可通过评价土地利用类型的数量、结构及空间分布特征得到表征，见图2.7。

根据调查，长宁地震灾区的土地利用类型结构主要以农田、林地为主，二者分别占土地总面积的70.39%与18.57%，草本也占据了相当的比重(8.93%)，其他各类土地利用类型依次为灌木占0.06%，城建面积1.05%，水域面积0.96%，草地面积0.04%。灾区分县的土地利用结构如表2.10所示，由图2.7可以看出，灾区北部丘陵耕地区块更为完整，南部山区则沿着沟谷分布，区块较为分散；林地主要集中在南部高山地区，草本主要集中在西部地区。分县情况来看，江安县农田耕地面积占比最大，达到92.58%，实际面积则达到846.79 km^2；其次是长宁县的占比85.64%，实际面积达到865.40 km^2；珙县占比最低，仅为54.86%，实际面积也最小，仅为630.89 km^2。珙县的林地资源在灾区各县市中最为充沛，占比达到了37.53%，实际面积也最大，达到431.60 km^2。翠屏区作为宜宾市的市区，建设用地面积达到43.23 km^2，远超其余五县。

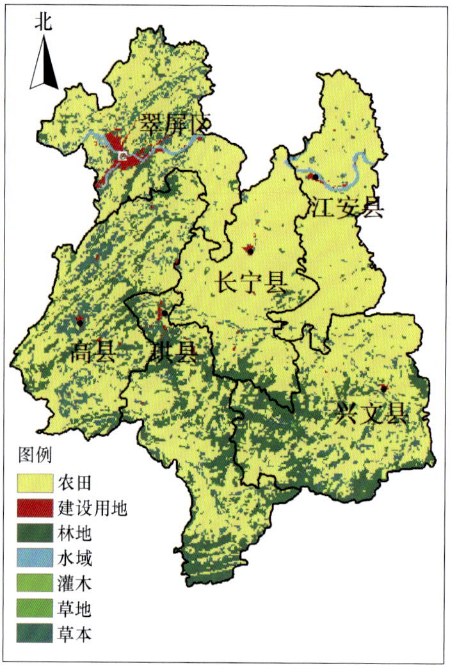

图 2.7　长宁地震灾区土地利用图

表 2.10　长宁地区土体利用情况

		长宁	高县	珙县	翠屏	兴文	江安	灾区全部
农田	面积/km^2	865.40	832.03	630.89	803.84	869.25	846.79	4848.20
	比重/%	86.54	62.89	54.86	71.58	63.31	92.85	70.39
草本	面积/km^2	33.10	207.31	79.24	158.12	115.19	20.16	613.12
	比重/%	3.31	15.67	6.89	14.08	8.39	2.21	8.93
林地	面积/km^2	92.20	275.18	431.60	82.99	384.58	9.39	1275.94
	比重(%)	9.22	20.80	37.53	7.39	28.01	1.03	18.57
灌木	面积/km^2	0.00	0.13	0.00	1.91	0.41	1.46	3.91
	比重/%	0.00	0.01	0.00	0.17	0.03	0.16	0.06
建设用地	面积/km^2	6.50	6.22	7.59	43.24	2.06	5.93	71.54
	比重/%	0.65	0.47	0.66	3.85	0.15	0.65	1.05
水域	面积/km^2	2.60	2.12	0.00	32.68	0.14	28.09	65.63
	比重/%	0.26	0.16	0.00	2.91	0.01	3.08	0.96
草地	面积/km^2	0.20	0.00	0.69	0.22	1.37	0.18	2.66
	比重/%	0.02	0.00	0.06	0.02	0.10	0.02	0.04

注：土地利用类型数据来自于 ESA CCI 2015 年的全球土地覆盖图。

(2)适宜建设用地及其空间分布特征

用地条件可通过评价适宜建设用地的数量、结构及空间分布特征得到表征。将地形高程小于800 m、地形坡度小于等于15°的耕地、林地、草地、已有建设用地、草本以及灌木区域提取出来，按坡度小于等于5°、5°～8°、8°～15°进行分级，确定为适宜、较适宜以及条件适宜，得到灾区自然图斑的用地条件评价图(图2.8)。

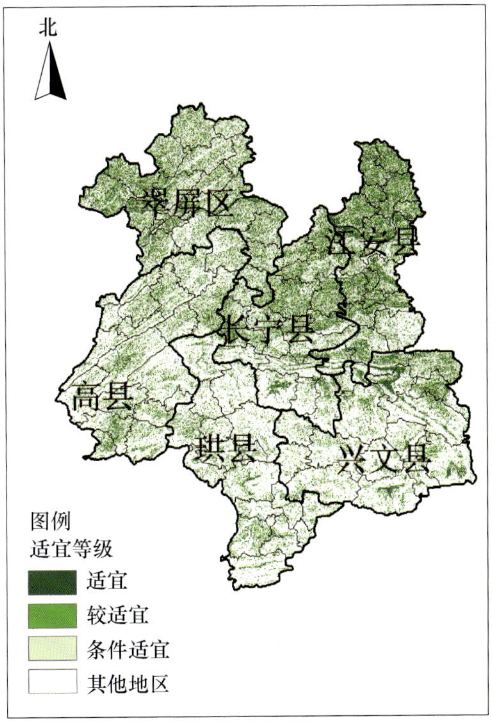

图2.8　长宁地震灾区适宜用地分布图

如表2.11所示，灾区适宜建设用地总面积为4129.76 km²，占灾区土地总面积的60.02%。其中适宜建设用地面积977.41 km²，占23.76%；较适宜建设用地面积1002.35 km²，占24.27%；条件适宜建设用地面积2150 km²，占52.06%。从空间分布上看，适宜建设用地整体上呈现北多南少的局面。震源所在地长宁县的适宜建设用地面积676.2 km²，占全县总面积的67.62%。其中，适宜类建设用地面积169.9 km²，占25.13%；较适宜建设用地面积174.20 km²，占25.76%；条件适宜建设用地面积332.10 km²，占49.11%。高县、珙县、翠屏区、兴文县、江安县的适宜建设用地面积分别为679.23、493.58、814.85、739.22、726.68 km²，分别占全县总面积的51.34%、42.92%、72.56%、53.84%、79.68%。除了珙县外，其余五个县区的占比都超过了50%；江安县最高，即将达到80%。

表2.11　长宁地震灾区适宜用地分异情况

地区	土地总面积/km²	适宜建设用地总面积/km²	适宜		较适宜		条件适宜	
			面积/km²	比重/%	面积/km²	比重/%	面积/km²	比重/%
长宁县	1000	676.20	169.90	25.13	174.20	25.76	332.10	49.11
高县	1323	679.22	121.05	17.82	153.07	22.54	405.10	59.64

续表

地区	土地总面积/km²	适宜建设用地总面积/km²	适宜		较适宜		条件适宜	
			面积/km²	比重/%	面积/km²	比重/%	面积/km²	比重/%
珙县	1150	493.59	81.65	16.54	102.47	20.80	309.47	62.66
翠屏区	1123	814.85	196.97	24.17	207.31	25.44	410.57	50.39
兴文县	1373	739.22	171.90	23.25	164.21	22.22	403.11	54.53
江安县	912	726.68	235.93	32.47	201.10	27.67	289.65	39.86
灾区综合	6881	4129.76	977.41	23.67	1002.35	24.27	2150.00	52.06

2.4.1.2 评价指标

在上述准备数据的基础上，对研究区各县(区)气象、统计年鉴、遥感影像等资料进行搜集，最终等到灾区资源环境承载力指标基础数据，见表2.12。

表2.12 长宁地震灾区基础数据

项目		长宁县	高县	珙县	江安县	兴文县	翠屏区
经济发展要素(B1)	C1:人均GDP/万元	4.13	3.53	4.29	3.69	2.77	7.85
	C2:经济密度/(万元/km²)	1427	1109	1398	1688	778	4661
	C3:第三产业比重/%	39.8	31.4	29.7	32.5	45.8	50.2
	C4:灯光指数	5.29	5.17	5.17	5.37	4.75	10.83
社会进步要素(B2)	C5:万人拥有医疗技术人员/个	57	41	68	60	46	129
	C6:城镇化率/%	45.57	41.30	51.79	46.88	39.03	77.50
	C7:公路网密度/(km/km²)	1.915	1.158	2.282	3.882	1.004	1.580
	C8:年降雨量/mm	1141.7	1021.0	1154.0	1132.0	1234.7	1143.5
资源环境要素(B3)	C9:人均耕地面积/(亩*/人)	1.50	1.65	2.06	1.26	2.03	0.90
	C10:单位适宜建设用地面积人口/(人/km²)	513	611	760	575	525	1095
	C11:森林覆盖率/%	62.80	48.60	52.34	43.00	52.64	43.98

注：其中C1、C2、C3、C5、C6、C7、C8、C9、C11数据来自于各个县(区)的发展统计公报，C10数据来自于SRTM_30 m分辨率的DEM数据。

2.4.1.2.1 权重确定

为了提高最终评价结果的客观性与精确性，本节特别选取六位从事资源环境相关问题研究的专家，请他们根据自己的专业知识结合多年的研究经验，依据Satty标度表，对灾区资源环境承载力评价指标体系的两两指标之间对资源环境承载力的影响进行打分，然后将专家打分结果加权汇总后排列形成以下四组判断矩阵(表2.13～表2.16)。

* 1亩≈666.67 km²。

表 2.13 A-B 判断矩阵

A	B1	B2	B3
B1	1	2	1/2
B2	1/2	1	1/4
B3	2	4	1

表 2.14 B1 判断矩阵

B1	C1	C2	C3
C1	1	4	2
C2	1/4	1	1/2
C3	1/2	2	1

表 2.15 B2 判断矩阵

B2	C4	C5	C6	C7
C4	1	1/5	1/6	1/4
C5	5	1	5/6	5/4
C6	6	6/5	1	3/2
C7	4	4/5	2/3	1

表 2.16 B3 判断矩阵

B3	C4	C5	C6	C7
C4	1	2	1/2	2/3
C5	1/2	1	1/4	1/3
C6	2	4	1	4/3
C7	3/2	3	3/4	1

判断矩阵构建完成后，我们需要计算出每一个判断矩阵各因素针对其领域的相对权重，也称为判断矩阵的权向量或特征向量。本节通过层次分析法来求取各指标对其领域的相对权重值，最终得到以下四组指标权重值(表 2.17～表 2.20)。

表 2.17 B 对 A 的权重值

A	B1	B2	B3
权重值	0.2857	0.1428	0.5715

表 2.18 C1～C3 对 B1 的权重值

B1	C1	C2	C3
权重值	0.5714	0.1429	0.2857

表 2.19　C4～C7 对 B2 的权重值

B2	C4	C5	C6	C7
权重值	0.0625	0.3125	0.375	0.25

表 2.20　C8～C11 对 B3 的权重值

B3	C8	C9	C10	C11
权重值	0.2	0.1	0.4	0.3

为了保证各指标权重值的准确性，需要对构建的判断矩阵进行一致性检验，在确定所构建判断矩阵具有较好的一致性后才能继续对结果进行分析，否则所求出的指标权重值的准确性缺乏说服力。本节求出四组数据权重对应的 CR 值都为 0，即四组 CR 值均小于 0.1，具有满意的一致性，由此可以得到灾区资源环境承载力指标权重表，见表 2.21。

表 2.21　灾区资源环境承载力指标权重值

<table>
<tr><th>目标层</th><th>准则层</th><th>权重</th><th>指标层</th><th>属性</th><th>指标编号</th><th>权重</th><th>综合权重</th></tr>
<tr><td rowspan="11">资源环境承载力</td><td rowspan="4">经济发展要素(B1)</td><td rowspan="4">0.2856</td><td>人均 GDP/(万元/人)</td><td>正向</td><td>C1</td><td>0.5714</td><td>0.1632</td></tr>
<tr><td>经济密度/(万元/km²)</td><td>正向</td><td>C2</td><td>0.1429</td><td>0.0408</td></tr>
<tr><td>第三产业比重/%</td><td>正向</td><td>C3</td><td>0.2857</td><td>0.0816</td></tr>
<tr><td>灯光指数</td><td>负向</td><td>C4</td><td>0.0625</td><td>0.0089</td></tr>
<tr><td rowspan="4">社会进步要素(B2)</td><td rowspan="4">0.1428</td><td>万人拥有医疗技术人员/个</td><td>正向</td><td>C5</td><td>0.3125</td><td>0.0446</td></tr>
<tr><td>城镇化率/%</td><td>正向</td><td>C6</td><td>0.3750</td><td>0.0536</td></tr>
<tr><td>公路网密度/(km/km²)</td><td>正向</td><td>C7</td><td>0.2500</td><td>0.0357</td></tr>
<tr><td>年降雨量/mm</td><td>正向</td><td>C8</td><td>0.2000</td><td>0.1143</td></tr>
<tr><td rowspan="3">资源环境要素(B3)</td><td rowspan="3">0.5716</td><td>人均耕地面积/(亩/人)</td><td>正向</td><td>C9</td><td>0.1000</td><td>0.0572</td></tr>
<tr><td>单位适宜建设用地面积人口/(人/km²)</td><td>负向</td><td>C10</td><td>0.4000</td><td>0.2286</td></tr>
<tr><td>森林覆盖率/%</td><td>正向</td><td>C11</td><td>0.3000</td><td>0.1715</td></tr>
</table>

2.4.1.2.2　隶属度确定

定量指标资料通过调查、收集得到，确定隶属度的准则及标准则参照相关的检测标准或多年平均状态指标。通过有关阈值的设定来计算获得隶属度，最终得到各项指标的隶属度，详见表 2.22。

表 2.22　指标隶属度表

	长宁	高县	珙县	江安县	兴文县	翠屏县
人均 GDP/(万元/人)	0.2065	0.1765	0.2145	0.1845	0.1385	0.3925
经济密度/(万元/km²)	0.2854	0.2218	0.2796	0.3188	0.1556	0.4000
第三产业比重/%	0.296	0.128	0.100	0.150	0.358	0.400
灯光指数	0.3355	0.3415	0.3415	0.3315	0.3625	0.1000

续表

	长宁	高县	珙县	江安县	兴文县	翠屏县
万人拥有医疗技术人员/个	0.185	0.105	0.240	0.200	0.130	0.400
城镇化率/%	0.1557	0.1130	0.2179	0.1688	0.1000	0.4000
公路网密度/(km/km^2)	0.2830	0.1316	0.3564	0.4000	0.1008	0.2160
年降雨量/mm	0.2417	0.1210	0.2540	0.2320	0.3347	0.2435
人均耕地面积/(亩/人)	0.2000	0.2300	0.3120	0.1657	0.3060	0.1143
单位适宜建设用地面积人口/(人/km^2)	0.29600	0.26300	0.21300	0.27500	0.29200	0.12625
森林覆盖率/%	0.3280	0.1860	0.2234	0.1300	0.2264	0.1398

最终根据隶属度值与权重值得到各项指标的相对承载力，具体见表 2.23。

表 2.23　无量纲化评价指标数据

	长宁	高县	珙县	江安县	兴文县	翠屏县
人均 GDP/(万元/人)	0.0337008	0.0288048	0.0350064	0.0301104	0.0226032	0.0640560
经济密度/(万元/km^2)	0.01164432	0.00904944	0.01140768	0.01300704	0.00634848	0.01632000
第三产业比重/%	0.0241536	0.0104448	0.0081600	0.0122400	0.0292128	0.0326400
灯光指数	0.00298595	0.00303935	0.00303935	0.00295035	0.00322625	0.00089000
万人拥有医疗技术人员/个	0.008251	0.004683	0.010704	0.008920	0.005798	0.017840
城镇化率/%	0.00834552	0.00605680	0.01167944	0.00904768	0.00536000	0.02144000
公路网密度/(km/km^2)	0.01010310	0.00469812	0.01272348	0.01428000	0.00359856	0.00771120
年降雨量/mm	0.02762631	0.01383030	0.02903220	0.02651760	0.03825621	0.02783205
人均耕地面积/(亩/人)	0.01144000	0.01315600	0.01784640	0.00947804	0.01750320	0.00653796
人均适宜建设用地面积/(万人/km^2)	0.06766560	0.06012180	0.04869180	0.06286500	0.06675120	0.02886075
森林覆盖率/%	0.0562520	0.0318990	0.0383131	0.0222950	0.0388276	0.0239757

2.4.2　灾前资源环境承载能力综合评价

通过对表 2.23 的计算，最终得到长宁地震灾区六个县(区)的相对资源环境承载力。从表 2.24 中可以明显地看出，长宁县的资源环境承载力最高，达到了 0.2622。其余地区排名从高到低依次是翠屏区、兴文县、珙县、江安县、高县，资源环境承载力依次是 0.2481、0.2375、0.2266、0.2117、0.1858，并生成资源环境承载力分级图，详见图 2.9。

第3章 灾区恢复重建需求评估技术与应用

近年来，全球自然灾害的发生频次不断增加，伴随灾害事件的灾后恢复重建也成为社会经济发展中的新常态(梁伟 等，2011)。灾后恢复重建是衡量一个国家或地区经济能力、行政组织和动员能力的综合体现(杜枫 等，2018)，也是有效降低灾害脆弱性、促进受灾区“跨越式发展”的途径之一(Ge et al.，2010；俞静，2009)。以灾区民众(幸存者)的需求和当地文化为背景制定灾后恢复重建政策和规划，不仅能有效提升灾后恢复重建的满意度，更在维护社会公平和促进受灾地可持续发展方面发挥了不可替代的作用，是体现灾后恢复重建“以人为本”的重要措施(UNISDR，2015；Dube，2020)。

本章首先介绍了开展灾区恢复重建需求评估的背景、目的和意义(3.1 节)及国内外研究进展(3.2 节)，然后对应灾区恢复重建中的多元主体，详细分析和探讨其在恢复重建中的职能(3.3 节)及对应的需求评估内容、指标体系(3.4 节)，进而分析了上述需求内容的获取方法(3.5 节)、评估方法(3.6 节)。接下来引入了对多主体需求质量可能的评估体系(3.7 节)，即多主体需求应以满足“重建得更好”为标准，并基于上述研究进展，分析了灾后需求评估存在的问题和政策建议(3.8 节)。最后，基于长宁地震灾后需求调研的案例分析，展示了灾区需求评估理论实际应用价值和对本次灾后恢复重建的启示(3.9 节)。

3.1 开展灾区恢复重建需求评估的背景、目的和意义

3.1.1 需求评估的背景

中国自 2008 年汶川大地震以来，灾后重建规划工作取得显著进展，在制度建设方面也相继出台了一些重要的指导文件，形成了灾后恢复重建的“中国模式”(杜枫 等，2018；李雪峰，2017)。但由于中国自然灾害类型多样，灾害频发，各地在制定灾后恢复重建规划和政策时，缺乏统一和规范化、标准化的恢复重建技术规范，且灾后恢复重建一般都面临时间短、任务重的问题，各地的灾后恢复重建效果与当地需求之间仍存在一定差距，存在现行的救灾和灾后恢复重建体系中灾区需求信息的传递速度较慢、效率低下、准确性差的缺点。经常会出现受灾严重地区的干部未能及时将灾情信息上报，或是上报信息的准确性受到怀疑、无法引起上级重视的情况，结果导致一些救灾工作“盲点”地区的出现。突出表现为在制定灾后恢复重建政策和编制规划时，受灾民众和受灾社区的需求容易被忽视，或者对社区恢复重建需求不了解和不尊重(赵延东，2013)。研究发现，灾后恢复重建中，易地搬迁的民众远离原有熟悉的生活区，在新的住宅区缺乏耕地和就业机会，使受灾民众的生活和生计因为搬迁出现新的、较大的困难。房屋建筑设计未考虑地方文化，不符合地方习惯和传统(李永祥，2018)。以上现象和问题都已显著影响到灾后恢复重建的质量。

3.1.2 需求评估的目的

为提升灾后恢复重建的满意度，近年来，各国政府、联合国机构、国际组织和灾害研究者

越来越重视在灾害发生后开展各种需求评估调查，并努力将需求信息体现在灾后恢复重建各项规划和政策中（赵延东，2013；李永祥，2018）。研究发现，以灾区民众（幸存者）的需求和当地文化为背景制定灾后恢复重建政策和规划（Kilian et al.，2018；Jovel et al.，2014），不仅提高了灾后恢复重建的满意度，更在维护社会公平和促进受灾地可持续发展方面发挥了不可替代的作用（Lu et al.，2017）。

中国在2008年汶川地震后，倡导灾后恢复重建"以人为本，科学重建"。灾后需求评估可以在受灾民众与政府或外部救援者之间搭建起一座有效的沟通桥梁，使得政府和救援者更为系统、全面地收集重要的受灾群众的需求信息，更为准确地理解受灾者的需求，使救援重建工作建立在科学的基础上，提高工作效率。同样重要的是，需求调查使决策者能够更准确地把握受灾群众对未来重建工作的意见，并将这些意见纳入重建规划。这样可以使受灾群众真正以主人翁的身份参与到灾后重建工作中，而不是被动地接受外来救援。因此，建立以受灾区民众需求为导向的灾后恢复重建机制，自下而上结合自上而下的工作方式，不仅仅是当前中国灾后恢复重建理论和实践的发展方向，也是国际减灾领域努力的重点，对保证灾后救援和重建工作的科学性和民主性有着极为重要的意义（赵延东 等，2013）。

3.1.3 需求评估的意义

按照灾害管理周期理论，灾区恢复重建包括恢复和重建两个阶段，因而对应的需求也包括恢复期需求和重建期需求。恢复期需求一般指恢复灾区正常生活、生产所需的外界援助物资、生命线工程、安全住所，妇女儿童及老年人、残疾人等的权益保障等基本需求。重建期需求除包括基本需求外，还包括文化、心理、"自我实现"与"自我超越"等更高级的需求。中国有必要借鉴国际经验，建立起一套快速、系统、全面地收集受灾群众需求信息的系统，在灾害发生后紧急响应，利用面访调查、电话调查、网络调查等先进调查手段，迅速了解受灾民众的受灾情况及基本需求，作为政府和社会力量组织开展灾后紧急救援和恢复重建工作的指南。不仅如此，在恢复重建进入相对漫长的重建期后，动态跟踪灾区民众的需求变化，完善灾后重建期需求评估和反馈实施机制，从而形成灾区民众恢复期需求的迅速捕获-评估和重建期动态跟踪-评估反馈机制，为推进防灾减灾救灾体制机制改革，落实新时代防灾减灾救灾事业"两个坚持、三个转变"都具有重要的理论和现实意义。

3.2 灾区恢复重建需求评估国内外研究进展

3.2.1 国外研究进展

为更好地了解受灾者的需求情况，近年来国际社会在救灾实践中发展出一些较为系统的“灾后需求评估”方法，美国国际开发援助署（USAID）、联合国灾害评估与协调队（UNDAC）和联合国机构间常设委员会（IASC）等机构和组织都开发出较为成熟的灾害早期快速需求评估的工具，在灾害发生后的一两个星期内迅速对受灾民众开展调查，了解其基本生活需求。国际上主流的灾后恢复重建需求评估有灾后需求评估（Post-Disaster Needs Assessment，PDNA），破坏、损失和需求评估（Damage，Loss and Needs Assessment，DaLA）（赵延东 等，2013）。为更好地协调灾后紧急响应和长期重建工作，由联合国开发计划署（The United Nations Development Programme，UNDP）牵头组织的灾后早期恢复联合工作组（Cluster Working Group on Early Recovery）与世界银行、欧洲委员会等合作，发展出一套多主体参与的 PDNA 系统，主要目的是为国家层面的灾后重建评估规划提供帮助，同时也为如何将国家层面和地方层面的灾后恢复规划有效结合提供帮助。

灾后需求评估 PDNA 是一个政府主导的活动，同时还整合了来自联合国、欧盟委员会、世界银行和其他国家及国际组织等利益相关者的支持。PDNA 通过收集受灾民众的受灾情况、现有资源情况及各种需求信息，将信息数据和分析提供给外部援助者，以保证对受灾者开展及时有效的救援，并为灾后中长期恢复重建提供指导。其主要内容包括灾害给受灾民众带来的生命健康、经济和社会损失，受灾民众拥有的生产、生活资料以及人力资本、社会资本等资源，受灾民众对紧急人道主义救援的需求，以及对长期恢复重建的计划、期望和需求等。PDNA 形成的报告集合灾后评估和恢复规划两部分，使用规范的基本概念，明确部门与部门间损失的可比性和一致性，协调损失的评估、分析和优化，确保最终评估的损失和灾后恢复的需要具有科学性，并形成一份综合的报告（UNDP，2018）。

截至 2017 年，全球范围已开展大量的 PDNA 案例应用，如 2008 年中国汶川地震、2015 年尼泊尔地震、2016 年斯里兰卡洪涝灾害等，给政府灾后决策提供了强大的信息支撑（UNDP，2018）。PDNA 的应用最早可追溯到 2004 年“Charley”飓风灾害，美国佛罗里达州卫生部要求疾病防治中心针对老年人开展快速需求评估；2005 年“Katrina”飓风过后，美国科罗拉多州公共卫生和环境部以及特里郡卫生部针对疏散人员开展快速需求评估。2009 年，联合国粮农组织、联合国世界粮食计划署和联合国儿童基金会与格鲁吉亚政府共同合作，对当地武装冲突后被迫重新安置的难民进行食物和营养安全的需求评估。2010 年 9 月，贝宁共和国的特大洪水灾害过后，联合国教科文组织与贝宁共和国教育部联合实施灾后需求评估，主要调查了教育部门在洪水灾害后所面临的困境和重建的需求。相对而言，全面的灾后需求评估比较少见。2005 年巴基斯坦地震后，由亚洲开发银行和世界银行开展的快速需求评估是一个综合评估的例子。2008 年 7 月，中国科学技术发展战略研究院与挪威 Fafo 应用国际问题研究所合作，在“5·12”汶川大地震后开展了一次居民快速需求调查，这是灾后需求评估在我国灾害治理中第一次大规模实践。2015 年 4 月 25 日，尼泊尔 7.6 级地震后，政府主导在利用 PDNA 结果的基础上开展了一项大规模的灾后恢复项目，共计 4 大部门 21 项灾后重建需求汇总。该项目由政府策划，同时也需要尼泊尔社会中其他部门、非政府组织，以及国际发展合作伙伴的支持（Robinson et al.，2014）。图 3.1 展示的是全球范围内典型的 PDNA 案例，图 3.2 为开展 PDNA 的流程。

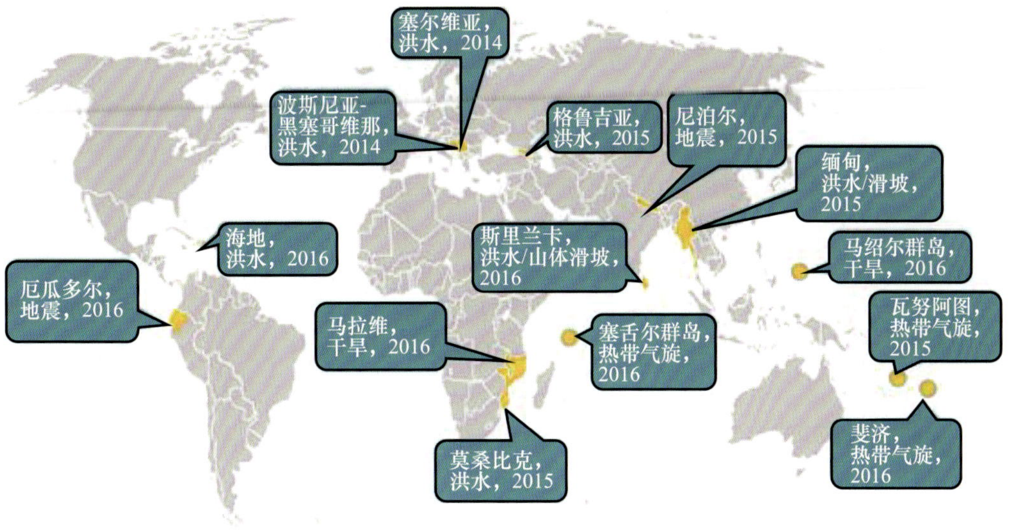

图 3.1 全球范围内典型 PDNA 案例分布图
（UNDP,2018,有修改）

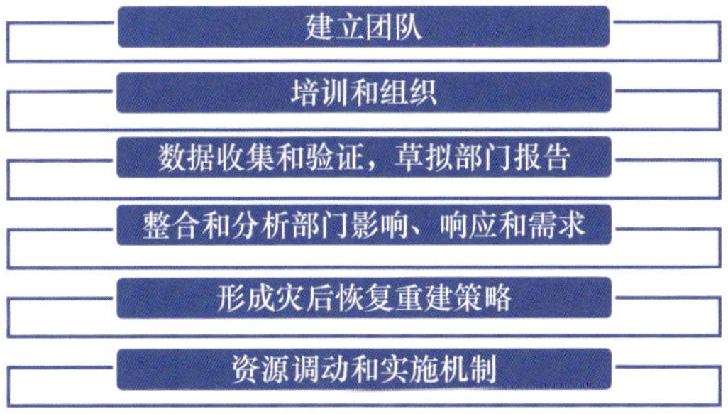

图 3.2 灾后需求评估的实施流程

DaLA 最早由拉丁美洲和加勒比经济委员会(Economic Commission for Latin America and the Caribbean，ECLAC)在 20 世纪 70 年代制定，近年来不断得到优化和改进。DaLA 在社会经济诸行业中开展灾害破坏与灾害损失评估的基础上，按地缘政治归属、所处经济部门，以及灾区人群差异，评估灾后恢复重建所需的资金需求，为政府机构、世界银行以及其他国内与国际组织中负责评估灾害影响、制定恢复与重建计划的实际操作人员提供帮助。DaLA 的内容体系主要依据受灾国家国民核算账户的行业构建，指标数量繁多，对恢复重建需求的评估结果主要以资金需求（货币）的形式表达(Robinson et al. ,2014)。

综上所述，PDNA 与 DaLA 的评价结果均以经济损失形式表达灾后需求，忽视受灾民众非经济（货币）形式的恢复重建需求，如心理恢复、制度优化等。

3.2.2 国内研究进展

国内灾后政策制定和规划编制主要建立在以人员伤亡和物资损失为基准的灾损评估之上（吴吉东 等，2018），对灾区民众的需求重视不足。2014 年 6 月，民政部、国家减灾委办公室制定了《特别重大自然灾害损失情况统计制度》(以下简称《统计制度》)。该统计制度的目标是建立并规范特别重大自然灾害损失统计的内容与指标,从灾害范围、各领域毁损实物量和直接经济损失等三个维度,为国家和地方编制灾区恢复重建规划提供基础(王曦 等,2018)。然而,《统计制度》的统计与评估指标体系以各行业、各部门具体损失对象的毁损实物量和直接经济损失为主,对受灾民众非经济(货币)形式的恢复重建需求关注甚少。

综上所述,无论国际上普遍流行的 PDNA、DalA,还是国内以灾损统计为目的的《统计制度》,首先,本质上都是在灾损评估的基础上,间接推算灾后需求和恢复重建次序,忽视了受灾民众的主观需求。其次,需求的主体不明确。灾后恢复重建是一个多主体共同参与、兼顾各方利益的系统性工程,对应灾后恢复重建的需求也来自多利益主体,主体对灾后恢复重建的关注点各不相同,因而需求内容也有差别。最后,目前开展的灾后需求评估只适用于灾损严重、灾害影响范围广的特大、特重大灾后恢复重建。

3.3 灾区恢复重建中的多元需求

为全面、高效地推动灾后恢复重建工作,鼓励多元主体(国外一般称之为利益攸关方),如政府和非政府组织、社区组织、国际组织、居民、专家和学者等广泛参与恢复重建项目是各国普遍采用的方式(刘杰,2017)。然而现实中,由于各主体专业技能的差异性和对恢复重建的理解不同,多主体难免出现分工不清、职权重叠或空白的现象。此外,由于多元主体在恢复重建这一进程中也存在利益分割和资金竞争,加之公众参与性不够,导致灾后恢复重建规划与灾区需求之间存在较大差距,给恢复重建的顺利实施带来负面影响甚至无效援助。自 2008 年汶川大地震开始,中国重大自然灾害恢复重建多主体合作实践持续开展,取得了良好的效果,但也有诸多不足,主要表现为:对重大自然灾害恢复重建阶段各参与主体的合作缺乏明确细致的法律规定;参与灾后恢复重建的各主体之间及自身内部协同合作严重不足;企业、民间组织等社会力量参与重大自然灾害恢复重建工作尚处于较低水平(Ge et al.,2010)。

3.3.1 灾后恢复重建中的多元主体及职能

因灾后恢复重建多阶段、多任务和多元主体高度协作等特点,参与者需要具备规划、地质、水文、气象、社会学、建筑学、管理、环境和工程等方面的专业知识,除了社区和地方组织之外,参与者还必须包括专业的外部利益相关者,如专业承包商、各行业专家、非政府组织(NGOs)和非营利组织(NPOs)、志愿者团体等(张晓,2006)。中国大规模的灾后恢复重建开始于 2008 年汶川地震后的灾后恢复重建。2015 年尼泊尔地震后,尼泊尔政府、联合国、国际救援和灾后恢复重建专业组织、各类慈善基金会等多元主体参与灾后恢复重建。表 3.1 归纳了汶川地震以来,中国灾后恢复重建中的参与者及其职能。

表 3.1　地震灾后恢复重建的参与主体及其对应职能

灾后恢复重建参与者		在灾后恢复重建中的职能
政府	灾区政府	成立灾后救援和恢复委员会；组织救灾和灾后损失评估，救灾财物登记跟踪，灾区公共安全，评估灾区需求；协调和管理灾区外部救援及灾后重建力量；制定灾损和补助标准；组织编制灾后恢复重建规划等
	灾区上级政府、中央政府及所属部委	启动国家或地方应急管理方案；委派专家；协调灾后援助物资和技术力量；制定对口援建机制；出台灾后恢复重建指导意见和总体规划；制定土地、税收等优化政策等
政府性代理机构	联合国及下设机构，各国政府委派援助机构和组织	建立救灾和灾后重建基金；传授国际先进灾后重建经验；项目承建；实施社区灾害韧性能力重建(心理抚慰等)
灾区社区组织工作者，受灾民众	居委会、村委会、社区领导者(村长)和普通受灾群众	组织自救和自建，主要包括房屋加固重修，社区基础和公共服务设施恢复重建，农田及水利设施修复，灾后可持续生计能力提升等
新闻媒体	国内外平面和电视媒体，互联网自媒体	行使媒体监督权力； 提高公众认识和传播灾后信息； 促进防灾减灾知识传播； 促进社区公共教育和咨询服务
商业组织	金融业、银行信贷和保险业	为灾区房屋、生活、生产恢复重建定制金融产品、信贷，进行灾区保险理赔等
高校/科研院所	大学研究所，科技公司等	向灾区政府提供政策建议； 灾后数据收集与分析，出具灾损报告、灾区需求报告等； 培训和指导未来的应急管理专业人员； 制定社区备灾、应灾和灾后恢复重建规划； 长久和持续的适灾能力研究、追踪
境内外非市场组织和非政府救援组织	国际红十字会，中国扶贫基金会，共青团妇女联合会，志愿者团体等	人道主义援助； 灾区卫生、危机干预； 个体心理援建； 国际备灾、应灾和灾后重建能力培训； 长久和持续的适灾能力培训等
项目和工程承包者	对口援建的单位和组织，市场主体等	执行震后恢复重建具体项目或工程；灾区大型基础设施和公共建筑修复或重建工程，产业和经济重建，灾后就业技能培训等
各行业协会和合作伙伴	中国灾害防御协会，国家减灾委，各地方防灾减灾委员会等	政策咨询； 专家咨询； 规划设计

依据各参与者在灾后恢复重建中的主要责任，将各参与者归纳为图 3.3 所示的三类主体，即统筹和指导主体、责任和重建主体、外部监督和援助主体。

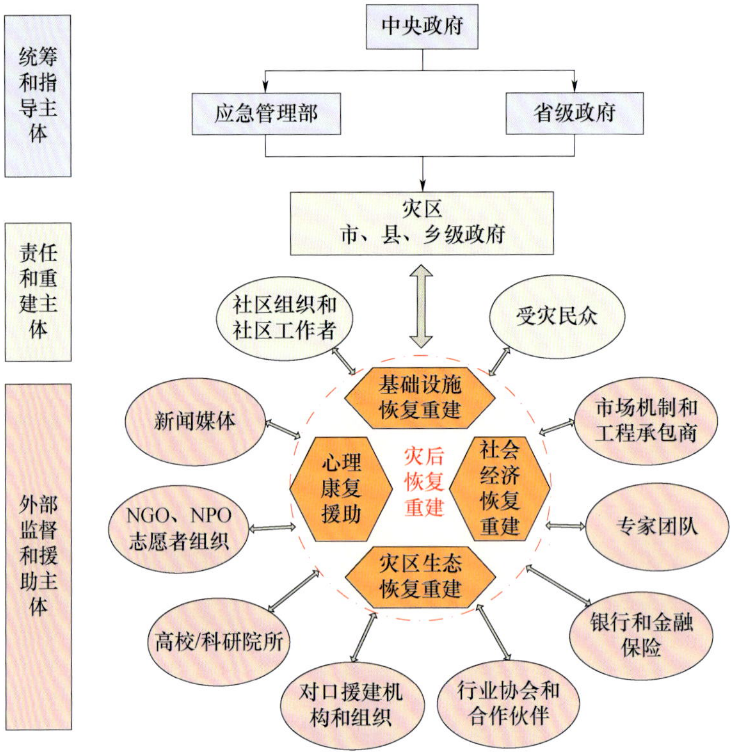

图 3.3　灾后恢复重建中多元主体之间的运行机制

中央政府及所属各部委以及灾区省级人民政府，构成灾后重建的统筹和指导主体。在灾后恢复重建中，中央政府、地方政府以及所属的灾害管理部门统筹、协调和指导各地区各部门灾后救援和物资储备发放和统一调度，明确与相关部门和地方政府各自职责分工，建立协调配合机制，组织编制灾后恢复重建总体方案和规划，制定灾后恢复重建相关指导文件和法律法规。

灾区政府、灾区基层社区组织以及普通民众，是灾后重建的责任和重建主体，是主要的承灾体，也是恢复重建的需求主体。在恢复重建中，他们组织自救和自建，主要包括房屋加固重修、社区基础和公共服务设施恢复重建、农田及水利设施修复、灾后可持续生计能力提升等。

第三方社会力量包括新闻媒体、非政府组织和非营利组织、高校/科研院所等，都属于外部监督和援建主体。我国在重特大自然灾害的应对处理和恢复重建中尚未形成多元主体良性互动的协作治理框架，政府之外的社会组织、企业、个人等其他主体未能充分发挥各自能动作用，从而影响了恢复重建效率和效果。2016 年 12 月印发的《关于推进防灾减灾救灾体制机制改革的意见》明确提出，健全社会力量参与防灾减灾救灾，为新时代中国防灾减灾救灾体制机制改革指明了方向。

综上所述，各主体主要的组成部门和在恢复重建中的协调配合机制如图 3.3 所示。各主体围绕灾后恢复重建的四大任务开展工作。在恢复重建进程中，外部监督和援助主体受责任和重建主体的管理和指导，并从管理和指导中获取所需信息。管理和责任主体具有承上启下的作用，全面管理和协调灾后恢复重建各项具体任务。

3.3.2 灾后恢复重建中多元主体的需求

参与灾后恢复重建的多主体需求信息围绕灾区重建的四大任务，即基础设施恢复重建、社会经济恢复重建、灾区生态恢复重建和心理康复援助而展开。图 3.4 显示了三大类主体的需求来源和各自的需求侧重点。多主体根据在恢复重建中的职能，各自面对着共同但也有区别的恢复重建需求，需求内容和指标体系详见 3.4 节。

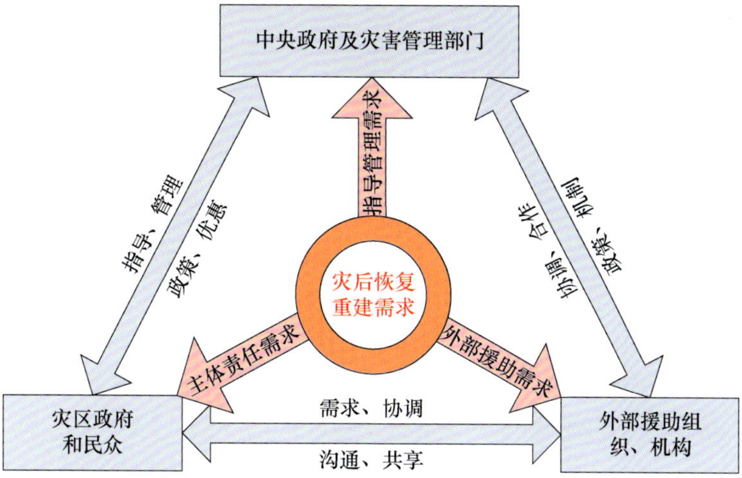

图 3.4　灾后恢复重建中的多元主体需求框架

3.4 灾区恢复重建需求评估内容和指标体系

按照灾后救援、恢复重建的时间顺序，开展灾后需求评估可分为应急快速评估和中长期需求评估。针对灾害早期阶段的应急快速需求评估，主要目的是了解保证受灾者基本生存和灾区社会功能基本运行所需的救助资源和服务需求，以便于外来援助者为灾区提供紧急人道主义援助。由于灾后早期阶段的特殊性和紧迫性，针对这一阶段的快速需求评估出现最早，在灾害治理实践中的应用也最为广泛，其理论和技术体系发展也较为成熟。例如，美国国际开发援助署开发的“灾害评估和需求分析”方法、联合国灾害评估与协调队开发的“灾害早期评估”和联合国机构间常设委员会开发的“早期快速评估”工具等。以地震为例，一般将地震灾害周期分为四个主要阶段：①短期应急阶段；②过渡阶段（基本生活和基本生产服务需求；③中期重建阶段（三年时间完成主要任务）；④长期重建阶段（恢复相关经济、产业等方面，逐步进入常态下发展）（付辉，2015）。与之相应，灾后需求评估也可按照实施的时间节点分为快速需求评估和长期需求评估。国际红十字会与红新月联合会（Red Cross and Red Crescent Societies）根据实施时间段划分了三种类型的需求评估：灾后一周内开展的快速需求评估、灾后一个月左右开展的详细需求评估、在整个灾后重建期内不断开展的定期评估

(Jovel et al.,2014)。联合国人道主义事务协调办公室(Office for the Coordination of Humanitarian Affairs,OCHA)也提出了在突发性危机情况下的四个阶段和三种需求评估类型的划分:在第 1、2 阶段的早期应急响应评估,在第 2、3 阶段的早期持续响应评估,第 4 阶段的深入评估(Robinson et al.,2014;付辉,2015;李爱农 等,2013)。

中长期需求评估的主要目的是全面评估灾害的社会影响、详细了解受灾居民对于灾后恢复重建的长期需求,为灾区的恢复重建规划提供决策支持。拉丁美洲和加勒比经济委员会自 20 世纪 70 年代以来逐渐开发完善的"灾害破坏和损失评估"将评估重点放在灾害导致的宏观经济损失、对家庭生计的影响,以及家庭在灾后恢复重建中的需求等,其目的在于为灾后中长期的恢复重建政策提供信息(Kilian et al.,2018;王福涛,2011)。

按照灾区部门需求,需求内容包括从生产、生活到基础设施以及可持续发展等的各方面。以灾后需求评估工具 PDNA 为例,评估主要内容包括:灾害给受灾民众带来的生命、健康、经济和社会等各方面的损失情况;受灾民众拥有的生产、生活资料以及人力资本、社会资本等资源;受灾民众对于紧急人道主义救援的需求,以及对于长期恢复重建的期望和需求等(图 3.5)。评估方式可分为破坏(Damage)、损失(Loss)和恢复重建需求(Recovery Needs)三个维度,其中,破坏主要指各领域设施与资产的物理破坏数量及其折合的经济损失;损失主要指物理破坏后废墟拆除与清理费用,因相关领域设施与资产破坏导致的收入减少、支出增加和救灾应急费用等;恢复重建需求主要包括受损设施及资产重建、生产和服务恢复、政府管理与政策恢复、减轻灾害风险等。

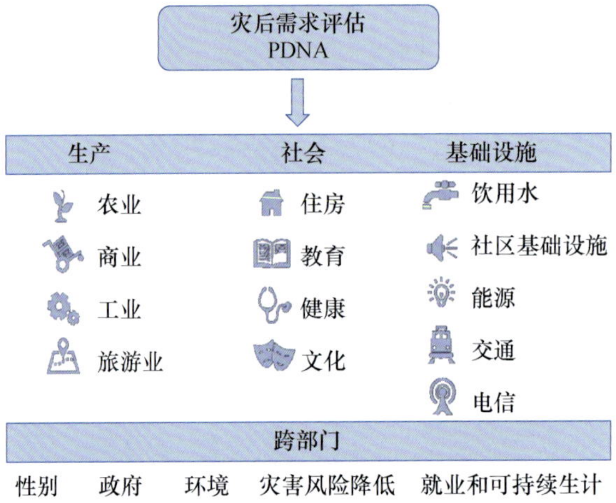

图 3.5　灾后恢复重建需求评估内容

围绕灾后恢复重建需求内容,需求评估的指标体系主要有以下方面。

(1)破坏评估。指标体系以毁损实物量、经济损失的形式表达,主要是在大类框架下的细化分解。因各类型实物差异较大,具体指标也存在明显差异。

(2)损失评估。指标体系以经济损失形式表达,在各领域与大类间差异明显,但共同点是基本都包含相关领域废墟拆除与清理费用、应急期费用。

(3)恢复重建需求评估。指标体系以资金需求形式表达,主要分为恢复活动和重建活动的相关指标。前者主要以应急期和短期的生命线、生产线恢复为主;后者主要以中长期重建为主，涉及灾害破坏的重要基础设施和资产的重建，地区能力提升、制度优化等。

表3.2以地震灾害农村受灾区为例，整理了地震灾后恢复重建需求评估的指标体系。

表3.2　农村受灾区的地震灾害恢复重建需求指标体系

评估内容	指标体系	
	一级指标	二级指标
破坏和损失程度	农村灾害损失评估 B1	受灾面积C1 受灾人员C2 伤亡人数C3 房屋受损情况C4 基础设施受损程度C5 城乡居民生计影响程度C6
	环境容量及资源环境承载力评估 B2	环境容量评估C7 社会经济适应度C8 生态环境承载力C9 选址安全适应度C10
紧急救助需求	灾区自救能力 B3	劳动力数量C11 农村医疗设施水平C12 农户家庭银行储蓄和保险业务水平(承灾能力)C13 农户生计模式C14 城乡社会资本C15
	恢复生活、生产能力B4	进出灾区道路修复措施C16 灾区水、电等能源供应恢复能力C17
中长期重建需求评估	资金保障 B5	政府援建投入总额C18 对口援建投入总额C19 NGO/志愿者入村次数C20 社会支持互助率C21
	住房重建 B6	建筑结构性价比C22 建筑施工速度C23 建造工艺流程简单度C24 常规能源优化利用率C25
	经济重建 B7	灾后农村居民人均纯收人C26 灾后第一产业劳动力比重C27 农业生产设施恢复率C28 对口支援资金投入占财政收入比C29
	社会发展 B8	农村人口平均受教育年限C30 农村人口平均预期寿命C31 人口自然增长率C32
	恢复生活 B9	农村居民恩格尔系数C33 农村居民居住质量指数C34 农民文化娱乐占生活消费支出的比重C35 农村文化活动覆盖率C36

续表

评估内容	指标体系	
	一级指标	二级指标
中长期重建需求评估	恢复生产 B10	村落垃圾处理率 C37 农村基础设施修复数量 C38 人畜分开居住的住房比重 C39 农村饮水卫生合格率 C40 农村卫生厕所普及率 C41
	重建管理 B11	村民对发放赈灾物资公平度 C42 村民对政务公开满意程度 C43 村民对基层政府信任度 C44 村民对灾后政策知晓率 C45
	恢复信心 B12	村民震后失眠时间 C46 村民信心恢复时间 C47 修复地方民族文化 C48 地震遗址保护和建设 C49
恢复重建效果评估	资金落实情况 B13	重建资金公开度 C50 重建进度公开度 C51 城乡居民满意度 C52
	住房抗灾能力 B14	新建住宅抗灾能力 C53 基础设施服务可达性 C54
	经济水平 B15	城乡居民人均纯收入 C55 城乡居民家庭支出水平 C56
	信心建设 B16	城乡居民旅游文化活动 C57 城乡居民参与社会活动积极性 C58

3.5 灾区恢复重建需求获取方法

当前，我国灾后恢复重建需求内容主要来自两个方面，一是以灾损评估为基础间接反映灾后需求；二是通过社会调查统计和评估，直接获取灾后需求内容。其主要的途径和方法有以下三种。

3.5.1 遥感、无人机等快速灾损评估

自 2008 年汶川地震以来，卫星遥感在灾前风险监测、灾中应急监测中发挥了越来越大的作用，尤其是在 2017 年四川九寨沟 7.0 级地震、四川茂县特大山体滑坡、孟加拉洪涝和斯里兰卡洪涝等国内外重大灾害中，开展了针对滑坡、洪涝淹没范围、道路受损情况的遥感监测，为灾害损失评估提供了及时、准确的空间信息服务，同时也为灾后恢复重建工作提供了

技术支撑。卫星遥感受到观测方向、空间分辨率等因素的制约，并不能实时、全方位对灾区状况开展动态监测，在灾损监测方面，目前可对道路交通、城乡居民住房、公共服务设施、基础设施等设施、地质灾害点、生态环境、耕地等开展初步的受损情况遥感监测（李珊珊 等，2013；常燕敏，2013；孙玉超 等，2017）。

无人机遥感（Unmanned Aerial Vehicle，UAV）利用先进的无人驾驶飞行器技术、遥感传感器技术、遥测遥控技术、通信技术、GPS差分定位技术和遥感应用技术，具有自动化、智能化和专用化特点，能够快速获取国土、资源和环境等空间遥感信息，完成遥感数据处理、建模和应用分析等工作。无人机遥感系统作为卫星遥感和载人航空遥感的补充手段，具有实时性强、灵活方便、分辨率高、外界环境影响小、全天候云下作业的优点，且能够在高危地区作业，将其应用于自然灾害应急救援具有广阔的发展空间和应用前景（李珊珊 等，2013；常燕敏，2013；孙玉超 等，2017）。

3.5.2 田野调研

高科技手段在依靠田野调查取证的许多行业广泛应用，在现实中引发了“双刃剑”现象，导致正在形成对传统田野调查的忽视，甚至是轻视。然而事实上，灾后恢复重建更应注重田野调查，遵循科学规律（尹稚，2008）。由灾后需求评估的定义可知，需求评估的主要任务是从受灾人群那里收集有关需求信息，因此，需求评估中常使用的方法就是社会调查（Social Survey）的方法，但由于灾后的情况非常复杂，使用常规的社会调查方法会遇到很多平时碰不到的困难，因此，灾后需求评估的方法值得特别探讨。在需求评估中，质性研究方法和量化研究方法都得到了广泛的应用。由于质性研究方法不需要对受灾区域的民众做全面的抽样和调查，在灾后紧急响应阶段应用较为广泛，具体方法包括文献回顾、实地观察、焦点团体讨论、主要知情人访谈等。这些方法有助于研究者迅速了解受灾人群的基本情况，发现灾区存在的突出问题，把握人们的主要需求。但其局限在于无法推及灾区受影响人群的总体情况，因此，对于更大范围的全面情况缺乏整体把握，不利于决策者制定政策。

大规模的问卷调查方法是最主要的量化评估方法。由于它能够全面地反映灾区整体情况，故更受研究者和决策者青睐，在灾后需求评估中应用最为广泛。问卷调查一般会在两个层次上开展，一是社区调查，主要通过对社区领导或主要知情人的问卷调查了解社区的灾后情况；第二个更为常见的调查层次是家庭调查，即对受影响的家庭及个人进行面访，了解其受灾情况。家庭调查获得的信息更为全面、准确，是灾后需求评估中应用最为广泛的方法。

3.5.3 社交媒体数据

随着移动设备的普及、网络设施的发展，人们愈发习惯在社交媒体平台上记录身边事物以及发表自身看法，这使得社交媒体成为反映现实世界的重要数据源。社交媒体作为一种新的信息生产和传播手段备受关注，其广泛的参与性和多源的传播性已成为政府部门及时了解灾情进展的一项有效手段。美国红十字会的一项问卷调查发现，在灾害发生时，有28%的受访者表示会主动通过社交媒体推送与灾害相关的信息，约一半的受访者表示会通过社交媒体来了解灾情进展，且超过三分之二的受访者认为政府机构应该对社交媒体做长期监控。社交媒体作为新的辅助减灾手段已在多次灾情救助中发挥了重要作用(段华明，2016；李想，2020)。如2012年7月21日北京市特大暴雨事件，公众作为城市中的移动传感器，为政府部门提供了许多重要的灾情信息，从而极大地提高了政府的救灾效率。2013年10月，受台风“菲特”的影响，浙江余姚遭遇了1949年以来的最大降雨量，由于部分通信及交通基础设施瘫痪，救援人员无法及时进入灾区，余姚市部分乡镇成为一座座“孤岛”，在无线网络仍能发挥作用的情况下，社交网络扮演了信息高架桥的角色。

3.5.4 大数据

大数据技术(简称“大云物移”，即大数据、云计算、物联网、移动通信)及其应用，先行进入防灾减灾领域的监测、预防、报送、抗击、救助和援建整个过程，驱动灾害风险及损失评估、需求评估发生建构性提升，极大地促进了灾害预测、灾情收集、灾损统计和灾后需求的效度和信度(李国杰，2012)。大数据是全民织网，将个人移动通信数据纳入数据采集端，众人都是社会传感网的数据输送者，以一种没有预料规划却及时有效的方式监测和推动救灾和灾后恢复重建的进程。微博、微信、QQ、贴吧、BBS等社交媒体平台传输的数据信息，覆盖互联网的每个角落，使信息更容易被需要的人寻觅和浏览。灾区每个人都能成为灾情预报员，发送汇总伤亡情况、所需救援人员与物资，转发相关部门灾害损失统计，传递避难场所坐标，寻找亲人报送平安等信息(刘纪平 等，2020；刘纯，2020；黄春林 等，2021；曾忠平 等，2021；李国杰 等，2021)。

在灾后恢复重建中，大数据技术更多应用于灾后救援和恢复。灾害作为非常规性事件，准确实时的救灾需求信息是快速合理配置救援资源的先决条件。现实中，灾情信息发布速度远滞后于媒体和舆论需求，主要通过民政部官网、国家减灾网和向新华网供稿的方式发布的信息的公众覆盖度不足。如2013年芦山7.0级地震，首个多层化社会公益的益云地图，为NGO用户提供汇集共享灾害数据的信息平台，发布危机预警、寻找亲人、需求详情、地理位置、联系方式等灾区信息，并呈现信息认证状态，增强NGO灾害响应的有效协作性。百度公司整合统计灾区民政部门、权威媒体、社交平台联合提供的物资需求数据，推出芦山地震“救灾动态地图”，连续更新灾区物资需求分布、灾区路况、献血站、救助站、受灾民众分布等信息，为实施救援提供了直观参考(段华明，2016；谢永刚 等，2013；王森 等，2018)。由于灾区信息的杂乱性和差异性，救援需求(受灾民众)和灾情提供(包括记者报道)信息不对称，还可能有次生灾害等变数，或救灾物资在运输途中遭到意外损毁，导致额外的救灾需求，加剧物资配送的困难。在汶川地震救灾过程中，就有救灾捐赠物资出现“过剩”和短缺并存的状况，甚至一些捐赠物资与灾区实际需求完全脱节。

3.6 灾后需求的评估方法

从评估的机理和数据的获取手段等方面出发，灾后需求的评估方法包括：①基于灾情统计资料的评估方法；②现场抽样调查的数理统计方法；③基层统计上报方法；④经济学方法等。

3.6.1 基于灾情统计资料的评估方法

该方法主要是探究致灾因子强度和承灾体损失率之间的关系，利用灾损统计间接推演灾后重建需求，因而评估的精度取决于灾损统计的详细程度。该方法是当前中国灾后恢复重建需求采用的主要方法(Robinson，2014)。

3.6.2 现场抽样调查方法

主要是在灾害发生后开展的需求调研。在中国，地震灾害灾后重建需求的现场抽样调查是获取灾后需求的主要方法之一，调查主体一般为灾区政府，用到的方法有层次分析法、线性规划法等(图 3.6)。

层次分析法是指将与决策总是有关的元素分解成目标、准则、方案等层次，在此基础之上进行定性和定量分析的决策方法。该方法是美国运筹学家匹茨堡大学教授萨蒂于 20 世纪 70 年代初，在为美国国防部研究“根据各个工业部门对国家福利的贡献大小而进行电力分配”课题时，应用网络系统理论和多目标综合评价方法，提出的一种层次权重决策分析方法(郭金玉 等，2008；熊立 等，2005)。

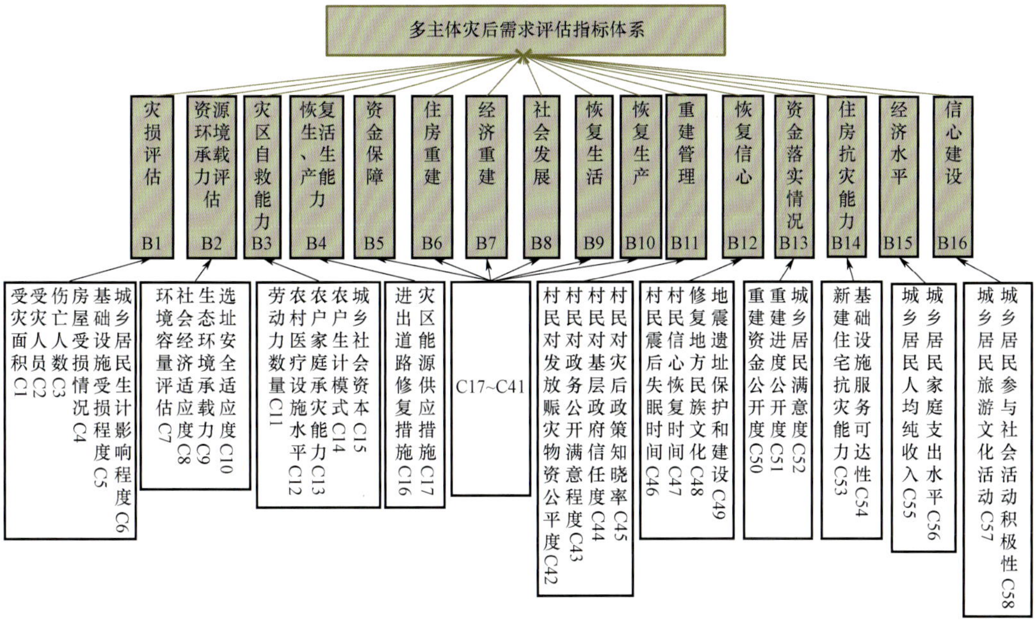

图 3.6　多主体灾后需求评估层次模型

线性规划法是在第二次世界大战中发展起来的一种重要的数量方法，是企业进行总产量计划时常用的一种定量方法(王金南 等，2010)。线性规划是运筹学的一个最重要的分支，理论完善，实际应用广泛。主要用于研究有限资源的最佳分配问题，即如何对有限的资源进行最佳方式的调配和最有利的使用，以便最充分地发挥资源的效能去获取最佳的经济效益。由于有成熟的计算机应用软件的支持，采用线性规划模型安排生产计划并不是一件困难的事情。在总体计划中，用线性规划模型解决问题的思路是，在有限的生产资源和市场需求条件约束下，求利润最大的总产量计划。该方法的最大优点是可以处理多品种问题。

3.6.3 基层统计上报方法

灾害发生后，由社区管理员统计灾后恢复重建需求，然后逐级上报给上级部门，最终形成灾区的恢复重建需求。主要方法有聚类分析法、模糊聚类法等。

3.6.4 经济学方法

主要用于各类自然灾害的直接经济需求核算和间接经济需求估算。主要内容包括救灾投入需求、人员伤亡的理赔需求、投资需求等；主要评估方法有成本核算法、影子价格法、边际成本法等（徐玖平 等，2008；刘明磊 等，2011；赵巧芝 等，2019）。

随着科学技术的迅速发展，一些高科技的方法也在灾后需求评估中得到应用。例如，遥感技术和地理信息系统技术已经在灾害数值的模拟和灾害损失的评估中得到应用。在灾后需求评估中，它们可以为抽样工作提供重要的帮助，特别是人迹罕见地区人口的评估抽样。德国航空航天中心（DLR）专门成立了一个“卫星灾害信息中心”（ZKI），以便在重大灾害中提供人道主义救援和其他信息服务。2004 年，印度洋海啸灾害发生后，卫星灾害信息中心使用泰国和印度尼西亚的灾后卫星影像，在 3D 内通过视觉变化检测做出快速的定量损失评估，并为当地的需求评估小组及时提供了抽样信息数据。再比如，计算机辅助面访调查（Computer Assistant Personal Interviewing，CAPI）技术，是当前社会调查中新兴的方法，调查员使用手提电脑、PDA 或智能手机等，按事先设定的程序来完成对每个被访家庭的调查。

3.7 灾后需求质量的后续评价

灾后恢复重建不仅是恢复到灾前状态，而且要在灾后安置、恢复和重建的过程中，全面超过灾前状态，从而实现“重建得更好”之目的。2015 年第三届世界减灾大会通过的《2015—2030 年仙台减轻灾害风险框架》中，“重建得更好（Building-Back-Better，BBB）”成为该框架的第四个优先发展方向（UNDP，2018；UNISDR，2015）。BBB 倡导通过将降低灾害风险措施贯穿整个灾后生计、经济和环境的恢复重建，并不断提升国家、社区和家庭的韧性，推动灾区重建得更好和可持续发展。BBB 因在灾后恢复重建中注重灾害风险管理和提升韧性，成为近年来减灾工作者和城乡规划师关注的热点议题（Maly，2018；Mannakkara et al.，2014）。

灾后需求评估是开展灾后恢复重建的重要基础工作，围绕需求评估开展灾后恢复重建是否能够达到“重建得更好”的目标，成为衡量重建质量的重要标准。因此，“重建得更好”也成为衡量灾后恢复重建需求质量的重要标准。

3.7.1 “重建得更好”的愿景

2006年,美国前总统威廉·克林顿(William Clinton,2006)作为联合国海啸灾后恢复重建问题特使,在海地海啸灾后重灾区——亚齐,发表了《从海啸灾后恢复中学习到的教训:重建得更好的十个命题》的报告,首次提出“重建得更好”概念,引起了各界的高度关注,并成为国际社会对灾后恢复重建的共同“美好愿景”。

然而,该报告发布后不久,科研人员发现,BBB目标在一些经济落后和资源匮乏的国家,极难推广和实施。为了让BBB能够付诸重建实践,学界不断改进和优化BBB框架,其中Mannakkara(2014a,2014b,2016)和Wilkinson(2019)提出BBB整体实施方案并在2009年澳大利亚森林大火的灾后重建实践中开展了应用。正是在这一方案的大力推动下,2015年,联合国减灾办公室(United Nations Office for Disaster Risk Reduction,UNDRR)将BBB理念写进《2015—2030年仙台减轻灾害风险框架》(Sendai Framework for Disaster Risk Reduction 2015—2030,SFDRR)中,并成为落实SFDRR四个优先事项之一。自此,BBB正式成为国际社会灾后恢复重建官方指导文件。为进一步推广BBB在各国的实施,2017年,联合国减灾办公室发布了在灾后恢复、康复和重建进程中如何更好地实施BBB的政策咨询文件,要求灾后恢复重建必须先从建立一个涉及所有利益相关者的国家级灾后恢复重建框架开始,支持所有利益相关者制定完备的防灾减灾和备灾规划,制定规范化的灾损和需求评估流程,在个人、企业、政府等之间制定规范化的恢复重建政策、法律和规划方案。

近年来,如何落实和推动联合国《2030年可持续发展议程》制定的可持续发展目标(The Sustainable Development Goals,SDGs)成为人类社会共同关注的议题(Ortega et al.,2017),科研人员也开始重视BBB在落实SDGs中的作用。Dube(2020)认为,BBB目标及其指导方针与SDG 9(建造具备抵御灾害能力的基础设施,促进具有包容性的可持续工业化,推动创新)和SDG 11(建设包容、安全、有抵御灾害能力和可持续的城市和人类住区)的要求高度一致,进而指出推动BBB的实现也是落实SDGs的主要手段之一。

3.7.2 “重建得更好”的指标体系

表3.3综述了上述不同时期BBB的核心指标和指导方针。从BBB概念的提出,到具体的实施方案,再到推动可持续发展目标的实现,其核心指标和指导方针也在不断深化完善,指导性与可实施性得以不断增强。

表3.3 BBB的核心指标和指导方针

框架	核心指标	指导方针
愿景	以民为主	政府、捐助者和援助机构必须认识到家庭和社区驱动其灾后恢复
	促进公平正义	恢复重建必须促进公平和公正
	提升预警能力	政府必须加强对未来灾难的防范
	推动管理和制度创新	地方政府必须授权管理灾后恢复的努力,捐助者须投入更多资源来强化政府恢复机构和制度建设,尤其是在地方政府层面

续表

框架	核心指标	指导方针
愿景	规划和协调	好的恢复计划和有效的协调取决于良好的信息
	加强外部援助和多主体协作	联合国、世界银行和其他多边机构必须明晰它们的角色和关系，特别是在应对经济复苏的早期阶段； 不断扩大作用的非政府组织和红十字/红新月等机构在恢复努力中促进平等承担更大的责任
	创造营商环境	从恢复行动的开始，政府和援助机构应该为企业的发展创造条件
	促进社区恢复	受益人应得到机构间的合作关系，超越对抗和不健康竞争； 恢复必须通过减少风险和加强韧性使社区更安全
政策保障	国家防灾减灾救灾顶层设计	建立一个涉及所有利益相关者的国家级灾后恢复重建框架
	区域备灾规划	支持所有利益相关者在灾前制定恢复重建规划
	规范化的灾损和需求评估流程	为了更准确地量化和描述恢复重建需求和制定更广泛的恢复重建战略，必须能够有效评估灾损和需求，使整个恢复重建的过程和体系规范化
	多主体参与机制和保障体系	制定或加强政策、法律和规划方案，以促进(激励)、指导(确保)和支持公共和私营部门以及个人和家庭在恢复重建方面重建得更好
实施方案	降低风险措施	非物理措施：改变土地利用结构； 物理措施：改善建筑结构设计
	区域/社区恢复重建	社会-心理康复； 经济恢复
	执行与实施	利益相关者管理； 立法与规制
	监督与评估	社会监督； 恢复重建效果评估
促进韧性和可持续性	平灾转换基础设施	公平、正义和均衡的社区基础设施； 社区防灾减灾设施
	科技创新	技术创新(新结构、新材料、新设计)； 风险识别和预警技术； 制度和管理创新
	文化传承与地方感知	适灾文化的发掘和传统； 传统文化和地方感知

然而现实中，在各国具体的恢复重建中，BBB并未得到有效推广和大量应用。究其缘由，首先，BBB的宏大目标的实现受到国家或地区社会经济状况和资源禀赋的严格限制，对于部分不发达国家和资源稀少地区，恢复重建效果甚至难以达到灾前的基线水平(Ortega et al.，2017)。其次，BBB作为一个指导方针，缺乏对灾区民众需求、偏好的关注(Maly，2018)，使得恢复重建与BBB之间缺少一条有效的连接纽带。这也是导致部分灾后恢复重建项目往往因不符合当地民众意愿和文化特点而遭受损失，甚至带来新的灾害风险的原因之一(Francis et al.，2018)。因此，构建一套集成灾区民众需求的BBB指导方针和对应的指

标体系,成为BBB今后发展急需完善的目标之一。

3.8 灾后需求评价存在的问题和政策建议

3.8.1 存在问题

灾后需求评估为灾后救援和恢复重建提供了翔实的基础数据,但也存在一些问题,主要表现在以下方面。

(1)灾后需求评估不能替代深入的部门分析。受需求获取方式、时间和受访者主观等多因素影响,一些灾后需求评估的项目也具有很大的主观性和片面性。中国现行的救灾体系中,需求的获取一般通过基层组织逐级上报的信息传递体系实现,即通过村、社区等基层组织收集灾损情况和群众的需求信息后,逐级上报给上级机关,然后由上级机关根据这些信息来分配救灾物资并逐级发放。尽管这种需求信息的传递方式存在信息传递速度较慢、效率低下的缺点,但相对而言较为全面和客观。

(2)灾后需求信息采集具有固定的时间范围,限制了数据的全面性和典型性。从目前开展的灾后恢复重建项目来看,灾后恢复重建需求评估的主要价值体现在灾后紧急救助和恢复重建初期,因而需求信息的获取时间也主要集中在灾后救援到开展全面恢复重建这一时间段内。随着恢复重建的进行,灾区的需求会随着恢复重建的进度推进而发生变化,然而目前来看,灾后需求评估较少关注这种随时间变化的需求获取和需求评估。

3.8.2 政策建议

中国的灾后需求评估工作尚处于刚刚起步阶段,目前虽已有一些理论和实践的探索,但这些工作尚不够系统,需要进一步加强。

(1)理论研究与制度建设相结合。成功实施灾后需求评估,需要政府各部委与国家和国际伙伴之间的强力合作,需要平衡社会、经济和基础设施各部门之间的不同需求。因此,灾后需求评估必须以政府为主导,汇集各行业技术专家共同开展。中国是一个灾害频发的大国,经济社会发展水平不高,且存在较大的地区差异。如何在这样的大环境下开展灾后需求评估,使需求评估能更好地为灾后紧急救援和恢复重建决策服务,既需要深入的理论和方法研究,也需要加强制度建设。建议国家灾害管理部门在加强灾后需求评估研究的基础上确定灾后需求评估的工作标准和程序,并将其纳入各级政府的灾害响应体系。在重大灾害发生后,应立即启动受灾群众的需求评估工作,为救灾和重建工作决策提供有力的支撑。

(2)灾前准备与灾后响应相结合。为保证灾后需求评估的科学性,需要获得准确的灾区经济社会背景信息,包括灾区的人口、住房、土地、居民点分布等方面的信息作为评估工作的基础。例如,开展灾后需求评估需要对灾区受灾居民进行概率抽样,在开始抽样前,就需要获得灾区的社区及居民户的完整名单作为抽样框(Sample Frame)。而这些都要求各部门在灾害发生前就做好科学的数据收集、整理和储备工作。同时应建立紧急情况下的部门间数据共享机制和平台,一旦灾害发生,即可迅速调用各方面的经济社会背景信息,保证灾后需求评估工作的效率和精确性。

(3)短期评估和长期评估相结合。灾后的情况千变万化,受灾群众的需求也随着时间的推移而不断变化。因此灾后需求评估不是一项一劳永逸的工作,需要在不同时间节点上持续地开展。应将灾害发生后短期内迅速开展的应急需求评估和在灾后更长阶段内开展的长期评估结合起来,在准确了解群众需求变动的基础上,及时调整政策重点,做好灾后救援和重建工作。

(4)单一主题评估和全面评估相结合。全面评估有助于为决策者提供受灾地区居民的比较全面的整体状况信息,对科学决策的支持力度最大。但是全面评估调查一般需要覆盖较广的地理范围、多重的研究主题、不同特征的人群,为此往往要耗费较大的时间、人力和物质投入。同时,全面评估也往往无法有针对性地对某个领域进行比较深入的调查。而单一主题的评估研究一般会更加灵活,可以在灾害发生初期迅速开展,也可以针对某些特定需求做深入评估。因此,在需求评估中结合单一主题评估和全面评估也是很有必要的。

(5)行政系统报送信息与家户调查收集信息相结合。我国已在长期的救灾实践中建立起一套通过基层组织逐级上报的灾害信息传递体系,这套体系也可以用来收集灾后的需求信息,即通过村、社区等基层组织收集灾损情况和群众的需求信息后,逐级上报传递给决策者。但这种信息收集方式存在信息传递速度较慢、效率低下、准确性差的缺点,为此,有必要结合使用对受灾家户开展抽样调查的方式,直接从受灾者那里收集需求信息。虽然调查方法耗费成本高、执行难度大,但在保证信息的准确性和信息传递的效率方面有着独特的优势,是对信息报送方法的一种有益补充。

3.9 灾后需求评估的应用——以长宁地震灾区恢复重建为例

灾后需求评估是开展灾后恢复重建、实现“重建得更好”目标的重要基础工作,但围绕灾后需求开展灾后恢复重建,是否能够达到“重建得更好”的标准,国内还缺乏有效论证和实践检验。鉴于此,本节以 2019 年长宁里氏 6.0 级地震重灾区为对象,实证分析了地震背景下的灾后恢复重建需求特征,探讨了需求特征与“重建得更好”指导方针的对应关系。

3.9.1 案例区和灾害特点

2019 年 6 月 17 日 22 时 55 分,四川省宜宾市长宁县发生里氏 6.0 级地震(以下简称长宁 MS 6.0)(图 3.7)。本次地震共造成 13 人死亡、299 人受伤,紧急转移安置 84290 多人,房屋倒塌 920 多户。此次地震余震频发,截至 2019 年 7 月 16 日 08 时,共记录到 3.0 级及以上余震 64 次,其中 5.0～5.9 级地震 4 次,4.0～4.9 级地震 6 次,3.0～3.9 级地震 54 次。

长宁县位于四川盆地南缘、宜宾市腹心地带,介于东经 104°44′22″～105°03′30″,北纬 28°15′18″～28°47′48″。地势南高北低,海拔 245.9～1408.5 m。全县共 13 个乡镇,有汉、苗、彝等 9 个民族,2019 年总人口 46.72 万人(数据来自长宁县政府网站 http://www.sccn.gov.cn/)。珙县地处四川宜宾南部,位于东经 104°38′～105°02′,北纬 27°53′～28°31′。珙县是宜宾南部的交通枢纽和物资集散地,县域内以煤炭藏量最为丰富,境内无烟煤保有储量 12.45 亿 t。2019 年珙县总人口 43.64 万(数据来自珙县政府网站 http://www.gongxian.gov.cn/)。

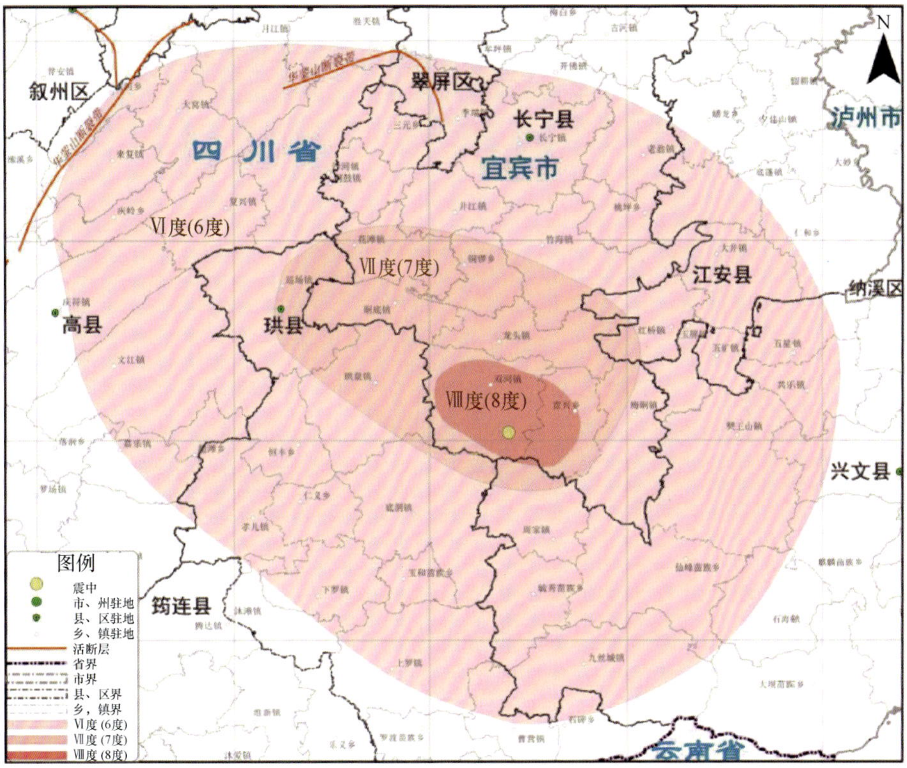

图 3.7 长宁 MS 6.0 重灾区烈度图(发布单位:四川省地震局)

本次地震灾害呈现以下特点。

(1)数次地震叠加,余震频繁发生。地震灾区在地质构造上处于华蓥山断裂带中南段,地表断层较多,处于地震活跃地段,近年来呈现震级越来越高、间隔时间越来越短、破坏力度越来越大的态势。

(2)人口分布集中,灾害影响较大。地震震中位于长宁老县城双河镇,余震多发生在珙县新老县城巡场镇、珙泉镇,受灾区域多为老工矿区,人口密度大、老旧房屋多,建筑抗震设防等级不高,城乡居民住房、公共服务和市政设施遭到破坏,灾害损失较大。

(3)基础条件薄弱,发展水平不高。受灾区域属于乌蒙山片区连片特困地区,受灾较重的县(区)大部分属于贫困县和少数民族地区待遇县,基础设施欠账较多,社会事业发展较为滞后,产业结构单一,旅游资源丰富但未充分挖掘,县乡财政实力较为薄弱,灾后恢复重建难度大、任务重。

(4)生态地位重要,地质条件复杂。宜宾是长江上游生态屏障的重要组成部分,受灾区域是长江上游重要水源涵养地,自然保护地分布集中,曾经是国家重点煤矿集中开采区,属典型的喀斯特地貌,地质灾害隐患较多,治理难度较大。

3.9.2 研究设计和方法

为评估本次灾后需求的特征及是否达到"重建得更好(BBB)"的标准,首先开展文献综述,详细论述了BBB不同时期倡导的理念并将其整理为指标体系,形成"重建得更好"的核心指标体系(详见3.7.2节表3.3)。其次,开展受灾区恢复重建需求的社会调研,并进行灾后需求评估,探索需求的共性和差异性。最后,建立受灾区域灾后需求特征与BBB指标之间的对应-关系,进而说明需求是否响应了BBB的指导原则。

(1)灾后需求信息的调研和评估方法

由于灾后的情况非常复杂,深入灾区开展社会调查是获取灾后需求信息的主要途径,可以采用综合质性、量化的评估方法,开展对灾后需求共性和差异性的综合评估。因此,整体来看,灾后需求信息调研和评估可分为三部分:一是灾情影响研判,内容包括了解灾害类型、等级与灾损基本情况;收集受灾地自然地理、社会经济、人口文化与网络舆情等资料;制定恢复重建需求收集方案。二是实地调研,内容包括设计调查问卷和结构性访谈重点话题,并通过非实地方式进行与调研,以修正PDNA需求指标体系;通过实地问卷调查、访谈、会议等方式,获取受灾地多主体重建需求信息。三是采用质性与量化相结合的方法,对灾后恢复重建需求共性和差异性进行综合评估。图3.8展示了灾后需求调研和评估的整体流程图。

在灾情研判后,参考灾后需求评估的研究内容,初步拟定灾后需求调研的指标体系。为了验证指标设计的合理性和精准度,多方渠道联系当地受灾民众和政府官员,多途径开展问卷的预调研。基于预调研中受访者填写问卷时的反馈,对问卷的指标、结构和访谈提纲进行优化。

实地调研前,结合调研行程安排,从重灾区乡镇中随机选择七个自然村作为本次现场调研区域,包括重灾区长宁县双河镇的三个社区和珙县的四个社区。结构式问卷的发放也采取随机采样的方式,现场共发放结构式问卷268份,回收260份,有效问卷256份。

(2)灾后需求指标体系

在前期灾后需求评估内容和预调研的基础上,确定本次长宁MS 6.0灾后恢复重建指标体系,包括基本生活援助、产业重建和经济复苏、城乡住房、社会保障、城乡基础设施、政策与规划、赋权与参与、社区重建和可持续生计等9个维度共计35项指标,较全面体现了本次地震灾后的民众需求特征。

本次需求指标在充分结合受灾区特征的基础上,结合预调研后的反馈,在以下方面做了

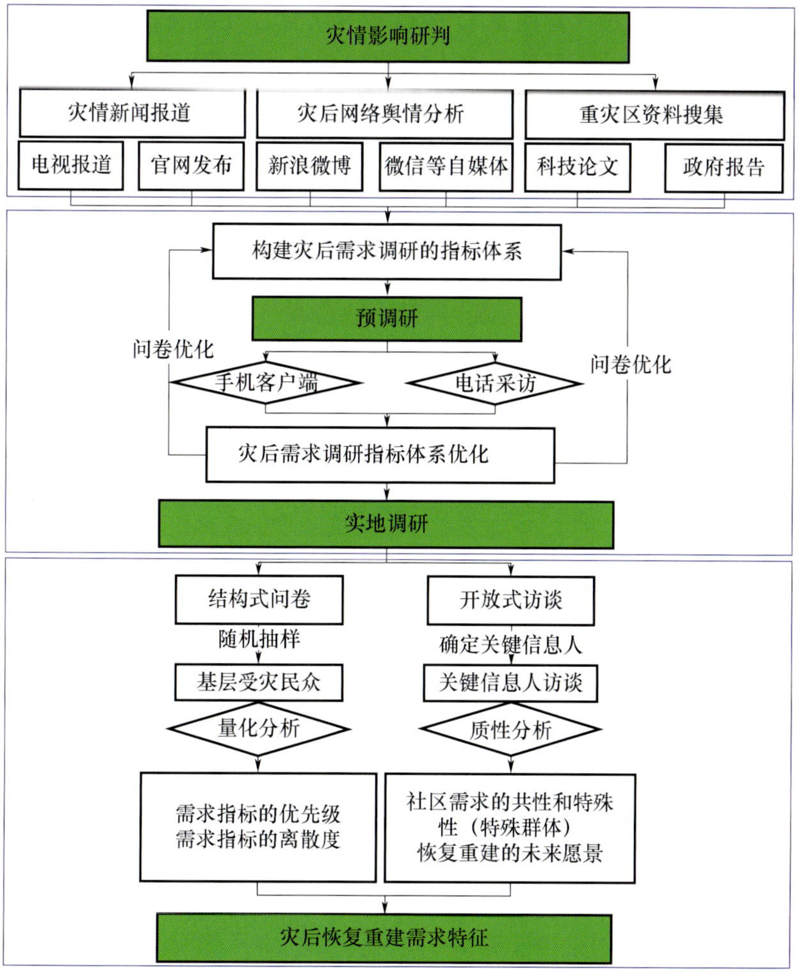

图 3.8　长宁 MS 6.0 灾后调研和评估流程图

修改。①在生产领域增设了基本生活援助这一需求维度，这是考虑到本次开展需求调查的时间是在灾后恢复重建初期，重灾区的部分民众仍面临着基本生活援助和安置的需求。此外，灾后政府补助资金的标准大部分依赖房屋受损鉴定的结果，因此，“灾损评估”“政府资金补助”也被列入基本生活援助的需求维度中。②社会领域包括住房和社会保障两个需求部门。在社会保障需求中，预调研阶段了解到灾区近年来实施劳动力转移政策，空巢老人和留守儿童居多，因此，加强对上述人群的社会保障就显得尤为紧要。③因本次地震重灾区位于农村地区，因而灾后需求的基础社会领域主要围绕农村基础设施如水、电、天然气、农村道路和生态环境设施等五个指标构成。④跨领域包括政策规划、赋权、社区重建和可持续生计四个部门。预调研发现，受访者对重建政策及政策的制定过程表现出较大兴趣，但也存在分歧（主要是原址重建还是异地重建），因此，增加灾后政策的制定和执行中的透明度/监督权和参与度的指标。

(3)灾后需求评估方法

在灾后需求评估中，质性评估和量化评估相辅相成，综合应用。对半结构式深度访谈的

心理援建工作。另一方面，灾区多数受灾民众缺乏文化生活，尤其在农村地区，留守老人的健身设施、精神文化都较为匮乏，甚至是空白。

灾区的心理援助不仅仅是对灾害造成心理影响的干预和缓解，更要通过心理援助的方式开展。解答灾区民众疑惑，一是要为受灾民众建立科学的灾害认知，正确看待地震；二是要缓解本次地震给当地民众造成的心理阴影和对生活的消极态度，早日回归日常生活。

(6)恢复生产的需求

调研发现，在本次地震中，对于部分有少量耕地的农户，农作物因房屋倒塌、山体滑坡、地质塌陷等遭到不同程度的破坏，同时房屋遭到损坏也导致部分养殖户无法正常饲养家禽牲畜，严重影响了灾区民众灾后的生产与生活。

3.9.3.3 基层政府的灾后恢复重建需求

(1)政策需求

当地政府迫切希望灾后重建政策能尽快出台。政策未出，房屋补助、维修和加固等工作均处于观望甚至是停滞状态。对基层政府而言，灾后重建的文件、政策是他们开展工作的依据和指南，因此，希望尽快出台支持和帮助受灾地区生产自救、重建家园的指导文件，鼓励和引导社会各方面力量参与灾后恢复重建工作。

(2)资金需求

受地震灾害影响，灾区多处公共服务设施、基础设施受损严重。双河中学有一栋教学楼整体位移；珙县多家医院因灾停业；汾洞村桥梁塌陷；鱼池村道路断裂。据初步统计，因地震灾害已造成直接经济损失达到 94.964 亿元。灾后公共服务设施与基础设施的修缮工作已经成为基层政府面临的一大难题。基层政府迫切需要财政资金的大力投入，希望通过政府投入、对口支援、社会捐助等多渠道筹措资金。

(3)公共服务和基础设施重建需求

在本次调研的乡镇中，部分乡镇政府办公大楼、学校、村委会等公共服务设施均受损严重，部分道路、桥梁等基础设施因为地质塌陷、山体滑坡遭到破坏不能通行。以双河镇为例，双河镇政府大楼、双河中学、双河镇中心医院均遭到严重损坏不能继续使用。政府人员只能把在原政府大楼附近租用的民众房屋作为办公场所。巡场镇的政府人员也是在原政府大楼后院搭建的钢棚里办公，办公场所即是就餐场所。因此，灾区基础设施与公共服务设施的恢复重建，对于灾区恢复重建工作的有序展开和高效进行起着至关重要的作用。

(4)建立农村地区综合防灾减灾示范型社区的需求

调研发现，本次地震灾区虽已经历 2013 年 4 月 25 日地震的影响，但防灾减灾设施、知识宣传、培训教育等仍非常匮乏。大部分灾民反映，他们获取防灾减灾的知识更多来自手机微信等现代自媒体平台，缺乏深入的理解和学习，不了解灾害信息员这一职位。至于防灾培训、演练等项目，灾区群众从未参与过，即使在 2013 年地震发生后，社区层面的防灾减灾能力建设也未能得到显著提升。

中国于 2010 年起在全国范围内推行综合防灾减灾示范性社区建设，然而迄今为止，大部分示范性社区集中在城市地区，农村地区长久以来处于不设防状态。2017 年 10 月，四川省颁布《四川省综合防灾减灾示范型社区标准》，对照此标准，今后推行农村地区防灾减灾示范社区的建设困局，将得到缓解。

(5)产业振兴需求

长宁是产竹大县，是“中国竹子之乡”，拥有竹林面积72.47万亩，竹林面积居全市第一位、全省第四位。受地震影响，山体滑坡导致竹笋林地部分受损，频繁的余震也导致旅游业低迷。双河镇作为长宁县的经济副中心，“凉糕产业”初具规模，凉糕店甚至开到了韩国、新加坡等地。2017年，双河镇的凉糕产业产值已达3亿元，而灾后生态环境遭到破坏，葡萄井水受到污染，凉糕产业也因此受到影响。

(6)统一规划需求

基层政府希望在重建时做到科学选址，规避地质灾害。将农村房屋统一规划建设，集中安置，以提高农村的整体生活水平，加快推进农村城镇化建设，并希望充分发挥集约原则，以此为优势引进外来企业，促进当地经济发展。希望结合当地文化、历史、民族特色，结合实际需求建设，并且希望能加大设防烈度，以提高抗震能力。

3.9.3.4 外部援建机构的需求

不同于“汶川地震”“芦山地震”等多种力量汇聚灾区参与灾后重建，本次地震伤亡少，影响相对较小，恰逢南方洪灾多发时间，舆论及新闻关注较少。而且地震发生的时间接近23时，大部分人已准备入睡。第二天09时关注度达到最高，之后迅速衰减(图3.9)。因此，从灾后救援到灾后恢复重建，灾区政府外部援建机构较少。长宁县发生地震后，四川省卫生健康委员会从成都和泸州调派3支共50余人的应急医疗队，连夜赶到灾区开展救援工作。四川大学华西医院宜宾医院也立即启动应急预案，首批10名应急救援队员到达长宁震区。四川省市两级抗震救灾指挥部迅速调集3000余人陆续到达灾区，开展人员搜救和生命救援。宜宾市级派出3个道路工程抢险工作组分赴长宁县、珙县、兴文县等地震灾区开展道路灾情调查及应急抢通工作，通往灾区的客运班车全部停运。截至6月18日下午，全面抢通长宁、珙县通往震中的主通道7条，保障各类救援力量顺利通行。

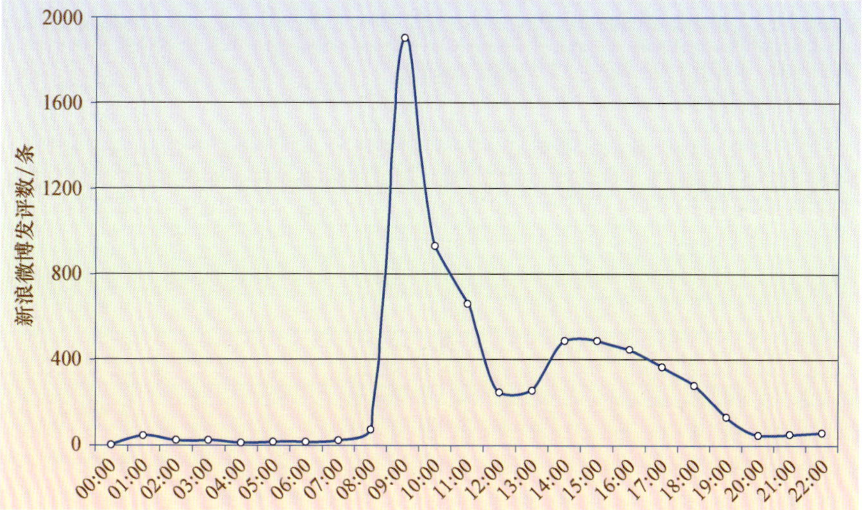

图3.9 基于新浪微博发评数确定的长宁地震灾后民众关注时间变化

3.9.4 灾后需求特征

基于灾后需求评估方法，对本次 256 份有效问卷涉及的 35 项指标体系进行了需求优先级和需求离散度是计算，其结果如表 3.6 所示。

表 3.6 长宁 MS 6.0 灾后需求评估

<table>
<tr><th>需求领域</th><th>需求部门</th><th>需求指标</th><th>需求平均值</th><th>需求标准方差</th><th>恢复重建优先级</th><th>恢复重建离散度</th></tr>
<tr><td rowspan="9">生产</td><td rowspan="5">基本生活援助</td><td>灾损评估/P1</td><td>3.52</td><td>0.41</td><td>★★★★★</td><td>×</td></tr>
<tr><td>保险理赔/P2</td><td>2.88</td><td>0.49</td><td>★★★★</td><td>×</td></tr>
<tr><td>紧急人道主义援助/P3</td><td>3.16</td><td>0.54</td><td>★★★★</td><td>×</td></tr>
<tr><td>政府资金补助/P4</td><td>3.55</td><td>0.41</td><td>★★★★★</td><td>×</td></tr>
<tr><td>开展灾区群众心理抚慰、援助/P5</td><td>2.86</td><td>1.08</td><td>★★★★</td><td>×××</td></tr>
<tr><td rowspan="4">产业重建和经济复苏</td><td>受损耕地、农田水利工程修复/P6</td><td>2.66</td><td>1.46</td><td>★★★★</td><td>×××××</td></tr>
<tr><td>培育地方工业和特色产业(凉糕、盐矿加工)/P7</td><td>2.81</td><td>1.18</td><td>★★★★</td><td>××××</td></tr>
<tr><td>招商引资/P8</td><td>2.66</td><td>1.36</td><td>★★★★</td><td>×××××</td></tr>
<tr><td>培育灾区旅游业(竹林旅游)/P9</td><td>2.81</td><td>1.18</td><td>★★★★</td><td>××××</td></tr>
<tr><td rowspan="7">社会</td><td rowspan="3">城乡住房</td><td>房屋加固、修复/S1</td><td>3.53</td><td>0.86</td><td>★★★★★</td><td>×××</td></tr>
<tr><td>对鉴定了 C 级(危房,加固维修后继续使用)房屋原址重修/S2</td><td>3.06</td><td>0.68</td><td>★★★★</td><td>××</td></tr>
<tr><td>对鉴定了 D 级(危重,加固维修仍无法使用)以上的房屋原地重建/S3</td><td>3.16</td><td>0.56</td><td>★★★★</td><td>×</td></tr>
<tr><td rowspan="4">社会保障</td><td>中小学秋季复学/S4</td><td>3.06</td><td>0.86</td><td>★★★★</td><td>×</td></tr>
<tr><td>医院修复和医疗恢复/S5</td><td>3.39</td><td>0.68</td><td>★★★★</td><td>××</td></tr>
<tr><td>加强对老、弱、病、残、幼和妇女等的照顾/S6</td><td>3.44</td><td>0.72</td><td>★★★★</td><td>××</td></tr>
<tr><td>加强对少数民族、外来户的照顾/S7</td><td>1.95</td><td>1.38</td><td>★★★</td><td>×××××</td></tr>
<tr><td rowspan="5">基础设施</td><td rowspan="5">农村基础设施</td><td>饮用水安全工程/I1</td><td>2.97</td><td>1.02</td><td>★★★★</td><td>×××</td></tr>
<tr><td>稳定电力供应/I2</td><td>2.36</td><td>1.45</td><td>★★★</td><td>×××××</td></tr>
<tr><td>提升农村生态环境设施/I3</td><td>2.84</td><td>1.22</td><td>★★★★</td><td>××××</td></tr>
<tr><td>增加天然气管网/I4</td><td>2.06</td><td>1.46</td><td>★★★</td><td>×××××</td></tr>
<tr><td>提升村村通道路等级/I5</td><td>2.86</td><td>1.26</td><td>★★★★</td><td>×××××</td></tr>
<tr><td rowspan="2">跨领域</td><td rowspan="2">政策规划</td><td>原址重建/C1</td><td>2.48</td><td>1.37</td><td>★★★★</td><td>×××××</td></tr>
<tr><td>统一搬迁到镇里/村里集中安置区/C2</td><td>2.16</td><td>1.48</td><td>★★★</td><td>×××××</td></tr>
</table>

续表

需求领域	需求部门	需求指标	需求平均值	需求标准方差	恢复重建优先级	恢复重建离散度
跨领域	赋权和参与	提升恢复重建的信息公开、透明度/C3	3.44	1.41	★★★★	××
		给恢复重建政策提建议/C4	1.13	1.48	★★	×××××
		参与到恢复重建规划制定过程中/C5	1.41	1.38	★★	×××××
		监督恢复重建规划的执行过程/C6	1.49	1.41	★★	×××××
		参与评价恢复重建效果是不是符合民众期望/C7	1.45	1.15	★★	×××××
	社区重建	定期(一年两次)开展防灾减灾宣传、培训和演练/C8	1.76	1.15	★★★	××
		增加家庭/个人防灾减灾保险险种/C9	1.60	1.08	★★★	××
		建设农村紧急避难场所/C10	2.28	1.43	★★★	×××××
		增加农村灾害信息员的数量/C11	2.01	1.46	★★★	×××××
		加强政府在灾害预报/预警方面的能力/C12	2.26	0.98	★★★	×××
	可持续生计	开展再就业技能培训/C13	2.58	1.19	★★★★	××××
		提升邻居/社区的团结力、凝聚力/C14	1.26	1.28	★★	×××××

注:优先级中,[3.51,5.00]极度紧要★★★★★;[2.51,3.50]紧要★★★★;[1.51,2.50]比较紧要★★★;[0.51,1.50]说不清★★;[0.00,0.50]不紧要★。

分散度:[0.40,0.60]高度统一×;[0.61,0.83]非常统一××;[0.84,1.05]统一×××;[1.06,1.27]存在分歧××××;[1.28,1.49]分歧较大×××××。

3.9.4.1 需求指标的优先级

本次灾后恢复重建民众需求指数的平均值为 2.54,属于调查问卷中“紧要”级,体现出震后恢复重建工作的紧迫性。从需求领域来看,需求优先级表现出从“生产、社会、基础设施到跨领域”的渐变过程。分部门需求来看,“基本生活援助”“产业重建和经济复苏”“社会保障”“城乡住房”4 个部门及其对应的需求指标优先级高于总体平均值。9 个需求部门的优先级由高到低依次为:城乡住房>基本生活援助>社会保障>产业重建和经济复苏>农村基础设施>政策规划>社区重建>赋权和参与>可持续生计。从具体指标来看,优先级最高的前 4 个指标分别是“政府资金补助”“房屋加固、修复”“灾损评估”“加强对老、弱、病、残、幼和妇女等的照顾”和“提升恢复重建的信息公开、透明度”。这些指标与民众的生活、生产息息相关。从社区类型来看,除荷叶村外,其他社区不同部门之间的需求特征与上述整体特征相类似,但不同社区之间的差异性也较为明显(图 3.10)。

整体来看,受访者对恢复重建中的基本生活援助、城乡住房、社会保障、产业重建和经济复苏等关注度最高,侧重于短期的生活、生产恢复,而对社区重建、政策规划、赋权和参与等维度的需求关注度较低。此外,灾损越严重的社区和集镇型社区,其需求优先级高于偏远村庄,如双河社区和兴泰社区整体优先级高于汾洞村。

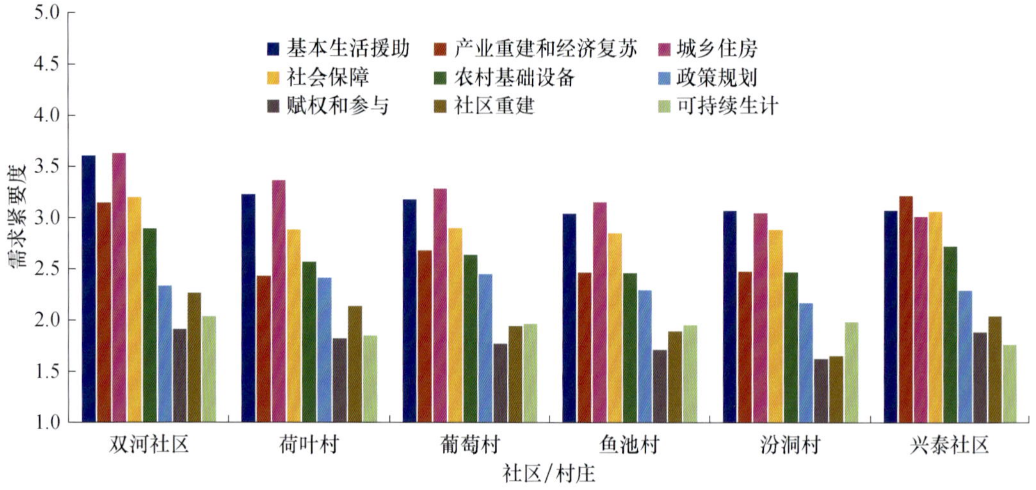

图 3.10　长宁 MS 6.0 不同社区的灾后需求特征

3.9.4.2　需求指标的离散度

本次灾后恢复重建民众需求指标的标准方差为 1.10，处于“存在分歧”的分布区间，反映出受访者在理解灾后需求方面存在一定分歧。分需求部门来看，“政策规划”“赋权和参与”“社区重建”和“农村基础设施”等部门需求指标分歧较大。从具体指标来看，民众对“给恢复重建政策提建议”“统一搬迁到镇里/村里集中安置区”“增加农村灾害信息员的数量”和“增加天然气管网”等需求指标的分歧最大，而对“基本生活援助”“房屋加固、修复”和“加强对老、弱、病、残、幼和妇女等的照顾”等指标的分歧最小。需求指标离散度按需求部门从大到小依次是：可持续生计＞政策规划＞产业重建和经济复苏＞农村基础设施＞赋权和参与＞社区重建＞社会保障＞城乡住房＞基本生活援助。

综上所述，长宁 MS 6.0 灾后恢复重建需求的总体特征主要有：①需求指标离散度和优先级的排列顺序大体上呈反向关系，即受访者认为越重要的需求，认识则更统一、分歧越小。②除受家庭、社区和灾损程度的影响外，受访者在恢复重建中的角色与职责也会影响其对灾后需求的认知。在调研中发现，普通受灾民众最关心房屋、生计、保障等需求，而社区管理者较关注灾后社会秩序恢复与区域基础设施建设等方面的内容。③不同的社区管理者在如何开展灾损评估、选择原址重建还是异地搬迁等方面存在较大分歧。部分社区管理者认为仅根据房屋受损程度制定灾后补贴标准不符合灾区现状，特别是对于那些原本生计脆弱、恢复力低的家庭或社区。在重建方式上，考虑到农业种植的距离和成本(灾民的耕地大多距离自己的居住地较近)，部分社区管理者支持原址重建。而与此相反的是，部分社区管理者期望通过易地搬迁避开地震断裂带。

3.9.4.3　灾后恢复重建民众需求层级特征

紧急人道主义援助是灾后第一要务，以保障灾后幸存者的生理安全。接下来，为政府灾后补助和保险理赔以及外部援助提供基础信息，评估灾损是急需开展的工作。再接下来，灾区逐步进入转移安置和初步恢复阶段，安全需求成为这一时期的主要需求，对应到恢复重建中，即房屋加固维修、医疗和教育的恢复、加强对弱势群体的照顾等。因此，上述需求内容是灾后恢复重建最初级的需求层次。

在灾区基本需求和安全得到保障后，灾区逐步进入全面恢复重建阶段。这一时期，开展幸存者心理援建、再就业培训，逐步恢复经济，修复和提升城乡基础设施等成为受灾民众的主要需求。也可以认为这些是高于初级需求的中级需求。

在相对漫长的恢复重建中，灾区民众被重视、尊重，自我意识逐渐增强。对应恢复重建的内容包括原址重建或异地搬迁等重建方式的民主决策，建设避难通道和场所，提升灾区防灾建立能力，增加灾区信息员数量，增强灾情预警预报能力等全面提升综合防灾减灾能力的建设。更进一步，部分民众期望参与到灾后恢复重建政策和规划的制定、落实、建议和重建效果评估中，以实现自我价值的需求。因而，尊重需求和自我价值实现的需求成为灾后恢复重建中的高级需求。

上述特征反映在需求层级理论中，如图 3.11 所示。

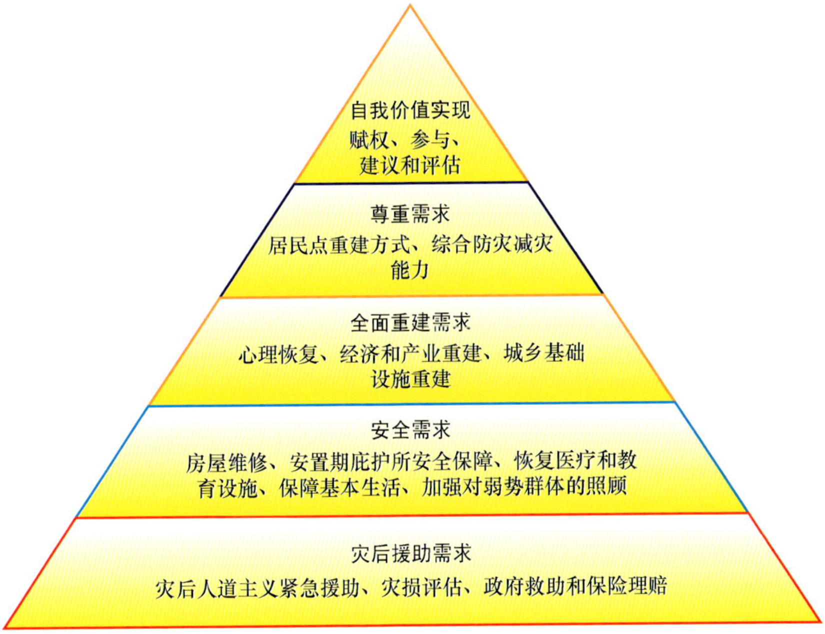

图 3.11　长宁地震灾后恢复重建需求层级模型

3.9.5　灾后需求对 BBB 的响应特征

整体来看，本次灾后需求维度从不同侧面反映了 BBB 发展历程中的大部分核心理念。从具体指标的响应特征来看，如图 3.12 所示，呈现出若干需求指标同时响应 BBB 的某一指导方针的特点。如“基本生活援助”需求维度中的“紧急人道主义救助 P3”“政府资金补助 P4”“开展灾区群众心理抚慰、援助 P5”都属于 BBB“以人为本”的指导方针。同理，需求维度中的“社会保障”中的 4 个指标体系都是对 BBB“促进公平正义”的响应。此外，BBB 中的规划协调、可持续生计等指导方针均呈现上述特征。

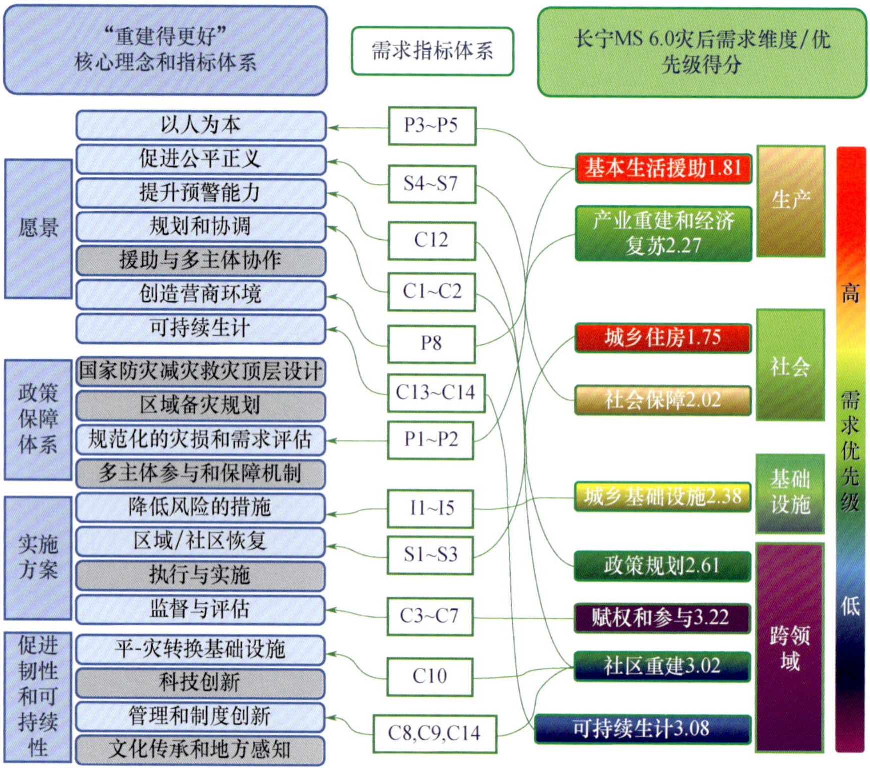

图 3.12　PDNA 需求指标对 BBB 指导方针的响应特征

除上述特征外，也有部分 BBB 的指导方针在本次 PDNA 的需求中没有体现出来，如"援助与多主体协作""国家防灾减灾救灾顶层设计""区域备灾规划""多主体参与和保障机制""执行与实施""科技创新""文化传承和地方感知"等。

3.9.6　主要结论

(1)从内容来看，长宁 MS 6.0 PDNA 的结果包含基本生活援助、产业重建和经济复苏、城乡住房、社会保障、城乡基础设施、政策规划、赋权和参与、社区重建与可持续生计 9 个维度共计 35 项指标，较全面体现了本次地震灾后的民众需求。

(2)短期恢复需求指标优先级高于长期重建需求。城乡住房、基本生活援助、社会保障等与民众生活恢复相关的需求，其优先程度远高于 35 个需求指标的平均值；社区重建、可持续生计、赋权和参与等长期重建需求指标，基本小于平均值。

(3)灾后需求指标的优先级与离散度存在逆向对应关系。即需求指标的优先级越高，离散度越小，即民众的认识也更为统一(分歧更小)。但整体来看，灾后需求优先级更为统一，离散度较大，特别是关于政策的公平性、重建方式等议题存在较大分歧。

3.9.7 讨论与建议

(1)全面、客观的灾后需求评估是BBB的基础保障。严格来讲,灾后恢复重建分为恢复和重建两个阶段。灾后需求信息获取的时间节点直接影响需求信息的客观性、全面性和典型性,进而影响灾后需求评估的结果是否真正代表了灾区广大民众的需求共识和是否能够达到"重建得更好"倡导的原则。因此,灾后恢复重建需求评估不应只在恢复重建前一个时间节点开展,而应将灾后需求评估贯穿整个灾后恢复重建进程,形成动态的灾后需求评估制度,以全面客观地反映受灾地民众需求与国家、地区社会经济发展政策的动态变化。此外,灾后需求评估的指标设计要尽可能反映灾害及灾害地的特殊性,才能准确得到灾区恢复重建需求信息。不同自然灾种对生产、生活、生态的影响类型、程度等存在巨大差异,导致恢复重建需求的不同。同时,灾害地自然条件与社会经济发展的异质性,影响民众对恢复重建需求和关注以及政府重建和规划、政策。如灾害地是否为少数民族地区,灾害前的生计方式与就业、收入水平与因灾致贫返贫可能性,以及民众的文化与习俗等,都需要在恢复重建规划和政策中予以响应。因此,采用灾后需求评估方法时,对灾害地开展恢复重建需求预调研,有利于灾后需求评估指标体系更客观地反映灾害及灾害地社会经济文化的特殊性。

(2)建立PDNA的多主体协调与动态响应机制。近年来,尽管中国的灾害管理体制逐渐从政治和经济优先向以人为本转变,但应急管理和防灾减灾等跨部门的协作尚未形成,制约了灾后恢复重建的效果。在本次深度访谈中,最深刻的体会是不同主体因在恢复重建中角色与职责的不同而只关注自己能力范围内的领域。如受灾民众最为关心房屋、生计、保障等需求,外来参建主体主要关注建设物资与条件,而地方政府则在解决受灾民众基本生活的同时,更多关注社会秩序与区域基础设施的重建等。从不同时期看,灾后重建往往更倾向于实施活动,体现出"头疼医头,脚疼医脚"的特点。同时,随着重建进程的推进,对在家庭层面开展防灾减灾技能的培训、增加农村紧急避难场所、增强社区凝聚力,并通过制度和管理创新,设置农村灾害员,建立巨灾保险制度和提升政府防灾减灾部门的灾害预警能力等方面,给予动态响应,才能提升受灾地韧性和可持续发展能力。

(3)构建集成灾后需求评估和BBB的灾后恢复重建指导原则。灾后恢复重建是国家治理体系和治理能力现代化的重要内容,提供了一个解决和纠正社会脆弱性的机会,以"重建得更好"为目标,开展灾后需求评估评估是科学制定灾后恢复重建规划和政策的重要基础工作。作为国际上最新的灾后恢复重建需求评估和指导方针,灾后需求评估和BBB在中国还缺乏有效宣传和应用。本章的实证分析也发现,单纯围绕灾损评估或PDNA开展恢复重建,并非真正意义上降低了灾害脆弱性和提升了社区/家庭的韧性,最好的模式是在需求的基础上,对照BBB的指导原则和方针,制定长期的灾后恢复重建政策和规划,方能从真正意义上实现"重建得更好"的目标。同时,恢复重建是涉及社会、经济、生态方方面面的系统工程,且周期长,每一个阶段的重建需求重点不同,因此需要规划学、地理学、经济学、社会学、政策学等多学科未雨绸缪,开展持续、交叉研究。

第4章
灾区恢复重建规划编制技术研究

灾区恢复重建规划编制是指导灾区有序开展恢复重建工作的重要依据，是灾区群众重建家园的蓝图。编制灾后恢复重建规划要按照党中央、国务院的统一部署和要求，严格执行《中华人民共和国突发事件应对法》《中华人民共和国防震减灾法》和《城乡规划法》等相关法律文件，全面贯彻落实中央和各级政府有关规定、指示，坚持以人为本、民生优先、城乡统筹、科学重建的方针，立足资源环境承载能力，保障安全与生计，注重灾后重建与扶贫开发、乡村振兴、城乡融合发展相结合，积极推进现代农业和农村公共事业发展，努力改善农村人居环境，为保障农民安居乐业、农产品有效供给、农民持续增收、农村经济社会又好又快发展奠定基础。

本章首先介绍了灾区恢复重建规划的特征、与传统城乡规划的区别以及发展历程。然后主要以地震灾害为例，依次介绍了灾区恢复重建规划编制的程序、编制体系、内容。最后基于上述技术方法，初步形成了《重大自然灾害灾后恢复重建规划编制规程（讨论稿）》（见附录）。

4.1 灾区恢复重建规划的特征

作为灾害管理周期的重要阶段，灾后恢复重建主要是指灾区在自我努力及各方面援助下恢复其原有生命线与生产线系统的全过程，有时还包括从全局的角度提出加强防御未来灾害能力的过程，是减轻灾害损失的重要措施之一。灾后恢复重建主要包括灾后灾情评估（特别是生产线与生命线破坏状况的诊断与评定）、恢复与重建规划和行动计划、工程建设设计与施工、组织管理与国际援助等方面的工作（曾旭正，2008）。

灾后重建规划理论和实践的发展多与特殊时间点上的自然灾害事件联系在一起。目前国内学术界对灾后重建规划特征的讨论开展得仍旧不够充分，多从理论角度出发。如在概念界定上，学者从不同角度对灾后恢复重建规划进行了分析（孙施文 等，2008，2010；覃继牧等，2009）。从规划的目标和任务来说，灾后恢复重建规划是以灾损为现实背景，以重建为当前任务，以发展为终极目标的规划；从其特征上来说，是一个全社会关注、各阶层参与、多专业协作、多部门共建的开放式规划（陈泽文，2021）；从其本质上来说，则是一种特殊事件背景下编制的特定规划。在重建规划性质和实施机制方面，有学者认为灾后重建规划与城乡规划的差异主要表现在前者具有阶段性、综合性、针对性的特点，同时也兼顾应急性和长期性；且其在规划体系中的位置比较特殊，需要特殊的制度框架（王岱 等，2010；韦凤年，2008）。

从规划技术的角度讲，因灾区恢复重建设的时间紧、任务重，所以灾区恢复重建规划也面临上述问题，且综合性强。在编制灾后恢复重建规划时，需要将灾区总体规划、社会发展规划、各专业规划等综合考虑，甚至齐头并进，在极短时间内统一完成，因而导致灾后恢复重建规划所强调的应急性与城乡规划所固有的全局性、综合性、战略性很难协调，容易造成规划定位不清。具体到实施层面时，规划的总体思路、技术路线、重点以及规划统筹管理方面比较难以把握，特别是若以《城乡规划法》为依据，包括规划组织、编制、审查、实施和监督所必需的方法以及必要的程序均难以得到应用。

灾区灾后重建规划与常规城乡规划的最大区别是灾后重建规划具有应急性特征。与常规城乡规划相比，灾后恢复重建规划需要权衡恢复重建速度和重建质量，也需要在短期内协调众多利益相关者和机构职能(阎波 等，2009；尉建文 等，2015；张碧 等，2021)。另外，灾后恢复重建规划有多个目标，涉及物理、经济和社会的交互问题方面。它还需要进行众多机构和利益相关者之间的协调。特别关注安置居住专项规划、灾后损失情况和地质灾害隐患分布。同时，为满足灾区重建应急性的要求，灾后重建规划具有明显的选择性和务实性。而在常规的城乡规划中，跟这部分内容联系较为紧密的是防灾减灾综合规划，只是城乡规划中的一个专题规划或总体规划中的一部分内容。在规划方法上，灾后恢复重建以城乡规划方法、流程和经验为基础，但在某些关键内容上两者仍有明显区别，主要表现在以下方面(仇保兴，2010；丁昌 等，2009；樊杰 等，2009，2014)。

(1)规划的导向不同

城乡规划是以空间布局与用地调整优化为导向，综合考虑地质因素、交通区位、生态环境、建设标准、资源配置和产业布局等多种因素的目标规划，将抗震防灾专项规划来贯彻其防灾抗灾理念。灾后重建规划则是安全性导向的发展规划，安全至上原则贯穿整个过程，对地质安全和防灾减灾问题非常重视；集中建设区选址避开有地质灾害隐患的地段，以使未来的地质灾害损失最小化；构建内容丰富、层次分明、系统完善的综合防灾体系，考虑城乡的抗震规划、防洪规划、消防规划的同时，对次生地质灾害的防治及避难避让体系的设立做出了明确规定(Berke et al.，2012；Ge et al.，2010)。

(2)规划技术不同

城乡规划主要任务之一是预测城镇未来人口规模，确定城镇建设用地增长面积，成果多为人口、建设用地增长指标和未来建设用地拓展的方向，因而规划技术以人口、经济、用地增长、空间匹配等为主(Berke et al.，2006；周俭 等，2008；周珂 等，2014)。在传统城乡规划中，防灾减灾专项规划侧重防灾减灾基础设施的分布、避难场所等的空间匹配、空间设置。而地震灾后恢复重建工作出发点和最终目的是灾区生活生产的正常化和防灾减灾能力的提升。此外，灾害造成严重损失的原因除无法避免的天灾外，灾区各乡镇因人口不断增长导致的建设用地无序扩展也是重要诱因。因此，灾后恢复重建规划首先侧重安全规划，其次才是社会经济发展规划。其规划技术更加综合、全面地考虑地质因素、地震带、水文特征，其次才是空间规划。如汶川灾后重建规划中部分村镇、县城选择异地搬迁重建，就首先需要全面评估重建区的地质、水文、距离断裂带远近等因素，其次评估重建区未来的人口关系，并以缓和人地矛盾为目标，综合考虑人口向中心城镇迁徙等因素，合理预测人口规模，控制乡镇建设用地面积，保护当地的生态环境，最大限度降低人为因素的影响。

(3) 对上位指导条例的应对方式不同

灾后重建规划体系中上位规划对具体地方规划要求不具体，缺乏针对性的实施准则，规划人员往往只能根据实地情况，针对灾区最迫切需要解决的问题编制规划。如汶川地震后，《汶川地震灾后恢复重建条例》作为灾后恢复重建规划编制的纲领性文件，从编制依据、调查评估、资金筹集与政策扶持等九个方面对重建工作内容进行了规定。重建条例在编制依据、调查评估、过渡性安置、恢复重建规划、恢复重建规划的实施五个方面提出要求。这些内容基本都为短期内急需解决且必须解决的问题，对于涉及规章制度层面的经济社会问题应对较少，具有明显的选择性和务实性特征。而城乡规划在应对上位规划的指导要求时多需要对政治、经济、文化等多方面进行全方位的考虑，并且制定相应的长远目标，以指引城市未来的发展（樊杰 等，2014，2009；贺旺，2011）。

（4）现状分析的侧重点不同

城乡规划的现状分析多以规划对象的交通区位、社会经济条件、资源状况等为主要内容，通常只注重生态环境、资源与地形状况的介绍。灾后重建规划现状分析首先聚焦地质、水文、建筑防震等安全领域（Ortega et al.，2017；洪昌富，2010），以尽最大可能提升重建区的安全能力；其次集中于对灾害损失的清点核算和次生灾害危险的评估，以深入分析当地灾损程度作为规划的基础，为之后的对口援建、重建投入提供准确的评估信息。主要工作内容包括对人口伤亡数目、房屋倒塌数量、基础设施和公共设施损坏状况、直接经济损失及次生地质灾害隐患的调查等。

（5）人口聚居区的重要性不同

在传统城乡规划中，人口聚居区首先出现在不同层级的总体规划中，然后在专项规划和控制性详细规划中进一步对聚居区进行更精细的安排。在具体的建设过程中，规划的近期-中期-远期分批次实施（侯建卫 等，2021）。建设项目一般是新城建设或者旧城改造，目标多是满足不同的居住需求，保障中低收入者和被拆迁者的住房需要。但在灾后恢复重建中，安置居住区专项规划是灾后抢救与灾区恢复重建之间重要的衔接措施，因而只包含两个阶段，且时间短、任务重。在重建过渡期，居住区规划仅作为居住区的过渡，时间最短几十小时，最长三年左右。主要任务是根据地震灾区实际情况，对受灾群众进行过渡性安置，为灾民提供临时住所。主要工作内容包括在尊重灾民意愿的前提下，采用不同的安置方式，确定安置区建设位置，完善安置区各项设施等。重建灾民安置区不分批次，要在规定时间内尽可能一次性完成，建设主体为灾区政府主导下的灾民民众，以自建为主，目标是满足受灾民众长期生活、生产之需，保障全部受灾民众的住房需要。

4.2 我国特重大灾区恢复重建规划的发展历程

我国对于灾后恢复重建规划的研究起始于发生在1976年7月28日凌晨的唐山地震。里氏7.8级的唐山地震造成了巨大损失，共导致24.2万人死亡、17.6万人受伤，总建筑的95.5%被毁（沈清基 等，2008）。在党中央的号令下，一方有灾，八方支援。1976年8月8日，国务院组织国家建委城建局、上海规划室、沈阳规划院、北京地理研究所、清华大学和河北省各城市专家到唐山着手编制城市规划。紧随其后，国务院联合工作组抵达灾区，与河北省、唐山市一起，开始设想重建的“蓝图”。在唐山地震四个月后，经过反复调研、多次讨论，河北省委、河北省革命委员会在1976年11月28日向中共中央、国务院递交了《中共河北省委员会 河北省革命委员会关于恢复和建设唐山规划的报告》。国务院在1978年2月11日下发了《国务院关于加快重建唐山市报告的批复》。1976年唐山大地震的案例，显示了在计划经济时期的集中动员和举国支持下，迅速震后重建的社会主义国家经验。唐山重建和恢复的案例为中国城市建筑和城市规划的防灾抗灾积累了宝贵经验，也为二十世纪八九十年代快速城市化阶段的城市安全法规的完善提供了借鉴。

从城市规划的视角来看，唐山重建的重要意义在于，在中国城市规划经历了几乎停滞的混乱之后，政府和公众吸取了灾难的教训，开始重新认识科学规划和建设的重要性。唐山地震在给城市带来损失的同时，也为符合现代规划理念的总体规划编制和实施提供了契机。同时，以唐山重建的案例为契机，中国的城市规划领域也开始将防灾、减灾纳入城市规划工作（郑功成，2017）。

1998 年长江流域和东北嫩江、松花江发生特大洪水。长江洪水是继 1931 年和 1954 年两次洪水后，20 世纪发生的又一次全流域型的特大洪水之一；嫩江、松花江洪水同样是 150 年来最严重的全流域特大洪水。据初步统计，包括受灾最重的江西、湖南、湖北、黑龙江四省，全国共有 29 个省（区、市）遭受了不同程度的洪涝灾害，受灾面积 3.18 亿亩，成灾面积 1.96 亿亩，受灾人口 2.23 亿人，死亡 4150 人，倒塌房屋 685 万间，直接经济损失达 1660 亿元（李伯宁，1999）。

洪灾后，为了尽快解决灾民过冬和灾后重建工作，党中央、国务院提出了“封山植树、停耕还林；退田还湖、平垸行洪；以工代赈、移民建镇；加固干堤、疏浚河道”的有关恢复重建的 32 字方针，从全局和战略的高度提出了恢复生产、重建家园、防治水患的方针和原则。在调查研究和充分听取各方面意见的基础上，国务院相继提出了关于灾后重建的若干意见，要求各受灾区发扬抗洪精神，立足于自力更生、艰苦奋斗，要加强领导、统筹规划、因地制宜、突出重点、分步实施。所有建设项目都必须广泛吸取各方面，特别是专家和工程技术人员的意见，按照自然规律和经济规律办事，充分论证，慎重决策。要运用先进技术，强调综合效益，坚持质量第一，着眼长治久安。要继续调整投资结构，集中必要资金，增加灾后重建和水利工程建设投入。在抓紧贯彻落实上述意见提出的各项任务的同时，结合第十个五年计划的制定，进一步提出改善生态环境、防治水旱灾害的规划方案，把灾后重建工作与长远规划衔接起来。灾后重建的重点工作是解决群众生活的问题，特别是越冬住房。同时，按照标本兼治、综合治理的原则，把灾后重建、恢复生产同流域整治、土地利用和产业结构调整结合起来，对山、水、田、林、路进行统筹规划，做出分期实施的计划。这是自唐山大地震后国家层面第一次较为系统地提出灾后恢复重建的指导方案，但与地震灾后不同的是，洪灾后的灾后重建重点在于长江全流域的生态治理，对长江流域防洪灾起到了重要的作用。

2008 年 5 月 12 日发生的汶川 8.0 级特大地震，是新中国成立以来破坏性最强、波及范围最广、灾害损失最大的地震灾害之一，导致数万同胞在灾害中不幸遇难，数百万家庭失去世代生活的家园，数十年辛勤劳动积累的财富毁于一旦。汶川地震灾后恢复重建是一项十分艰巨的工作。面对受灾面积广、受灾人口众多、自然条件复杂、基础设施损毁严重的困难局面，灾后恢复重建任务异常繁重，工作充满挑战。为有力、有序、有效地做好灾后恢复重建工作，尽快恢复灾区正常的经济社会秩序，重建美好家园，夺取抗震救灾斗争的全面胜利，党中央、国务院高度重视，先后出台了一系列政策法规和指导性文件，特别是 2008 年 9 月 19 日国务院出台的《汶川地震灾后恢复重建总体规划》，明确了灾后重建的指导思想、基本原则和重建目标等内容，并将完成重建目标的时间确定为“三年左右”，使灾后恢复重建正式进入实质性阶段（黄润秋，2008；金磊，2008；卢阳旭，2021；邱建 等，2020；邱月，2020）。

《汶川地震灾后恢复重建总体规划》明确规定，灾后恢复重建的指导思想是：深入贯彻落

我国是世界上自然灾害最严重的国家之一，灾害种类多、频率高、强度大、灾害群发、地域分异明显，严重影响人民生命财产和国民经济的发展。在全球气候变化背景下，自然灾害风险进一步扩大。卫星遥感因其具有灵活机动性、载荷多样性等无可替代的优势，自2008年汶川地震以来在灾中应急监测中发挥了不可替代的作用，尤其是在2017年四川九寨沟县7.0级地震、四川茂县特大山体滑坡、孟加拉洪涝和斯里兰卡洪涝等国内外重大灾害中，针对滑坡、洪涝淹没范围及道路受损情况开展了遥感监测，为灾害的损失评估提供了及时、准确的空间信息服务，同时也为灾后恢复重建工作提供了技术支撑。

2015年6月2日，习近平总书记在第十八届中共中央政治局第二十三次集体学习时强调，“要切实增强抵御和应对自然灾害能力，坚持以防为主、防抗救相结合的方针，坚持常态减灾和非常态救灾相统一，全面提高全社会抵御自然灾害的综合防范能力”。综合减灾成为新的工作重点，提升到了新的高度。卫星遥感因其监测范围广、可重复监测的特点，在综合防灾减灾领域针对积雪、水体、植被等要素开展了全国或区域范围的持续监测，其监测结果已经纳入防灾减灾相关业务工作中，有效地支撑了自然灾害风险预警工作。

重大自然灾害灾后恢复重建规划是我国面向新时期，将灾后重建与区域可持续发展、精准扶贫、生态修复及美丽乡村建设相结合的重要部署。在灾后恢复重建规划制定和实施过程中，卫星遥感和无人机遥感技术具有独特的、不可替代的优势，通过构建“空、天、地”一体化对地观测体系，可实现灾后恢复重建规划与实施全过程的动态监测与分析（王阳，2018）。灾后的恢复重建工作是一项复杂的系统工程，需要科学选址、合理规划和科学监管，避免发生严重次生灾害，实现灾区生态恢复重建，保证灾区经济社会持续健康发展。随着我国民用遥感卫星观测手段的多样化和卫星数量的日益增加，以及无人机技术的不断成熟，灾后恢复重建遥感监测的体系和服务内容从最初的探索发展到了现今不断完善的状态。

5.1 灾区恢复重建动态监测的主要内容

5.1.1 自然灾害灾后恢复重建规划

自然灾害灾后恢复重建规划主要从《汶川地震灾后恢复重建总体规划》、《青海玉树地震灾后恢复重建总体规划》（杨理臣 等，2016）、《舟曲灾后恢复重建总体规划》（国务院舟曲灾后恢复重建协调小组，2010）、《芦山地震灾后恢复重建总体规划》（郭兆成 等，2014）、《甘肃漳县岷县灾后恢复重建总体规划》、《鲁甸地震灾后恢复重建总体规划》、《九寨沟地震灾后恢复重建总体规划》等方面进行说明。

5.1.1.1 汶川地震灾后恢复重建总体规划

2008年5月12日14时28分，汶川发生里氏8.0级特大地震，数万同胞在灾害中不幸遇难，数百万家庭失去世代生活的家园，数十年辛勤劳动积累的财富毁于一旦。面对突如其来的巨大灾难，在党中央、国务院和中央军委的坚强领导下，全党全军全国各族人民众志成城，灾区广大干部群众奋起自救，国内各界和国际社会积极施援，经过顽强努力，抗震救灾斗争在抢救人员、安置受灾群众等方面取得重大阶段性胜利。

汶川地震灾后恢复重建是一项十分艰巨的工作。面对受灾面积广、受灾人口众多、自然条件复杂、基础设施损毁严重的困难局面，灾后恢复重建任务异常繁重，工作充满挑战。灾后恢复重建关系到灾区群众的切身利益和长远发展，必须全面贯彻落实科学发展观，坚持以人为本，尊重自然，统筹兼顾，科学重建，充分依靠灾区广大干部群众，弘扬中华民族自力更生、艰苦奋斗的优良传统。充分发挥社会主义制度的政治优势，举全国之力，有效利用各种资源。通过精心规划、精心组织、精心实施，重建物质家园和精神家园，使灾区人民在恢复重建中赢得新的发展机遇，与全国人民一道全面建设小康社会。

为有力、有序、有效地做好灾后恢复重建工作，尽快恢复灾区正常的经济社会秩序，重建美好家园，夺取抗震救灾斗争的全面胜利，特制定《汶川地震灾后恢复重建总体规划》。

5.1.1.2 青海玉树地震灾后恢复重建总体规划

青海省玉树地震发生后，按照党中央、国务院的部署，国务院抗震救灾总指挥部及时启动了灾后恢复重建规划工作，会同青海省、四川省人民政府通过实地调研，在广泛听取灾区干部、群众和宗教界人士等各界意见的基础上，根据灾害评估、资源环境承载能力综合评价和房屋及建筑物受损程度鉴定结果，充分借鉴汶川地震灾后恢复重建的成功经验，在较短的时间内完成了《青海玉树地震灾后恢复重建总体规划》的编制。编制过程中，还邀请地震等各方面专家对规划内容进行了全面咨询论证。

规划充分考虑青海玉树海拔高、气候寒冷、生态环境脆弱、交通设施落后、建筑资源缺乏、施工条件差等制约条件，明确了恢复重建指导思想、基本原则和重建目标。提出力争用三年时间基本完成恢复重建主要任务，使灾区基本生产生活条件和经济社会发展全面恢复并超过灾前水平，实现居民拥有新家园、生态迈上新台阶、设施得到新改善、城乡呈现新面貌、社会和谐新局面的重建目标。

规划确定了城乡居民住房、公共服务设施、基础设施、生态环境、特色产业和服务业、和谐家园等方面的恢复重建任务和建设重点。重建任务突出保障民生，把城乡居民住房和教育、卫生等公共服务设施恢复重建摆在优先位置；着力提升改善基础设施，完善城镇功能；突出生态环境保护，加强三江源、隆宝自然保护区建设；突出和谐家园建设，落实民族宗教政策，修复重建重点文物和宗教设施，构筑各民族和谐相处、和衷共济、和谐发展的美好家园。

5.1.1.3 舟曲灾后恢复重建总体规划

2010 年 11 月 4 日，国务院印发《舟曲灾后恢复重建总体规划》。规划共分 9 章 26 节，内容包括前言、重建基础、重建布局、城乡居民住房、公共服务和基础设施、灾害防治、生态环境、产业重建和扶贫开发、支持政策和保障措施，明确了居住安全、设施完善、生活提高、生态改善、社会和谐等 5 个方面的重建目标。

规划要求，舟曲灾后重建要以人为本、尊重自然、科学规划、合理布局、政策支持、合力推进，以保障安全和改善民生为核心，着力抓好城乡居民住房恢复重建，着力抓好公共服务和基础设施建设，着力抓好灾害综合治理和生态修复；切实做到灾后恢复重建与促进民族地区经济社会发展相结合，与扶贫开发和改善生产生活条件相结合，与提高防灾减灾能力和生态环境综合治理相结合；中央大力支持，各方积极援助，以灾区各级政府为主导，以广大干部群众为主体，周密组织、精心实施，又好又快完成灾后恢复重建任务。2010 年年底前，基本完成城乡居民住房维修加固任务。2012 年年底前，全面完成城乡住房、公共服务和基础设施等各项恢复重建任务，使灾区基本生产生活条件和经济社会发展全面恢复并超过灾前水平。

5.1.1.4 芦山地震灾后恢复重建总体规划

2013 年 7 月 15 日，中国政府网公布了国务院发布的《芦山地震灾后恢复重建总体规划》。规划提出，用 3 年时间完成恢复重建任务，使灾区生产生活条件和经济社会发展得以恢复并超过震前水平，为到 2020 年与全国同步实现全面建成小康社会目标奠定坚实基础。恢复重建资金总需求约 860 亿元。规划包括前言以及重建基础、总体要求、空间布局、居民住房和城乡建设、公共服务、基础设施、特色产业、生态家园、政策措施等 9 章。规划涉及范围为极重灾区和重灾区，包括雅安市芦山县、雨城区、天全县、名山区、荥经县、宝兴县等 6 个县(区)，以及成都邛崃市的 6 个乡镇，共 102 个乡镇，面积 10706 km^2，2012 年年末总人口 114.79 万人。规划强调，芦山地震灾后恢复重建的原则是：科学重建，民生优先，安全第一，保护生态，创新机制。

5.1.1.5 甘肃漳县岷县灾后恢复重建总体规划

按照重建规划总体要求，规划重建期为三年，即 2013 年 9 月至 2016 年 9 月。2013 年年底基本完成住房维修加固；2014 年全面启动重建项目建设，8 月底前基本完成小学、幼儿园恢复重建，年底前完成城乡居民住房重建和中学、乡村卫生院(室)等公共服务设施恢复重建；2015 年，完成重灾村和异地集中安置点配套设施建设，加快实施交通、水利等基础设施及地质灾害治理、生态修复等恢复重建；2016 年 9 月底，全面完成恢复重建任务，使灾区经济社会发展和群众生活超过灾前水平。

5.1.1.6 鲁甸地震灾后恢复重建总体规划

《鲁甸地震灾后恢复重建总体规划》是按照党中央、国务院关于鲁甸地震灾后恢复重建要坚持以人为本、尊重自然、统筹兼顾、立足当前、着眼长远的基本要求，依据《中华人民共和国防震减灾法》，在地震灾害评估、地质灾害排查及危险性评估、房屋及建筑物受损程度鉴定评估和资源环境承载能力综合评价的基础上，广泛听取灾区干部群众、有关专家和各方面意见，经过科学论证后编制完成的。规划提出，用三年时间完成恢复重建任务，使灾区基本生产、生活条件和经济社会发展水平全面恢复并超过灾前水平，实现户户安居、家家有业、乡乡提升、生态改善、设施改进、经济发展，为灾区全面建成小康社会奠定良好基础。总体规划确定了居民住房建设、公共服务和社会管理、基础设施、特色产业、灾害防治、生态环境保护等六个方面的灾后恢复重建任务。重建任务突出保障和改善民生，强调按照分散安置为主、集中安置为辅的原则，结合新型城镇化建设，统筹推进乡镇居民住房建设，实行统一规划建设，完善配套设施。明确重建住房必须严格执行抗震设防标准，开展防震安居工程试点，推广使用新型建筑材料和施工方法。公共服务和社会管理坚持高质量、严标准，优先安排学校、卫生计生机构等公共服务设施的恢复重建，促进服务资源均衡配置和共建共享，逐步完善基本公共服务体系。基础设施恢复重建重在恢复功能，提升安全可靠性，强化保障能力。产业发展以扩大就业、加快贫困群众脱贫致富、增强自我发展能力为目标，着力培育和发展特色农林业、资源深加工业和文化旅游业等优势产业。灾害防治和生态环境保护方面的重建任务，旨在增强防灾减灾能力，促进人与自然和谐发展。

5.1.1.7 九寨沟地震灾后恢复重建总体规划

九寨沟是世界自然遗产，生态环境的修复保护至关重要。该规划明确把生态环境修复保护放在首要位置，坚持环境友好、影响最小原则，探索灾后世界自然遗产地质、水文、景观、生态等修复保护新技术和方法。规划提出，要把地质灾害的防治作为“8·8”九寨沟地震灾后恢复重建的生命工程，建设大九寨世界旅游目的地。坚持预防为主，分类施策，合理避让，重点整治，强化调查评价、监测预警、工程防治及应急能力建设为核心的综合防治。

5.1.2 动态监测规划分析

1997 年 12 月 29 日颁布的《中华人民共和国防震减灾法》是我国第一部规范全社会防御与减轻地震灾害活动的基本法律。2008 年 12 月 27 日修订第六章第六十六条为“特别重大地震灾害发生后，国务院经济综合宏观调控部门会同国务院有关部门与地震灾区的省、自治区、直辖市人民政府共同组织编制地震灾后恢复重建规划报国务院批准后组织实施；重大、较大、一般地震灾害发生后，由地震灾区的省、自治区、直辖市人民政府根据实际需要组织编制地震灾后恢复重建规划”。因此，2008 年汶川地震、2010 年玉树地震、2013 年芦山地震、2015 年鲁甸地震、2017 年九寨沟地震等均形成了各自的灾后恢复重建规划，明确了相关政府部门在灾后恢复重建中的责任和任务，规范了政府主导下的恢复重建活动全过程，是科学、依法、统筹、有力、有序、有效地推进灾后恢复重建工作的重要依据，同时也是利用遥感技术开展大灾恢复重建动态监测的依据性文件。恢复重建总体规划内容一般包含灾区概况和重建基础、总体要求和重建目标、重建分区和城乡布局、乡村居民住房、公共服务设施、基础设施、生态环境、特色产业、支持政策和保障措施等。

一般重大自然灾害恢复重建规划中明确目标，要求“用三年时间完成恢复重建任务”。在规划要求的时间内恢复重建规划是否顺利完成，进度情况如何，可以利用卫星遥感动态监测来开展。由于卫星遥感受到观测方向、空间分辨率等因素的制约，并不能对总体规划中的全部内容开展动态监测，目前仅对城乡居民住房、公共服务设施、基础设施等设施的重建情况进行遥感监测，以及对生态环境、耕地等恢复情况开展初步的遥感监测。这些遥感监测内容关系到灾区群众的基本生活条件和公共服务，灾区的生产条件、生态环境，是提高灾区的防灾减灾能力、建设更好的美丽新家园的主要恢复重建内容，同时也是评价恢复重建规划落实情况的重要指标。因此，基于恢复重建的总体规划内容和卫星遥感监测手段及能力，我们梳理恢复重建规划中的共性部分内容，主要包括房屋建筑、基础设施、公共服务设施、生态修复、耕地等五部分(杨思全,2018;崔燕 等,2018)。这些内容是卫星遥感技术和无人机开展动态监测的目标基础。

下面主要从重大自然灾害恢复重建规划的房屋建筑、基础设施、公共服务设施、生态修复部分内容,结合汶川地震、玉树地震、舟曲泥石流、芦山地震、漳县岷县地震、鲁甸地震、九寨沟地震的灾后恢复重建总体规划,进行灾区恢复重建动态监测主要内容的说明(表 5.1~表 5.4)。

表 5.1 重大自然灾害恢复重建规划房屋建筑部分内容

总体规划	房屋建筑	
	农村(农牧民)居民住房	城镇居民住房
汶川地震	居民住房恢复重建,要与新农村建设相结合,充分尊重农民意愿,实行农户自建、政府补助、对口支援、社会帮扶相结合	1. 城镇居民住房恢复重建,要按照政府引导、市场运作、政策支持的原则,依据城镇总体规划和近期建设规划,实行维修加固、原址重建和异址新建相结合。 2. 对一般损坏的住房要进行加固,对倒塌和严重破坏的住房进行新建。 3. 做好与现行城镇住房供应体系的衔接,重点组织好廉租住房和经济适用住房建设,合理安排普通商品住房建设。中央直属机关企事业单位职工的住房,纳入所在地城镇居民住房重建规划
玉树地震	农牧区居民住房的恢复重建,要与新农村新牧区建设、生态移民、农村危房改造、游牧民定居等工作相结合,统筹使用资金,突出重点,分步实施	1. 城镇居民住房的恢复重建,要按照城镇总体规划的要求,优化空间布局,完善配套设施,推动适用新型建筑材料和建造技术的应用。 2. 按照房屋受损程度鉴定结果,凡是能够维修加固、符合安全条件的住房,不推倒重建,要抓紧开展维修加固工作。对倒塌和严重损坏的住房进行重建
舟曲泥石流	农村居民住房重建要与新农村建设相结合,加强统筹规划,科学选址,确保安全。有条件的地方相对集中建设,并配套建设必要的基础设施。对宅基地、承包地灭失的农村居民,尊重本人意愿,可与城镇居民住房统筹规划建设。做好避让搬迁区和重建中征地拆迁的农村居民安置和住房建设	根据房屋受损程度鉴定结果,对能够维修加固、符合安全要求的住房,尽快进行维修加固。抓紧开展泥石流冲毁、水淹严重受损住房和避让搬迁居民住房建设,做好县城道路改造等市政设施建设征地拆迁居民安置和住房建设。根据规划布局和群众意愿,统筹县城、峰迭新区和兰州市秦王川转移安置区的城镇住房建设。地方政府可通过建设经济适用房、廉租房等方式解决受灾群众住房问题
芦山地震	维修加固后的住房应具备抗御本地区地震基本烈度的能力。新建住房建筑结构质量必须符合抗震设防要求,按照当地抗震设防烈度进行设计、施工和验收	政策支持与市场运作相结合,吸引民间资本和社会资金参与城镇住房恢复重建,允许居民按照统一规划自主联建。老城区住房恢复重建与老城区改造,特别是与棚户区、城中村改造结合起来,采取保障性住房、商品房、商业服务、配套设施整体开发模式进行建设

续表

总体规划	房屋建筑	
	农村(农牧民)居民住房	城镇居民住房
漳县岷县地震	在尊重农村居民意愿和方便生产生活的基础上,由县、乡、村统筹组织,采取统一规划,自建、联建、统建等方式推进农村居民住房重建。鼓励有条件的重建户进入小城镇安置落户。对经过评估通过维修加固可以安全使用的住房进行维修加固。必须新建的住房,要科学选址,做到结构合理、开间合度、面积合适。对不宜居住、重建成本过高、生产生活不便的地方,结合农村危房改造,与易地扶贫搬迁规划相衔接,进行异地恢复重建	明确重建方式,政策支持与市场运作相结合,引导民间资本和社会资金参与城镇住房恢复重建,鼓励灾区结合经济适用房、廉租房等建设,解决受灾城镇居民住房问题
鲁甸地震	按照分散安置为主、集中安置为辅的原则,充分尊重群众意愿,统筹龙头山镇、火德红镇、包谷垴乡、纸厂乡等灾区集镇和农村居民住房重建,优化调整乡镇功能,形成生态文明示范、特色产业突出、发展潜力大的特色村镇	根据规划布局和群众意愿,统筹龙头山镇骡马口-营盘新区和火德红、包谷垴、纸厂等乡镇居民住房建设,抓紧开展甘家寨山体滑坡、堰塞湖淹没区受损住房和避让搬迁居民住房建设
九寨沟地震	明确重建方式。在评估鉴定基础上先期实施农村受损房屋维修加固工程。充分尊重受灾群众意愿,坚持集中居住与分散居住相结合,采取统规统建、统规联建、统规自建等方式推进农村居民住房重建	明确重建要求。根据评估鉴定结果分类实施,对损坏不严重、能够居住的房屋,加快维修加固;对损坏严重、确需重建的房屋,尽快启动原址重建或异地重建

表 5.2　重大自然灾害恢复重建规划基础设施部分内容

总体规划	基础设施		
	交通设施	水利设施	工业
汶川地震	1. 加快公路的恢复重建,充分利用原有公路和设施,以干线公路为重点,兼顾高速公路,打通必要的县际、乡际断头路。适当增加必要的迂回路线,力争每个县拥有两个方向上抗灾能力较强的生命线公路,初步形成生命线公路网。 2. 对干线和支线铁路中受损的路段和运营设施设备等进行全面检测、维护和加固,对受损严重的线路和生产运营设施进行改建或重建,提高对外通道能力。 3. 区分轻重缓急,修复受损民航设施设备,全面恢复并提高民航运输能力。 4. 适时启动对规划区经济社会发展有重要先导和支撑作用的公路干线、铁路干线的建设	对影响防洪安全的受损堤防、水库进行全面除险加固,疏浚淤堵河道,恢复防洪能力。消除堰塞湖(坝)对防洪的影响。恢复重建水文及预警预报等设施	1. 恢复重建重大装备、建材、磷化工、医药等企业。 2. 支持东汽、二重、攀长钢、长虹、九洲、宏达、阿坝铝厂、厂坝铅锌矿、成州矿业等中央企业和地方骨干企业恢复重建。支持军工企业恢复重建

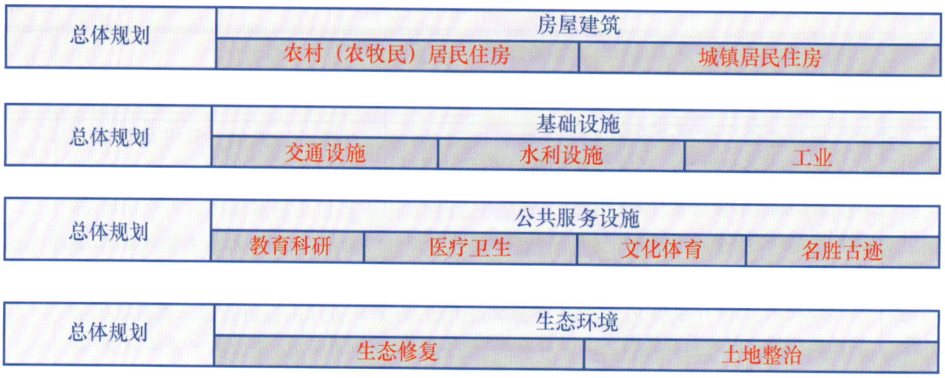

图 5.1　灾害恢复重建动态监测主要内容

在遥感恢复重建监测体系框架下，利用卫星遥感技术和无人机遥感技术可以定期开展灾区恢复重建情况监测，结合地面调查和网络舆情，能够实现客观、直观地分析恢复重建规划的实施进展情况，对恢复重建成果起到决策支持作用。

（1）城乡居民住房重建监测

重建监测的城乡居民住房一般包含农村居民住房和城镇居民住房等。重建城乡居民住房一般包含原址重建和异地重建。基于新建房屋的空间分布特征和房屋的纹理特征，综合利用灾中、灾后高分辨率光学遥感影像，结合网络舆情或者地面调查结果，对集中安置住房重建施工进度和完成情况开展动态监测。

（2）基础设施重建监测

重建监测的基础设施一般包含交通设施、水利设施和工业等设施。基于道路、桥梁、待处置堰塞湖等的纹理特征，综合利用灾中、灾后的中高分辨率光学遥感影像，结合网络舆情或者地面调查结果，对基础设施的恢复和重建进度及完成情况开展动态监测。

（3）公共服务设施重建监测

重建监测的公共服务设施一般包含教育科研设施、医疗卫生设施、文化体育设施和名胜古迹等。基于学校、医院、体育馆、图书馆等公共服务设施的纹理特征和空间分布特征，综合利用灾中、灾后中高分辨率光学遥感影像，结合网络舆情或地面调查结果，对公共服务设施的重建进度及完成情况开展动态遥感监测。

（4）生态环境恢复监测

重建监测的生态环境包括自然保护区、森林和草原等。基于森林、草地的光谱特征、空间特征，综合利用灾中、灾后的中分辨率光学遥感影像，结合网络舆情或者地面调查，对生态环境、耕地的恢复情况开展动态监测。

除此之外，不同的重大自然灾害的恢复重建内容具有各自的特点，比如，青海玉树地震灾区人口中少数民族比重达到97%以上，其中藏族比重达到93%，拥有丰富的民族文化遗存，地域特点明显。城乡居民住房重建中包含农牧民住房的恢复重建。因此，利用遥感技术开展大灾的恢复重建监测在框架体系之外，需要根据具体的灾害特点开展具有针对性的遥感监测。

5.2 灾区恢复重建的关键监测技术研究

自然灾害对房屋建筑、基础设施、公共服务设施、生态修复造成了严重破坏，及时掌握恢复重建情况，有助于合理安排转移安置、人员救助和部署灾区生产生活恢复(李素菊 等，2020)。灾后的恢复重建工作是一项复杂的系统工程，需要科学选址、合理规划和科学监管，避免发生严重次生灾害，实现灾区生态恢复重建，保证灾区经济社会持续健康发展。卫星遥感和无人机遥感技术发挥了不可替代的作用。陆地卫星具有近50年的应用历史，保存的全球陆表数据记录了许多大灾发生的历史，也为定期开展灾区重建和恢复情况的监测提供了数据积累。

5.2.1 国内主要卫星系列

遥感，即"遥远的感知"，是各种非接触、远距离探测和信息获取技术的统称。卫星遥感是将人造卫星作为平台，利用搭载的可见光、红外、微波等探测器，通过信息感应、传输和处理，达到远距离感知的目的。自1999年10月14日中巴地球资源卫星01星在太原卫星发射基地成功发射以来，中国共发射民用地球观测遥感卫星21颗，至今在轨稳定运行18颗，卫星获取的大量、多类型遥感数据广泛应用于自然资源、交通、水利、农业、防灾减灾和应急管理、林业草原、生态环境等诸多领域，发挥着不可替代的作用。

2013年4月26日，高分一号卫星在酒泉卫星发射基地成功发射，到2021年高分一号02、03、04星，高分五号，高分六号的相继顺利升空，迄今共有9颗国家高分辨率对地观测系统重大专项天基系统卫星在轨运行。卫星的有效运行使得我国高分辨卫星数据的自给率得到了大幅提升，卫星数据行业应用的广度和深度有了大幅拓展。

5.2.1.1 高分系列卫星

高分辨率对地观测系统重大专项(简称高分专项)是《国家中长期科学与技术发展规划纲要(2006—2020年)》确定的16个重大科技专项之一，于2010年批准启动实施。专项启动实施10余年来，已成功发射高分一号高分宽幅、高分二号亚米全色、高分三号1 m雷达、高分四号同步凝视、高分五号高光谱观测、高分六号陆地应急监测、高分七号亚米立体测绘等七颗民用高分卫星，实现了"七战七捷"，初步构建稳定运行的中国高分卫星遥感系统。2018年3月31日，高分一号02、03、04星成功发射升空，2019年9月12日5 m光学卫星成功发射，迄今为止共有11颗国家高分辨率对地观测系统重大专项天基系统卫星在轨运行。具体情况见表5.5所示。

表 5.5　高分系列卫星基本情况

卫星名称	代号	寿命/年	发射时间	主用户
高分一号	GF-1	5	2013 年 4 月 26 日	自然资源部、农业农村部、生态环境部、中国气象局
高分二号	GF-2	5	2014 年 8 月 19 日	自然资源部、住房和城乡建设部、交通运输部、国家林业和草原局
高分四号	GF-4	8	2015 年 12 月 29 日	应急管理部、国家林业和草原局、中国地震局、中国气象局
高分三号	GF-3	8	2016 年 8 月 9 日	自然资源部、应急管理部、水利部、中国气象局
高分一号 02 星	GF-1B	6	2018 年 3 月 31 日	自然资源部、应急管理部、生态环境部、住房和城乡建设部、交通部、农业农村部
高分一号 03 星	GF-1C	6	2018 年 3 月 31 日	自然资源部、应急管理部、生态环境部、住房和城乡建设部、交通部、农业农村部
高分一号 04 星	GF-1D	6	2018 年 3 月 31 日	自然资源部、应急管理部、生态环境部、住房和城乡建设部、交通部、农业农村部
高分五号	GF-5	8	2018 年 5 月 9 日	生态环境部、中国气象局
高分六号	GF-6	8	2018 年 6 月 2 日	农业农村部、国家林业和草原局、应急管理部
5 m 光学卫星	ZY1－02D	5	2019 年 9 月 12 日	应急管理部、生态环境部、住房与城乡建设部、交通运输部、农业农村部、林业和草原局
高分七号	GF-7	8	2019 年 11 月 3 日	自然资源部、住房和城乡建设部、国家统计局

5.2.1.2　风云系列卫星

风云系列卫星是中国于 1977 年开始研制的气象卫星，1988 年发射了风云系列第一颗风云一号 A 卫星。目前风云系列卫星已经发展出四个系列。其中地球静止轨道气象卫星包括“风云二号”和“风云四号”两个系列，极地轨道气象卫星包括“风云一号”和“风云三号”两个系列。“风云一号”极轨气象卫星已经成功发射四颗卫星。“风云二号”地球静止轨道气象卫星已经成功发射八颗卫星。“风云三号”极轨气象卫星已经成功发射五颗卫星。“风云四号”地球静止轨道气象卫星已经成功发射两颗卫星。

鉴于风云系列气象卫星观测目标的特殊性和较低的空间分辨率，其卫星数据不适宜开展灾后恢复重建的动态监测。

5.2.1.3　资源系列卫星

资源系列卫星是专门用于探测和研究地球资源的卫星，一般采用太阳同步轨道。截至 2020 年，中国已经成功发射资源一号卫星、资源二号卫星和资源三号卫星（表 5.6）。其中资源一号卫星包括资源一号 01 星（CBERS-01）、资源一号 02 星（CBERS-02）、资源一号 02B 星（CBERS-02B）、资源一号 02C 星、资源一号 02D 星和资源一号 04 星。

资源三号卫星是第一颗自主的民用高分辨率立体测绘卫星，通过立体测绘，可以测制 1∶5 万比例尺地形图。

表 5.6 资源系列卫星基本情况

卫星名称	代号	设计寿命/年	发射时间
中巴地球资源卫星 01 星(资源一号 01 星)	CBERS-01	2	1999 年 10 月 14 日
中巴地球资源卫星 02 星(资源一号 02 星)	CBERS-02	2	2003 年 10 月 21 日
中巴地球资源卫星 02B 星(资源一号 02B 星)	CBERS-02B	2	2007 年 9 月 19 日
资源一号 02C 星	ZY1-02C	3	2011 年 12 月 22 日
资源三号 01 星	ZY-3	5	2012 年 1 月 9 日
中巴地球资源卫星 04 星(资源一号 04 星)	CBERS-04	3	2014 年 12 月 7 日
资源三号 02 星	ZY3-02	5	2016 年 5 月 30 日
资源一号 02D 星(5 m 光学卫星)	ZY1-02D	5	2019 年 9 月 12 日
资源三号 03 星	ZY3-03	8	2020 年 7 月 25 日

5.2.1.4 海洋系列卫星

截至 2020 年 9 月,中国已成功发射海洋一号 A 星、海洋一号 B 星、海洋一号 C 星、海洋一号 D 星、海洋二号 A 星、海洋二号 B 星、中法海洋卫星等(表 5.7)。

表 5.7 海洋系列卫星基本情况

卫星名称	代号	发射时间	设计寿命/年	用途
海洋一号 A 星	HY-1A	2002 年 5 月 15 日	2	海洋水色、水温环境监测
海洋一号 B 星	HY-1B	2007 年 4 月	3	海洋水色、水温环境监测
海洋一号 C 星	HY-1C	2018 年 9 月 7 日	5	海洋水色探测、海洋环境信息保障、海洋预报减灾、海岛海岸带动态监测与海域使用管理、全球变化数据服务
海洋一号 D 星	HY-1D	2020 年 6 月 11 日	5	海洋水色探测、海洋环境信息保障、海洋预报减灾、海岛海岸带动态监测与海域使用管理、全球变化数据服务
海洋二号 A 星	HY-2A	2011 年 8 月 16 日	3	风场、浪高、海流、海面温度
海洋二号 B 星	HY-2B	2018 年 10 月 25 日	5	风场、浪高、海流、海面温度
海洋二号 C 星	HY-2C	2020 年 9 月 21 日	3	风场、浪高、海流、海面温度
中法海洋卫星	CFOSAT	2018 年 10 月 29 日	3	海风和海浪同步观测

由于海洋卫星观测目标及卫星搭载载荷的观测特殊性,海洋卫星数据不适宜开展灾区的恢复重建。

综上所述,根据灾区恢复重建的监测内容和观测目标、观测周期等对卫星遥感数据的要求，以及卫星遥感数据获取的能力，宜采用高分系列光学卫星数据开展恢复重建相关目标的监测工作。

5.2.2 遥感监测特点

5.2.2.1 卫星遥感

卫星遥感技术具有宏观、动态、持续和周期性观测的特点和优势，可连续和定期观测灾区情况，而且观测不受国界和地理条件限制，能取得其他手段难以获取的灾害信息。利用多种卫星遥感数据资源，结合数据处理、信息提取和综合分析技术，可以对灾害预警、灾害监测、灾情评估、恢复重建监测评估等灾害管理过程进行有效响应（吕瑞瑞，2020；李书雪，2020；周立，2016；胡德勇，2013）。根据电磁波波长及成像模式，卫星遥感主要包括卫星光学遥感和卫星雷达遥感。

卫星光学遥感方面，根据载荷波长和分辨率等指标，包括全色、多光谱、红外、高光谱等多种成像方式，是目前应用最全面、发展最完善、技术最成熟的遥感手段，其优势在于：全色数据空间分辨率和信噪比等指标高，可以有效提取灾害目标的几何信息；多光谱数据拥有较高空间分辨率、较高光谱分辨率和较高信噪比，是地震、洪涝、滑坡泥石流、雪灾、干旱灾害监测中使用最多的遥感数据；红外遥感白天晚上均可成像，对灾害目标辐射特性探测具有优势，在干旱、雪灾、森林草原火灾、沙尘暴灾害中应用广泛；高光谱遥感具有高光谱分辨率，但幅宽、空间分辨率较低，适合精细评估灾害对作物、环境的影响。综合运用多种卫星光学遥感数据，可以有效应用于台风、洪涝、干旱、森林草原火灾等灾害的灾前风险分析与预警，地震、滑坡、泥石流、洪涝、干旱、雪灾、森林草原火灾等灾害的灾后应急监测和灾情评估（吴昊宇，2020；崔燕 等，2019；庄淑娜，2016；李雯 等，2015），以及各种自然灾害的灾后恢复重建进度监测。但是，由于观测能力限制，卫星光学遥感受云雨等天气条件影响较大。

卫星雷达遥感方面，由于穿透力较强，具有全天时、全天候观测能力，因此，卫星雷达数据可有效应用于灾后应急响应和恢复重建工作。随着卫星合成孔径雷达（SAR）数据从单极化到多极化、全极化，从单一扫描成像模式向条带、聚束等多种成像模式发展，空间分辨率也不断得到提高，卫星雷达遥感的应急观测能力和高分辨观测能力不断增强，越来越广泛应用于洪涝淹没范围、滑坡泥石流范围监测，地震、滑坡泥石流、洪涝等导致的房屋、交通线等损毁情况评估，房屋、基础设施恢复重建监测。由于光学和雷达遥感各具优势，因此，卫星光学数据和雷达数据的融合和协同使用已成为当前应用的重要趋势。

卫星遥感技术具有以下特点：

(1)范围广。遥感探测能在较短的时间内，从空中乃至宇宙空间对大范围地区进行对地观测，并从中获取有价值的遥感数据。这些数据拓展了人们的视觉空间，例如，一张陆地卫星图像，其覆盖面积可达 3 万多平方千米。这种展示宏观景象的图像，对地球资源和环境分析极为重要。

(2)时效性高。获取信息的速度快、周期短。由于卫星围绕地球运转，从而能及时获取所经地区的各种自然现象的最新资料，以便更新原有资料，或根据新旧资料变化进行动态监测，这是人工实地测量和航空摄影测量无法比拟的。

(3)动态观测能力。遥感探测能动态反映地面事物的变化，能周期性、重复地对同一地区进行对地观测。这有助于人们通过所获取的遥感数据发现并动态地跟踪地球上许多事物的变化。

(4)获取的数据具有综合性。遥感探测所获取的是同一时段、覆盖大范围地区的遥感数据。这些数据综合地展现了地球的许多自然与人文现象，宏观地反映了地球上各种事物的形态与分布，真实地体现了地质、地貌、土壤、植被、水文、人工构筑物等地物的特征，全面地揭示了地理事物之间的关联性。而且，这些数据在时间上具有相同的现势性。

(5)获取信息的手段多，信息量大。根据不同的任务，遥感技术可选用不同波段和遥感仪器来获取信息。例如可采用可见光探测物体，也可采用紫外线、红外线和微波探测物体。利用不同波段对不同物体的穿透性，还可获取地物内部信息。例如，地面深层、水的下层、冰层下的水体、沙漠下面的地物特性等。微波波段还可以全天候工作。

(6)限制条件少。获取信息受条件限制少。地球上的很多地方自然条件极为恶劣，人类难以到达，如沙漠、沼泽、高山峻岭等。采用不受地面条件限制的遥感技术，特别是航天遥感，可方便及时地获取各种宝贵资料。

综上所述，卫星遥感技术手段适合开展对恢复重建目标的动态监测。

5.2.2.2 无人机遥感

无人机遥感技术作为航空遥感手段，具有续航时间长、影像实时传输、高危地区探测、成本低、高分辨率、机动灵活等优点，是卫星遥感与有人机航空遥感的有力补充，在国外已得到广泛应用。其利用高分辨CCD相机系统获取遥感影像，利用空中和地面控制系统实现影像的自动拍摄和获取，同时实现航迹的规划和监控、信息数据的压缩和自动传输、影像预处理等功能，可广泛应用于国家生态环境保护、矿产资源勘探、海洋环境监测、土地利用调查、水资源开发、农作物长势监测与估产、农业作业、自然灾害监测与评估、城市规划与市政管理、森林病虫害防护与监测、公共安全、国防事业、数字地球等领域（王久懿 等，2021；苏云波，2021；田彦，2019；李云 等，2011）。

无人机遥感的主要特点有以下方面。

(1)建造、使用成本低。因为无人机体积比较小，重量也比较轻，造价成本很低，远远低于卫星发射的上亿元费用，也比有人机造价低三分之一甚至更多。由于重量轻，油耗也低，与有人机相比，运行成本大大降低。无人机不仅比有人机简单得多，同时体积小，可以长期保存在仓库里面，使用维护费用大大减少，据估计可以减少80%。

(2)地勤保障要求低，机动性强。无人机不需要专门的跑道和庞大的地勤维修，起降条件和维修保障要求都比较低。在较小场地上能够起飞和回收，甚至可以在船舶、石油平台上起飞和回收。

(3)安全风险系数小。由于无人机是通过地面遥控或程序飞行的，所以人员不需要升空。虽然有人机的安全系数很高，但是还是有机毁人亡的小概率事件发生，而无人机最多是发生意外无法回收，不存在人员安全的风险。

(4)受云层影响小。与卫星遥感相比，航空遥感飞行高度很低，因此，受到云层的影响也小，降低云层对卫星成像的诸多影响。

(5)分辨率高。根据相机成像原理，飞行高度比较低决定了无人机可以获得非常高的空间分辨率。

(6)载荷种类多。无人机搭载的载荷种类繁多，包括 CCD 相机、红外相机、激光雷达相机、成像光谱仪、SAR 等。

综上所述，无人机遥感能够获得亚米级甚至更高的空间分辨率，为利用遥感手段监测目标细节带来可能。其灵活的目标获取方式和多类型载荷搭载能力，可以更好地满足不同用户的不同需求。其数据处理能力不断提升，用户可以直接拿到经过辐射和几何精校正，且完成多谱段影像配准拼接的正射影像，降低用户使用数据的门槛，提高数据使用效率和精度。

5.2.3 遥感监测能力

针对不同的监测目标，灾后中高分辨率遥感影像获取的具体要求如下。

(1)房屋重建范围监测

影像分辨率：一般采用优于 2 m 的卫星遥感融合影像。

监测周期：根据恢复重建监测总体规划适时开展一次。

监测内容：是否与恢复重建总体规划范围一致。

(2)房屋重建进度监测

影像分辨率：房屋重建进度监测一般采用优于 0.5 m 的卫星遥感融合影像。

监测周期：一般每季度开展一次监测。

监测内容：房屋主体结构是否建成，是否具备居住条件。

(3)道路重建范围监测

影像分辨率：一般采用优于 2 m 的卫星遥感融合影像。

监测周期：根据恢复重建监测总体规划适时开展一次。

监测内容：是否与恢复重建总体规划范围一致。

(4)道路重建进度监测

影像分辨率：一般采用优于 2 m 的卫星遥感融合影像。根据卫星遥感数据获取情况，在恢复重建过程中适时开展优于 1 m 的卫星遥感融合影像监测。

监测周期：一般每季度开展一次监测。

监测内容：是否具备通行能力。

(5)耕地恢复范围监测

影像分辨率：一般采用优于 16 m 的卫星多光谱影像。

监测周期：根据恢复重建监测总体规划适时开展一次。

监测内容：是否与恢复重建总体规划范围一致。

(6)耕地恢复进度监测

影像分辨率：一般采用优于 16 m 的卫星多光谱影像。根据卫星遥感数据获取情况，在恢复重建过程中适时利用优于 2 m 的卫星遥感融合影像开展局地恢复重建监测。

监测周期：根据卫星影像获取时间，一般采用与灾害发生时间比较一致的逐年数据。

监测内容：是否已经具备和灾前基本相同的种植能力。

(7)生态环境恢复范围监测

影像分辨率：根据监测对象的不同，一般采用优于 16 m 的多光谱影像。

监测周期：根据恢复重建监测总体规划适时开展一次。

监测内容：是否与恢复重建总体规划范围一致。

(8)生态环境恢复进度监测

影像分辨率：根据监测对象的不同，一般采用优于 16 m 的多光谱影像、2 m/8 m 的卫星融合影像或者 1 m/4 m 的卫星融合影像。

监测周期：根据卫星影像获取时间，涉及水资源环境和森林草原资源环境的恢复重建监测，一般监测周期为一个季度；涉及土地资源环境变化的恢复重建监测，一般监测周期为与灾害发生时间比较一致的逐年数据监测。

监测内容：水资源环境、森林草原资源和土地资源环境恢复情况。

卫星遥感和无人机遥感监测能力见表 5.8。

表 5.8 卫星遥感和无人机遥感监测能力

恢复重建监测	房屋		道路		耕地		生态环境	
	范围	进度	范围	进度	范围	进度	范围	进度
分辨率	优于 2 m	优于 0.5 m	优于 2 m	优于 2 m	优于 16 m	优于 16 m	优于 16 m	优于 16 m
周期	1 次	1 次/3 个月	1 次	1 次/3 个月	1 次	1 次/1 年	1 次	1 次/3 个月(水、森林)；1 次/1 年(土地)
内容	与规划范围是否一致	房屋主体结构是否建成，是否具备居住条件	与规划范围是否一致	是否具备通行能力	与规划范围是否一致	是否已经具备和灾前基本相同的种植能力	与规划范围是否一致	

5.2.4 遥感监测流程

基于遥感监测体系，按照恢复重建监测目标，遥感监测流程可分为房屋恢复重建范围和进度监测流程(杜若华 等，2020；李少丹，2018；王楠 等，2017；陈伟涛 等，2014)、道路恢复重建范围和进度监测流程(杨景玉，2019；李强 等，2017；常泽岫，2017；田卫方，2015；陈世荣 等，2008)、生态环境恢复范围和进度监测流程(陈润 等，2020；王瑜 等，2018；王井利 等，2018；万华伟 等，2014)和耕地恢复范围和进度监测流程四类。

5.2.4.1 房屋恢复重建范围监测和道路恢复重建监测

房屋恢复重建范围监测和道路恢复重建监测一般基于恢复重建规划内容开展，监测流

5.3.1.2 洪涝

(1)2013年东北洪涝

2013年8月14日以来,东北洪涝灾情严重。8月15日,松花江流域出现1998年以来最大洪水。水利部发布洪水橙色预警,预计松花江、嫩江、黑龙江水位仍要上涨。截至2013年8月19日16时,洪涝已造成辽宁、吉林、黑龙江三省111个县(市、区)373.7万人受灾。截至2013年8月30日,东北局部地区遭受洪涝灾害造成的直接经济损失达7800万元。

(2)2016年长江中下游洪涝(湖北、湖南)

2016年5月4日以来,江南、华南及西南地区东部等地接连出现强降雨过程,部分地区还伴有短时强降水及雷暴大风等强对流天气。5月6—9日,江南大部、华南北部降雨量超过100 mm的范围达15.8万km^2,福建泰宁(235.9 mm)、将乐(225.7 mm)及广西阳朔(197.5 mm)三县日降水量突破历史极值。

部分地区遭受强对流、暴雨洪涝及引发的山洪、泥石流等灾害。截至5月11日09时统计,灾害造成浙江、福建、江西、湖北、湖南、广西、重庆、四川、贵州、云南10省64市(州)243个县(市、区)466.6万人受灾,66人死亡,10人失踪,9.5万人紧急转移安置,6.8万人需紧急生活救助;5200余间房屋倒塌,7.4万间房屋不同程度损坏;农作物受灾面积26.8万hm^2,其中绝收2.83万hm^2;直接经济损失53.3亿元。5月8日,福建省三明市泰宁县开善乡池潭村大型泥石流灾害造成35人死亡、1人失踪。

6月18日以来,南方地区出现入汛以来第19次降雨过程,雨带主要位于西南地区东部至江汉、江淮一带。截至6月21日09时统计,此次强降雨导致浙江、安徽、江西、湖北、湖南、广西、重庆、四川、贵州、云南10省(区、市)39市(州)147个县(市、区)768万人受灾,35人死亡,24人失踪,38.8万人紧急转移安置,29.8万人需紧急生活救助;5600余间房屋倒塌,3.1万间房屋不同程度损坏;农作物受灾面积43.99万hm^2,其中绝收3.41万hm^2;直接经济损失62.9亿元。

6月30日以来,长江中下游等地遭受的洪涝、风雹、滑坡、泥石流等灾害,截至7月7日09时统计,已造成江苏、安徽、江西、河南、湖北、湖南、广西、重庆、四川、贵州、云南11省(区、市)83市(州)413个县(市、区)2902.9万人受灾,160人死亡,28人失踪,184万人紧急转移安置,91.9万人需紧急生活救助;5.6万间房屋倒塌,33.3万间房屋不同程度损坏;农作物受灾面积242.16万hm^2,其中绝收56.05万hm^2;直接经济损失578.5亿元。

(3)2020年长江中下游洪涝(安徽、江西)

2020年7月3日,受连日来强降雨影响,长江干流汇口站、安庆站、芜湖站、马鞍山站水位均超过设防水位;洞庭湖、鄱阳湖水位上涨,或将超警戒水位。

2020年7月2日,安徽省沿淮东部、大别山区、沿江西部、皖南山区降暴雨到大暴雨。3日6时,巢湖忠庙站水位10.56 m,超警戒水位0.06 m。长江干流汇口站、安庆站、芜湖站、马鞍山站水位均超过设防水位,全省有325座水库水位超汛限。安徽省减灾救灾委办公室介绍,2020年入梅以来,该省降雨范围广、雨量大,平均降雨量较常年同期偏多,共有7市40个县(市、区)不同程度受灾,累计转移安置约14000人。

截至2020年7月3日，西洞庭湖、南洞庭湖已经出现超警戒水位，且洞庭湖水位仍在继续上涨。湖南省防汛抗旱指挥部有关负责人介绍，7月3日至11日是主要风险时段，澧水流域及洞庭湖区的张家界、湘西土家族苗族自治州、怀化、常德、益阳、岳阳等地，尤其是前期降雨叠加区域，是发生洪涝灾害的主要风险区域，致灾风险高，需要重点防范。

截至2020年7月3日20时，鄱阳湖标志性水文站星子站水位达18.45 m，且呈迅速上涨趋势，加之长江中上游近期来水偏多，长江九江站水位持续上涨，后期长江九江段及鄱阳湖水位可能超预警线，滨湖地区防汛形势紧张。

5.3.1.3 台风

(1)2013年台风“海燕”

台风“海燕”于2013年11月4日09时许被日本气象厅升格为热带风暴并命名，随后亦被中央气象台升格为热带风暴，11月5日14时被中央气象台升格为台风，11月6日08时被中央气象台升格为超强台风，11月7日晚间达到其巅峰强度，成为2013年全球强度最强的热带气旋和1979年台风“泰培”(Tip)以来的最强台风之一；接着又以近巅峰强度于11月8日07时在菲律宾莱特岛北部沿海登陆，登陆时中心附近最大风力达17级以上(75 m/s)；并于11月11日05时在越南广宁省沿海再次登陆，登陆时中心最大风力有13级(38 m/s)，最终于当日23时被中央气象台停止编号。

根据2014年4月17日菲律宾国家减灾委员会(NDRRMC)事后发布的最终报告，“海燕”共造成菲律宾6300人死亡、1062人失踪、28688人受伤，经济损失1813.25亿菲律宾比索(约合36.4亿美元)。

截至2013年11月30日，“海燕”共造成中国30人死亡、6人失踪，经济损失45.8亿元人民币(约合7.5亿美元)。

截至2013年11月11日，“海燕”共造成越南14人死亡、4人失踪、81人受伤。

(2)2018年台风“温比亚”

台风“温比亚”于2018年8月17日04时05分前后在上海市浦东新区南部沿海登陆，给安徽、上海、浙江、江苏、河南、湖北多地带来强风雨。8月19日，台风“温比亚”进入河南，致河南东部大范围强降雨。

截至2018年8月22日，台风“温比亚”致31人死亡、14人失踪、8省1493.5万人受灾。

(3)2019年台风“利奇马”

超强台风“利奇马”为2019年太平洋台风季第九个被命名的风暴。

台风“利奇马”于2019年8月4日15时被日本气象厅命名，8月7日05时被中央气象台升格为台风，8月7日23时被中央气象台进一步升格为超强台风，并继续向西北方向移动，向浙江沿海靠近，并于8月10日01时45分在浙江省温岭市城南镇沿海登陆，登陆时中心附近最大风力为16级(52 m/s)，成为2019年以来登陆中国的最强台风和1949年以来登陆浙江第三强的台风；随后其纵穿浙江、江苏两省并移入黄海海面，又于8月11日20时50分在山东省青岛市黄岛区沿海再次登陆，登陆时中心附近最大风力9级(23 m/s)，此后其移入渤海海面并不断减弱，最终于8月13日14时被中央气象台停止编号。

截至2019年8月14日10时，台风“利奇马”共造成中国1402.4万人受灾、57人死亡

(其中浙江 45 人,安徽 5 人,山东 5 人,江苏 1 人,台湾 1 人)、14 人失踪(浙江 3 人,安徽 4 人,山东 7 人)、209.7 万人紧急转移安置,直接经济损失 537.2 亿元人民币。

5.3.1.4 干旱

(1)2009—2013 年西南冬春连旱

一些地方的干旱天气可追溯至 2009 年 7 月。2013 年 3 月旱灾蔓延至广东、湖南西部、西藏等地以及东南亚湄公河流域。截至 2013 年 3 月 30 日,中国耕地受旱面积 1.16 亿亩,其中作物受旱 9068 万亩,重旱 2851 万亩、干枯 1515 万亩,待播耕地缺水缺墒 2526 万亩;有 2425 万人、1584 万头大牲畜因旱饮水困难。

此次灾害具有以下特点:一是分布范围广。过去,中国旱灾高发的区域主要在干旱缺水的北方地区,特别是西北地区。后来,在传统北方旱区旱情加重的同时,南方和东部多雨区旱情也在扩展和加重,旱灾范围已遍及全国。旱灾影响范围已由传统的农业扩展到工业、城市、生态等领域,工农业争水、城乡争水、超采地下水和挤占生态用水现象越来越严重。此次西南大旱波及中国西南五省(区、市)(云南、贵州、广西、四川及重庆),并有蔓延到湖南等省(市)的趋势。二是持续时间长。过去,北方地区主要以冬春旱为主,近些年已经呈现出连季干旱、连年干旱的趋势。1997—2000 年,北方大部分地区持续三年严重干旱;2004 年秋季至 2007 年夏季,甘肃东北部持续三年干旱;2006 年夏季至 2007 年春季重庆、四川出现百年不遇的夏秋冬春四季连旱;2008 年冬季至 2009 年春季,北方冬麦区干旱严重;2009 年,东北部分地区夏伏期间发生严重的“卡脖子旱”等。种种迹象表明,旱灾持续的过程有拉长的趋势。三是危害性大。全国除西藏以外的广大地区,因干旱给我国城乡饮用水安全、经济社会发展、生态与环境带来损失危害性极大。由于干旱缺水,不仅工业布局受到限制,而且遭遇大旱年份时,为保生活用水,一部分企业可能被迫停产或半停产,直接影响经济社会发展。江河来水减少,不仅会导致断流和断航,而且过度开采地下水,会使生态与环境恶化。

(2)2013 年湖北江西湖南夏伏旱

2013 年南方干旱以来,中国长江以南大部地区出现历史罕见的持续高温少雨天气,持续时间长,范围特别广,温度异常高。江南大部、华南北部有些气象站的极端最高气温和平均气温均超过历史同期最高记录,南方地区 38 ℃以上的酷热天气日数为近 50 年来之最,并出现连续超过 40 ℃的酷暑天气。

高温少雨天气使得中国南方地区旱情发展迅速。数据显示,高温区域降水较常年同期偏少 52.6%,其中贵州、湖南平均气温为 1951 年以来最高,而降水量均为 1951 年以来最少。据气象卫星遥感监测,2013 年 7 月鄱阳湖水体面积比 2012 年同期减少 25%、洞庭湖水体面积比 2012 年同期减少 34%。

截至 2013 年 8 月上旬统计,湖南、贵州、重庆等南方 13 省(市)耕地受旱面积 9737 万亩,其中作物受旱面积 8903 万亩(重旱 2712 万亩、干枯 1077 万亩),待播耕地缺水缺墒面积 834 万亩,有 956 万人、318 万头大牲畜因旱发生饮水困难。

(3)2020 年东北内蒙古旱灾

2020 年入夏以来,东北和内蒙古部分地区降雨偏少,气温持续偏高,导致吉林、黑龙江、内蒙古部分地区旱情持续发展。截至 8 月 10 日 09 时统计,内蒙古、吉林、黑龙江三省

(区)16 市(盟)67 个县(市、区、旗)471 万人受灾,81 万人因旱需生活救助,其中 36.1 万人因旱饮水困难需救助;农作物受灾面积 305.98 万 hm^2,其中绝收 24.78 万 hm^2;饮水困难大牲畜 132.6 万头(只);直接经济损失 84 亿元。

5.3.2 遥感监测案例分析

5.3.2.1 甘肃漳县岷县 6.6 级地震

利用灾害发生后一周、2014 年、2015 年和 2016 年共四年的 GF-1、GF-2 卫星数据针对永星村开展动态持续监测。图 5.7 所示的监测结果显示,灾害发生后,梯田发生坍塌造成农作物损失;2014 年,农作物损失地方无明显变化;2015 年,可以看到村庄发生迁移,开始修建新的道路;2016 年所有工程基本完工。

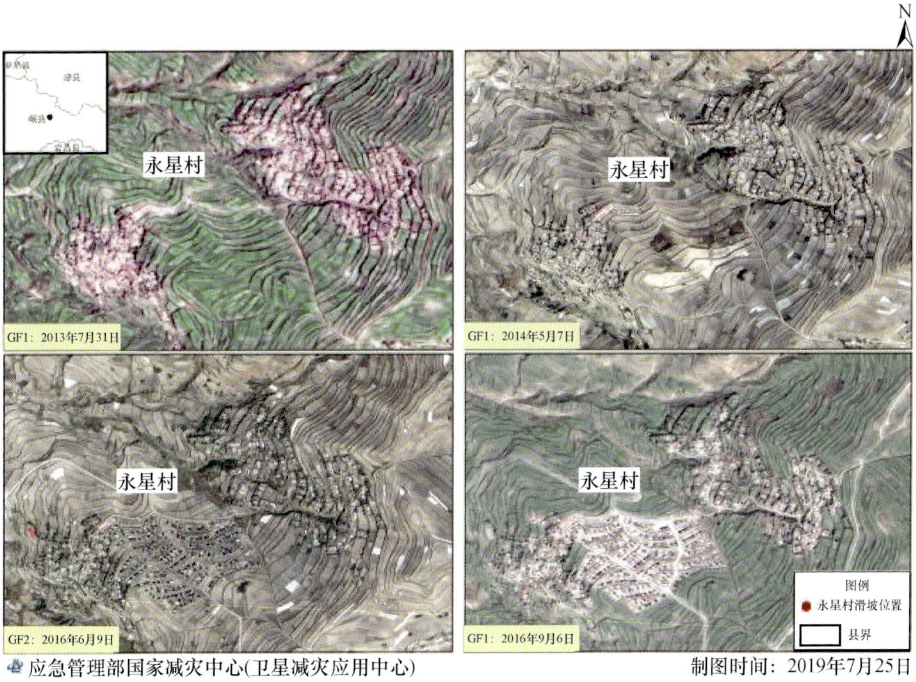

图 5.7 甘肃漳县岷县 6.6 级地震永星村滑坡遥感监测图

5.3.2.2 四川九寨沟 7.0 级地震

利用 2017 年 4 月 18 日北京二号卫星影像、2017 年 7 月 1 日高分二号卫星影像、2017 年 8 月 9 日北京二号卫星影像、2017 年 8 月 16 日高分一号卫星影像,以及 2018、2019 年高分系列卫星影像,对九寨沟重灾区火花海景区、诺日朗瀑布景区、荷叶寨周边景区,以及火花海和熊猫海间等道路恢复情况进行遥感监测。从图 5.8~图 5.13 可以看出,灾后六个月时间内道路已经恢复通行。熊猫海和五花海西侧滑坡区域植被已经部分恢复。后续还将利用卫星遥感数据开展持续监测。

应急管理部国家减灾中心（卫星减灾应用中心） 制图时间：2019年7月17日

图 5.8 “8·8”九寨沟重灾区火花海景区恢复遥感监测图

应急管理部国家减灾中心（卫星减灾应用中心） 制图时间：2019年7月22日

图 5.9 “8·8”九寨沟重灾区诺日朗瀑布景区恢复遥感监测图

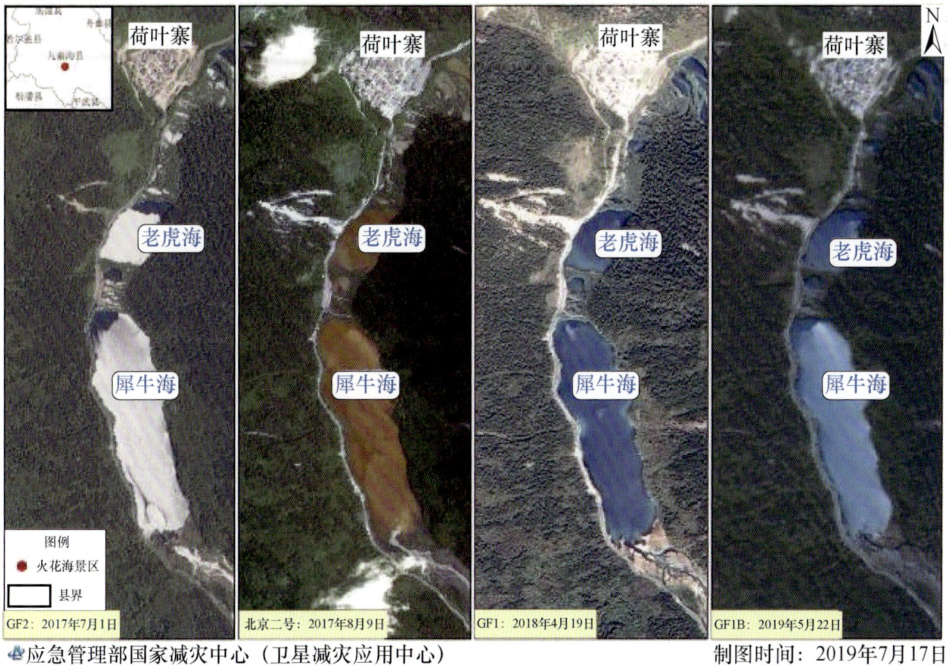

图 5.10 “8·8”九寨沟重灾区荷叶寨周边景区恢复遥感监测图

图 5.11 “8·8”九寨沟重灾区景区损毁道路监测图一

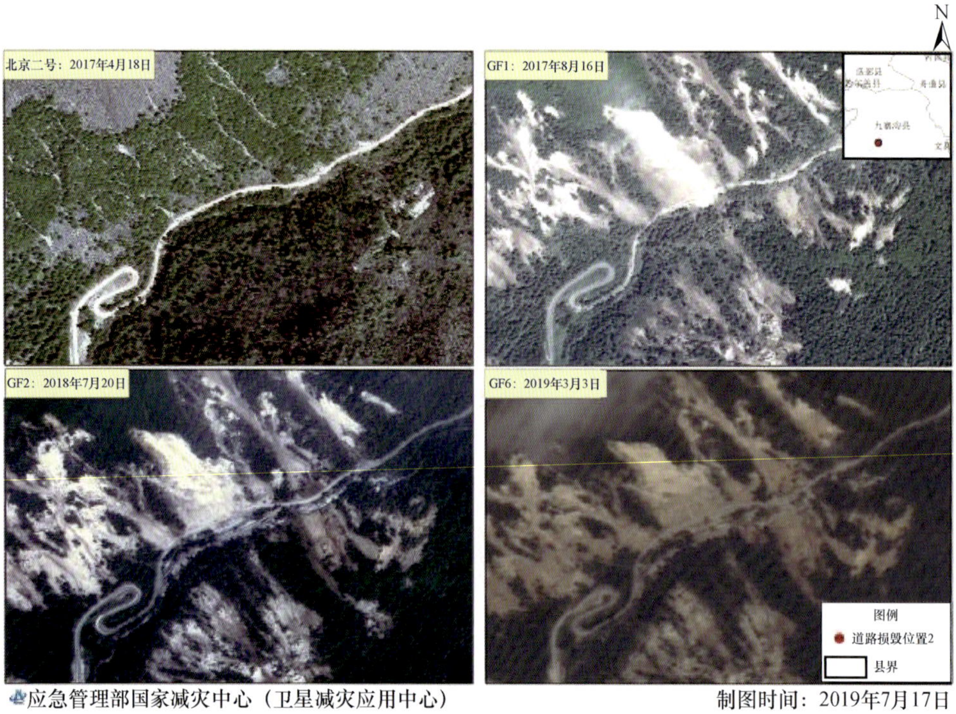

图 5.12 “8·8”九寨沟重灾区景区损毁道路监测图二

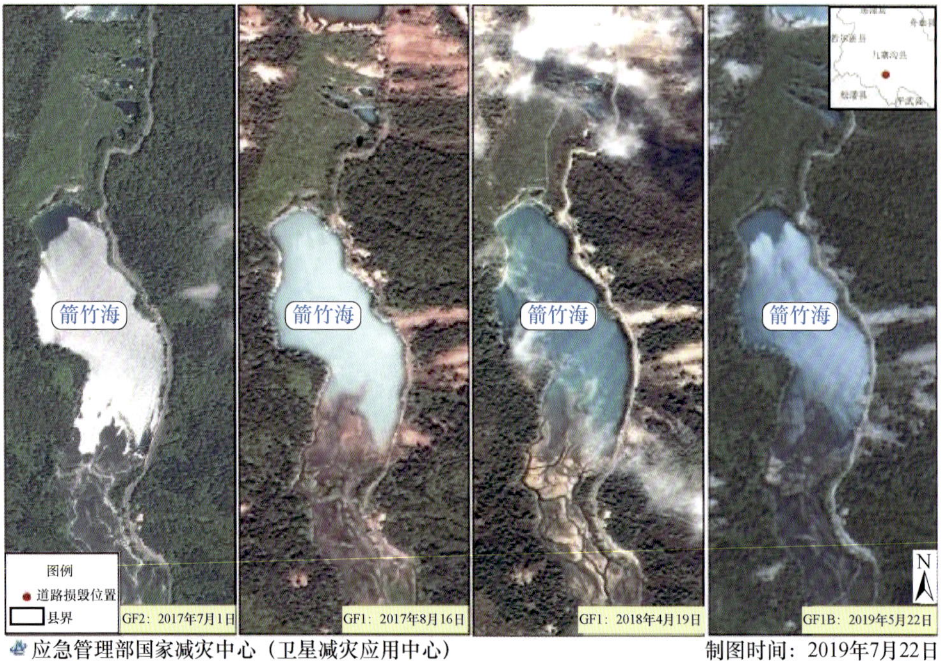

图 5.13 “8·8”九寨沟重灾区景区损毁道路监测图三

5.3.2.3 江苏盐城龙卷特大灾害

2016年6月23日下午15时左右，江苏省盐城市阜宁、射阳等地出现强雷电、短时强降雨、冰雹、雷雨大风等强对流天气，局地遭龙卷袭击，阜宁县新沟镇等地出现34.6 m/s(12级)大风，射阳海河镇等地出现27.9 m/s(10级)大风。此次灾害造成盐城市阜宁县、射阳县4.6万人受灾，99人死亡，846人因灾住院治疗，3万人紧急转移安置，1.8万间房屋倒塌，3.8万间不同程度损坏；农作物受灾面积6.78万 hm^2，其中绝收2200 hm^2；直接经济损失49.8亿元。

灾害发生后，党中央、国务院高度重视。正在乌兹别克斯坦访问并出席上海合作组织峰会的中共中央总书记、国家主席习近平立刻作出重要指示，要求国务院派工作组前往指导抢险救灾，代表党中央、国务院慰问受灾群众。要求全力组织抢救受伤人员，最大限度减少人员伤亡，并做好遇难人员和受灾群众安置工作。

6月23日20时，国家减灾委、民政部针对江苏省阜宁县强对流天气对受灾群众生产生活造成的严重影响，启动国家Ⅲ级救灾应急响应，由民政部、工业和信息化部、财政部、住房城乡建设部、卫生计生委等五部委组成的国务院工作组连夜赶赴灾区，指导和帮助地方开展抗灾救灾工作。民政部向江苏省调拨1000顶帐篷、2000张折叠床、10套场地照明灯等中央救灾储备物资。6月25日，财政部、民政部紧急下拨1亿元中央自然灾害生活补助资金，主要用于江苏盐城龙卷冰雹特大灾害受灾群众紧急转移安置、过渡期生活救助、因灾倒损住房恢复重建和向因灾遇难人员家属发放抚慰金，帮助和支持做好受灾群众生活救助工作。

灾情基本稳定后开始部署房屋恢复重建工作。江苏省阜宁、射阳共建设集中安置区20处，其中阜宁县16处、射阳县4处。

灾害发生后，民政部国家减灾中心迅速启动灾后卫星遥感数据获取机制，一方面向资源卫星应用中心提出民用高分系列光学卫星观测计划，另一方面向二十一世纪空间技术股份有限公司提出北京二号小卫星星座观测计划。截至6月26日，累计获取灾前高分二号卫星有效数据4景，灾中北京二号、高分一号等2颗卫星有效数据11景，覆盖江苏省阜宁县、射阳县全部受灾区域。截至2018年7月27日累计获取灾后高分二号有效数据12景。最终共计获取灾前、灾中、灾后卫星影像共计27景，如表5.11所示。

表5.11 卫星遥感数据获取情况

序号	卫星/载荷	空间分辨率	获取时间/景数	阶段/应用
1	GF-2/PSM	1 m全色/4 m多光谱	2016年2月6日/2景	灾前/房屋分布
2	GF-2/PSM	1 m全色/4 m多光谱	2016年4月10日/2景	灾前/房屋分布
3	BJ-2/PSH	0.8 m全色/3.2 m多光谱	2016年6月25日/1景	灾中/房屋倒损、临时安置点分布
4	GF-1/PMS	2 m全色/8 m多光谱	2016年6月25日/6景	灾中/房屋倒损、临时安置点分布
5	GF-1/PMS	2 m全色/8 m多光谱	2016年6月26日/4景	灾中/房屋倒损、临时安置点分布
6	GF-2/PSM	1 m全色/4 m多光谱	2017年3月11日/4景	灾后/过渡安置点、集中安置点分布
7	GF-2/PSM	1 m全色/4 m多光谱	2017年6月27日/2景	灾后/过渡安置点、集中安置点分布
8	GF-2/PSM	1 m全色/4 m多光谱	2018年4月19日/2景	灾后/过渡安置点、集中安置点分布
9	GF-2/PSM	1 m全色/4 m多光谱	2018年5月4日/2景	灾后/过渡安置点、集中安置点分布

续表

序号	卫星/载荷	空间分辨率	获取时间/景数	阶段/应用
10	GF-2/PSM	1 m 全色/4 m 多光谱	2018 年 7 月 27 日/2 景	灾后/过渡安置点、集中安置点分布
合计	27 景			

针对龙卷冰雹灾害特点及受灾情况，我们利用高分辨率光学卫星影像对灾前阜宁县、射阳县房屋分布情况、灾中房屋倒损和临时安置点分布情况以及灾后过渡安置点和集中安置点分布情况进行动态遥感监测。

灾中应急监测时，首先，在利用影像自带 RPC 文件进行几何校正的基础上，利用乘积变换的遥感图像高保真融合方法对全色影像和多光谱影像进行融合；其次，利用区域网平差技术开展灾前与灾中影像的配准，完成影像预处理；接下来，基于灾前影像中房屋和设施农业的几何、纹理特征，利用目视解译方法，确定倒损房屋和设施农业受损情况；然后，基于帐篷的几何、纹理特征及临时安置点分布特征，确定临时安置点位置及分布情况；最后，基于灾前、灾中遥感监测，研判受灾程度和人员转移安置情况。

灾后重建监测时，首先，对灾后多时相高分辨率遥感数据开展几何校正和影像融合处理，并与灾前影像进行影像配准，保证多时相高分辨率光学遥感影像达到像元级配准精度；其次，结合灾中监测信息和舆情信息，监测过渡安置点位置、数量和分布情况；接下来，动态监测集中安置点的位置和建设进度；最后，基于灾前影像、灾中监测信息研判居民安居和生产恢复情况。监测流程图如图 5.14 所示。

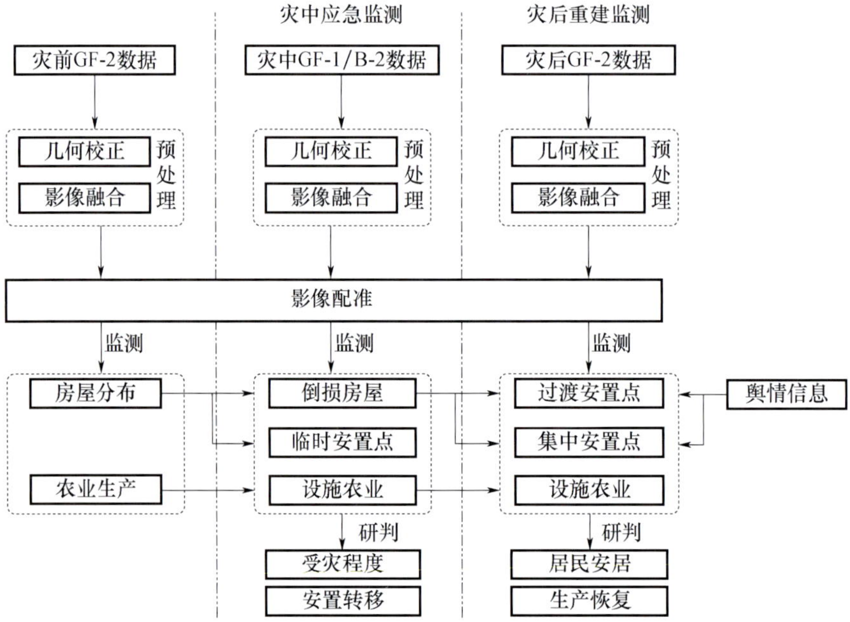

图 5.14　龙卷灾害卫星遥感监测流程图

利用已经获取的 27 景灾前、灾中影像对龙卷恢复重建区孔荡等集中安置点的房屋重建进度开展动态监测，如图 5.15～图 5.37 所示，从图中可以看出，灾后 6 个月内集中安置点工程开工，9个月内集中安置点完成结构封顶，12个月内完成主体建设。后续增加了集中安置点内的道路、绿化等相关配套工作。

图5.15　江苏盐城龙卷特大灾害孔荡安置点重建遥感监测图

图5.16　江苏盐城龙卷特大灾害邵湛安置点重建遥感监测图

应急管理部国家减灾中心（卫星减灾应用中心）　　制图时间：2018年8月13日

图 5.17　江苏盐城龙卷特大灾害戚桥老街安置点重建遥感监测图

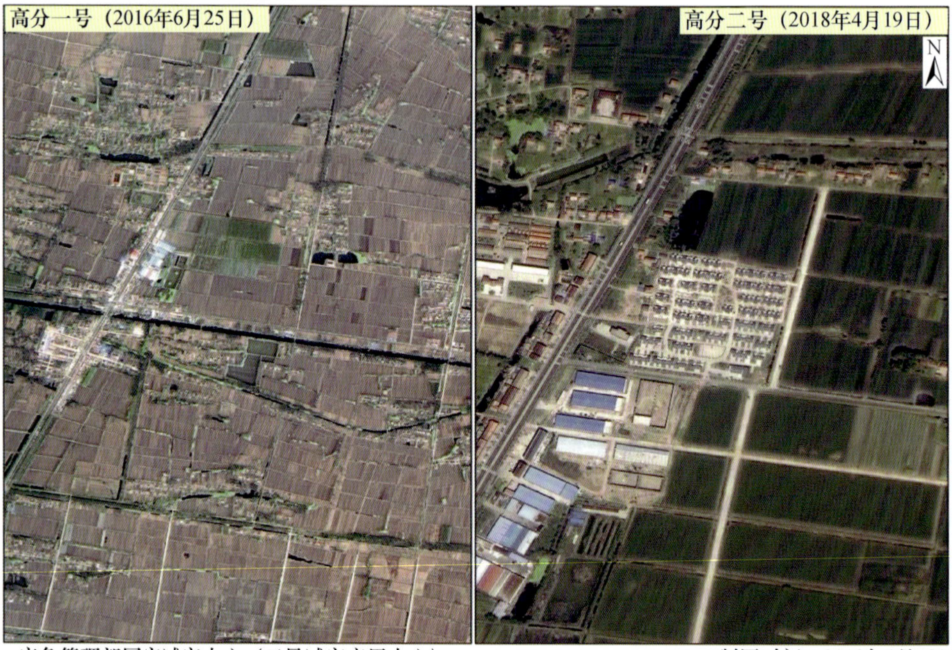

应急管理部国家减灾中心（卫星减灾应用中心）　　制图时间：2018年8月13日

图 5.18　江苏盐城龙卷特大灾害东崔安置点重建遥感监测图

应急管理部国家减灾中心（卫星减灾应用中心）　　　　制图时间：2018年8月13日

图 5.19　江苏盐城龙卷特大灾害硕集计桥安置点重建遥感监测图

应急管理部国家减灾中心（卫星减灾应用中心）　　　　制图时间：2018年8月13日

图 5.20　江苏盐城龙卷特大灾害南湾安置点重建遥感监测图

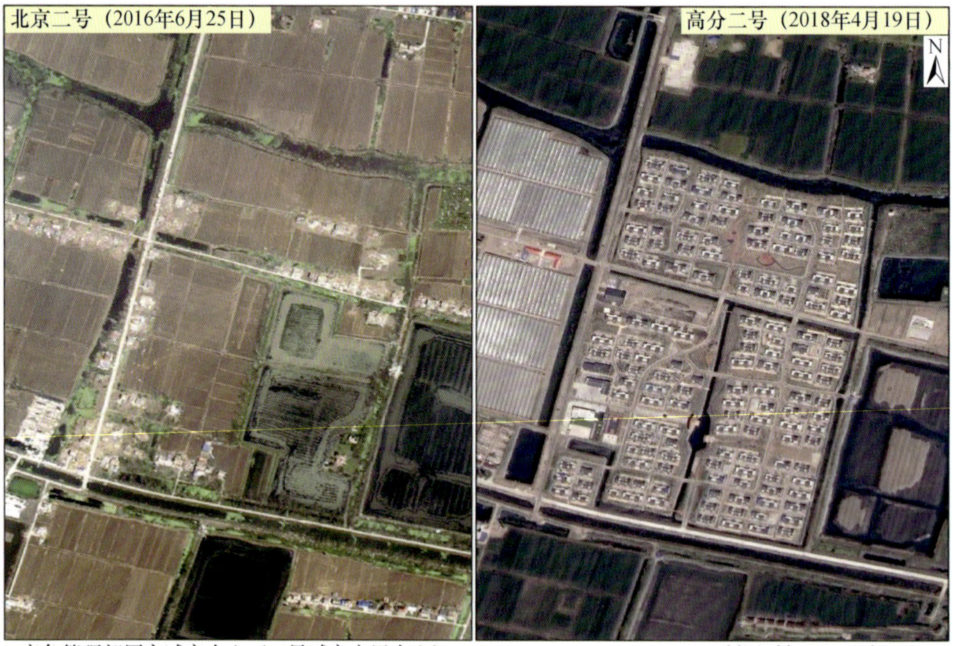

应急管理部国家减灾中心（卫星减灾应用中心）　　制图时间：2018年8月13日

图 5.21　江苏盐城龙卷特大灾害大楼安置点重建遥感监测图

应急管理部国家减灾中心（卫星减灾应用中心）　　制图时间：2018年8月13日

图 5.22　江苏盐城龙卷特大灾害丹平村安置点重建遥感监测图

应急管理部国家减灾中心（卫星减灾应用中心） 制图时间：2018年8月13日

图 5.23 江苏盐城龙卷特大灾害新涂安置点重建遥感监测图

应急管理部国家减灾中心（卫星减灾应用中心） 制图时间：2018年8月13日

图 5.24 江苏盐城龙卷特大灾害成俊安置点重建遥感监测图

图 5.25　江苏盐城龙卷特大灾害陈良安置点重建遥感监测图

图 5.26　江苏盐城龙卷特大灾害两合安置点重建遥感监测图

图 5.27　江苏盐城龙卷特大灾害北陈安置点重建遥感监测图

图 5.28　江苏盐城龙卷特大灾害立新安置点重建遥感监测图

图 5.29　江苏盐城龙卷特大灾害蔡河安置点重建遥感监测图

图 5.30　江苏盐城龙卷特大灾害海河旭日安置点重建遥感监测图

图 5.31　江苏盐城龙卷特大灾害新宏安置点重建遥感监测图

图 5.32　江苏盐城龙卷特大灾害陈洋安置点重建遥感监测图

应急管理部国家减灾中心（卫星减灾应用中心） 制图时间：2018年8月13日

图 5.33　江苏盐城龙卷冰雹特大灾害海河旭日安置点灾后重建遥感监测对比图

应急管理部国家减灾中心（卫星减灾应用中心） 制图时间：2018年8月13日

图 5.34　江苏盐城龙卷冰雹特大灾害孔荡安置点动态重建遥感监测图

图 5.35　江苏盐城龙卷冰雹特大灾害硕集中心小学临时安置点遥感监测图

图 5.36　江苏盐城龙卷冰雹特大灾害灾中过渡安置点遥感监测图

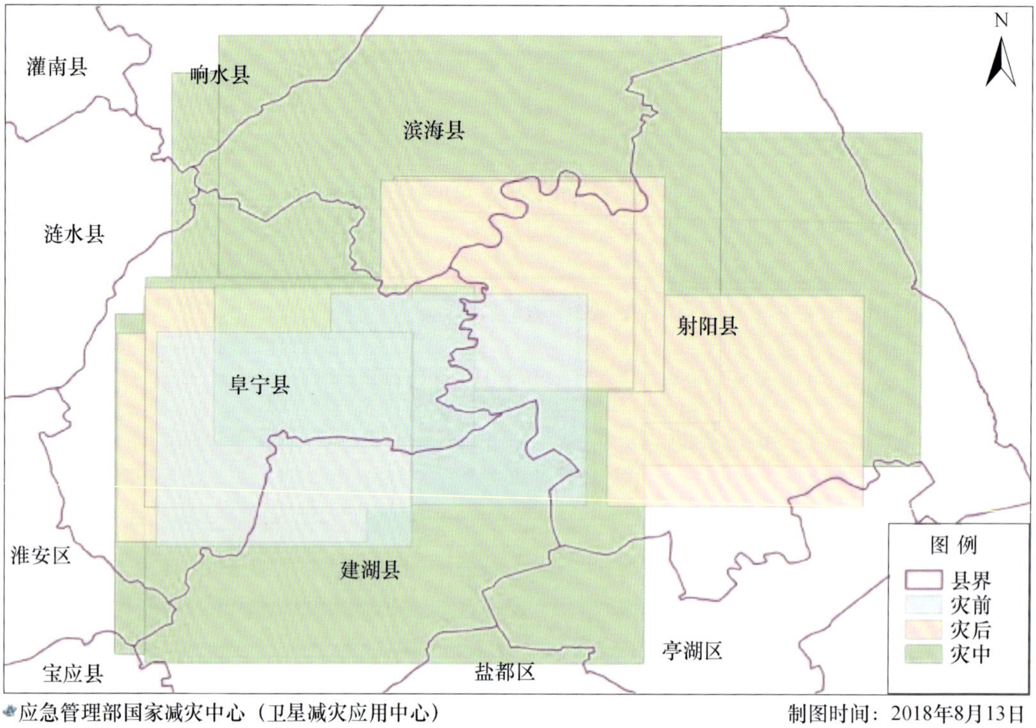

图 5.37　江苏盐城龙卷冰雹特大灾害遥感影像分布图

5.4　卫星和无人机恢复重建监测潜力分析

本节通过对典型案例的收集整理，针对房屋、道路、农作物、生态环境恢复的特点，结合典型案例验证，分析得到卫星和无人机在恢复重建过程中的潜力如下。

5.4.1　房屋重建动态监测

房屋重建关系到受灾人民的居住，影响面大，受关注程度高，是恢复重建规划中的重点工作，是恢复重建规划的重要内容之一，也是恢复重建是否按期完成的重要指标之一。卫星不受观测目标位置限制，能够按照卫星观测指令周期性动态对同一目标开展持续监测，具有恢复重建目标动态监测的能力。但是受到卫星载荷研制能力等限制，目前在轨卫星的空间分辨率制约房屋恢复重建监测工作，仅可以开展房屋重建范围的重建监测，无法开展房屋主体结构建设进展监测。无人机可携带优于 0.5 m 空间分辨率的载荷，虽然监测区域有限，动态监测制约条件较多，但仍是目前开展房屋主体结构建设监测的有效手段，常用于房屋恢复重建完成程度监测。因此，卫星和无人机联合使用，可实现房屋恢复重建动态监测工作。

5.4.2 道路重建动态监测

道路是重要的基础设施之一，也是恢复重建监测规划的重要内容之一。道路是否能按期重建或者新建，关系着灾民及周边人员的出行，关注度高，影响范围大。不同建设级别的道路虽然宽度不一，但是由于道路长度普遍比较长，可以利用卫星遥感手段开展动态监测工作。结合房屋重建获取的无人机数据，还可以对卫星道路恢复重建监测进行验证。因此，利用高分辨率光学遥感卫星数据可以开展道路重建动态监测工作。

5.4.3 农作物恢复动态监测

农作物恢复有别于房屋和道路等基础设施的重建，依赖的是农作物自身的生长规律，判断的依据是农作物生长区域是否适宜重新开展种植；如果适宜重新开展种植，是否按照农作物生长规律进行种植。由于农作物种植面积相对比较大，利用中高分辨率光学遥感数据即可以开展动态监测。与道路重建监测不同的是，道路重建监测依赖工程进展进度，而农作物恢复动态监测需要根据农作物的生长季进行监测。因此，利用高分辨率光学遥感卫星数据可以开展农作物恢复动态监测。

5.4.4 生态环境恢复动态监测

生态环境的恢复是一个复杂的、系统的工程，一般需要几年或者数十年的时间进行恢复，因此，监测周期是最长的。生态环境的恢复也是多种指标综合判断的结果，如森林、水体及附近的人文环境等多种因素。因为生态环境范围很大，一般利用中高分辨率光学遥感数据进行长期、定期的监测即可完成，如果配合无人机房屋重建监测的情况，则生态环境恢复动态监测内容更丰富，效果更好。

第6章 灾区恢复重建后效评价技术研究

6.1 研究背景

(1) 灾害管理研究受到国内外的日益关注

灾害管理研究对灾区社会、经济与生态恢复正常与区域发展至关重要(马宗晋,2009;李宁 等,2012;史培军 等,2014)。1989 年,联合国宣布从 1990 年开始“国际减轻自然灾害十年”(International Decade for Natural Disaster Reduction,IDNDR)计划(简称“减灾十年”),并设立国际减轻自然灾害日(谢礼立,1989)。1994 年,第一次世界减灾大会通过的《横滨战略与行动计划》强调,将防灾备灾纳入各级战略规划,发展和加强防灾减灾能力是“减灾十年”的优先领域(史培军 等,2005a)。2005 年,第二次世界减灾大会通过旨在“降低灾害风险,提高恢复力,促进可持续发展”的《兵库宣言》,强调在防灾、备灾、应急与恢复重建的减灾大循环背景下开展综合评价,以减少灾害风险和降低脆弱度,逐步将灾区恢复重建后效评价提上日程(史培军 等,2005b;费璇 等,2014)。2015 年,第三次世界减灾大会通过的《2015—2030 年仙台减轻灾害风险框架》将“在恢复、善后和重建方面‘重建得更好’(Build Back Better,BBB)”作为四个优先事项之一,提出要大幅提升人民获得和利用评价结果的机会,并将结果加以应用(Pearson et al.,2015;范一大,2015)(表 6.1)。2017 年,全球减灾平台大会等曾专门召开“重建得更好与备灾”与“社区/地方的恢复力”专题会议,强调了灾害管理中恢复重建的重要性(周洪建,2017)。

表 6.1 历次世界减灾大会对灾害管理的政策转变

会议名称	时间	政策文件	相关内容
第一次世界减灾大会	1994 年	《横滨战略与行动计划》	强调将防灾备灾纳入各级战略规划,发展和加强防灾减灾能力
第二次世界减灾大会	2005 年	《兵库宣言》 《兵库行动纲领》	强调在防灾、备灾、应急与恢复重建的减灾大循环背景下积极开展综合评价,以减少灾害风险和降低脆弱度
第三次世界减灾大会	2015 年	《2015—2030 年仙台减轻灾害风险框架》	将“在恢复、善后和重建方面‘重建得更好’”作为四个优先事项之一,强调将恢复重建评价成果进行应用

(2) 灾区恢复重建研究在中国不断深化

2019 年,全球减灾平台大会发布的《联合公报》主题为“抗灾力红利:迈向可持续和包容性社会”,提出将区域联动与可持续性融入恢复重建过程,进一步结合《2015—2030 年仙台减轻灾害风险框架》《巴黎气候变化协议》与《2030 年可持续发展议程》的要求,有必要深入开展灾区恢复重建的系统研究(顾林生 等,2019)。2019 年召开的“一带一路”防灾减灾与可持续发展国际学术大会通过的《“一带一路”防灾减灾与可持续发展北京宣言》(简称《北京宣言》)提出四项科技行动计划,包括加强灾害风险认知、灾害风险管理、提高抵抗灾害风险能力建设投资、加强灾后重建对策(孔锋 等,2017)。宣言再次强调了结合地区资源环境特征开展灾后重建评价与对策研究的重要性(表 6.2)。针对如何使灾区“重建得更好”需要探讨两个关键议题：① 如何科学评价灾区恢复重建成效与灾后发展水平，以了解灾区恢复重建与后续发展状况？② 结合后效评价发现的问题，如何改进现有恢复重建管理机制，才能促使灾区“重建得更好”？

表6.2 《“一带一路”防灾减灾与可持续发展北京宣言》的行动计划与恢复重建举措

科技行动计划	主要恢复重建举措
① 加强灾害风险认知 ② 灾害风险管理 ③ 提高抵抗灾害风险能力建设投资 ④ 加强灾后重建对策	① 加强推广社会广泛参与的科技创新项目，以促进科技支撑《2015—2030年仙台减轻灾害风险框架》和《2030年可持续发展议程》的落地实施。 ② 在灾前规划、防灾减灾、灾害应急以及灾后重建恢复中，提升学科交叉技术的作用，以便更好地进行灾后重建工作

(3)灾区恢复重建后效评价与管理研究受到广泛重视

21世纪以来，世界各地重大自然灾害频发，其中2004年印度洋海啸、2008年汶川大地震、2011年东日本大地震等灾害均造成了巨大的人员伤亡与财产损失(陈静 等，2012)。这些重大自然灾害发生后的恢复重建工作已开展数年，按照恢复重建实施进程可分为需求分析、政策制定、规划编制、实施监测、发展振兴等内容(杜枫 等，2018)；按照恢复重建研究对象可分为扶持政策、应急能力、生态保护、产业恢复、灾害区划、心理干预、土地整治等内容(徐卫华 等，2008；邓伟 等，2013)。随着恢复重建内容的日益丰富，关于灾区恢复重建各要素后效评价的研究也受到重视，但现有的评价总体较为分散，尚未形成系统的理论体系与方法(杜静，2009；杨月巧 等，2014)。

近年来中国出台了一系列政策文件对灾区恢复重建后效评价与管理提出具体要求，强调通过公众参与评价、监督检查政策落实情况等举措了解恢复重建的综合成效，并对存在的问题进行改善(白理刚，2011)。这些政策的制定说明了灾区恢复重建后效评价与管理研究的重要性，政策内容也为相关研究提供了指导(表6.3)。

表6.3 中国关于灾区恢复重建后效评价与管理的政策要求

序号	政策文件及相关要求	出台时间
1	《关于做好特别重大自然灾害灾后恢复重建工作的指导意见》要求：加强对灾后恢复重建政策措施落实、规划实施、资金和物资管理使用、工程建设、生态环保等方面情况的监督检查	2019-11-27
2	《国务院关于支持鲁甸地震灾后恢复重建政策措施的意见》	2014-11-23
3	《国务院关于支持芦山地震灾后恢复重建政策措施的意见》	2013-07-15
4	《国务院关于支持玉树地震灾后恢复重建政策措施的意见》	2010-05-31
5	《国务院关于支持汶川地震灾后恢复重建政策措施的意见》要求：国务院有关部门要进行灾区恢复重建政策措施的相关指导与监督检查，努力争取灾区恢复重建的最大效益和最好效果	2008-06-29
6	《汶川地震灾后恢复重建条例》要求：加强对各级人民政府地震灾后恢复重建工作的监督检查，加强对恢复重建工程质量和安全及产品质量的监督，开展对恢复重建项目的监督检查等	2008-06-08

续表

序号	政策文件及相关要求	出台时间
7	《中华人民共和国突发事件应对法》要求：政府应当及时查明突发事件的发生经过和原因，总结突发事件应急处置工作的经验教训，制定改进措施	2007-08-30
8	《国家突发公共事件总体应急预案》要求：要对特别重大突发公共事件的起因、性质、影响、责任、经验教训和恢复重建等问题进行调查评估	2005-01-26
9	《中华人民共和国防震减灾法》要求：政府部门要加强对防震减灾规划和地震应急预案的编制实施、地震避难场所的设置与管理、地震救援队伍的培训、防震减灾宣传教育等工作的监督检查	1997-12-29

6.2 研究意义

(1)促进灾区恢复重建的监督评价和动态调控

灾区恢复重建后效评价有利于发现政策不足并提出改进措施。现有灾区恢复重建相关的评价包括灾区资源环境承载力评价、恢复重建需求评价、环境影响评价、社会影响评价等(彭立 等,2009)。这些评价多聚焦于恢复重建前期或后期单要素成效,缺乏对灾区恢复重建总体成效的综合评价,难以为灾区恢复重建管理对策的完善提供指导。因此,构建灾区恢复重建后效评价体系能够为系统了解灾区恢复重建成效提供有效工具,结合评价发现的问题及时完善配套政策。

(2)提升灾区恢复重建管理能力和区域发展水平

灾区恢复重建后效评价最直接的作用在于能够通过系统的评价发现恢复重建存在的问题,结合问题提出相应对策,从而确保灾区恢复重建与可持续发展目标的实现(Halvorson et al.,2010)。将评价的结果反馈到后续工作中,可以为其他地区恢复重建提供经验。灾区恢复重建与区域发展相辅相成,一方面,通过对灾区恢复重建的回顾分析,结合评价发现的问题为灾区恢复重建寻找有效措施,提高恢复重建的管理水平。另一方面,通过评价恢复重建综合成效,有利于提升资源利用效率,结合恢复重建推动灾区韧性发展(邴启亮 等,2017)。

6.3 概念界定

本章以重特大地震灾区恢复重建后效评价为重点,为明确研究对象,针对相关对象的含义与范围进行分析。其中,灾害是指对人类及其生存环境造成破坏的事物总称,往往在自然因素、人为因素或两者共同作用下造成物质、财产、精神等损失(马宗晋 等,1998;史培军,2009)。由自然环境变化产生的破坏现象称为自然灾害,包括地震灾害、气象灾害、海洋灾害等。其中,地震灾害指由地震引起的地面震动及伴生的裂缝变形,导致建筑坍塌、人员伤亡等,会对生产生活造成巨大破坏(黄崇福,2005)。重特大地震灾区则是指遭受重特大地震影响并造成损失的地区。这些地区具有经济脆弱、灾害频发、环境复杂等特点(崔鹏 等,2008)。重特大地震灾区恢复重建面临时间紧、内容多等挑战。为描述简洁,本章统一用"灾区"指代"重特大地震灾区"(表6.4)。

表6.4 《国家特别重大、重大突发公共事件分级标准(试行)》对地震灾害的分级规定

灾种	分级	标准
地震灾害	特别重大	① 造成300人以上死亡,直接经济损失占该省(区、市)上年国内生产总值1%以上的地震; ② 发生在人口较密集地区7.0级以上地震
	重大	① 造成50人以上、300人以下死亡,或造成一定经济损失的地震; ② 发生在首都圈、长江三角洲等人口密集地区4.0级以上地震; ③ 发生在国内其他地区(含港澳台地区)5.0级以上地震; ④ 发生在周边国家6.5级以上、其他国家和地区7.0级以上地震(无人地区和海域除外); ⑤ 国内震级未达到上述标准但造成重大经济损失和人员伤亡损失或严重影响的地震

6.3.1 灾区恢复重建

灾区恢复重建是一项复杂的社会系统工程,是指灾后进行的各类恢复重建活动,通过对受损要素进行修复与重建等外在干预措施使得灾区社会经济与生态环境基本恢复正常。应急管理是一个动态管理,包括预防、准备、响应和恢复,这些阶段往往相互重叠,各阶段既有自身的独立目标,又是下阶段的研究内容(图6.1)(郭济,2004)。其中恢复重建作为应急管理系统的最后阶段,具有复杂性、综合性等特点。但目前学界对恢复重建概念仍存争议,国外机构与学者多侧重对恢复的解读,如美国联邦应急管理署(FEMA)认为,恢复应该是在没有采取紧急措施情况下使所有系统达到灾前水平(Comfort et al.,2012)。而部分国内学者认为,恢复一般是灾后短时间的修缮性工程,而重建是在灾后较长时间的建设工作(吴吉东 等,2013)。灾区恢复重建从时段上分为短期重建与长期重建,从内容上也分为广义与狭义两种。广义上的恢复重建是指灾害发生后,对灾区社会、经济和环境等提供长期广泛的支持。狭义上的恢复重建是指对灾区受损设施与灾民提供物质资金等援助,使其在短期内恢复到灾前状态或更好(Xu J et al.,2012,2013)。

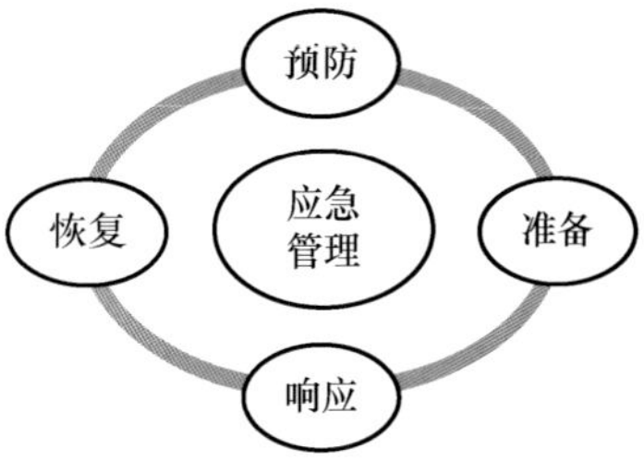

图6.1 应急管理的四个基本阶段

6.3.2 灾区恢复重建后效评价

灾区恢复重建后效评价是指对灾区恢复重建实施结果与协调发展的综合评价。后效评价是一项迭代过程，主要是因为恢复重建数据本身便是不断更新的，因此，后效评价是处于某个时间点在已知数据基础上进行的，而不是评价一次即结束，需要在后期数据完善时，再对上一轮评价结果进行修正。灾区恢复重建实施结果评价是分析实施结果与规划目标的吻合程度，强调恢复重建的完成情况；灾区复合系统协调发展评价主要是对社会、经济与生态系统协调发展水平的评价，强调恢复重建的可持续性（刘强 等，2012）。结合图 6.2 从时间尺度分析可知，灾区恢复重建实施结果评价是在 T_3 时点对恢复重建自 T_2 开始到 T_3 结束后实施结果的评价，灾区复合系统协调发展评价主要是在恢复重建结束后某一时点，如 T_4 对灾区协调发展水平的评价，但为了解灾区整体发展状况，也涵盖了恢复重建结束前的协调发展水平的评价（T_3 之前时段）。例如，2008 年汶川地震后，政府提出“三年基本恢复，五年发展振兴，十年全面小康”的灾后恢复重建总体目标，针对汶川地震灾区的恢复重建后效评价是对其恢复重建完成后的长时间尺度评价（李宁 等，2012）。从评价内容而言，灾区恢复重建后效评价涉及社会、经济、生态与应急等领域（杨月巧，2017）。

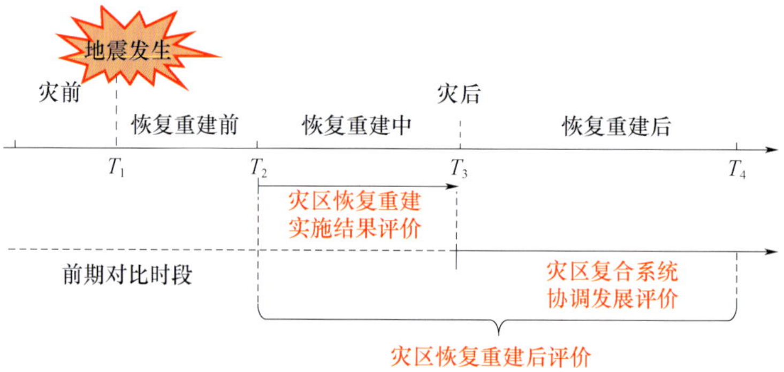

图 6.2　灾区恢复重建后效评价的时段界定

6.4 国内外研究进展综述

灾区恢复重建后效评价与管理研究是一项系统性、复杂性、应用性的跨学科研究领域。本节利用文献分析法对灾区恢复重建后效评价相关研究进展进行述评，通过对恢复重建的发展历程与关注对象进行系统分析，探究灾区恢复重建后效评价的发展历程。本节重点梳理灾区恢复重建实施结果与灾区复合系统协调发展两个阶段的研究进展，并从社会、经济、生态与应急等领域对具体评价要素进行分析，从而为灾区恢复重建后效评价与管理研究提供借鉴。

6.4.1 灾区恢复重建后效评价的发展历程

(1) 国外灾区恢复重建后效评价的缘起

国际上关于灾区恢复重建后效评价的早期研究主要聚焦于灾区恢复重建项目后评价。随着对灾区恢复重建内容的关注多样化,灾区恢复重建后效评价的内涵也在不断丰富。Alexander(2010)提出了灾区恢复重建研究的七个重点议题,要求对灾后重建的优缺点、灾后重建规划的作用、灾后重建的象征性价值、灾后重建的效果评价等进行研究。由于灾区恢复重建能够促使社会具有更好的可持续能力与韧性,有利于减轻将来可能的灾害影响,联合国人居中心(United Nations Centre for Human Settlements,UNCHS)出版了《灾后项目评价指南》《灾后方案制定》等报告,探讨了灾后重建项目可能面临的问题,以及进行评价的重要性。世界银行在长期的后评价实践中,也逐渐构建了一套完整的管理体系。这些评价为灾区恢复重建后效评价研究提供了基础(Amin et al.,2008)。

(2) 国内灾区恢复重建后效评价的引入

中国灾区恢复重建后效评价可以追溯到20世纪80年代的灾后重建项目后评价,并在水利工程、铁路建设、电网建设等领域得到应用(Wei et al.,2015)。灾区恢复重建后效评价通过对灾区社会、经济、生态等领域进行监督检查、分析与评价,将评价结果进行反馈,以促进相关问题的改善。灾区恢复重建后效评价内容由起初的工程项目逐渐拓展到社会民生、产业经济与生态环境等领域,但由于具体评价指标的选取受地域、政策、技术等因素的制约,导致现有评价内容相对零散。2008年6月8日颁布的《汶川地震灾后恢复重建条例》对参与灾区恢复重建的各级部门提出了具体要求。另外,2019年11月21日出台的《关于做好特别重大自然灾害灾后恢复重建工作的指导意见》再次对灾区恢复重建评价要求进行了细化。随着灾区恢复重建政策文件的完善,灾区恢复重建后效评价成为日益重要的内容。

6.4.2 灾区恢复重建后效评价的时段分类

灾区恢复重建后效评价需对恢复重建实施结果与协调发展进行综合评价。目前针对灾区恢复重建后效评价时段的关注较为分散,大部分是以灾区恢复重建实施结果评价为主。随着人们对恢复重建与区域发展关系的关注,灾区复合系统协调发展评价也成为后效评价的重要内容。通过对灾区恢复重建后效评价不同时段的分析,可以了解各时段评价内容的差异。在此基础上,再从社会、经济、生态与应急等领域具体分析灾区恢复重建后效评价的研究现状。

(1) 灾区恢复重建实施结果评价的研究

灾区恢复重建实施结果的好坏直观反映了恢复重建综合成效,正因如此,目前针对灾区恢复重建实施结果的评价研究较多,但当前灾区恢复重建实施结果评价多是对单个要素的评价,缺乏对灾区多个要素的综合评价。灾区恢复重建实施结果评价主要依据相关规划政策的目标对其完成情况进行评价。依据相关政策规划要求,灾区恢复重建内容包括居民住房、城乡建设、产业经济、生态环境与应急能力等方面。现有实施结果的评价多关注居民住房、基础设施、公共设施等物质类的恢复重建，针对居民心理、文化保护、社会公平等的关注较少（王大悟，2009）。灾区恢复重建实施结果评价需要注重灾区的系统性，保障评价的全面综合。

针对灾区恢复重建实施结果的评价相对复杂，但也有学者进行了部分研究。其中，吴吉东等（2013）结合复杂巨系统理论对灾害恢复进行概念解读，结合文献分析提出从基础设施、社会、经济与自然环境等维度选取灾害恢复的评价指标，通过对2005年飓风“卡特里娜”后路易斯安那州灾后恢复评价发现，灾后六年其仍未全部恢复。杨月巧等（2014）提出从社会、经济、生态、文化、政治与应急能力进行评价，并利用解释结构模型对其进行定量的结构分析，研究发现灾区恢复重建需要以生态环境的可持续性为基本目标，借助工程项目推动经济恢复，而灾区恢复重建效果以社会与应急能力的发展为直接表现形式。此外，灾区恢复重建实施结果评价多是以单要素评价为主，包括重建工程项目绩效评价、社区恢复评价、人口恢复评价等，评价要素涵盖社会、经济与生态等方面（表6.5）。

表6.5　灾区恢复重建实施结果评价的主要进展

类型	主要指标	方法	来源
灾害恢复度量评价	从基础设施、经济、社会、自然环境等维度选取车流量、就业人口、人均收入等指标	通过构建灾害恢复判定模型分别对存量指标和流量指标两类指标进行评价	吴吉东 等，2013
灾区恢复后评价	工程项目、经济效益、社会效果、人文价值、生态环境可持续性、应急能力建设	基于解释结构模型（ISM）对六个要素进行定量层次分析与整体结构划分	杨月巧 等，2014
生态环境质量评价	地质灾害度、土壤湿度、海拔高程、坡度、土地利用、植被覆盖度、人口密度	利用层次分析法与加权综合评分法构建评价体系，基于遥感和GIS技术开展评价	胡宝荣 等，2009
社会影响评价	社会事业和日常生活，贫困人口、妇女儿童等弱势群体，少数民族，社会心理	定性方法包括个案研究、访谈与政策分析法；定量方法包括问卷调查统计等	黄承伟 等，2010
经济恢复效率评价	综合效率、纯技术效率、规模效率、规模收益等	基于汶川极重灾区投入产出指标，采用VRS模型综合评价不同地区经济恢复差异	周侃 等，2019
经济人口恢复评价	住房市场、公共服务、基础设施、失业率、劳动力数量等	结合统计数据，提取出数十个指标统计对比评价飓风后新奥尔良经济人口恢复	Brookings Institution，2006
工程项目绩效评价	资金管理评价、工程效果评价、规划和执行一致性评价、社会经济效益评价	按照价值-目的-目标-标准和指标的思路构建灾后工程项目绩效指标体系	钟炜 等，2009
社区恢复评价	居民住房、基础设施、公用设施、植被景观等指标	通过遥感摄影对比，生成空间插值的恢复表面，了解飓风后密西西比州恢复情况	Burton et al.，2011

（2）灾区复合系统协调发展评价的研究

灾区恢复重建不仅要满足灾后的迫切需求，还要从长远考虑保障灾区复合系统的可持续性。灾区协调发展是实现可持续性的必要途径，开展灾区恢复重建协调发展评价具有重要意义（杨月巧 等，2014）。2015 年联合国各成员通过的《2030 年可持续发展议程》确定了可持续发展目标（SDGs），目标涵盖经济增长、社会包容与环境保护三个可持续发展维度（肖禾 等，2018）。在各项目标的推动下，2015 年通过的《2015—2030 年仙台减轻灾害风险框架》要求在恢复重建中通过“重建得更好”增强灾区可持续发展能力（钱正荣，2017），通过对《2005—2015 年兵库行动框架：增强国家和社区的抗灾能力》执行情况进行评价，结合可持续发展目标制定恢复重建指南。在全球和区域层面，应支持区域合作以确保有效应对灾害（Escamilla et al.，2015）。例如，可以投资区域兼容的预警机制、共同演习等国际减灾合作（关婷 等，2019）。灾区复合系统协调发展评价是促进灾区可持续发展的必然要求。

世界环境与发展委员会（WCED）提出，可持续发展是指既满足当代人需求又不损害后代发展能力的发展方式。1987 年发布的《我们共同的未来》进一步提出，可持续发展系统包括社会可持续性、经济可持续性与环境可持续性。随后“社会-经济-环境”三维度框架成为可持续发展研究的经典理论范式。生态学者马世骏等（1984）提出了“社会-经济-自然”复合生态系统理论，结合系统学理论分析协调发展与可持续发展的关系，认为社会、经济与环境协调发展是可持续发展的重要手段（曾珍香，2001）。因此，科学评价灾区社会、经济与生态环境等不同子系统协调发展水平，提出相应调控对策，可以将可持续发展目标融入重建过程（李华燊 等，2012）。将关于灾区协调发展评价与可持续发展评价等相关研究进行综合分析，可以为灾区复合系统协调发展评价提供参考（表 6.6）。

表 6.6　灾区复合系统协调发展评价的主要进展

类型	主要指标	方法	来源
可持续发展评价	分别从经济发展、社会发展、环境生态、减灾重建等层次选取相应指标	结合熵值法-改进型蚂蚁算法建立灾区可持续发展评价模型，并对结果进行验证	刘强 等，2012
人居环境系统评价	社会经济环境、自然环境、公共设施建设、环境资源保护、环境管理能力等	在已有指标基础上，利用德尔菲法进行赋权，构建人居环境预测评价模型	陈鸽，2009
生态与经济协调发展评价	从经济系统与生态系统选取人均 GDP、三产比重、森林覆盖率、城镇化率等指标	选取熵值法，构建协调度和协调发展度模型，借助 MapGIS 进行空间差异研究	周潇，2015
区域可持续发展评价	分别将区域资源与能源消耗转化为耕地、草地、林地、化石能源地和水域等土地类型指标	基于生态足迹法分析绵竹市人均生态足迹、生态承载力变化及其与地震衍生效应关系	李璞 等，2017
旅游环境保护与经济协调发展	分别对旅游经济活动与环境保护活动、经济政策与保护政策等关联要素分析	基于政策分析法提出用政策保障、行政干预、法律保障、科技保障等促进协调发展	陈向红，2010
农业与环境可持续评价	从农业资源、农业生产、社会经济、人力资源等支持能力方面选取指标	运用文献分析法、德尔菲法构建灾后农业的可持续评价指标体系，用访谈法等完善	陈建西 等，2011

6.5 灾区恢复重建后效评价的理论基础

灾区恢复重建作为长期复杂的系统工程，开展灾区恢复重建后效评价与管理研究的前提是要结合中国制度环境探究相应的理论基础。同时结合中国灾后恢复重建中的管理机制分析，以便分析对口支援等模式对灾区恢复重建的影响。对恢复重建后效评价理论的研究，有利于明确恢复重建的目标，可以为指标选取与方法探究提供思路。尽管国内外已对灾区恢复重建开展了大量的实践工作，但在指导理论方面始终缺乏系统的归纳与建构。本节主要对恢复重建与综合评价的相关理论进行分析，结合中国现有制度环境特征，重点探讨这些理论的基本内涵及其对灾区恢复重建后效评价的启示，从而探究适宜中国制度环境的理论基础。

6.5.1 理论基础的探究依据

灾区恢复重建的指导思想与基本原则是后效评价理论基础的重要来源。系统分析中国近年来重特大地震灾区恢复重建政策文件、恢复重建规划中的指导思想与基本原则，从中挖掘灾区恢复重建后效评价的核心理论，可以为灾区恢复重建后效评价提供理论指导（表6.7）。

（1）“以人为本、民生优先”是灾区恢复重建后效评价的基本出发点

灾区恢复重建政策文件与专项规划将“以人为本”“民生优先”“改善民生”等作为首要原则，充分体现了以人为本思想。以人为本思想是灾区恢复重建的基本出发点，要求在后效评价中要将与灾区民众紧密联系的住房建设、心理援助、基础设施、公共服务等作为优先考核指标，从满足居民生产生活需求出发，分析灾区恢复重建对居民产生的影响（赵延东 等，2013）。

（2）“安全第一、科学布局”是灾区恢复重建后效评价的技术要求

灾区恢复重建政策文件与专项规划提出的“科学布局”“科学重建”“科学规划，优化布局”“安全第一，保证质量”“保证安全”“因地制宜科学重建”等基本原则，充分体现了灾害管理理论、适灾韧性理论、“重建得更好”理论等。灾害管理理论要求灾后恢复重建要以防灾减灾为前提，结合灾害风险评估与资源环境承载力评估，科学编制规划（胡以志，2008）。另外，恢复重建要以韧性发展的视角进行社区建设，基于“重建得更好”理论提升管理对策。

（3）“统筹兼顾、协调发展”是促进灾区社会公平和可持续发展的前提

灾区恢复重建政策文件与专项规划提出“统筹兼顾，协调发展”“统筹推进、突出重点”等基本原则，体现了可持续发展等理论。灾区恢复重建需要综合统筹城乡发展、统筹区域发展、统筹社会与经济发展、统筹人与自然和谐发展，充分考虑城市与乡村之间的公平性，促进区域均衡发展。将灾区恢复重建作为一个系统工程进行统筹安排，合理处理好全面发展、协调发展、可持续发展的关系（周侃 等，2017）。

（4）“尊重自然、保护生态”是降低灾害风险与提升灾区韧性的基础

灾区恢复重建政策文件与专项规划提出“尊重自然”“保护生态”“保护生态，绿色重建”“尊重自然，生态优先”等基本原则，体现了人地关系理论与可持续发展理论、适灾韧性理论、“重建得更好”理论等。灾区恢复重建不仅包括社会经济方面，还包括生态环境方面。自然灾害的发生警示人们应该尊重自然规律，灾区恢复重建需要统筹社会、经济、生态协调发展，以恢复重建为契机促进灾区实现可持续发展（何舸 等，2015）。

（5）“创新机制、协作共建”是恢复重建管理与区域发展的保障

灾区恢复重建政策文件与专项规划提出“创新机制，协作共建”“创新机制，形成合力”“创新机制，强化保障”“自力更生，国家支持，社会帮扶”等基本原则，体现了灾害管理理论、适灾韧性理论等。灾区恢复重建的组织管理机制受所在国家社会经济制度的直接影响，中国已逐渐形成“自力更生，国家支持，社会帮扶”的创新机制（谭斯颖，2016）。灾区恢复重建需要结合相应的社会管理机制提升防灾减灾能力，提升灾区韧性水平。

表 6.7　灾区恢复重建的主要理论依据

<table>
<tr><th colspan="2">名称</th><th>基本原则</th><th>理论依据</th></tr>
<tr><td rowspan="2">政策条例</td><td>《汶川地震灾后恢复重建条例》</td><td>以人为本，科学规划，统筹兼顾，分步实施，自力更生，国家支持，社会帮扶</td><td rowspan="7">“以人为本”思想；
灾害管理理论；
可持续发展理论；
适灾韧性理论；
“重建得更好”理论</td></tr>
<tr><td>《关于做好特别重大自然灾害灾后恢复重建工作的指导意见》</td><td>以人为本，民生优先。中央统筹，地方为主。科学重建，安全第一。保护生态，传承文化</td></tr>
<tr><td rowspan="5">专项规划</td><td>《汶川地震灾后恢复重建总体规划》</td><td>以人为本，民生优先。尊重自然，科学布局。统筹兼顾，协调发展。创新机制，协作共建。安全第一，保证质量。厉行节约，保护耕地。传承文化，保护生态。因地制宜，分步实施</td></tr>
<tr><td>《玉树地震灾后恢复重建总体规划》</td><td>以人为本，民生优先。保护生态，体现特色。统筹兼顾，协调发展。保证质量，厉行节约。自力更生，多方支持</td></tr>
<tr><td>《芦山地震灾后恢复重建总体规划》</td><td>科学重建，民生优先，安全第一，保护生态，创新机制</td></tr>
<tr><td>《鲁甸地震灾后恢复重建总体规划》</td><td>科学规划，优化布局。以人为本，民生优先。保护生态，绿色重建。创新机制，形成合力。统筹推进，突出重点</td></tr>
<tr><td>《“8·8”九寨沟地震灾后恢复重建总体规划》</td><td>尊重自然，生态优先。以人为本，改善民生。底线思维，保证安全。因地制宜，科学重建。创新机制，强化保障</td></tr>
</table>

灾区恢复重建后效评价是恢复重建工作的重要组成部分，其作为一种技术手段综合分析灾区恢复重建的实施情况与协调发展水平，具有监督检查的作用。评价的本质是对一件事情的过程及其结果判断分析。灾区恢复重建后效评价是将恢复重建后的灾区看成一个系统，借助评价手段开展系统间与系统内部的分析，其评价要素多且评价周期长，因此，除恢复重建理论外，还须进一步探讨综合评价理论，以便为构建后效评价体系提供指导（图 6.3）。

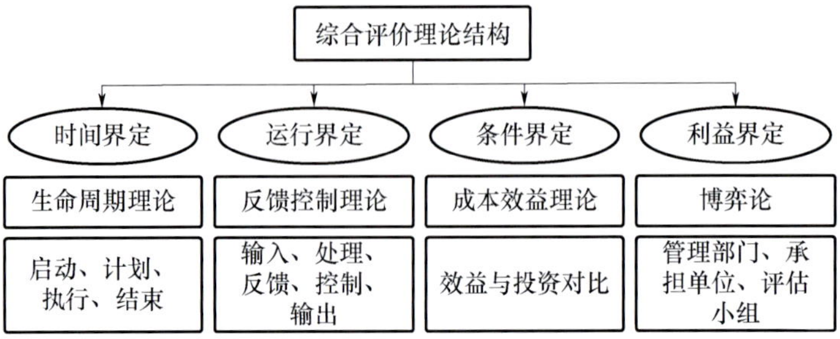

图 6.3　灾区恢复重建的综合评价理论结构

（1）时间界定。灾区恢复重建及其后效评价具有时间属性。恢复重建是灾害管理领域中预防、准备、处置与恢复的最后阶段，而恢复重建后效评价则是恢复重建需求评估、资源环境承载力评估、恢复重建规划编制、恢复重建过程监测等环节的最后阶段。因此，灾区恢复重建后效评价自身需要结合生命周期理论进行时间界定，确定评价的时间范围。

（2）运行界定。灾区恢复重建后效评价是一个反馈控制过程，需要在反馈控制理论的视角下进行评价。该理论强调借助自然与社会科学的思想方法对系统的组成要素、组织结构和信息交换等功能进行分析，探究系统的普遍属性和运动规律。后效评价本质上是对系统各要素功能的状态分析，形成反馈控制系统，通过评价发现恢复重建存在的问题，不断修正提升其恢复重建的状态。

（3）条件界定。灾区恢复重建后效评价需要依据灾区恢复重建规划目标与实际结果的吻合程度，从而确定灾区恢复重建规划的执行程度。其次，灾区恢复重建后效评价还需要结合地方中长期发展规划分析恢复重建后的发展效益，更加全面地评价恢复重建的成效。结合成本效益理论分析恢复重建产生的成效，可以为后效评价提供相应的理论指导。

（4）利益界定。灾区恢复重建后效评价涉及政府管理者、建设单位以及灾区民众等不同参与主体利益。后效评价对各个主体产生的影响不同，政府管理者借助评价分析政策执行情况，以便保障恢复重建的实施；对建设单位来说，主要是对其工作效果监督检查，要求其按规定完成任务；对灾区民众来说，主要是建立意见反馈渠道，收集灾区民众对恢复重建的意见建议，以保障其基本利益。

6.5.2　基于宏观指导的恢复重建理论

恢复重建的相关理论可以为灾区恢复重建后效评价的目标与内容确定提供宏观指导。研究结合相关政策规划原则分别对以人为本思想、灾害管理理论、可持续发展理论、适灾韧性理论、“重建得更好”理论进行内涵解读，分析这些理论对后效评价与管理的启示，以便为灾区恢复重建后效评价研究提供借鉴。

结合恢复重建相关理论的分析，灾区恢复重建后效评价需要从以人为本思想出发，重点选取居民住房、基础设施、公共服务等社会民生类指标，以便了解灾区民众生活恢复情况。另外需要对应急保障、产业经济与生态环境领域进行关注，通过降低灾区脆弱性，促进产业结构转型与居民生计恢复，建设韧性社区等形式促进灾区重建得更好，结合后效评价了解这些恢复重建活动的实施效果及其灾区协调发展状况(Norris et al.,2008;Miles,2015)。灾区恢复重建的理论与对口支援机制密切相关,对口支援模式体现了以人为本、"重建得更好"、可持续发展等理论内涵。恢复重建的基础理论为灾区恢复重建后效评价指标选取提供了依据,也为恢复重建管理改善提供了参考。

6.5.3 基于操作依据的综合评价理论

综合评价往往会根据评价对象与评价目的借鉴多个学科理论,这些理论为灾区恢复重建后效评价的具体实施提供参考。通过对生命周期理论、反馈控制理论、成本效益理论与博弈论的解读,分析这些理论的内涵与作用,以便促进灾区恢复重建后效评价指标体系与测度方法的研究。

综合评价理论为灾区恢复重建后效评价实施提供了依据,其中生命周期理论对评价系统进行了时间界定,包括恢复重建的启动、规划设计、规划实施、结束评价等阶段;系统工程与反馈控制理论对恢复重建进行了运行界定,包括输入、处理、反馈、控制与输出等环节;成本效益理论对恢复重建进行了条件界定,包括社会、经济与环境效益分析;博弈论则对恢复重建进行了利益界定,包括政府管理部门、建设参与单位、后效评价机构等主体。灾区恢复重建后效评价需结合综合评价理论从时点选择、评价内容与管理改善等方面进行完善。

6.6 灾区恢复重建后效评价指标体系构建

6.6.1 灾区恢复重建后效评价的目标与原则

6.6.1.1 灾区恢复重建后效评价的目标

灾区恢复重建后效评价的目标在宏观层面是保障灾区恢复重建的顺利实施,促进灾区的可持续发展;在微观层面则是了解灾区恢复重建与协调发展状况,发现问题并提出改进建议。灾区恢复重建后效评价的目标在于全面了解灾区恢复重建实施结果与协调发展状况,通过"一致性"视角对比实施结果与预期目标的偏差,结合"可持续性"视角分析灾区协调发展水平,总结灾区恢复重建与协调发展的经验教训,并基于"重建得更好"理念为后续恢复重建与协调发展提出相应的管理举措。首先,对灾区恢复重建后效评价与管理机制已有研究进行综合梳理,构建灾区后效评价的理论基础、指标体系、测度方法与标准等级。进一步结合汶川地震灾区进行应用研究,探究灾区恢复重建的管理对策,从而促使灾区"重建得更好",实现灾区的可持续发展。

6.6.1.2 灾区恢复重建后效评价的原则

灾区恢复重建依据"以人为本、科学规划、统筹兼顾、分步实施、自力更生、国家支持、社会帮助”的指导方针、恢复重建与综合评价等理论进行实施。为充分评价灾区恢复重建成效，评价过程中须遵循以下基本原则。

(1)系统性原则

灾区恢复重建是一项复杂系统工程，后效评价要从恢复重建实施结果和协调发展情况进行综合分析。实施结果评价需要考虑规划要求的完成性与约束性内容；协调发展评价需要考虑灾区复合系统发展的各项领域。从社会生态系统角度分析，灾区恢复重建后效评价涉及社会、经济与生态等子系统，评价的目的是为了发现各子系统存在的问题，了解系统整体的发展状态。系统性原则要求后效评价要从不同角度、不同要素与主体描述灾区恢复重建状态，从而科学指导应用实践。

(2)独立、客观与公正原则

灾区恢复重建后效评价结果涉及诸多相关者利益，因此，在评价过程中需要保持独立、客观、公正原则。该原则是评价工作的基本行为准则。独立性原则是指在评价过程中需要保持独立性，站在中立的立场上凭借评价者的知识、经验与职业道德进行评价。客观性原则是指在评价过程中要避免个人感情色彩等主观因素对评价过程和结果的影响，反映恢复重建的真实状况。公正性原则是指在评价中应当公平公正，不偏袒参与主体中的任何一方，保证评价的客观公正。

(3)有限理性原则

理论上的评价工作应遵从全面理性原则，但在实际过程中，单个的人从社会科学角度分析并不能实现真实的全面理性，评价过程中，专家意见可能存在一定的主观性，在指标方法设计等方面也存在局限。另外由于数据获取受技术环境等影响，也会制约评价的全面性。因此，后效评价应遵循有限理性原则，即评价者在有限理性基础上，通过咨询专家意见、文献分析等构建较为完善的评价体系，并努力采集可靠、全面的数据，采用相对科学的方法得到“足够好”的评价结果。

(4)反馈调节原则

灾区恢复重建后效评价的目的是希望通过评价工作总结恢复重建活动的经验教训，并将输出的信息再次反馈到后续的恢复重建活动中，以便在政策制定、组织管理等方面进行改进。评价过程需要借助多种渠道及时获取各项反馈信息，促使恢复重建符合区域发展要求。评价过程要注重培养不同参与主体的自我反馈能力，提高参与者的主动性。另外反馈过程要遵循及时性、准确性、适度性的要求，促使管理者能够依据正确的信息及时对偏离目标的行为进行调节。

6.6.2 灾区恢复重建后效评价的内容组成

灾区恢复重建后效评价主要包括两方面的内容：一方面是灾区恢复重建实施结果的分析，另一方面是灾区复合系统协调发展水平的分析。因此，灾区恢复重建后效评价的内容也主要来源于这两方面相关的政策与目标要求。灾区恢复重建后效评价的内容结构需要综合分析相关研究成果，并结合恢复重建政策与区域发展政策的解读。在内容结构分析基础上，分别构建灾区恢复重建实施结果评价与灾区复合系统协调发展评价的指标体系(赵亮 等，2020a)。

6.6.2.1 灾区恢复重建后效评价的内容分析

目前灾区恢复重建后效评价的研究相对零散，灾区恢复重建后效评价内容结构的确定，一方面要结合相关文献分析国内外已有研究成果，另一方面要结合中国恢复重建政策与区域发展政策进行政策解读。通过对相关文献与主要政策的综合分析，从而有针对性地提出适合中国灾区恢复重建后效评价的内容框架。

（1）国外灾区恢复重建后效评价内容

国外对灾区恢复重建后效评价的研究内容相对丰富，主要涉及社会文化、产业经济、生态环境、应急能力等方面。其中以日本、美国等研究较多，灾害类型聚焦于地震与台风等，重点对阪神地震、飓风“卡特里娜”、印度洋海啸等恢复重建后效评价内容进行分析。相关评价不仅关注恢复效果，而且对影响恢复重建成效的因素进行研究。分析国外灾区恢复重建后效评价内容（表6.8），再结合中国灾区恢复重建特点，有利于探究中国灾区恢复重建后效评价的指标体系。

表6.8 国外灾区恢复重建后效评价相关研究

学者	时间	主要研究
Shioyama et al.	2000	以日本阪神地震为例，通过问卷调查分析儿童和青少年心理康复过程，发现恐惧、焦虑、抑郁、身体状况等要素对其有影响，在不同时段各影响因子作用会发生变化
Jones et al.	2003	基于相关模型对英国危险行业运营商的应急能力进行评价，主要通过审查与其相关的应急计划样本，并对应急演习进行观察与访谈等方式，分析恢复能力，逐步构建应急管理框架并进行应用
Dodson et al.	2010	以美国华盛顿中北部火灾后植被恢复为例，评价秸秆等覆盖物对物种丰富度、外来物种密度的影响，发现覆盖物有利于减少植被恢复缓慢地区的地表侵蚀，有利于促进针叶树种幼苗成长
Aldrich	2011	以日本阪神地震为例，通过分析灾后社区恢复重建中经济水平、人口密度、社会公平等要素，提出社会资本可作为灾后人口恢复的重要指标内容
Mubarak	2011	以2004年印度洋海啸后斯里兰卡两个渔民村的产业生计复苏为例，采用定性方法分析地方官员、社区人员、非政府组织等的灾后恢复重建行动，并提出了生计恢复的人文环境
Wu et al.	2012	通过对2005年飓风“卡特里娜”后路易斯安那州经济复苏情况进行评价，发现其在灾后六年仍旧没有完全恢复，在各项恢复重建领域中，教育、交通等服务部门恢复速度较快
Hayashi	2012	以1995年日本神户地震与2011年东日本地震为例，分析地震发生后引发的经济衰退问题，东日本地震灾后恢复重建要借鉴神户地震经验，在制定的核事故恢复计划中强调新技术与新产业的发展
George et al.	2013	以地中海萨索斯岛火灾后森林植被恢复为例，利用高分影像分别对灾后再生森林、其他类型恢复植被与未燃烧的植被三种类型进行评价，并结合实地观测对黑松等植被再生情况进行分析
Cherry et al.	2015	通过对飓风“卡特里娜”后路易斯安那州南部受灾居民与英国“深水地平线”漏油事故中沿海渔民进行对比，发现老年人心理康复与宗教信仰、社会支持等因素有关，增强外界支持有利于促进其心理康复
Tagliacozzo et al.	2018	以2012年意大利北部地震灾后重建为例，通过实地记录与问卷调查发现，恢复重建期间政府主要通过门户网站、印刷品而非社交媒体提供信息，而提高双向交流能力并倾听民众信息更有利于重建

6.6.3.2 灾区恢复重建实施结果评价内容结构

在国内外文献分析基础上，进一步对灾区恢复重建政策条例、恢复重建规划等进行内容分析，提出灾区恢复重建实施结果评价主要包括居民住房、城镇建设、农村建设、基础设施、公共服务、产业经济、生态环境、防灾减灾等方面。其中灾区恢复重建规划对这些领域的项目完工情况与投资完成情况进行了说明，通过对这些项目完成情况的分析能够直观反映恢复重建实施的大体情况。通过分析各领域的投资完成情况能从另一个角度了解恢复重建的实施结果。尽管灾区恢复重建更加偏重社会公益，但也会受到资源供给有限性的制约，规划的投资预算是依据项目顺利实施制定的，实际投资总数与规划投资预算存在的差异在一定程度上反映了资源使用效率的高低，也能间接反映各领域恢复重建的质量情况（图 6.5）。

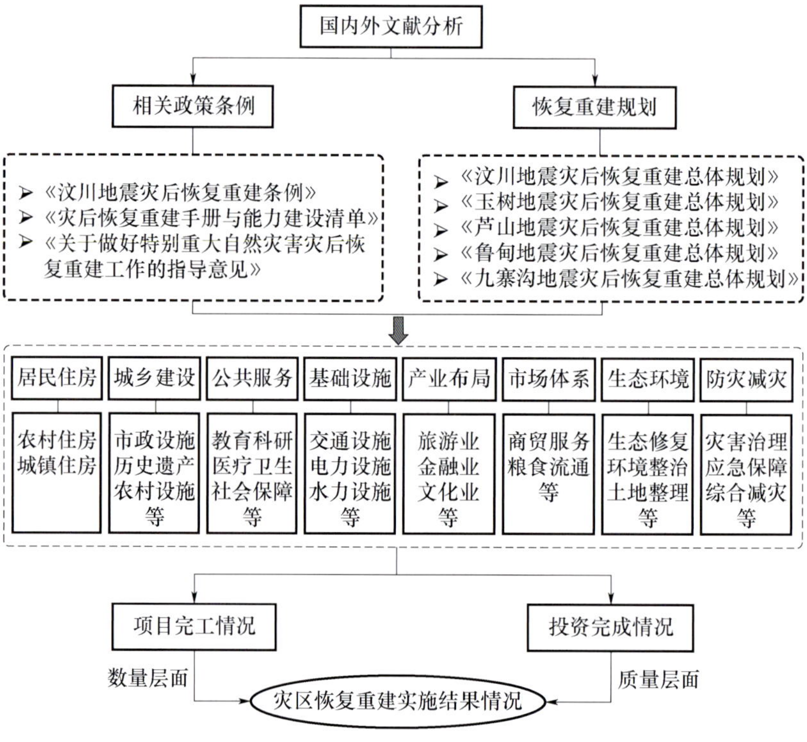

图 6.5 灾区恢复重建实施结果评价内容

6.6.3.3 灾区恢复重建实施结果指标体系构建

（1）指标选取原则

灾区恢复重建的内容多样，结构复杂，某项要素的变化可能会影响到整个系统成效的优劣，因此，在众多的指标中筛选出具有代表性且容易度量的关键指标非常重要。本节目的是要筛选出各领域的关键指标将灾区恢复重建成效反映出来，构建出一套科学性、可操作性的指标体系用于评价灾区恢复重建成效。为满足上述要求，在选取指标时应遵循以下原则。

① 对比性原则。灾区恢复重建实施结果评价的目的在于通过对比的方式反映灾区恢复重建前后的过程性与差异性。基于该原则选取评价指标,对比恢复重建实施结果与原先规划目标的吻合度,从而体现出恢复重建的实施情况。② 系统性原则。重特大地震灾区恢复重建的内容非常广泛,为保障评价的科学性,指标体系的构建需要注重系统综合。结合已有评价指标,构建较为完善的指标体系,可以较为全面地反映恢复重建实施结果的情况。③ 可操作性原则。灾区恢复重建实施结果的评价难点在于对各项指标完成情况的数据收集。由于目前相关部门缺少对恢复重建各项内容具体要素完成情况的数据统计,较为丰富的是对灾区恢复重建项目完工情况与投资完成情况的统计报告,因此,评价指标的选取需要在数据可获取性的基础上进行,保障后续应用评价的可操作性。

(2) 指标体系的结构

灾区恢复重建实施结果评价指标体系构建时要综合考虑上述指标选取的各项原则,结合多种方法进行指标内容的选取,并对指标架构与具体指标进行说明。本节指标体系的构建首先采用理论分析法,通过分析对比灾区恢复重建相关政策的目标、内容与相关要素,选取重要且针对性强的指标。其次,结合文献分析法对目前相关评价指标内容进行频次统计,选择使用频次较高的指标作为参考。在上述两个方法初步提出评价指标的基础上,进一步采用德尔菲法对指标进行调整,通过征询专家意见进行综合分析,最终得到灾区恢复重建实施结果评价的指标体系。结合上述原则与方法,逐步建立"目标层-要素层-指标层"三个层次的灾区恢复重建实施结果评价指标体系。同时为避免不同灾区评价时没有统一指标或者出现指标过细、不易操作等问题,结合相关成果选出相对普适性的指标,各地在评价应用中可结合实际情况进行细化(图 6.6)。

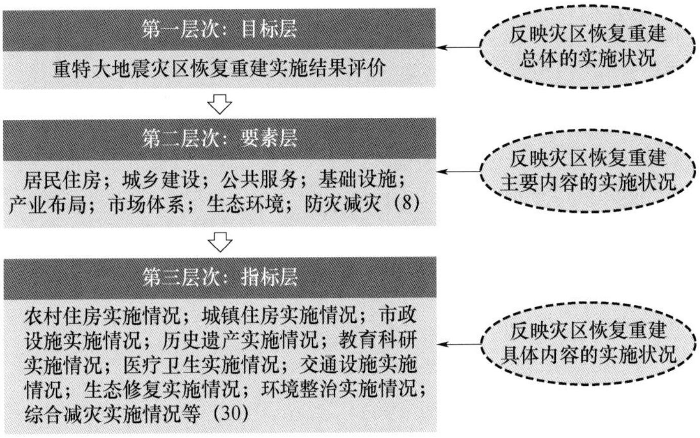

图 6.6 灾区恢复重建实施结果评价指标体系层级架构

(3) 指标体系的确立

重特大地震灾区社会经济与资源环境的独特性决定了其恢复重建实施评价指标体系具有其自身的特征。通过对灾区恢复重建实施结果评价内容框架的综合研究,本节在理论分析法、频次统计法与专家咨询法的基础上,进一步结合数据可获取性进行调整得到最终的指标体系(表 6.16)。

表 6.16 灾区恢复重建实施结果评价指标体系

目标层 A	要素层 B(8)	指标层 C(30)
灾区恢复重建实施结果评价	居民住房	农村住房实施情况 城镇住房实施情况
	城乡建设	市政设施实施情况 风景名胜区实施情况 历史遗产实施情况 农村生产生活设施实施情况 以工代赈及贫困村实施情况
	公共服务	教育科研实施情况 医疗卫生实施情况 文化体育实施情况 就业和社会保障实施情况 社会管理实施情况 精神家园实施情况
	基础设施	交通设施实施情况 电力设施实施情况 煤炭设施实施情况 油气设施实施情况 水利设施实施情况
	产业布局	工业实施情况 旅游业实施情况 文化产业实施情况 金融服务业实施情况
	市场体系	商贸服务设施实施情况 粮食流通设施实施情况
	生态环境	生态修复实施情况 环境整治实施情况 土地整理复垦实施情况
	防灾减灾	灾害风险治理实施情况 应急指挥和救援救助实施情况 综合减灾实施情况

结合内容框架与分析方法将灾区恢复重建实施结果评价指标体系划分为 8 个要素，形成要素层；进一步对要素进行分解，得到 30 个指标，形成指标层。各项指标的实施情况包含项目完成情况与投资完成情况两种含义，分别用项目现状值 b_i，投资现状值 d_i 表示。

$$b_i = n/m \tag{6.1}$$

$$d_i = q/p \tag{6.2}$$

式中，m 表示灾区恢复重建规划项目总数；n 表示灾区恢复重建完成后项目完成数目；p 表示灾区恢复重建规划投资总数；q 表示灾区恢复重建完成后投资完成数目。

6.6.4 “可持续性”视角下的灾区复合系统协调发展评价指标体系

6.6.4.1 灾区发展振兴政策与区域发展规划内容研究

(1) 地震灾区发展振兴规划的内容分析

地震灾区经过短期的恢复重建后，各领域逐步得到修复，但灾区作为一个复合系统，其发展需各子系统间相互协调促进。为保障灾区的长远发展，需要以恢复重建为契机，在已有恢复重建成果基础上，积极制定灾区发展振兴规划，为灾区实现可持续发展奠定基础。分析各国在恢复重建后制定的发展振兴规划政策，可为灾区复合系统协调发展评价的内容确定提供参考。

① 日本阪神大地震灾后发展振兴内容分析

1995 年阪神大地震后，日本政府依据《紧急复兴三年规划》对灾后居民住房、基础设施、产业经济等进行重建。随后为提高后五年复兴规划的效果，根据复兴现状在 2000 年编制了《阪神 · 淡路震灾复兴规划后期五年推进计划》，内容包括“发挥型”社会建设、循环型社会建设、活力社区构建等。另外，2002 年又制定了《阪神 · 淡路震灾最终三年推进计划》，要求最后三年必须全力解决剩余问题，包括生活复兴与落后社区建设，并进行相关经验的总结等(表 6.17)。

表 6.17 阪神 · 淡路地震灾后发展振兴相关计划及内容分析

计划名称	时间	主要内容
《阪神 · 淡路震灾复兴规划后期五年推进计划》	2000 年 11 月 (灾后五年)	① 建设“发挥型”社会，提升居民能动性，参与灾后复兴； ② 建设有活力的社区，承认居民个体的差异性，充分利用既有资源促进产业发展并提供就业； ③ 通过多个部门，构建实施自助、共助、公助的协助机构； ④ 建设自然环境与人共生的可持续发展的循环型社会
《阪神 · 淡路震灾最终三年推进计划》	2002 年 12 月 (灾后七年)	① 将震灾复兴过程中实施的活动作为全县政策执行； ② 充分探究地区构造变化，合理布局今后地区城市建设； ③ 综合评价复兴政策，进行制度改善，灵活进行政策实施； ④ 加强对实施政策评价的建议机关的制度进行研究； ⑤ 对使用阪神地震复兴基金所开展事业发展状况进行研究

② 印度洋地震海啸后印度尼西亚发展振兴内容分析

2004 年印度洋地震海啸发生后，印度尼西亚迅速开展紧急救援与恢复重建相关工作。该国政府编制了灾区重建总体规划，将灾后工作分为紧急救援阶段、恢复重建阶段、发展重建阶段三个阶段。2006 年中旬转入发展重建阶段，要求完善交通体系、建设灾民居住点等。在资金预算与其他内容方面都更侧重于灾区的长期发展。在内容方面，发展重建阶段重点关注灾区的产业复兴、社会发展与社会管理能力提升等(Dan,2006)(表 6.18)。

表 6.18 印度洋地震海啸后印度尼西亚灾后工作内容分析

阶段划分	主要内容
紧急救援阶段	人员搜救、伤员医疗处理、掩埋死者尸体、食品药品供给、修缮基础设施
恢复重建阶段	修复交通运输设施、修建临时住房、恢复产业设施、恢复金融机构、调整恢复土地所有权、提升公共执法
发展重建阶段	进行产业复兴、完善交通体系、健全社会文化体系、提升公共机关服务能力、建设灾民居住点

③ 汶川特大地震灾后发展振兴内容分析

2008 年汶川地震后，国务院印发《汶川地震灾后恢复重建总体规划》，对灾后恢复重建目标进行明确。随着恢复重建任务的基本完成，为指导灾区经济社会发展振兴，四川省在 2011 年 8 月出台《汶川地震灾区发展振兴规划(2011—2015 年)》。规划主要目标包括发展速度高于全省、产业结构优于灾前、灾区群众充分就业等六方面。基于上述目标，灾区发展振兴内容主要聚焦于产业发展、居民就业、社会保障、生态环境、灾害治理、公共服务、政策保障等方面(表 6.19)。

表 6.19 汶川地震灾后四川省发展振兴内容分析

政策	领域	具体内容
《汶川地震灾区发展振兴规划(2011—2015 年)》	产业发展	① 壮大特色优势产业：增强优势产业竞争力，扶持特色农业发展等； ② 推动产业结构升级：提升自主创新能力，推动资源有序开发等； ③ 加强产业园区建设：推动产业布局调整，加快产业园区建设等； ④ 积极承接产业转移：积极抓好投资促进，深化对口和区域合作等
	居民就业	① 扩大就业规模：扩大公共服务岗位供给，加强对失地农民帮扶等； ② 援助帮扶就业：加大就业困难人员援助，发挥工青妇等组织作用； ③ 加强就业培训：加强就业技能培训，发展职业教育，培育新型农民； ④ 大力支持创业：优化创业服务，建设创业平台，引导农民返乡创业； ⑤ 完善就业服务体系：加强就业服务能力建设，发展就业中介机构； ⑥ 加强对口劳务合作：建立劳动力跨区输出就业机制，推进户籍改革
	社会保障	① 推进扶贫村镇村建设：加快产业恢复发展与配套设施建设，增强贫困农户发展能力，开展集中连片开发试点，推进扶贫新村建设等； ② 完善统筹城乡社会保障体系，加大社会救助力度，加快完善城镇住房保障体系，发展社会福利和慈善事业
	生态环境	① 生态修复：加快推进重点生态工程与水土流失综合防治进程，加大森林抚育改造力度与生态保护能力建设，全面推进人居环境工程； ② 环境保护：确保城镇集中式饮用水源地水质安全，切实改善环境质量，加强农村生态环境建设，强化环境监管能力建设
	灾害治理	① 地质灾害防治：开展地质灾害调查评价，强化地质灾害监测预警，加强地质灾害治理与预防避让，加强地质灾害防治能力建设； ② 防灾减灾：提高应对灾害能力与应急系统建设，提高防洪能力

续表

政策	领域	具体内容
《汶川地震灾区发展振兴规划（2011—2015年）》	公共服务	① 提高公共服务水平：教育、医疗卫生、文化体育、广播影视等服务能力提升，加强教育、医疗卫生、文化体育等人才队伍建设； ② 加强社会建设：积极推进社区建设，加强基层政法基础设施建设，健全突发公共事件应急管理机制
	政策保障	① 完善基础设施配套：加强灾区交通、能源等基础设施等配套建设； ② 加强政策支持：财政政策，税收政策，投资政策，金融政策，土地政策，产业政策，扶贫政策，生态补偿政策，人才政策； ③ 组织保障：地方政府作为主体制订计划，省级有关部门指导协助

（2）国民经济与社会发展规划的内容分析

《汶川地震灾区发展振兴规划（2011—2015年）》的规划期限为2011—2015年，与我国国民经济和社会发展第十二个五年（2011—2015年）规划纲要的规划期一致。事实上，灾区发展振兴的本质是促进灾区能够恢复正常发展，促使各领域发展能够逐步符合国民社会与经济发展中长期规划的要求。因此，针对中国地震灾区复合系统协调发展的评价，需要进一步综合国民经济与社会发展规划的相关内容，从而为灾区协调发展评价提供内容支撑。

中国自1953年开始实施第一个国民经济五年计划以来，已成功实施了13个“五年”计划。纵观中国“五年”计划指标体系的变化，经历了从起初重视产品品种与数量到突出宏观经济总量指标与结构，再到对人民生活与资源环境的关注。通过对国民经济与社会发展中长期规划指标的分析，结合灾区社会经济发展趋势，针对地区恢复重建与地区发展需要关注的指标进行梳理，从而为灾区恢复重建后效评价指标体系构建提供依据。灾区恢复重建的本质是促使受扰动的社会生态系统恢复到原来正常的发展状态，本节结合国家经济与社会发展中长期规划的内容，选取经济发展、社会发展、文化发展、资源环境四个维度的相关指标作为参考，为灾区复合系统协调发展评价指标选取提供借鉴（表6.20）。

表6.20 灾区国民经济与社会发展指标分析

维度	具体指标
经济发展	1. 国内生产总值(GDP) 2. 非农业就业比重 3. 城乡居民收入 4. 居民信息化普及程度和文教娱乐服务支出 5. 金融分析和经济安全
社会发展	1. 城镇养老、医疗、失业三大保险覆盖率 2. 失业率 3. 基尼系数和恩格尔系数 4. 绝对贫困人口减少人数 5. 农村新型合作医疗保险参保率 6. 平均受教育年限 7. 社会发展指数

续表

维度	具体指标
文化发展	1. 全社会研究与实验发展经费支出(R&D)占 GDP 比重 2. 高新技术产业产值占规模以上工业产值比例 3. 每万人职工拥有专业技术人员 4. 信息化指数
资源环境	1. 资源循环利用率 2. 环境污染综合指数 3. 主要污染物排放减少率 4. 使用自来水人口比重 5. 绿化水平

6.6.4.2 灾区复合系统协调发展评价内容结构

本节在国内外文献分析基础上，结合灾区发展振兴规划政策和国民经济与社会发展规划内容，分析灾区复合系统协调发展评价的内容框架，主要包括社会子系统、经济子系统与生态子系统等。灾区恢复重建的目的在于实现区域可持续发展，灾区发展振兴政策规划的内容主要聚焦于社会、经济与生态等领域。近年来制定的国民经济与社会发展政策聚焦于经济发展、科技教育、社会民生与资源环境等方面，这些也是灾区复合系统协调发展评价需要考虑的内容，因此，结合灾区发展振兴政策与区域发展政策可以促使评价内容更加综合(图 6.7)。为提高评价的科学性，重点对下述方面的内容进行分析。

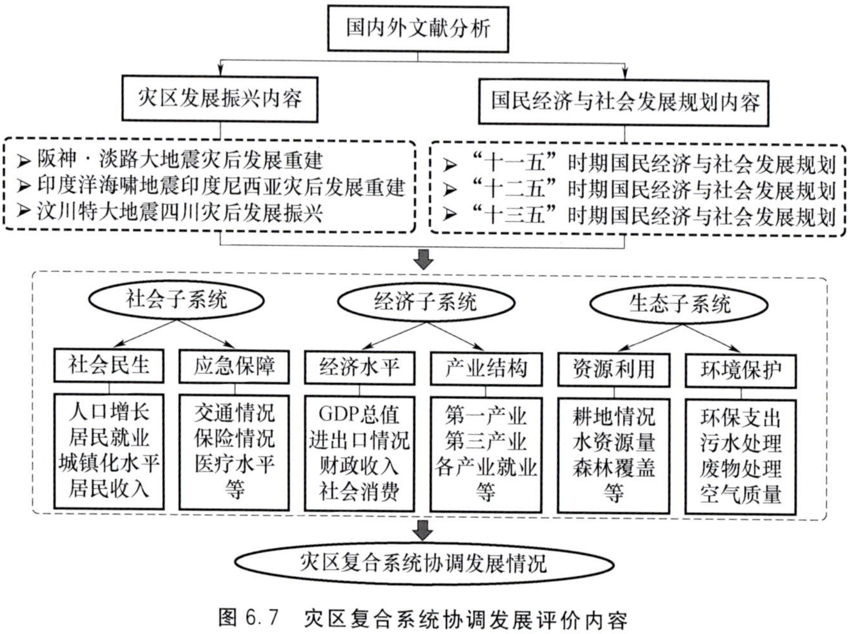

图 6.7 灾区复合系统协调发展评价内容

(1) 社会子系统

灾区发展振兴政策规划对居民住房、城镇建设、农村建设、基础设施、公共服务以及应急能力等内容进行了明确。另外，区域发展政策对居民收入、受教育年限、就业情况、居住条件、养老保险、医疗保险等进行了说明。因此，灾区恢复重建后社会子系统的内容较为广泛。依据灾区恢复重建与区域发展的相关文献分析与政策要求，本节认为社会子系统主要包括社会民生与应急保障两方面。

（2）经济子系统

灾区发展振兴政策规划重点对农牧业、工业企业、商贸网点、金融机构、旅游文化产业等设施和服务体系建设恢复进行了说明。另外，区域发展政策重点描述了地区生产总值、服务业增加值、城镇化率等经济增长与产业结构。这些内容反映了灾区产业经济发展水平。按照灾区恢复重建与区域发展的文献分析与政策要求，本节认为经济子系统主要包括经济水平与产业结构两方面。

（3）生态子系统

灾区发展振兴政策规划重点关注林草植被恢复、自然保护区、森林公园、水土保持等生态修复内容，饮用水源地保护、废弃物处置、环境监测等环境治理内容。区域发展政策则关注耕地保有量、森林覆盖率、主要污染物排放量等内容。这些内容能够反映灾区生态环境的发展水平。按照灾区恢复重建与区域发展的文献分析与政策要求，本节认为生态子系统主要包括资源利用与环境保护两方面。

6.6.4.3 灾区复合系统协调发展评价指标体系构建

（1）指标选取原则

灾区作为复合系统，包含的要素多样，促使其协调发展的评价指标也较为丰富。结合已有理论体系与内容框架的研究，明确指标选取原则对于评价的科学性至关重要。灾区复合系统协调发展评价指标选取应遵循如下原则：① 科学性原则。要采用科学的方法和手段来选取指标，确保所选的指标是能够通过观察、测试、评议等方式得出明确结论的定性或定量指标。② 协调性原则。该原则要求各指标之间要保持良好的协调性，既要保持各个指标的独特性，又要保持整个指标体系的系统性和完整性。③ 可比性原则。该原则要求选取的指标要具有历史可比性，即目前的指标可以和过去的指标进行很好的对比；另外，要求所选的指标要在灾区内部不同区域间具有可比性，便于分析其变化。④ 代表性原则。在选取不同区域间的指标时尽量选取一些有共性的、能说明普遍问题的指标。⑤ 可操作性原则。指标获取的难易程度、可定量化水平等应成为指标选取的重要依据，要注意数据资料的可靠性和获取的难易程度，确保最终所选指标的可操作性。

(2)评价指标的遴选方法

灾区协调发展评价指标体系构建及测度方法是评价的关键，在实际评价中需要面临众多挑战：①评价对象是动态变化且不平衡的复杂系统；②需要在将灾区设想为复合系统的基础上处理大量不确定性因素；③在一个扩大的尺度和临时框架内进行评价工作。因此，灾区协调发展评价应从社会、经济与生态等维度全面描述其性状，最大限度地对灾区发展水平做出全面、客观、准确的评价。由于灾区恢复重建的内容繁多，评价指标的科学选取是整体评价成功与否的关键。现有指标体系从外界环境状态可分为常规状态与非常规状态两类，常规状态下的指标体系包括土地可持续发展评价指标体系（傅伯杰，1997）、生态城市指标体系

(李海龙 等,2011)等;非常规状态下的指标体系包括自然灾害风险评价指标体系(黄崇福,2005)、灾害应急能力评价指标体系(铁永波 等,2006)等。灾区协调发展评价是由非常规状态向常规状态转变过程中开展的综合评价。本章在灾区协调发展相关理论分析基础上,通过对相关文献指标进行频度统计,结合专家咨询构建灾区恢复重建协调发展评价指标体系(图 6.8)。

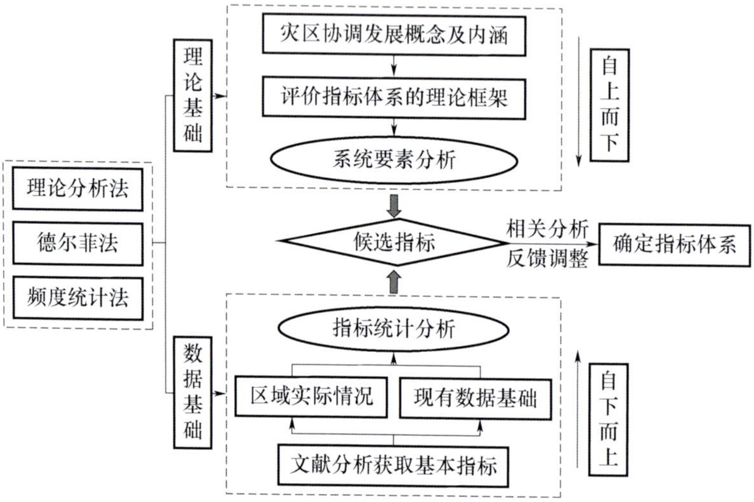

图 6.8　灾区协调发展评价的指标体系生成逻辑

(3) 评价指标的确定

灾区复合系统层包含社会、经济、生态三个子系统。其中,社会子系统是灾后恢复重建首要建设的内容,直接影响居民生活水平,主要包括城乡建设、居民生活、服务设施与应急保障等要素;经济子系统是促进灾区恢复正常发展的动力,能够为其他系统恢复提供支持,主要包括经济总量的增长与发展方式的调整;生态子系统是灾区长效发展的保障,良好且低风险的生态环境能够为灾区发展提供基础,主要包括人类对资源的利用与对环境的污染破坏等。在灾区发展过程中,这些子系统相互影响与制约,综合开展各子系统间协调程度与发展程度的评价研究,有利于分析灾区整体系统的协调发展进程,从而了解灾区可持续发展水平,最终为灾区发展振兴提出科学的管理对策(表 6.21)。

表 6.21　典型区域类型的协调发展评价指标分类

类型区	要素类型	指标范畴	年份	作者
自然灾害地区	经济发展、社会发展、环境生态、减灾重建	人均 GDP、财政总收入、城镇化率、第三产业占 GDP 比例、人口密度、人口自然增长率、城镇人均居住面积、社会保障支出占财政收入的比重、每万人拥有医疗床位、医疗保险覆盖率、人均水资源、森林覆盖率、减灾投入额、灾害伤亡率、固定资产投资增长率等共计 43 个	2012	刘强,滕渊

续表

类型区	要素类型	指标范畴	年份	作者
生态脆弱地区	环境治理、生态建设、资源支持、经济发展水平与结构、经济发展效益与能力、发展现状与人口、发展水平	万元工业产值废气排放量、人均 SO_2 排放量、森林覆盖率、当年造林面积占总面积比例、人均耕地面积、万元工业产值水耗量、城镇化率、人均财政收入、第三产业增加值占生产总值比重、人口自然增长率、粮食作物单产、年末从业人员比率、每万人拥有卫生技术人员数、生产总值年增长率、每百人拥有电话数、人均固定资产投资完成额、农民人均纯收入、人口自然增长率等共计29个	2009	刘晓琼，刘彦随
都市型区域	经济、资源、环境	人均地区生产总值、地方财政一般预算收入、第二产业比重、第三产业比重、社会消费品零售总额、居民消费水平、用水总量、耕地面积、工业废水达标率、建成区绿化覆盖率等共计21个	2015	胡彪，于立云，李健毅，等
欠发达地区	经济规模、经济结构、经济效率、居民生活水平、公共服务事业、社会保障事业、工业污染与治理、大气环境、人居环境、声环境、水环境	人均地区生产总值、人均全社会固定资产投资、职工人口比例、第二产业生产总值比例、第三产业生产总值比例、固定资产投入产出比、单位工业增加值用水量、城镇居民家庭人均可支配收入、农村人均收入、执业医师比例、互联网覆盖率、人均邮电业务量、失业保险覆盖率、医疗保险覆盖率、SO_2 排放强度、可吸入颗粒物年日平均值、森林覆盖率、建成区人均绿地面积、化肥使用强度、村镇饮用水卫生合格率等共计37个	2017	初雪，陈兴鹏，贾卓，等
资源型地区	人口、资源、经济、环境	人口自然增长率、城市人口密度、非农业人口比重、城市人均可支配收入、人均耕地面积、人均原煤储备量、水重复利用率、环保投资总额、污水排放量、工业 SO_2 排放量、基尼系数等共计33个	2008	姚平，梁静国，陈培友

基于灾区复合系统的组成要素，本节主要通过理论分析、频度统计与专家咨询等方法构建灾区协调发展评价指标体系。首先通过灾区系统的理论分析划分为社会、经济与生态等三个子系统。其次，结合文献数据库检索“社会协调发展”“经济协调发展”“生态协调发展”“灾区协调发展”以及相应英文内容，对文献中指标体系的主要要素组成与统计指标进行分析，总结得出灾区社会、经济、生态各子系统的关键要素。在结合相关理论体系与内容框架研究的基础上，同时考虑指标的完整性与可获得性，遵循科学性、系统性、全面性、可操作性等原则。本章结合自上而下与自下而上的方式确定评价指标，通过查找近几年中国城市统计年鉴、环境统计年鉴、县域统计年鉴等相关资料，依据数据可获得性对指标进行筛选。由于指标之间存在信息冗余、内涵相近等问题，因此，本节在收集到的面板数据基础上，对各项指标进行相关性分析，同时结合专家咨询等定性方法剔除含义相近且重复的指标，舍去区间差异较小的指标，最终构建含有22个指标的灾区复合系统协调发展评价指标体系（表6.22）。

表 6.22　灾区复合系统协调发展评价指标体系

目标层 A	子系统层 B	要素层 C	指标层 D	单位
灾区复合系统协调发展评价	社会子系统(8)	社会民生	人口自然增长率	‰
			城镇登记失业率	%
			城镇化率	%
			城镇居民人均可支配收入	元
			农村居民人均可支配收入	元
		应急保障	公路密度	$km/100\ km^2$
			保险费用收入总额	亿元
			每百万人卫生机构床位数	张
	经济子系统(7)	经济水平	人均 GDP	元
			进出口总额	万美元
			一般公共预算收入	亿元
			人均社会消费品零售总额	元
		产业结构	第三产业增加值占 GDP 比重	%
			第三产业就业人员占就业人员比重	%
			第一产业增加值占 GDP 比重	%
	生态子系统(7)	资源利用	人均耕地面积	hm^2
			人均水资源量	m^3
			森林资源覆盖率	%
		环境保护	节能环保支出	万元
			城镇生活污水处理率	%
			工业固体废物综合利用率	%
			空气质量达到及好于二级天数比例	%

(4) 指标分类与说明

上述指标从指标性质上可分为正向型与逆向型指标两类。正向型指标一般是数值越高,代表灾区协调发展得越好,包括城镇化率、公路密度、人均 GDP 等;逆向型指标一般是数值越低,代表灾区协调发展得越好,包括城镇登记失业率、第一产业增加值占 GDP 比重等。结合灾区复合系统协调发展评价指标体系的层次结构,可通过年鉴报告获取各类指标含义,从而了解各指标的基本内涵。

(5) 指标的标准化处理

本节各项指标之间度量单位存在差异,不能直接比较。为消除数据间不同量纲、不同数量级对数据处理产生的影响,在计算之前,首先对指标进行标准化处理。本节采用分段函数法对指标数据进行标准化,为便于权重计算,使所有标准化后的值大于 0。另外,为了对协调发展指数的计算值进行解释,将标准化后的值限定在[0,1]。基于上述考虑,标准化后的值落在[0.01,1]。

① 对于正向型指标，即指标值越大越好的指标，采用以下函数：

$$x'_{ij}=\begin{cases}\dfrac{x_{ij}-\min\{x_i\}}{\overline{x}_i-\min\{x_i\}}\times 0.59+0.01 & \min\{x_i\}\leqslant x_{ij}\leqslant \overline{x}_i\\ \dfrac{x_{ij}-\overline{x}_i}{\max\{x_i\}-\overline{x}_i}\times 0.4+0.6 & \overline{x}_i< x_{ij}\leqslant \max\{x_i\}\end{cases} \tag{6.3}$$

式中，x'_{ij} 是 x_{ij} 标准化处理后的值；i 的取值范围是 1～22；j 的取值范围是 1～n；n 是所有样本的总数；$\overline{x}_i$ 是指标 i 所有样本的平均值，标准化后等于 0.6；$\max\{x_i\}$ 和 $\min\{x_i\}$ 是指标 i 所有样本的最大值和最小值。

② 对于逆向型指标，即指标值越小越好的指标，采用以下函数：

$$x'_{ij}=\begin{cases}\dfrac{\overline{x}_i-x_{ij}}{\overline{x}_i-\min\{x_i\}}\times 0.4+0.6 & \min\{x_i\}\leqslant x_{ij}\leqslant \overline{x}_i\\ \dfrac{\max\{x_i\}-\overline{x}_{ij}}{\max\{x_i\}-\overline{x}_i}\times 0.59+0.01 & \overline{x}_i< x_{ij}\leqslant \max\{x_i\}\end{cases} \tag{6.4}$$

6.7 灾区恢复重建后效评价测度方法探究

灾区恢复重建作为一项长期复杂的系统工程，对其构建一套科学合理且易于操作的评价方法不仅是一个重大的理论问题，也是实践性很强的现实问题。基于上述对灾区恢复重建后效评价理论基础与指标体系的研究，本节将结合灾区恢复重建后效评价的目标原则、理论内容等要素，综合对灾区恢复重建实施结果评价与协调发展评价开展方法研究，以期为灾区恢复重建后效评价提供方法指导。

6.7.1 灾区恢复重建后效评价的基本思路与方法分析

灾区恢复重建后效评价主要基于“一致性”与“可持续性”视角先后对灾区恢复重建实施结果与灾区复合系统协调发展情况进行综合评价。“一致性”视角强调灾区恢复重建实际结果与前期规划目标的吻合度，以了解灾区恢复重建目标的落实程度。“可持续性”视角则强调灾区各领域协调发展情况，以了解灾区的协调发展水平。灾区恢复重建实施结果评价是灾区协调发展评价的前提（图 6.9）。

灾区恢复重建后效评价通过特定分析方法将多个评价指标转化为能够反映综合情况的评价值。由于待评价对象和评价目的的差异性，评价方法也不尽相同，在实际应用中需结合评价特点选择适宜的方法。依据不同的理论与逻辑基础，目前的评价方法多达上百种，可分为定性评价方法、定量评价方法、基于统计分析的评价方法等（郭亚军，2007；张发明，2018）。对这些方法对比分析，可以为灾区恢复重建后效评价的方法选择提供参考（表 6.23）。

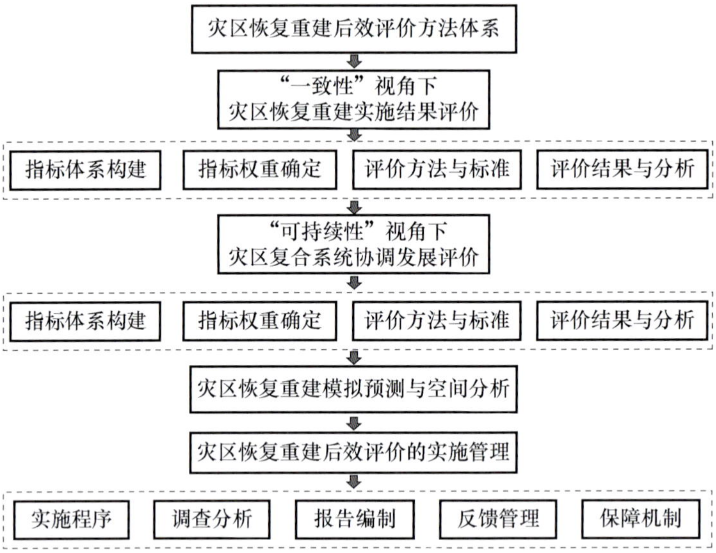

图 6.9　灾区恢复重建后效评价体系研究思路

表 6.23　主要评价方法分类

基本类型	含义	常用方法	主要特点
定性评价方法	主要是对被评价对象观察分析，结合逻辑分析用语言文字等描述问题	德尔菲法、直接评分法、专家会议法	能够充分利用专家经验对评价对象做出定性评价，多应用于难以量化的系统
定量评价方法	主要是用数据或语言等信息对被评价对象进行综合分析处理获得结果的方法	层次分析法、熵权法、模糊数学法、灰色关联分析法	该类方法可以用于处理系统评价中的结构化、可定量等确定性信息与非结构化、模糊的不确定性信息
基于统计分析的评价方法	该类方法相比于其他定量方法具有更强的统计原理	因子分析法、主成分分析法、聚类分析法	该类方法需要有大量的统计数据作为支撑，在社会经济领域应用较广
基于目标规划的评价方法	该类方法主要是结合多目标决策思想利用目标规划模型进行方案择优	数据包络分析法、TOPSIS 法	该类方法主要用于方案择优而非排序，多应用于多目标和多属性决策领域
多方法融合的评价方法	该类方法主要是为提高评价质量，在指标构建、综合评价等方面选取不同方法用于同一评价	组合评价方法、组合赋权方法、多个信息集成方法的融合方法	该方法在进行复杂系统评价时应用较多，有利于促进评价结果更加客观全面

6.7.2　“一致性”视角下灾区恢复重建实施结果评价方法研究

6.7.2.1　基本评价框架

开展灾区恢复重建实施结果评价有利于综合了解恢复重建工作的整体成效，可以为后续分析恢复重建发展水平提供参考。本节在相关文献分析基础上，进一步分析《四川汶川地震灾后恢复重建规划》《绵阳市地震灾后重建规划实施工作方案》等政策文件，研究绵阳市恢复重建的主要内容与目标，结合理论分析法、频度统计法、相关分析法等方法构建指标体系，借助层次分析法确定指标权重，结合目标一致性评价等方法对绵阳市灾后恢复重建的实施结果进行评价，从而了解灾区恢复重建的落实程度。但由于灾区恢复重建规划本身在目标与内容设定方面存在一定的主客观预测性，因此在灾区恢复重建实施结果评价时应允许实际结果与规划目标存在一定的偏差。在将规划目标假定为正确合理的条件下开展灾区恢复重建实施结果评价体系研究（图 6.10）。

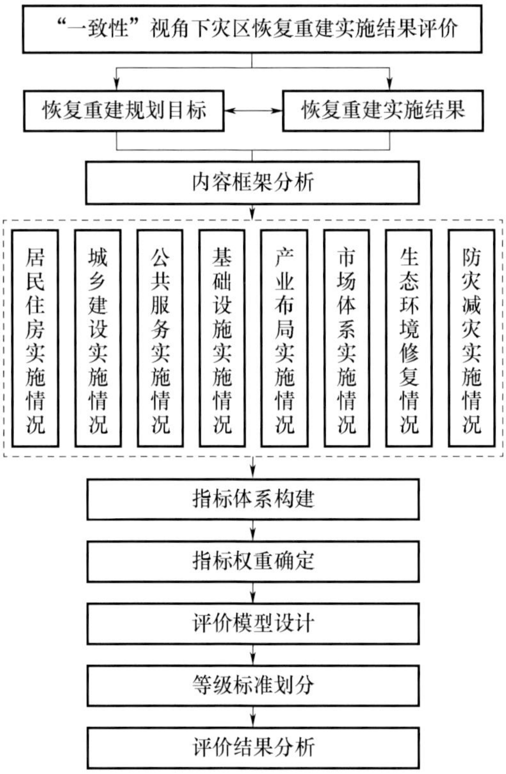

图 6.10 “一致性”视角下灾区恢复重建实施结果评价框架

6.7.2.2 指标权重的确定

（1）赋权方法分析

为克服传统层次分析法两两比较过程的烦琐以及当评价指标较多时难以满足一致性的局限性，本节引入灰色关联模型对层次分析法进行融合改进，利用关系分析建立基于灰色关联模型的改进型层次分析法。该方法避免了两两比较的过程，提升了层次分析法的适用性与评价的科学性（李立云 等，2019）。但该方法的分析过程存在以下局限：第一，两两比较过程的主观性较强，对实施情况因素的重要程度的比较难以合理反映实施情况量值大小；第二，当实施情况因素较多时两两比较会比较烦琐，容易降低比较过程的效率；第三，当实施情况总数超过五时，两两比较构造的矩阵难以满足一致性要求（李凤伟，2012）（图 6.11）。

(2)景观指数选择及其计算

本节对景观指数的分析主要以景观破碎度为主,所选指数可以反映景观破碎度信息,具体选用了最小斑块面积、斑块密度、破碎度等指数进行分析。在指数计算过程中,先用ENVI软件将遥感影像转成TIF格式,在ArcMap中处理后,导入Fragstats 4.2软件,选择要计算的指数,执行指数计算。

6.8 灾区恢复重建后效评价标准与等级划分

6.8.1 灾区恢复重建后效评价标准与等级研究现状

评价标准是指人们在评价活动中应用于对象的价值尺度和界限,也是人们价值认识的综合反映。评价标准是为了让结果看得见。作为整个评价活动的关键部分,评价标准的确定因评价者、评价对象与评价目标的不同而有所差异。评价标准的制定需要考虑应用实施情况,结合评价标准的内涵将评价结果进行等级划分,以便较为准确直观地描述评价结果(陈升 等,2011)。灾区恢复重建后效评价标准的建立有利于直观地描述灾区恢复重建的综合成效,本节分别对灾区恢复重建实施结果评价与灾区复合系统评价的标准等级进行研究。

6.8.1.1 灾区恢复重建实施结果评价标准与等级研究现状

灾区恢复重建实施结果评价标准与等级主要是对结果分值结合专家意见与相关要求进行划分,以便描述不同分值所代表的实施结果。已有学者开展了城市规划实施评价、历史街区影响评价等,并对其评价结果进行了等级划分。如张舰(2012)对城市总体规划实施评价结果判定参照百分制的实施情况表现,综合考虑城市总体规划与城镇化阶段规划目标和实施过程存在的差异,将综合评价结果依据20分的间隔先后划分为优秀、良好、合格、较差与差五个等级,并对各个等级所反映的城市规划实施情况与城市规划发挥的作用进行了具体说明。肖洪未(2018)针对历史街区影响评价,结合价值属性影响损益值与影响损益度等得出不同价值属性的影响等级与综合影响损益等级,并将影响等级划分为增益大、增益一般、增益较小、增益微弱、没有损益、损害微弱、损害小、损害一般与损害大九个等级,结合评估标准可以判断不同价值属性影响等级是否符合相应要求,借助评价识别影响源并对规划方案进行调整。

规划目的与相关经验可以为特定标准等级的研究提供参考,而且评价标准会受到本国国情与政策的影响。孙莹(2017)对土地利用总体规划实施评估标准的确定在参照国内外经验的基础上,结合研究区新田县的自然与社会条件,将土地利用总体规划实施评估标准依据百分制划分为优秀、良好、一般、较差、很差、特差六个等级。其中,前三个等级表示规划执行正常,可以继续实施,而后三个等级表示规划执行异常,需要进行相应的调整。另外,除去综合评价外，也可以对单个指标进行评价，并对评价结果进行对应的等级划分。如韩九云(2010)综合分析常州市经济开发区土地利用规划后评估内容，并将综合得分由高到低划分为良好、较好、一般、较差与差五个等级，等级由高到低表示规划实施情况由好到差。

6.8.1.2 灾区复合系统协调发展评价标准与等级研究现状

灾区复合系统协调发展评价标准与等级的研究较丰富，并由于评价对象的不同而有所差异。近年来，经济发展带来的环境问题日益严峻，起初针对经济与环境协调发展的评价较多。廖重斌(1999)以珠江三角洲城市群为例较早探究了环境与经济协调发展的评价标准与分类体系，将协调度与协调发展度的大小作为评价标准。协调度越大，表示协调水平越高，反之，协调度越小表明越不协调，并将协调度划分为极度失调、严重失调、中度失调、轻度失调、濒临失调、勉强协调、初级协调、中度协调、良好协调与优质协调共十个等级。另外，根据环境与经济协调发展度大小划分为协调发展类、过渡类与失调衰退类三大类十个小类，并对环境与经济综合评价指数的优劣进行了具体分析。周潇(2015)对汶川地震灾区的十个极重灾县开展了生态环境与经济协调发展评价。灾区生态环境与产业经济间关系复杂，尚未有统一的划分标准，将相似协调发展度归类为同一类型，分类得到优质协调发展类、良好协调发展类、中级协调发展类、初级协调发展类、濒临失调衰退类、轻度失调衰退类、中度失调衰退类、严重失调衰退类共八个等级。

目前针对灾区复合系统协调发展评价标准的研究大多是针对不同变量间协调发展度的划分。区域系统的协调状态处于“协调”与“不协调”之间，不能单纯用“是”与“不是”判定系统协调度。刘志亭等(2005)基于能源、经济与环境(3E)协调度对我国 30 个省(区、市)进行区域协调发展评价，依据 0～1 的区间度将协调度标准划分为不协调、比较不协调、弱协调、初级协调、中级协调、良好协调与非常协调等七个等级，并分别对各省(区、市)的能源、经济与环境等要素进行协调度评价，发现经济发达地区的 3E 协调度较高，经济欠发达地区的协调度较低。何宜庆等(2012)在对鄱阳湖地区城市资源环境与经济协调发展评价中，按照协调发展度的大小采用均匀分布函数法对协调发展分类，总体分为协调发展、勉强协调发展、濒临失调发展与失调发展四大类，具体将协调发展度分为优质协调发展、良好协调发展、中级协调发展、初级协调发展等共十个小类，依据该地区各城市协调发展水平差异，分别对产业发展与环境保护提出建议。

6.8.2 灾区恢复重建后效评价标准研究

灾区恢复重建后效评价标准的建立是进行等级划分的基础。近年来，我国逐步加快了各行业标准的制定与实施研究，相关标准的制定能够为描述灾区恢复重建与协调发展结果提供依据。2018 年新修订的《标准化法》提出，应当建立标准实施信息反馈和评估机制，因此，灾区恢复重建后效评价不仅要结合“一致性”视角与“可持续性”视角进行相应标准等级的研究，同时还需要对标准实施情况进行调整完善(梅慧 等，2021)。灾区恢复重建后效评价包括灾区恢复重建实施结果评价与灾区复合系统协调发展评价两个部分。灾区恢复重建实施结果评价主要依据恢复重建规划、国民经济与社会发展规划等确定的目标内容与灾区恢复重建实际发展情况的差距进行划分(灾区恢复重建实施结果越接近目标内容则相应的分数越高,表示灾区恢复重建实施结果越好),并基于该标准对具体结果进行等级划分。灾区复合系统协调发展评价主要依据灾区发展情况与协调情况进行划分,灾区协调发展指数综合反映了协调发展水平(依据数值范围,数值越大表示协调发展水平越高),并结合相关文献研究进行具体的等级划分。对灾区恢复重建后效评价标准与等级研究,可为描述评价结果提供判断依据与具体参考。

6.8.3 灾区恢复重建实施结果评价等级研究

6.8.3.1 灾区恢复重建实施结果评价等级的划分

依据本章构建的灾区恢复重建实施结果评价指标体系,通过加权计算可以得到灾区恢复重建各项百分制指标的实施情况。结合灾区各领域恢复重建的得分情况和相关专家意见,针对灾区各领域恢复重建实施结果得分(X)进行等级划分与解释说明,并对评价结果进行分类,从而可以较为清楚地了解各领域恢复重建状况,为后续提升完善提供借鉴。总体而言,综合考虑恢复重建规划受政策体制、科学技术、领导意图等多方面要素的影响,再加上灾区次生灾害频发等环境因素,导致其难以完全符合恢复重建的进程要求,因此,对灾区恢复重建实施结果的判定采用了较为宽松的等级划分。

结合灾区恢复重建实施结果评价得分情况、相关文献分析与专家咨询进行不同评价等级划分,按照分数自高到低的顺序划分为优秀、良好、一般、较差与很差五个等级。分数越高表示恢复重建的目标完成越多,则效果越好,分数越低则表示未完成的目标越多,效果越差。此处的目标完成情况包含项目与投资等综合实施情况。为更加明确地反映实施情况,表 6.27 列出了具体评价等级划分。

表 6.27 灾区恢复重建实施结果评价等级划分

评价等级	评测分值 X	基本说明	结果分类
优秀	$90\leqslant X$	灾区恢复重建的效果很好,基本完成了各项目标	实施正常
良好	$70\leqslant X<90$	灾区恢复重建的效果较好,完成了大部分目标	
一般	$50\leqslant X<70$	灾区恢复重建的效果一般,完成了部分目标	
较差	$30\leqslant X<50$	灾区恢复重建的效果较差,多数目标未能完成	实施异常
很差	$X<30$	灾区恢复重建的效果很差,目标几乎没有完成	

6.8.3.2 灾区恢复重建实施结果评价等级的分类

结合上述对灾区恢复重建实施结果评价等级的划分,进一步对不同评价等级进行分类,总体划分为实施正常与实施异常两大类。当灾区恢复重建实施情况评测结果等级为优秀、良好与一般时,即评测分值在 50 分及以上时,表明恢复重建活动实施正常,基本目标已经实现,后续可以在完善恢复重建基础上发展振兴工作;灾区恢复重建实施情况评测结果等级为较差或很差时,即评测分值低于 50 分时,表明恢复重建活动实施异常,多数目标没有实现，后续需通过规划调整或管理提升进行应对，以尽快完成前期恢复重建任务并开展振兴工作。

6.8.4 灾区复合系统协调发展评价等级研究

6.8.4.1 灾区复合系统协调发展评价等级的划分

结合灾区复合系统协调发展评价指标体系与评价方法的分析可知，协调是两种及以上不同系统间的良性相互关系。这些系统之间呈现和谐一致与良性循环的关系，即灾区社会、经济与生态系统之间相互关联，其中任一系统的发展都不会制约其他系统的发展，不同系统间是相互促进的关系。反之，失调是指某一系统未能与其他系统实现和谐，例如，地区经济水平较高，但却造成空气污染与水土流失等环境破坏等问题，这些都是不同子系统间失调的表现。总体而言，协调是灾区复合系统健康发展的保障。

发展是指系统本身从小到大、由简单到复杂的变化过程；反之，衰退是表示系统本身退化的变化过程。事实上，灾区复合系统的发展是不同系统发展水平的集中反映，而健康的发展要求不同系统之间相互协调，从而实现系统发展的可持续性。有些发展可能是以其他系统的破坏为前提条件，这样的发展只是一种片面短暂的发展，并非可持续发展所追求的。灾区作为一项复合系统，任一系统的损失都会阻碍系统整体的发展水平。随着人类对发展认知的提升，灾区恢复重建的目的是实现不同系统协调基础上的综合发展。

在灾区复合系统协调发展评价指标体系与评价方法的研究基础上，能够较为直观地反映灾区复合系统协调发展水平和存在的问题，以便更好地指导灾区未来的发展。再考虑到灾区协调发展水平受社会、经济与生态子系统的综合影响，本节依据所构建的灾区协调发展评价指标体系，通过加权计算得到灾区复合系统协调发展度的范围是[0,1]，进一步对灾区复合系统协调发展评价结果的判定采用已有相关研究的划分标准，结合均匀分布函数法，将协调发展度相近的数值在隶属关系上界定为同一个类型，总体将灾区协调发展度分为“失调衰退型”与“协调发展型”两大类别共十个等级（廖重斌，1999）。具体划分等级类型详见表6.28。

表6.28 灾区复合系统协调发展度等级划分类型

不可接受区间协调发展度	失调衰退型	可接受区间协调发展度	协调发展型
[0,0.10)	极度失调衰退	[0.50,0.60)	勉强协调发展
[0.10,0.20)	严重失调衰退	[0.60,0.70)	初级协调发展
[0.20,0.30)	中度失调衰退	[0.70,0.80)	中级协调发展
[0.30,0.40)	轻度失调衰退	[0.80,0.90)	良好协调发展
[0.40,0.50)	濒临失调衰退	[0.90,1.00]	优质协调发展

6.8.4.2 灾区复合系统协调发展评价等级的分类

结合上述灾区复合系统协调发展等级的划分，总体上可将等级分为失调衰退型与协调发展型两大类。灾区复合系统协调发展度为[0,0.50)时，属于失调衰退类型。随着数值的增加，灾区失调衰退情况逐渐降低。灾区复合系统协调发展度为[0.5，1.00]时，处于协调发展型，随着数值的增加，灾区协调发展水平逐步升高。其中，失调与协调是对灾区不同子系统间协调情况的描述，而衰退与发展是对灾区各子系统发展水平的描述。但是在失调衰退型与协调发展型中，灾区社会、经济与生态等不同子系统间发展水平也存在差异，进一步分析灾区各子系统的滞后情况，可以较为全面地了解灾区复合系统的协调发展水平，针对性地提出管理对策，例如针对中级协调发展，可能存在经济、社会、生态等单个或多个子系统的滞后情况。因此，为提出灾区复合系统协调发展的对策，需要对影响灾区各子系统协调发展水平进行对比分析，通过对各子系统存在的不足进行完善，有利于综合提升灾区复合系统协调发展水平，本节对此不再展开。

6.9 本章小结

灾区恢复重建后效评价的理论基础由恢复重建理论与综合评价理论两方面构成。在以人为本的前提下，注重区域的灾害管理与可持续发展，在恢复重建中突出韧性提升与重建得更好。结合灾区恢复重建后效评价内涵提出其评价内容主要包括“一致性”视角下的灾区恢复重建实施结果评价与“可持续性”视角下的灾区复合系统协调发展评价两部分，综合运用理论分析法、频度统计法与专家咨询法等进行指标选取。针对灾区恢复重建实施结果评价指标体系构建，主要结合国内外灾区恢复重建政策文件与灾后恢复重建规划进行分析，从规划目标与实施结果“一致性”分析的视角，分别从居民住房、城乡建设、公共服务、基础设施、产业布局、市场体系、生态环境、防灾减灾 8 个要素选取 30 个指标。针对灾区复合系统协调发展评价指标体系构建，主要结合国内外灾区发展振兴规划与国民经济与社会发展规划进行分析，从灾区复合系统“可持续性”分析的视角，分别从社会民生、应急保障、经济水平、产业结构、资源利用、环境保护 6 个要素选取 22 个指标，保障评价的系统性与客观性。

针对“一致性”视角下的灾区恢复重建实施结果评价，提出基于灰色关联模型改进的层次分析法确定指标权重，并结合项目完工率与投资完成率构建评价模型。针对“可持续性”视角下的灾区复合系统协调发展评价，提出基于熵权法与均方差法综合方法确定指标权重，对比分析得到发展度、协调度与协调发展指数模型。结合空间分析方法探讨了从宏观的土地利用变化与微观的用地情况评价灾区恢复重建与区域发展的基本方法步骤。本章依据灾区恢复重建实施结果评价得分将其划分为优秀、良好、一般、较差与很差共 5 个等级。本章依据灾区复合系统协调发展评价结果将其划分为极度失调衰退、严重失调衰退、中度失调衰退、轻度失调衰退、濒临失调衰退，勉强协调发展、初级协调发展、中级协调发展、良好协调发展、优质协调发展，共 10 个类型。

第7章 汶川地震灾区恢复重建的后效评价

7.1 研究区域与时间范围

7.1.1 研究区域

2008 年 5 月 12 日发生的汶川 8.0 级特大地震是 1949 年以来我国发生的破坏力最大的地震之一，汶川地震灾区具有损失严重、次生灾害多样、恢复重建内容多、时间长等特点，有利于为灾区恢复重建后效评价与管理研究提供案例支撑。四川省是地震中受灾最严重的省份。依据《汶川地震灾害范围评价结果》的界定，极重灾区涉及 10 个县(市)，重灾区涉及 29 个县(市、区)，总面积约 9.8 万 km^2。其中，绵阳市是受灾最重、伤亡人数最多、重建难度最大的地区。绵阳市 9 县(市、区)都被划定为重灾区范围，其中北川县、安县(2016 年设为安州区)、平武县为极重灾区，游仙区、涪城区、江油市、梓潼县、三台县、盐亭县为重灾区。全市受灾人口 521.7 万，因灾遇难 21963 人、失踪 7795 人，直接经济损失 1689 亿元(图 7.1)。其中绵阳市北川县是唯一灾后异地重建的县城。

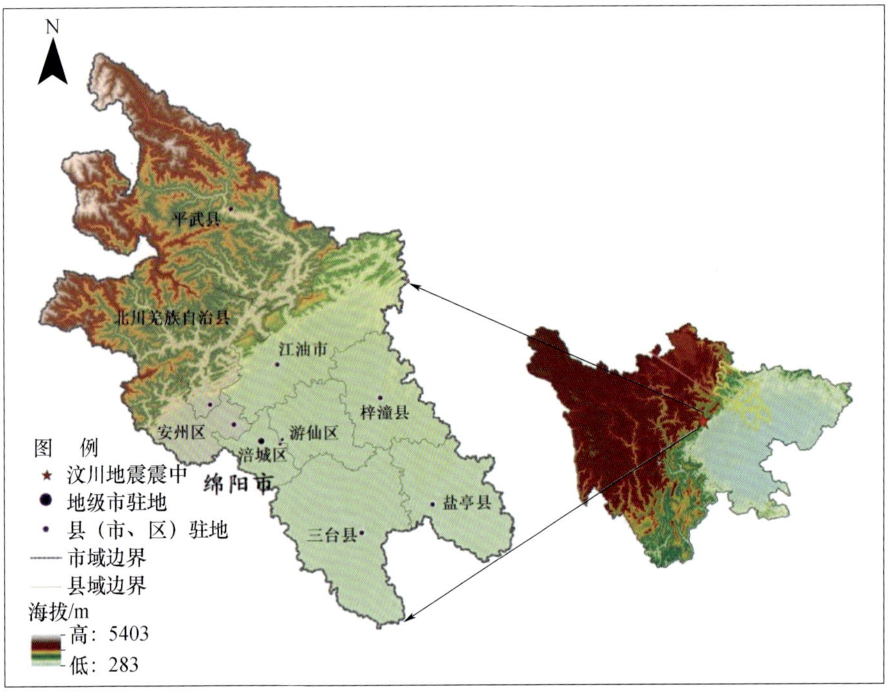

图 7.1 汶川地震灾区绵阳市位置与地势图

依据《汶川地震灾害范围评价结果》划定的灾区范围，四川省绵阳市、德阳市与广元市三个地级市的所有县(市、区)均属于重灾区与极重灾区范围，因此，可以从这些城市层面上进行后效评价。本节重点选取绵阳市进行灾区恢复重建实施结果评价，恢复重建的时间范围是2008年7月到2011年7月底。另外，为了解灾区复合系统协调发展的区域差异，在绵阳市基础上，将研究区拓展至德阳、广元两个市，协调发展的时间范围从灾前三年的2005年到灾后十年的2018年，以便进行不同城市灾前、灾后、恢复重建前后协调发展水平的对比研究。其中，灾区恢复重建实施结果评价主要结合《汶川地震灾后恢复重建总体规划》《绵阳市地震灾后重建规划实施工作方案》等进行研究。灾区复合系统协调发展评价主要结合《汶川地震灾区发展振兴规划（2011—2015年）》及地区经济与社会发展中长期规划等进行研究（表7.1）。汶川地震灾后恢复重建中形成的对口支援模式有力地提升了灾区恢复重建成效，按照"一省帮一重灾县"的原则，依据支援方社会经济水平和受援方灾情程度，建立对口支援机制。灾区恢复重建后效评价中需要综合考虑相关制度的潜在影响。

表7.1　汶川地震灾区恢复重建后效评价区域分类

类型	地级市	极重灾区	重灾区
重点灾区	绵阳市	①北川羌族自治县 ②安县 ③平武县	④游仙区、⑤涪城区 ⑥江油市、⑦梓潼县 ⑧三台县、⑨盐亭县
对照灾区	德阳市	①绵竹市 ②什邡市	③旌阳区、④广汉市 ⑤罗江县、⑥中江县
	广元市	①青川县	②元坝区、③利州区 ④朝天区、⑤旺苍县 ⑥剑阁县、⑦苍溪县

7.1.2　研究范围

本节对重点灾区绵阳市灾前、灾后以及恢复重建后的不同时段进行分析，以了解地震灾害与恢复重建对绵阳市的影响。系统分析绵阳市灾后恢复重建情况，综合开展绵阳市2011年基本恢复重建任务结束后的实施结果评价。另外，本节以绵阳市为基础，分别从空间尺度与时间尺度上进行了拓展，以便更加系统地了解不同灾区复合系统协调发展水平。在空间尺度上，从绵阳市拓展至德阳市、广元市进行比较，重点了解不同城市复合系统协调发展水平的差异；在时间尺度上，为综合了解恢复重建前后灾区复合系统协调发展水平的变化，将协调发展评价时间范围从2011—2018年拓展至包含灾区恢复重建结束前期的2005—2018年。因此，综合对2005—2018年绵阳、德阳与广元进行灾区复合系统协调发展评价，涵盖了灾前、灾后与恢复重建前后等不同时期，有利于更加深入地分析灾区协调发展水平的变化。结合不同时段开展灾区恢复重建后效评价，可以系统了解恢复重建活动对灾区发展的影响（图7.2）。

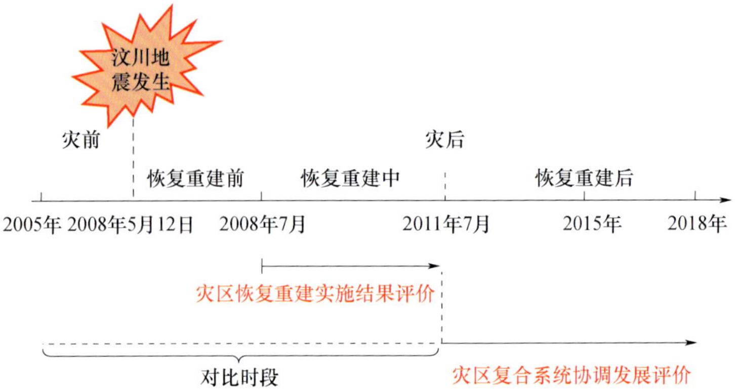

图 7.2 汶川地震灾区恢复重建后效评价的时段范围

7.2 汶川地震灾区恢复重建后效评价的总体框架

汶川地震灾区恢复重建后效评价主要包括灾区恢复重建实施结果评价与灾区复合系统协调发展评价。本节首先在“一致性”视角下开展汶川地震后绵阳市恢复重建的实施结果评价,“一致性”的视角重点强调灾区恢复重建实际情况与前期规划目标情况的吻合度,以便了解灾区恢复重建目标的落实程度。其次,在“可持续性”视角下,以绵阳市为基础,结合德阳市、广元市开展不同灾区复合系统协调发展评价,“可持续性”的视角强调灾害发生后灾区的协调发展程度。灾区恢复重建实施结果评价是灾区协调发展评价的前提。灾区恢复重建是重要的公共管理活动,其组织形式与工作内容受地区社会经济制度的直接影响。结合汶川地震灾区社会经济与资源环境特征开展灾区恢复重建后效评价有重要意义,有利于系统了解灾区恢复重建成效与区域协调发展水平。针对汶川地震灾区恢复重建后效评价的主要思路如图 7.3 所示。

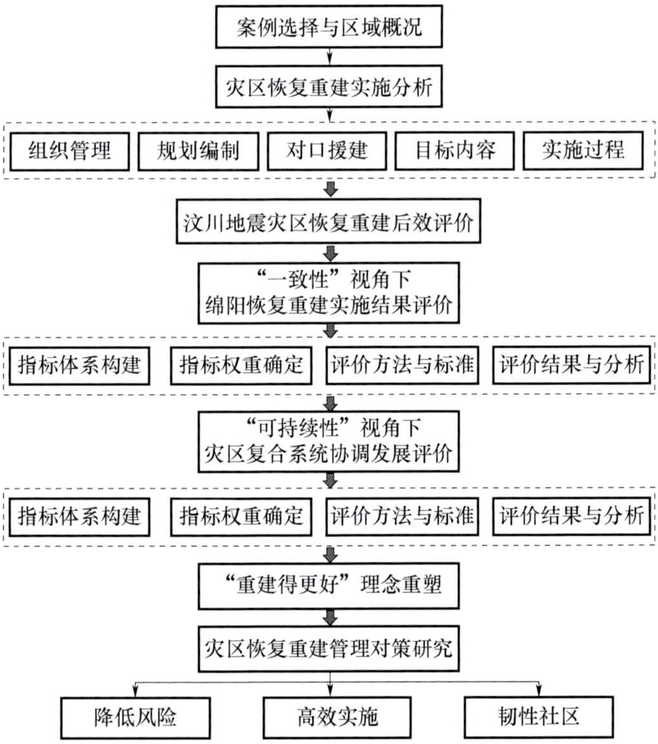

图 7.3 汶川地震灾区恢复重建后效评价的总体框架

7.3 “一致性”视角下绵阳灾区恢复重建实施结果评价

7.3.1 指标体系的构建

(1) 指标内容的选取

汶川地震发生后,我国政府确定的灾区恢复重建总体目标是“家家有房住、户户有就业、人人有保障、设施有提高、经济有发展、生态有改善”。绵阳市围绕上述目标在2008年第四季度编制完成了总体实施规划和10个专项实施规划(含北川县恢复重建规划)。本节在已设计的灾区恢复重建实施情况评价体系基础上,通过分析绵阳市灾后恢复重建的规划任务与目标内容(表7.2),对相应的评价内容与评价指标进行归纳分析,以便为指标体系的构建提供参考。

表7.2 绵阳市恢复重建实施结果评价指标内容

总体目标	主要任务	评价内容	评价指标
家家有房住 户户有就业 设施有提高 人人有保障 经济有发展 生态有改善	城镇通过三年、农村通过一年半的恢复重建,促使灾区民众尽快恢复到灾前正常的居住状态	居民住房实施情况	农村住房实施情况 城镇住房实施情况
	实现城乡家园全面恢复。恢复城镇功能、优化发展格局、提升整体实力,基本形成布局合理、结构完善、功能配套的城镇体系。 实现农业生产基础设施、农业技术推广体系和监测体系全面恢复,全面完成受灾县城和乡镇驻地场镇恢复重建	城乡建设实施情况	市政设施实施情况 风景名胜区实施情况 历史文化遗产实施情况 农业生产设施实施情况 农村基础设施实施情况 农业产业设施实施情况 以工代赈及贫困村实施情况
	全面完成灾区教育、卫生、文化、广播、体育、社会福利、劳动保障等公共服务设施的恢复重建工作,基本达到灾前水平,确保灾区群众享受到基本公共服务,推进实现公共服务基本均衡化	公共服务实施情况	教育实施情况 医疗卫生实施情况 文化体育实施情况 就业和社会保障实施情况 社会管理实施情况 精神家园实施情况
	全面恢复灾区的交通、通信、能源、水利等基础设施,充分利用国家和省的各项支持政策和措施,确保基础设施达到或超过灾前水平	基础设施实施情况	交通设施实施情况 电力设施实施情况 煤炭设施实施情况 油气设施实施情况 水利设施实施情况

续表

总体目标	主要任务	评价内容	评价指标
家家有房住 户户有就业 设施有提高 人人有保障 经济有发展 生态有改善	实现灾区经济持续健康增长，区域发展能力提升，特别是科技城建设迈上新台阶，灾区市场服务体系功能达到或超过灾前水平	产业布局实施情况	工业实施情况 旅游业实施情况 文化产业实施情况 金融服务业实施情况
	农业基础地位进一步巩固，工业在国民经济中的支柱地位日益突出，服务业从业人员占比提高，特色优势产业发展壮大，产业结构和空间布局更趋优化	市场体系实施情况	商贸服务设施实施情况 粮食流通设施实施情况
	生态功能区有效保护，生态修复机制初步建立；主要污染物排放得到有效控制，环保设施更加完善，生态修复初见成效。利用土地复垦、整理、开发等措施对损毁、灭失耕地进行恢复和补充，对迁并居民点等用地进行复垦	生态环境修复情况	生态修复实施情况 环境整治实施情况 土地整理实施情况
	完成地震灾害及次生灾害隐患的全面排查与应对。恢复灾害监测预警、抢险指挥和紧急救援系统等，使应急能力有所提高；实施一批灾害防治、生态修复项目，加强防灾减灾宣传	防灾减灾实施情况	灾害风险治理实施情况 应急指挥和救援救助情况 综合减灾实施情况

(2) 指标体系的构建与调整

绵阳市社会经济与资源环境的独特性决定了其恢复重建实施评价指标体系具有自身的特征。本节在理论分析法、频次统计法与专家咨询法基础上，进一步结合数据可获取性对指标体系进行构建与调整，形成绵阳市灾区恢复重建实施结果评价指标体系(表 7.3)。

表 7.3 绵阳市灾区恢复重建实施结果评价指标体系

目标层	准则层(8)	指标层(30)
绵阳市恢复重建实施结果评价	居民住房	农村住房实施情况 城镇住房实施情况
	城乡建设	市政设施实施情况 风景名胜区实施情况 历史遗产实施情况 农村生产生活设施实施情况 以工代赈及贫困村实施情况
	公共服务	教育科研实施情况 医疗卫生实施情况 文化体育实施情况 就业和社会保障实施情况 社会管理实施情况 精神家园实施情况

续表

目标层	准则层(8)	指标层(30)
绵阳市恢复重建实施结果评价	基础设施	交通设施实施情况 电力设施实施情况 煤炭设施实施情况 油气设施实施情况 水利设施实施情况
	产业布局	工业实施情况 旅游业实施情况 文化产业实施情况 金融服务业实施情况
	市场体系	商贸服务设施实施情况 粮食流通设施实施情况
	生态环境	生态修复实施情况 环境整治实施情况 土地整理复垦实施情况
	防灾减灾	灾害风险治理实施情况 应急指挥和救援救助实施情况 综合减灾实施情况

7.3.2 指标权重的确定

地震灾区恢复重建内容多样，灾后恢复重建各项内容重要性并不相同。结合《汶川地震灾后恢复重建条例》要求，灾后恢复重建坚持统筹兼顾、分步实施的原则。另外，《汶川地震灾后恢复重建总体规划》针对各项内容的实施顺序与重要程度进行定性说明：首先，强调要“优先恢复灾区群众的基本生活条件和公共服务设施”，这些也是恢复重建优先关注的内容，包括居民住房、社区建设、公共服务与基础设施等；其次，强调要“尽快恢复生产条件，合理调整城镇乡村、基础设施和生产力的布局”，这些是灾区实现持续恢复的基础，包括产业布局、市场体系等；最后，强调要“逐步恢复生态环境”，这些是恢复重建的安全保障，包括生态修复、土地整理、防灾减灾等。绵阳市在灾后也依据政策规划要求按上述顺序有序开展了恢复重建工作。为更加科学地反映灾区恢复重建的实施情况，在恢复重建实施情况评价中，各个指标权重应有所差异，本节结合评价对象特征采用层次分析法确定指标权重(表7.4)。

表 7.4 绵阳市恢复重建实施结果评价指标权重

目标层	要素层	指标层	指标权重/%
绵阳市恢复重建实施结果评价	居民住房(17.10%)	农村住房实施情况	8.55
		城镇住房实施情况	8.55
	城乡建设(16.26%)	市政设施实施情况	5.54
		风景名胜区实施情况	1.67
		历史遗产实施情况	1.79
		农村生产生活设施实施情况	4.68
		以工代赈及贫困村实施情况	2.58
	公共服务(26.39%)	科研教育实施情况	5.39
		医疗卫生实施情况	7.06
		文化体育实施情况	2.55
		就业和社会保障实施情况	4.70
		社会管理实施情况	3.55
		精神家园实施情况	3.14
	基础设施(11.36%)	交通设施实施情况	3.16
		电力设施实施情况	2.79
		煤炭设施实施情况	1.91
		油气设施实施情况	1.72
		水利设施实施情况	1.78
	产业布局(7.65%)	工业实施情况	2.03
		旅游业实施情况	1.33
		文化产业实施情况	1.68
		金融服务业实施情况	2.61
	市场体系(4.70%)	商贸服务设施实施情况	2.41
		粮食流通设施实施情况	2.29
	生态环境(6.02%)	生态修复实施情况	2.21
		环境整治实施情况	1.97
		土地整理复垦实施情况	1.84
	防灾减灾(10.52%)	灾害风险治理实施情况	3.48
		应急指挥和救援救助实施情况	3.70
		综合减灾实施情况	3.34

7.3.3 评价的基本方法

分析绵阳市灾后恢复重建政策规划相关内容,灾区恢复重建主要是以项目建设为核心的公共投资活动,故选用本章所构建的结合灾区项目分析的评价方法对绵阳市恢复重建实施情况进行评价，重点选取绵阳市发改委发布的灾后重建报告资料与灾后重建志书等相关数据进行分析，探究项目完工率与项目投资完成率等内容。项目实施分析法是指对规划所确定的项目内容，分析其是否按照规划目标实施的方法。该方法适用于已明确项目建设类型与数量的规划内容，一般以政府主导的项目建设为主，主要包括以下方面：第一，恢复重建期内优先性项目，例如规划中确定的居民住房建设、基础设施、公共服务、灾害隐患治理等项目建设；第二，恢复重建期内非优先性项目，这些项目尽管也是恢复重建期限内需要完成的任务指标，但是比优先性项目相对弱化，例如生态修复、土地整理复垦、生产力布局和产业调整等。重点分析绵阳市自 2008 年 7 月至 2011 年 7 月底恢复重建基本结束后各领域的实施情况，结合上述指标体系与指标权重，基于目标一致性视角开展灾区恢复重建实施情况分析。

7.3.4 不同要素评价结果的计算

(1) 居民住房实施情况评价

绵阳市城乡居民住房在汶川地震中受损严重，是恢复重建中的首要内容。按照国家和四川省相关部署，绵阳市主要通过地方政府主导、自力更生、国家支持、对口支援、社会帮扶等方式解决居民住房问题。依据恢复重建规划目标，农村住房规划项目总计 9 个，规划总投资 5093800 万元；城镇住房规划项目总计 9 个，规划总投资 2195237 万元。截至 2011 年 7 月底恢复重建基本结束后，农村居民住房经评测得分为 94.38 分，评价等级为优秀；城镇住房经评测得分为 92.02 分，评价等级为良好。总体来说，绵阳市居民住房实施情况加权折算得分为 93.20 分，评价等级为优秀，实施正常。其中，农村住房比城镇住房得到了更好落实(表 7.5)。

表 7.5 汶川地震后绵阳市居民住房实施情况

评价指标	项目完工率/%	投资完成率/%	指标得分	评价等级	要素得分	评价等级
农村住房	100.00	107.95	94.38	优秀	93.20	优秀
城镇住房	88.89	98.06	92.02	优秀		

(2) 城乡建设实施情况评价

绵阳市城镇体系恢复重建根据灾后人居适宜分区、主体功能分区以及人口、交通等要素进行布局，按照“一心、二带、三轴、圈层发展”的空间结构进行布局。绵阳市农村恢复重建在坚持尊重农民意愿与资源环境承载力基础上，对平坝和丘陵地区村庄开展原址重建，对平武、北川和安县等受灾严重的地区进行异地重建。截至 2011 年 7 月底，绵阳市政设施项目经评测得分为 74.30，评价等级为良好；风景名胜区规划经评测得分为 31.68，评价等级为较差；绵阳市历史遗产项目经评测得分为 61.88 分，评价等级为一般；绵阳市农业生产生活设施规划项目包括农业生产设施 15 个，农村基础设施 9 个，农业产业设施 9 个，总体项目经评测得分为 67.40，评价等级为一般；以工代赈及贫困村规划项目经评测指标得分为 99.31，评价等级为优秀。总体来说，绵阳市城乡建设实施情况经过加权测算得分为 70.54，评价等级为良好，实施正常。其中，造成部分领域评测不理想的原因主要是由于城镇体系建设内容繁多、利益复杂；另外，涉及北川县及众多乡村的异地重建，导致其在短时间内难以有效完成预期任务（表7.6）。

表7.6 汶川地震后绵阳市城乡建设实施情况

评价指标	项目完工率/%	投资完成率/%	指标得分	评价等级	要素得分	评价等级
市政设施	65.31	89.16	74.30	良好	70.54	良好
风景名胜区	42.86	22.10	31.68	较差		
历史遗产	77.42	42.42	61.88	一般		
农村生产生活设施	54.55	92.33	67.40	一般		
以工代赈及贫困村	100.00	99.03	99.31	优秀		

（3）公共服务实施情况评价

汶川地震造成绵阳市失业、伤残、孤寡等人员大量增加，也导致学校、医院、图书馆、体育馆、政府机关等公共服务设施受损严重。基于优先保障居民生活需求，重点对灾区公共服务设施开展恢复重建，同时开展心理康复工程等。截至2011年7月底，绵阳市科研教育项目经评测得分为83.19，评价等级为良好；医疗卫生经评测得分为87.44，评价等级为良好；文化体育类项目经评测得分为90.23，评价等级为优秀；就业和社会保障类规划项目经评测得分为97.86，评价等级为优秀；社会管理类项目经评测得分为80.55，评价等级为良好；精神家园类项目经评测得分为36.87，评价等级为较差。总体来看，绵阳市公共服务实施情况加权得分为81.75，实施情况良好，属于实施正常。其中，精神家园实施情况较不理想，可能原因是短期内主要聚焦于关注生产生活物质类的恢复重建，对心理康复等精神类重建关注较少（表7.7）。

表7.7 汶川地震后绵阳市公共服务实施情况

评价指标	项目完工率/%	投资完成率/%	指标得分	评价等级	要素得分	评价等级
科研教育	97.61	76.34	83.19	良好	81.75	良好
医疗卫生	95.61	82.78	87.44	良好		
文化体育	94.83	87.19	90.23	优秀		
就业和社会保障	98.83	97.20	97.86	优秀		
社会管理	72.62	97.38	80.55	良好		
精神家园	30.00	44.58	36.87	较差		

（4）基础设施实施情况评价

汶川地震后绵阳市开展了对交通、电力、能源、通信、水利等基础设施的恢复重建。交通设施恢复重建包括灾毁道路、桥梁、隧道、码头等；电力设施恢复重建包括火电站、输变电工程等；能源体系恢复重建包括煤炭、油气储存加工设施等；水利设施恢复重建包括供水工程、节水工程、灌溉工程等。截至2011年7月底，绵阳市交通设施类规划项目总计41个，经评测得分为86.79，实施情况良好；电力设施项目包括电网设施6个与电源设施66个，经评测得分为77.75，实施情况良好；煤炭设施类项目经评测得分为65.64，实施情况一般；油气设施项目经评测得分为76.58，实施情况良好；水利设施项目经评测得分为65.91，实施情况一般。总体来看，绵阳市基础设施实施情况经加权得分为76.20，实施情况良好，属实施正常。其中，煤炭、水利等设施实施情况一般，主要是因次生地质灾害影响，形成了大量堰塞湖，受地质不稳定等因素制约（表7.8）。

表7.8　汶川地震后绵阳市基础设施实施情况

评价指标	项目完工率/%	投资完成率/%	指标得分	评价等级	要素得分	评价等级
交通设施	82.93	107.57	86.79	良好	76.20	良好
电力设施	90.28	70.08	77.75	良好		
煤炭设施	60.00	72.41	65.64	一般		
油气设施	70.00	85.95	76.58	良好		
水利设施	57.89	76.52	65.91	一般		

（5）产业布局实施情况评价

汶川地震后，绵阳市将恢复重建与优化生产力布局和产业调整相结合，依据主体功能区布局，按照"一心、一群、三圈、四带、五区、多点"进行产业空间布局。绵阳市实施"工业强市"战略，重点发展电子信息、冶金化工等产业；旅游业重点开展羌藏人文生态旅游区、地震遗址旅游区等内容。截至2011年7月底，绵阳市工业类项目经评测得分为97.96，实施情况优秀；旅游业类项目经评测得分为78.71，实施情况良好；文化类项目经评测得分为35.10，实施情况较差；金融服务业项目经评测得分为73.19，实施情况较好。总体来看，绵阳产业布局实施情况经加权折算得分为72.36，实施情况良好，属实施正常。其中文化产业实施情况较差，主要受文化产业要求较高与发展周期较长等因素影响（表7.9）。

表7.9　汶川地震后绵阳市产业布局实施情况

评价指标	项目完工率/%	投资完成率/%	指标得分	评价等级	要素得分	评价等级
工业	98.42	97.59	97.96	优秀	72.36	良好
旅游业	77.42	119.91	78.71	良好		
文化产业	99.44	8.22	35.10	较差		
金融服务业	66.67	81.94	73.19	良好		

（6）市场体系实施情况

汶川地震后，绵阳市坚持民生优先、便民利民、城乡一体、服务三农、政府引导、市场配置等原则，开展灾区居民生活与产业发展所必需的市场体系建设，包括商贸服务设施和粮食流通设施等。商贸服务设施包括商品零售网络、生产服务体系、物流派送体系、金融服务体系等；粮食流通设施包括农产品批发市场、城乡集贸市场、物流派送与储藏设施等。截至2011年7月底，绵阳市商贸服务设施规划项目总计1430个，经评测得分为99.40，实施情况优秀；粮食流通设施规划项目总计58个，经评测得分为75.38，实施情况良好。总体来看，绵阳市市场体系实施情况经加权折算后得分为87.69，实施情况良好，属实施正常。其中，粮食流通设施相比商贸服务设施建设水平较低，受其设施建设难度影响（表7.10）。

表 7.10　汶川地震后绵阳市市场体系实施情况

评价指标	项目完工率/%	投资完成率/%	指标得分	评价等级	要素得分	评价等级
商贸服务设施	99.37	99.42	99.40	优秀	87.69	良好
粮食流通设施	79.31	71.99	75.38	良好		

(7) 生态环境实施情况评价

汶川地震后,绵阳市对损毁林地进行清理,防止森林火灾及病虫害等次生灾害发生。灾后开展大熊猫栖息地和潜在栖息地的生态修复,进行生态定位监测站、防火瞭望台等配套设施建设;开展垃圾处理设施、环保监测设施等建设,以提升环境水平;以建设高产、稳产基本农田为主要目标,利用土地复垦、整理、开发等举措对地震损毁、灭失耕地进行恢复,对迁并居民点和废弃工矿用地等进行整理。截止到 2011 年 7 月底,绵阳市生态修复类项目经评测得分为 54.46,实施情况一般;环境整治类项目经评测得分为 61.99,实施情况一般;土地整理复垦规划项目经评测得分为 61.92,实施情况一般。总体来看,绵阳市生态环境实施情况经加权折算后得分为 59.20 分,实施情况一般,属实施正常。生态修复、环境整治与土地整理复垦等实施情况相对一般,主要是由于生态环境损毁严重、次生灾害频发、森林植被等修复时间较长。另外,由于部分恢复重建造成的环境污染与临时用地等土地整理往往需要在重建结束后进行,也受部分管理者多关注社会经济重建而缺乏对生态环境的重视等影响(表 7.11)。

表 7.11　汶川地震后绵阳市生态环境实施情况

评价指标	项目完工率/%	投资完成率/%	指标得分	评价等级	要素得分	评价等级
生态修复	40.00	76.59	54.46	一般	59.20	一般
环境整治	55.56	69.76	61.99	一般		
土地整理复垦	55.56	69.58	61.92	一般		

(8) 防灾减灾实施情况评价

汶川地震后,绵阳坚持地震灾害防治与次生灾害防治共同治理、防灾减灾与经济建设共同发展的原则,开展灾害隐患排查治理,进行灾害监测预报与紧急救援等体系建设。截至 2011 年 7 月底,绵阳灾害风险治理规划项目总计 10 个,经评测该指标得分为 65.43,实施情况一般;应急指挥和救援救助规划项目总计 23 个,经评测该指标得分为 90.41,实施情况良好;综合减灾项目总计 11 个,经评测该指标得分为 77.20,实施情况良好。总体看来,绵阳市防灾减灾实施情况经加权折算后得分为 77.95,实施情况良好,属实施正常。其中灾害风险治理实施情况较为一般,造成差异的原因主要是应急指挥与救援救助方面可以在短时间内通过增加设备与人员实现能力提升,但在灾害风险治理与综合减灾方面则要结合实际地质环境进行长期治理,再加之次生灾害频发,使得灾害风险治理难以在短时间内完成(表 7.12)。

表 7.12 汶川地震后绵阳防灾减灾实施情况

评价指标	项目完工率/%	投资完成率/%	指标得分	评价等级	要素得分	评价等级
灾害风险治理	60.00	71.90	65.43	一般	77.95	良好
应急指挥和救援救助	86.96	96.31	90.41	优秀		
综合减灾	72.73	82.79	77.20	良好		

结合绵阳市各要素恢复重建实施结果可知，各要素包含的不同指标实施情况存在差异，这些差异是由多种因素造成的。为更加直观对比同要素内部指标的差异，对其进行可视化分析，以便后期对各指标实施对策进行研究(图 7.4)。

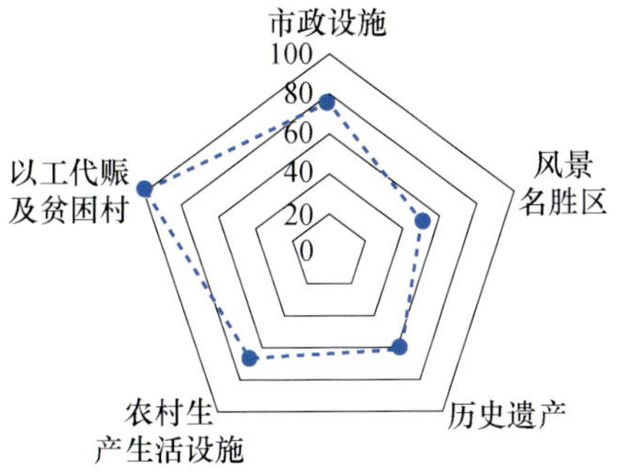

(a) 绵阳市城乡建设实施情况

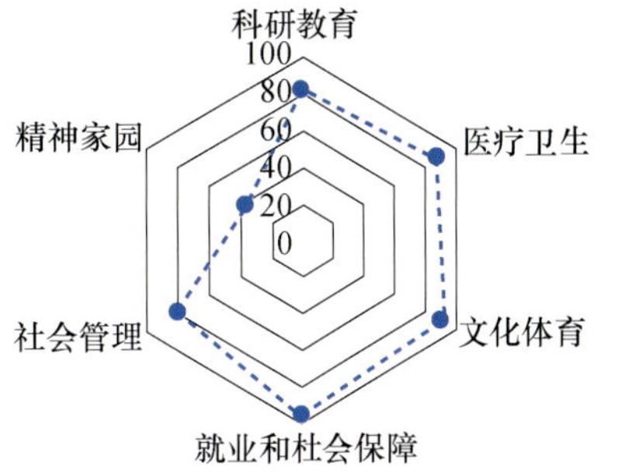

(b) 绵阳市公共服务实施情况

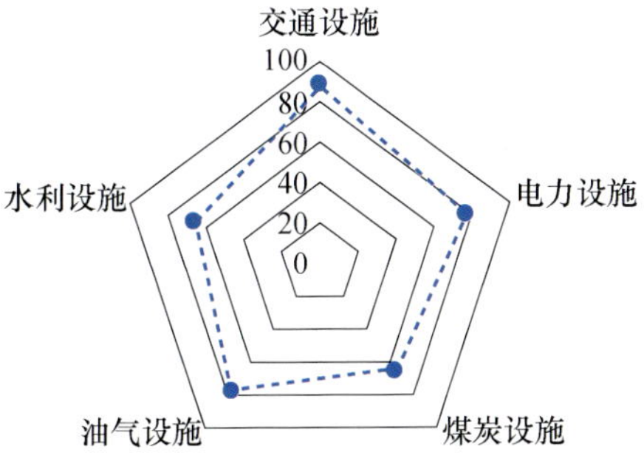

(c) 绵阳市基础设施实施情况

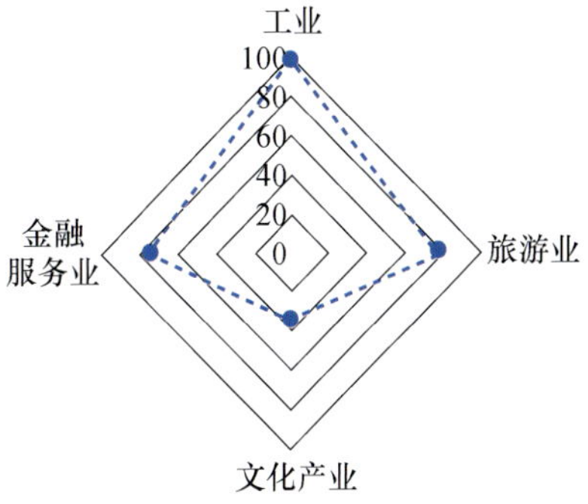

(d) 绵阳市产业布局实施情况

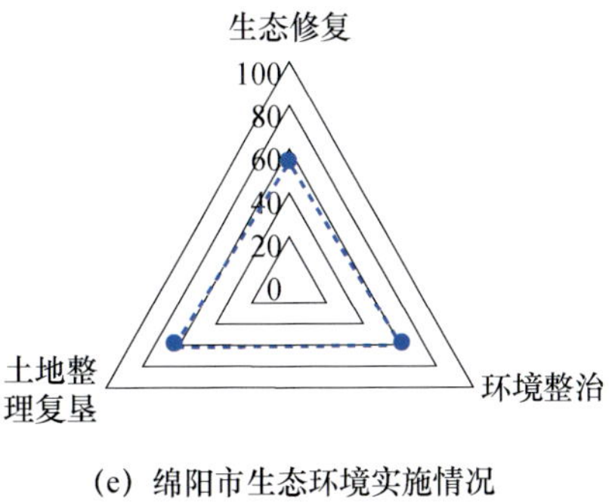

(e) 绵阳市生态环境实施情况

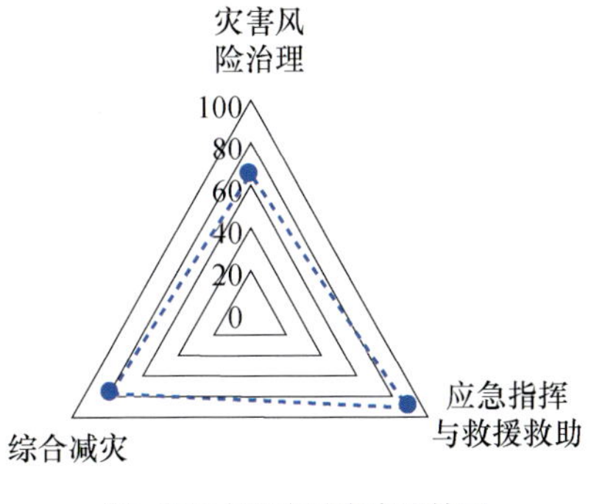

(f) 绵阳市防灾减灾实施情况

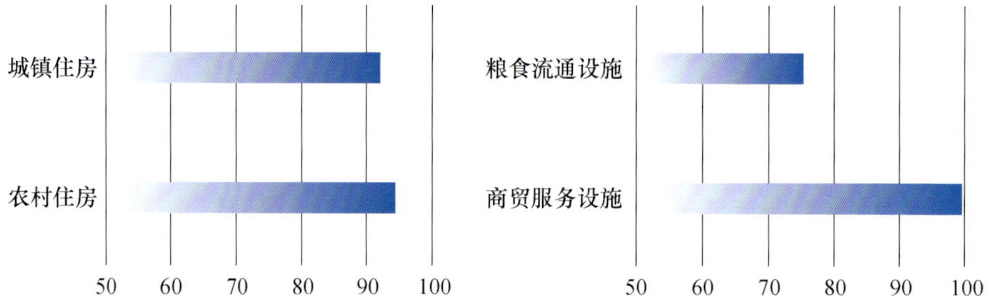

(g) 绵阳市居民住房实施情况　　(h) 绵阳市市场体系实施情况

图 7.4　汶川地震后绵阳市恢复重建各要素实施结果评价得分

7.3.5　总体结果与分析

通过对《绵阳市"5·12"特大地震灾后恢复重建实施总体规划》以及《汶川地震灾后恢复重建总体规划》等政策规划实施情况分析可看出，这些政策对恢复重建发挥了重要作用。汶川地震后，绵阳市在山东、河北、辽宁、河南以及内江、南充、达州、资阳等对口援建地与社会各界支持下，提出灾后重建与发展相结合的原则，要求在"在重建中发展，在重建中提升"，促进灾区恢复重建的顺利开展。从项目完成与投资完成情况来看，绵阳市灾后恢复重建总体上按照规划要求逐步实施，较好地落实了规划任务，为后期灾区发展振兴奠定了良好基础。但由于次生灾害、组织管理、资源保障等综合影响，导致部分内容没能按照原先规划得到落实，需要在后期开展原因分析，提出相应管理举措。

7.3.5.1　评价结果

通过对绵阳市恢复重建各指标(表 7.13)进行比较，依据得分自高到低可分为四类，其中商贸服务设施实施情况得分最高，风景名胜区实施情况得分最低。各指标得分与评价等级如下：首先，商贸服务设施实施情况、以工代赈及贫困村实施情况、工业实施情况、就业和社会保障实施情况、农村住房实施情况、城镇住房实施情况、应急指挥和救援救助实施情况、文化体育实施情况等八项指标得分大于 90，评价等级为优秀；其次，医疗卫生实施情况、交通设施实施情况、科研教育实施情况、社会管理实施情况、旅游业实施情况、电力设施实施情况、综合减灾实施情况、油气设施实施情况、粮食流通设施实施情况、市政设施实施情况、金融服务业实施情况等 11 项指标得分大于 70 但小于 90，评价等级为良好；再次，农村生产生活设施实施情况、水利设施实施情况、煤炭设施实施情况、灾害风险治理实施情况、环境整治实施情况、土地整理复垦实施情况、历史遗产实施情况、生态修复实施情况等八项指标得分大于 50 但小于 70，评价等级为一般；最后，精神家园实施情况、文化产业实施情况、风景名胜区实施情况等三项指标得分小于 50 但大于 30，评价等级为较差。总体而言，绵阳市各指标大部分处于良好与优秀，但在风景名胜区、文化产业、精神家园等方面有待加强(图 7.5)。

表7.13 绵阳市恢复重建各指标实施情况评价

要素层	指标层	指标得分	评价等级
居民住房	农村住房实施情况	94.38	优秀
	城镇住房实施情况	92.02	优秀
城乡建设	市政设施实施情况	74.30	良好
	风景名胜区实施情况	31.68	较差
	历史遗产实施情况	61.88	一般
	农村生产生活设施实施情况	67.40	一般
	以工代赈及贫困村实施情况	99.31	优秀
公共服务	科研教育实施情况	83.19	良好
	医疗卫生实施情况	87.44	良好
	文化体育实施情况	90.23	优秀
	就业和社会保障实施情况	97.86	优秀
	社会管理实施情况	80.55	良好
	精神家园实施情况	36.87	较差
基础设施	交通设施实施情况	86.79	良好
	电力设施实施情况	77.75	良好
	煤炭设施实施情况	65.64	一般
	油气设施实施情况	76.58	良好
	水利设施实施情况	65.91	一般
产业布局	工业实施情况	97.96	优秀
	旅游业实施情况	78.71	良好
	文化产业实施情况	35.10	较差
	金融服务业实施情况	73.19	良好
市场体系	商贸服务设施实施情况	99.40	优秀
	粮食流通设施实施情况	75.38	良好
生态环境	生态修复实施情况	54.46	一般
	环境整治实施情况	61.99	一般
	土地整理复垦实施情况	61.92	一般
防灾减灾	灾害风险治理实施情况	65.43	一般
	应急指挥和救援救助实施情况	90.41	优秀
	综合减灾实施情况	77.20	良好

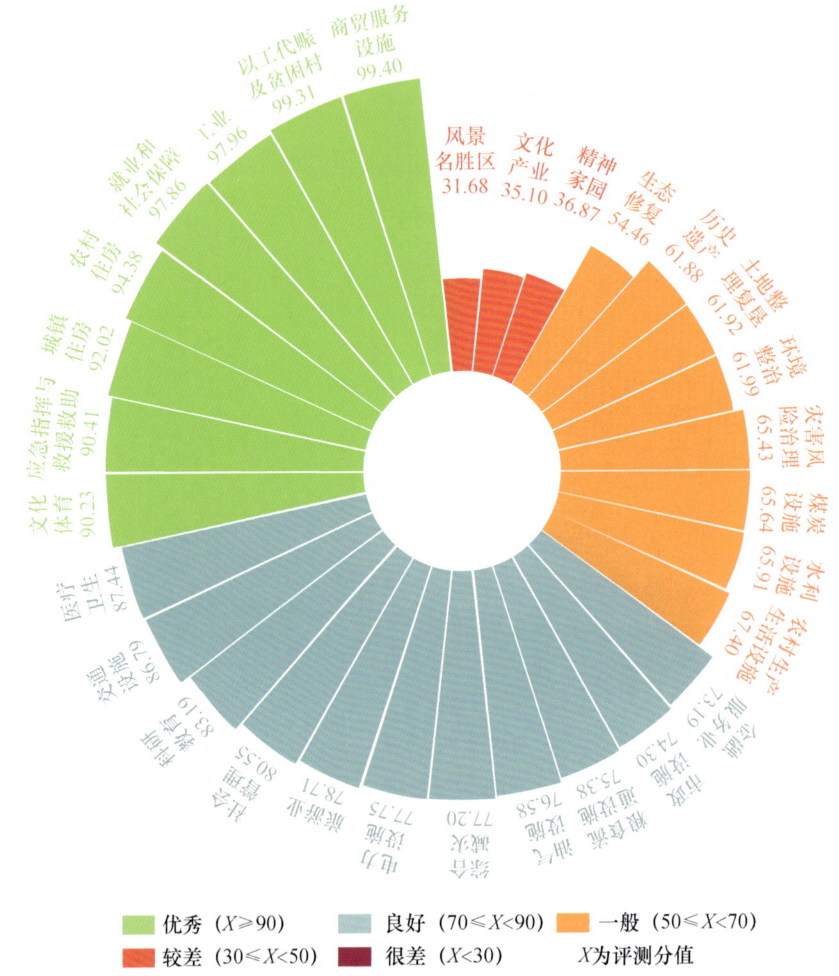

图 7.5　绵阳市灾后恢复重建各指标评价等级分类

通过对绵阳市恢复重建各要素实施结果评价得分进行计算与评价等级划分，可以明确绵阳市不同要素领域的实施情况。从要素得分情况来看，居民住房领域实施情况最好，生态环境领域的实施情况最差（表 7.14）。依据各要素得分可将其分为三类，各要素得分与评价等级如下：第一，居民住房要素得分为 93.20，评价等级为优秀；第二，市场体系、公共服务、防灾减灾、基础设施、产业布局、城乡建设等六个要素得分大于 70 但小于 90，评价等级为良好；第三，生态环境要素得分为 59.20，评价等级为一般。总体而言，绵阳市各要素恢复重建实施情况大部分处于良好，但生态环境要素方面有待加强（图 7.6）。

表 7.14　绵阳市恢复重建各要素实施情况评价

要素层	指标层	要素得分	评价等级
居民住房	农村住房实施情况	93.20	优秀
	城镇住房实施情况		

续表

要素层	指标层	要素得分	评价等级
城乡建设	市政设施实施情况	70.54	良好
	风景名胜区实施情况		
	历史遗产实施情况		
	农村生产生活设施实施情况		
	以工代赈及贫困村实施情况		
公共服务	科研教育实施情况	81.75	良好
	医疗卫生实施情况		
	文化体育实施情况		
	就业和社会保障实施情况		
	社会管理实施情况		
	精神家园实施情况		
基础设施	交通设施实施情况	76.20	良好
	电力设施实施情况		
	煤炭设施实施情况		
	油气设施实施情况		
	水利设施实施情况		
产业布局	工业实施情况	72.36	良好
	旅游业实施情况		
	文化产业实施情况		
	金融服务业实施情况		
市场体系	商贸服务设施实施情况	87.69	良好
	粮食流通设施实施情况		
生态环境	生态修复实施情况	59.20	一般
	环境整治实施情况		
	土地整理复垦实施情况		
防灾减灾	灾害风险治理实施情况	77.95	良好
	应急指挥和救援救助实施情况		
	综合减灾实施情况		

通过对各项指标得分进行加权求和，得到绵阳市恢复重建实施结果综合得分为79.07，评价等级为良好。综合各指标与要素得分情况看，绵阳市在农村住房、城镇住房、医疗卫生等社会经济领域恢复重建实施情况相对较好；但在城乡建设要素中的风景名胜区、产业布局要素中的文化产业、公共服务中的精神家园等领域恢复重建实施情况较差；另外，生态环境整体恢复重建水平也较低。后期需要重点对表现较差领域进行原因分析，提出相应的改进措施，促使灾区重建得更好(表7.15)。

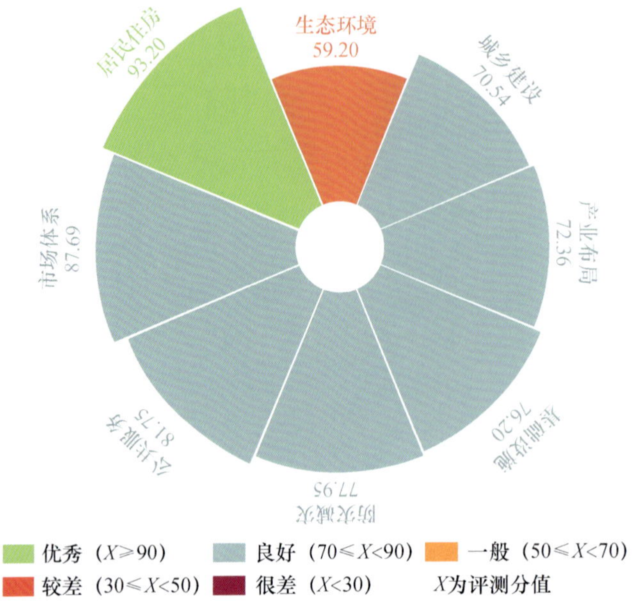

图 7.6　绵阳市灾后恢复重建各要素评价等级分类

表 7.15　绵阳市灾后恢复重建实施结果评价

要素层	指标层	权重/%	加权得分
居民住房	农村住房实施情况	8.55	8.07
	城镇住房实施情况	8.55	7.87
城乡建设	市政设施实施情况	5.54	4.12
	风景名胜区实施情况	1.67	0.53
	历史遗产实施情况	1.79	1.11
	农村生产生活设施实施情况	4.68	3.15
	以工代赈及贫困村实施情况	2.58	2.56
公共服务	科研教育实施情况	5.39	4.48
	医疗卫生实施情况	7.06	6.17
	文化体育实施情况	2.55	2.30
	就业和社会保障实施情况	4.70	4.60
	社会管理实施情况	3.55	2.86
	精神家园实施情况	3.14	1.16
基础设施	交通设施实施情况	3.16	2.74
	电力设施实施情况	2.79	2.17
	煤炭设施实施情况	1.91	1.25
	油气设施实施情况	1.72	1.32
	水利设施实施情况	1.78	1.17

续表

要素层	指标层	权重/%	加权得分
产业布局	工业实施情况	2.03	1.99
	旅游业实施情况	1.33	1.05
	文化产业实施情况	1.68	0.59
	金融服务业实施情况	2.61	1.91
市场体系	商贸服务设施实施情况	2.41	2.40
	粮食流通设施实施情况	2.29	1.73
生态环境	生态修复实施情况	2.21	1.20
	环境整治实施情况	1.97	1.22
	土地整理复垦实施情况	1.84	1.14
防灾减灾	灾害风险治理实施情况	3.48	2.28
	应急指挥和救援救助实施情况	3.70	3.35
	综合减灾实施情况	3.34	2.58
合计		100	79.07
评价等级			良好

7.3.5.2 结果分析

(1) 总体评价结果分析

汶川地震发生后，中国政府确定整个地震灾区恢复重建的“六有”目标是“家家有房住、户户有就业、人人有保障、设施有提高、经济有发展、生态有改善”，四川省各市结合上述目标开展恢复重建。截至2011年7月底，各项恢复重建目标基本得以实现，绵阳市恢复重建实施情况综合得分为79.07分，实施情况为良好。其中风景名胜区、文化产业、精神家园等领域实施情况相对较差。分析发现，组织管理、次生灾害、资源保障等因素会综合影响实施情况，后续恢复重建中需结合现状及问题进行对策研究，以提升恢复重建的整体水平。

(2) 各目标评价结果分析

结合国家提出的“家家有房住、户户有就业、人人有保障、设施有提高、经济有发展、生态有改善”的总体目标，针对绵阳市各项目标实现情况进行分析，以便了解灾区恢复重建具体目标的实现情况。

① 家家有房住

汶川地震造成绵阳市城乡住房受损严重，通过恢复重建，其中城镇住房重建6.3万户和维修加固38.93万户已全面完成，发放政府补助资金28.34亿元；农村住房重建50.66万户，维修67.59万户也全面完成，同时发放农村住房重建政府补助资金102.68亿元，维修加固资金16.62亿元，并为农村“三无”人员建房提供2.46亿元。基本实现了“家家有房住”目标。

② 户户有就业

汶川地震后绵阳市失业人口激增，造成18.78万户城镇劳动者失业，将近64.5万农村

灾区自然环境相比其他区域较为复杂，社会经济在遭遇灾害后变得更加脆弱。结合灾区资源环境与社会经济特征，构建适宜灾区协调发展评价的指标体系，对了解灾区协调发展水平具有重要意义。本节在对绵阳、德阳与广元市社会经济与资源环境分析基础上，通过“自上而下”与“自下而上”相结合的方法构建与调整灾区协调发展评价指标体系。其中，“自上而下”是指灾区协调发展评价指标的选择要依据灾区资源环境与社会经济特征，将灾区作为典型脆弱性社会生态系统，对灾区协调发展目标自上而下进行分解，每一个指标都对应属于灾区的一级子系统，根据各子系统的组织构成分析，结合理论分析法、专家咨询法、频度统计法等构建灾区复合系统协调发展评价指标体系。本节在“可持续性”视角下，基于恢复重建与综合评价等理论基础，结合可得性、代表性、操作性、科学性等原则进行指标体系的构建。随后用相关分析法，剔除在反映功能上同质的指标，分别从社会、经济与生态三个子系统构建了6个要素共22项指标(表7.16)。

表7.16 绵阳、德阳与广元市灾区协调发展评价指标体系

目标层A	子系统层B	要素层C	指标层D	单位
灾区复合系统协调发展评价	经子系统(8)	社会民生(5)	人口自然增长率	‰
			城镇登记失业率	%
			城镇化率	%
			城镇居民人均可支配收入	元
			农村居民人均可支配收入	元
		应急保障(3)	公路密度	km/100 km^2
			保险费用收入总额	亿元
			每百万人卫生机构床位数	张
	经济子系统(7)	经济水平(4)	人均GDP	元
			进出口总额	万美元
			一般公共预算收入	亿元
			人均社会消费品零售总额	元
		产业结构(3)	第三产业增加值占GDP比重	%
			第三产业就业人员占就业人员比重	%
			第一产业增加值占GDP比重	%
	生态子系统(7)	资源利用(3)	人均耕地面积	m^3
			人均水资源量	m^3
			森林资源覆盖率	%
		环境保护(4)	节能环保支出	万元
			城镇生活污水处理率	%
			工业固体废物综合利用率	%
			空气质量达到及好于二级天数比例	%

(2)数据来源

本节将灾区作为脆弱性复杂系统，从社会、经济与生态子系统出发，围绕社会民生、应急保障、经济水平、产业结构、资源利用、环境保护等构建指标体系。各指标数据主要来源于《绵阳市统计年鉴》《绵阳年鉴》《德阳市统计年鉴》《德阳年鉴》《广元市统计年鉴》《广元年鉴》，以及《四川统计年鉴》《中国县域统计年鉴》《四川环境年鉴》《中国国土资源年鉴》等相关年鉴、社会统计公报与调查报告等，部分缺失数据采用插值法进行补充，综合开展灾区复合系统协调发展评价。

7.4.2 指标权重的确定

本节结合评价内容与数据基础，选用熵值法与均方差法综合对各评价指标进行赋权。这类方法相比主观赋权法能尽量保证结果的客观性。该方法在权重确定中主要采用熵值来判断某个指标的离散程度，同时选择同样基于数据变异且计算简便的均方差法进行加权调整。依据上述方法确定的各指标权重见表7.17。

表7.17 绵阳、德阳与广元市灾区协调发展评价各项指标权重

子系统层	要素层	指标层	绵阳	德阳	广元
社会子系统	社会民生	人口自然增长率/‰	0.1163	0.1165	0.1262
		城镇登记失业率/%	0.1091	0.1175	0.1303
		城镇化率/%	0.1280	0.1298	0.1234
		城镇居民人均可支配收入/元	0.1279	0.1291	0.1215
		农村居民人均可支配收入/元	0.1253	0.1269	0.1198
	应急保障	公路密度/(km/100 km^2)	0.1435	0.1286	0.1381
		保险费用收入总额/亿元	0.1224	0.1272	0.1223
		每百万人卫生机构床位数/张	0.1275	0.1244	0.1184
经济子系统	经济水平	人均GDP/元	0.1450	0.1467	0.1394
		进出口总额/万美元	0.1353	0.1394	0.1360
		一般公共预算收入/亿元	0.1536	0.1536	0.1453
		人均社会消费品零售总额/元	0.1469	0.1499	0.1394
	产业结构	第三产业增加值占GDP比重/%	0.1312	0.1348	0.1328
		第三产业就业人员占总就业人员比重/%	0.1440	0.1289	0.1463
		第一产业增加值占GDP比重/%	0.1440	0.1467	0.1608
生态子系统	资源利用	人均耕地面积/m^3	0.1083	0.1173	0.1061
		人均水资源量/m^3	0.1440	0.1280	0.1406
		森林资源覆盖率/%	0.1428	0.1490	0.1572
	环境保护	节能环保支出/万元	0.1329	0.1309	0.1409
		城镇生活污水处理率/%	0.1602	0.1488	0.1557
		工业固体废物综合利用率/%	0.1592	0.1537	0.1597
		空气质量达到及好于二级天数比例/%	0.1526	0.1723	0.1398

7.4.3 灾区发展度的计算与结果分析

地震灾害会对灾区正常发展产生外在扰动，促使其偏离正常发展轨迹，而灾后恢复重建对其发展过程产生进一步影响，因此，利用分段回归可以较为清楚地了解灾区复合系统协调发展的变化情况。其中，分段回归是指对解释变量在不同范围内，拟合具有不同斜率的回归关系，而分段点就是分割不同范围的点。可借助 R 语言的 segmented 包对线性回归进行分段分析，以便得到分段点。在应用 segmented 包时，将线性回归结果提供给 segmented 包进行处理，并将初始分段点设置为发生地震的 2008 年。segmented 包根据提供的线性回归结果和初始分段点，使用迭代算法来寻找合理的分段点。基于回归方程斜率和分段点可详细地分析各灾区及其不同系统的发展度、协调度与协调发展指数的变化情况。

汶川地震灾区三个城市的发展度受资源环境与社会经济的综合影响。2005—2018 年，三个城市的发展度都呈增长趋势，各阶段发展水平存在以下差异：①在发展度序列方面，2018 年与 2005 年相比，德阳市发展度由最高位降至最低位，发展度由 0.1860 升为 0.8162；广元市由最低位升到最高位，由 0.1107 上升为 0.9296；绵阳市发展度处于第二位，未变化，由 0.1491 上升为 0.9254。②在发展度增长率方面，三个城市发展度增长率变化都经历了由快到慢的过程。其中，德阳市在 2013 年后发展度增长率由 0.0590 降为 0.0258；广元市在 2011 年后由 0.0898 降为 0.0430；绵阳市在 2012 年后由 0.0641 降为 0.0520（图 7.8）。

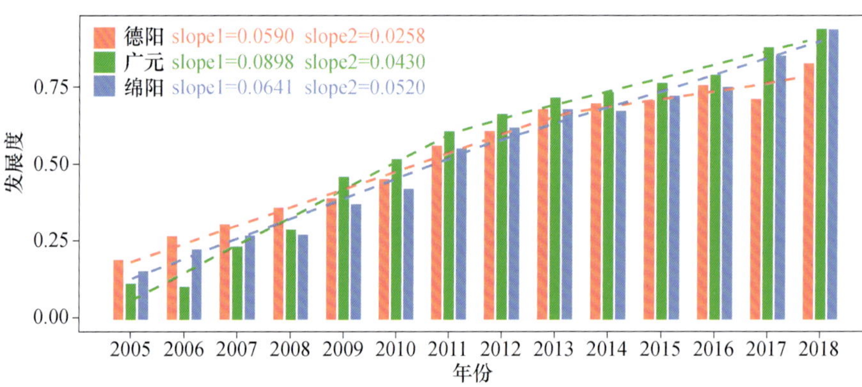

图 7.8 绵阳、德阳与广元市综合发展水平

绵阳、德阳与广元市的综合发展水平除存在总体差异外，各城市间不同子系统的发展度也有所不同。分别对三个市社会、生态、经济子系统发展度进行对比分析，可以了解不同城市在同一子系统发展水平上的差异。这些差异往往是在地区资源环境基础上，加之后期地震灾害与恢复重建的综合影响导致的。以下重点对三城市的社会子系统发展度、经济子系统发展度、生态子系统发展度进行对比分析。

（1）绵阳、德阳与广元市社会子系统发展度对比分析

社会子系统发展度反映了灾区社会民生与应急保障等领域的发展情况。2005—2018 年，绵阳、德阳与广元市社会子系统发展度都得到一定提升，分析如下：①在发展度序列方面，德阳市社会子系统发展度由最高位降至最低位，绵阳市由第二位升至最高位，广元

市由最低位升至第二位；② 在发展度增长率方面，德阳市社会子系统发展度增长率在2012年后由0.0604降至0.0354，广元市在2013年后由0.0924降至0.0508，绵阳市在2010年后由0.0597升至0.0658(图7.9)。

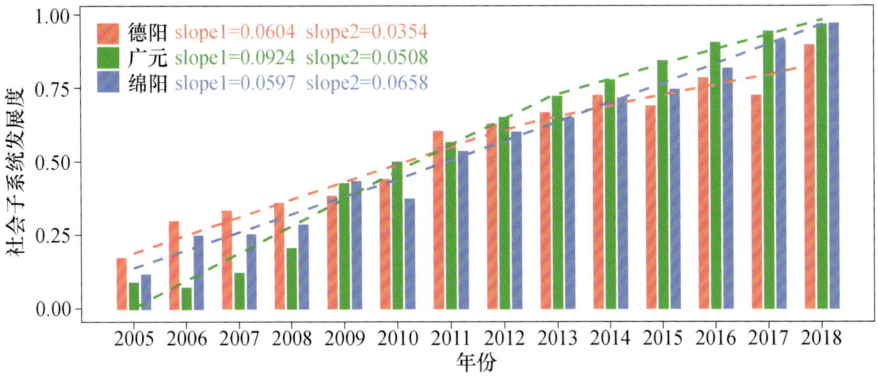

图7.9 绵阳、德阳与广元市的社会子系统发展度

(2) 绵阳、德阳与广元市经济子系统发展度对比分析

经济子系统发展度反映了区域经济水平与产业结构的发展情况。2005—2018年，绵阳、德阳与广元市的经济子系统发展度都得到了一定的提升，分析如下：① 在发展度序列方面，2018年与2005年相比，德阳市排名始终位于最低，广元市由最高位降至第二位，绵阳市排名由第二位升至最高位；② 在发展度增长率方面，德阳市经济子系统发展度在2014年后由0.0703降至0.0422，广元市在2012年后由0.0712降至0.0350，绵阳市在2008年后由0.0288升为0.0740(图7.10)。

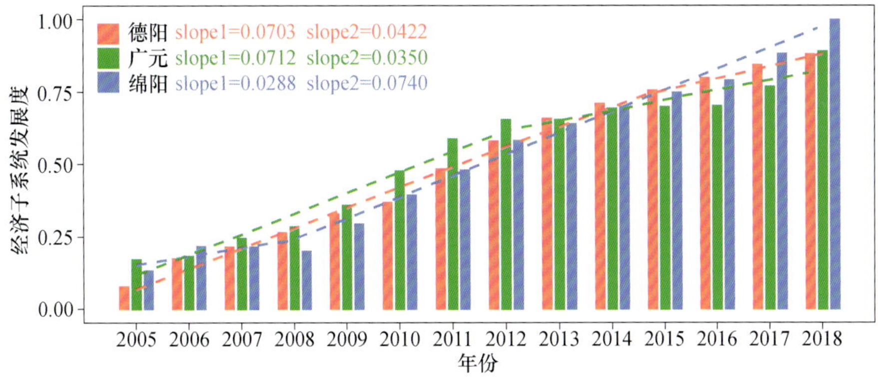

图7.10 绵阳、德阳与广元的经济子系统发展度

(3) 绵阳、德阳与广元市生态子系统发展度对比分析

生态子系统发展度反映了区域资源利用与环境保护等方面的发展情况。2005—2018年，德阳的生态子系统发展度先增长后降低，广元与绵阳的生态子系统发展度呈上升趋势，分析如下：① 在发展度序列方面，德阳生态子系统发展度排名由最高位降至最低位，广元由最低位升至最高位，绵阳则保持第二位；② 在发展度增长率方面，德阳生态子系统发展度增长率在2013年后由0.0328变为−0.0395，广元在2009年后由0.1296升为

0.0353,绵阳在2012年后由0.0687降为0.0076(图7.11)。

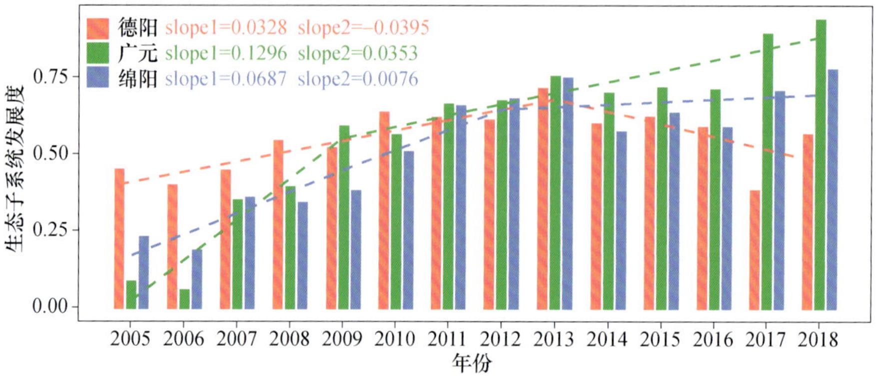

图7.11 绵阳、德阳与广元的生态子系统发展度

对绵阳、德阳与广元三个城市发展度以及不同子系统发展度的对比研究,可以了解这些灾区城市发展的差异,有利于比较分析各城市间地震灾害与恢复重建对区域发展产生的影响。

7.4.4 灾区协调度的计算与结果分析

汶川地震灾区三个城市协调度的变化受各自资源环境与社会经济的综合影响。2005—2018年,德阳与广元协调度均呈先上升后降低趋势,绵阳协调度呈波动下降趋势,分析如下。① 在协调度序列方面,2018年与2005年相比,三个城市协调度排序未发生变化,但协调度都有所增加。其中,德阳协调度处于最低位,协调度由0.7561升为0.7745。广元协调度处于最高位,由0.9424升为0.9506;绵阳协调度处于第二位,由0.7561升为0.7745。② 在协调度增长率方面,三个城市协调度增长率都由正到负,其中德阳协调度增长率在2013年后由0.0224变为-0.0485;广元协调度增长率在2012年后由0.0079变为-0.0072;绵阳协调度增长率在2013年后由-0.0005变为-0.0179。总体而言,三个城市的协调度在恢复重建结束一到两年后开始降低,其中德阳的协调度下降较为明显(图7.12)。

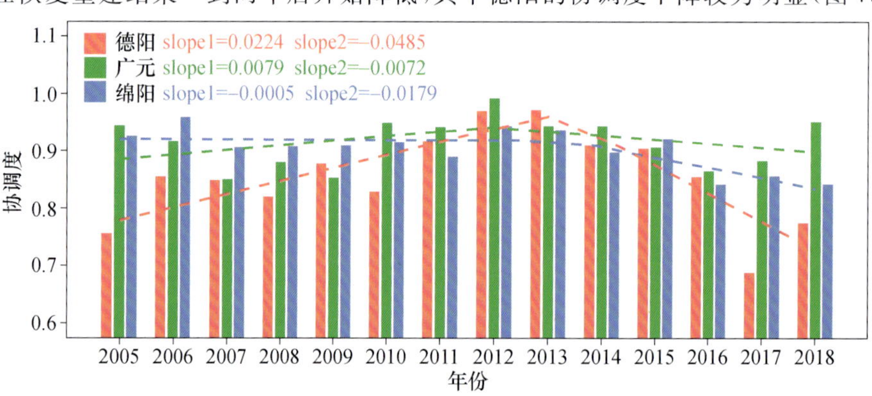

图7.12 绵阳、德阳与广元市协调度

(1) 绵阳、德阳与广元市社会-经济系统协调度对比分析

2005—2018年,德阳与广元社会-经济系统协调度有所增加,绵阳社会-经济系统协调度有所降低,分析如下。① 在协调度序列方面,德阳与广元呈先升高后降低趋势,绵阳则呈先降低后升高趋势。2018年与2005年相比,三市社会-经济系统协调度排名变化明显,其中德阳市由最低升至最高,由0.9055升至0.9849;广元市由第二降至最低,由0.9163升至0.9259;绵阳市由最高降至最低,由0.9830降至0.9690。② 在协调度增长率方面,德阳社会-经济协调度增长率在2014年由0.0099降为-0.0051;广元市在2011年由0.0150降为-0.0187;绵阳市在2008年由-0.0203升为0.0069(图7.13)。

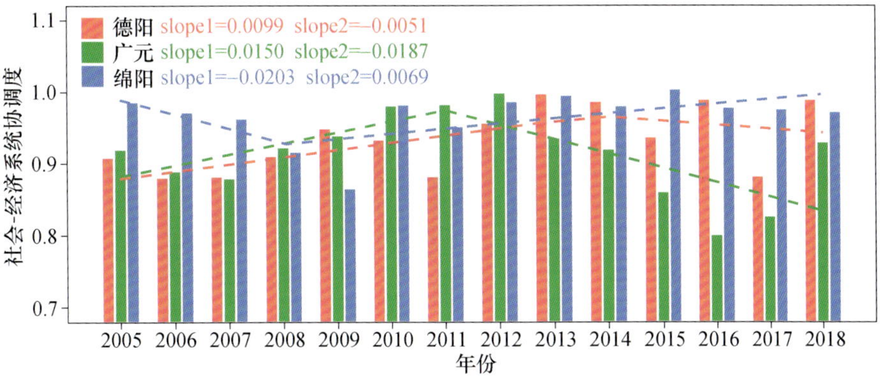

图7.13 绵阳、德阳与广元市社会-经济系统协调度

(2) 绵阳、德阳与广元市社会-生态系统协调度对比分析

2005—2018年,三个城市社会-生态系统协调度都有所降低,分析如下。① 在协调度序列方面,德阳市呈先升高后降低的趋势,广元市呈先降低后升高趋势,绵阳呈不断降低趋势。2018年与2005年相比,三个城市排名未发生明显变化,其中德阳社会-生态系统协调度处于最低位,由0.7287降为0.6618;广元社会-生态系统协调度处于最高位,由0.9973降为0.9571;绵阳社会-生态系统协调度处于第二位,由0.8885降为0.7941。② 在协调度增长率方面,德阳社会-生态系统协调度增长率在2013年由0.0237变为-0.0643;广元在2007年由-0.0821升为0.0071;绵阳在2012年由-0.0004变为-0.0258(图7.14)。

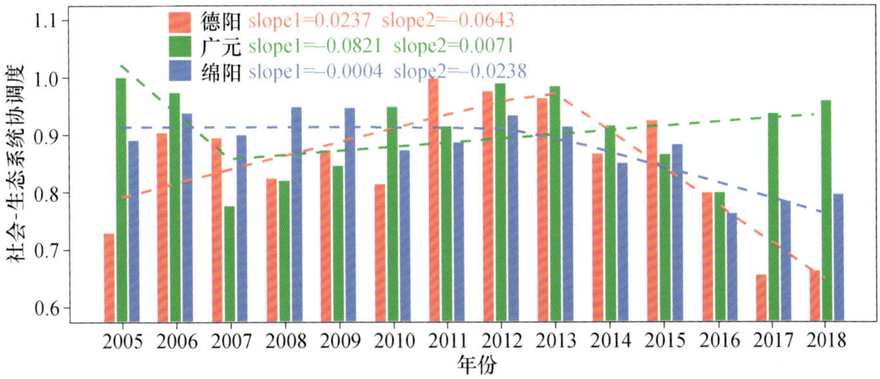

图7.14 绵阳、德阳与广元市社会-生态系统协调度

（3）绵阳、德阳与广元市经济-生态系统协调度对比分析

2005—2018年，德阳与广元经济-生态系统协调度有所增加，绵阳经济-生态系统协调度有所降低，分析如下。① 在协调度序列方面，德阳与广元都呈先增加后降低趋势，绵阳市呈不断降低趋势。2018年与2005年相比，三城市排名未发生明显变化，其中德阳处于最低位，由0.6342升为0.6769；广元处于最高位，由0.9136升为0.9688；绵阳处于第二，由0.9055降为0.7630。② 在协调度增长率方面，德阳经济-生态系统协调度增长率在2013年后由0.0349变为－0.0731；广元在2015年后由0.0116变为－0.0152；绵阳在2015年后由－0.0035变为－0.0326（图7.15）。

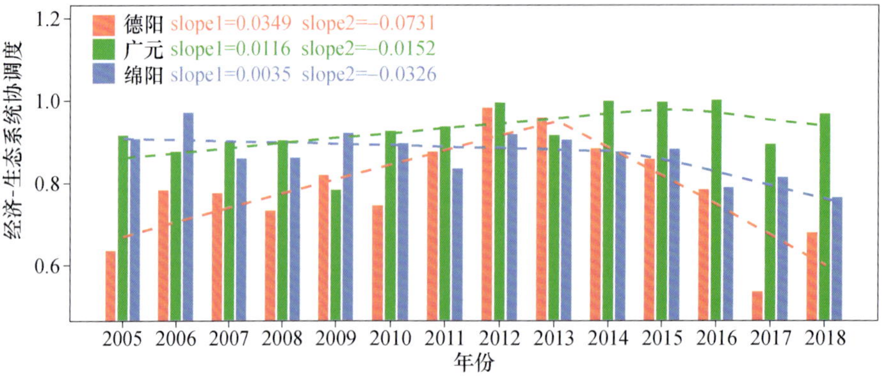

图7.15　绵阳、德阳与广元市经济-生态系统协调度

对绵阳、德阳与广元三市协调度以及不同系统间协调度对比研究，可以了解地震灾害与恢复重建对区域协调产生的影响。

7.4.5　灾区协调发展指数的计算与结果分析

汶川地震灾区的绵阳、德阳与广元三个城市协调发展指数都有所提升，但在不同时间存在明显的差异，分析如下。① 在协调发展指数序列方面，2018年与2005年相比，德阳市协调发展指数由最高位降至最低位，协调发展指数由0.3750上升为0.7951；广元市协调发展指数由最低位升至最高位，协调发展指数由0.3229升至0.9400；绵阳市协调发展指数处于第二位，未发生明显变化，协调发展指数由0.3715上升为0.8827。② 在协调发展指数增长率方面，德阳市协调发展指数增长率在2013年后由0.0512降至－0.0092；广元市协调发展指数增长率在2011年后由0.0807降至0.0185；绵阳市协调发展指数增长率在2012年后由0.0520降至0.0191（图7.16）。

总体来看，2005—2018年，德阳、广元与绵阳市协调发展指数都发生较为明显的变化，反映了各城市协调发展水平的变化。其中，德阳协调发展指数先增加后降低，该市协调发展水平由最高降到最低，由轻度失调衰退型（0.3750）转变为中级协调发展型（0.7951）；广元协调发展指数呈不断上升趋势，反映广元协调发展水平不断上升，该市协调发展水平经历了由起初最低到最高的变化，由轻度失调衰退型（0.3229）转变为优质协调发展型（0.9400）；绵阳协调发展指数呈不断上升趋势，反映绵阳协调发展水平不断上升，该市协调发展水平处

于第二位，由轻度失调衰退型(0.3715)转变为良好协调发展型(0.8827)。

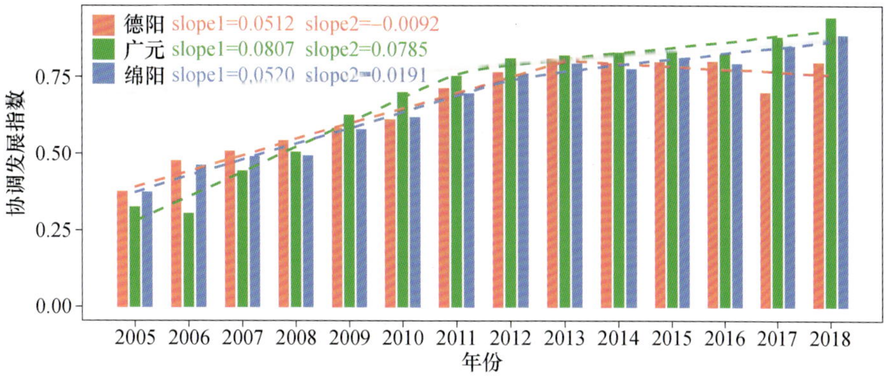

图 7.16 绵阳、德阳与广元市协调发展指数

7.4.6 各城市县级尺度协调发展评价研究

为进一步了解极重灾区与重灾区协调发展状况，结合绵阳、德阳与广元三市协调发展评价研究，针对各市所属县(市、区)进行协调发展评价。由于县域数据缺乏，评价只能反映趋势，本节尝试结合四川省县域统计年鉴与四川省年鉴等资料，选取汶川地震前后与恢复重建前后的2007、2008、2011、2015、2018共5个年份进行灾区复合系统协调发展评价。其中绵阳包含3个极重灾区与9个重灾区；德阳包含2个极重灾区与4个重灾区；广元包含1个极重灾区与6个重灾区。对这些县(市、区)进行协调发展评价，可以了解地震灾害对区域发展的影响。

对绵阳、德阳与广元三个城市各县(市、区)协调发展指数进行对比分析发现，各县(市、区)协调发展指数普遍呈增长趋势，但极重灾区与重灾区的发展差异较大。2007—2018年，绵阳市极重灾区包括3个县(市、区)，其中安州区协调发展指数呈上升趋势，由中度失调衰退型转变为初级协调发展型；北川县与平武县协调发展指数在2008年均呈现下降，随后的年份逐步上升。其中，北川县由中度失调衰退型转变为中级协调发展型，平武县由轻度失调衰退型转变为中级协调发展型。德阳市极重灾区包括2个县(市、区)，其中什邡市协调发展指数呈不断上升趋势，由中度失调衰退型转变为中级协调发展型；绵竹市协调发展指数在2008年出现下降，随后不断上升，由中度失调衰退型转变为良好协调发展型。广元市极重灾区包括青川1个县，该县协调发展指数呈上升趋势，由严重失调衰退型转变为良好协调发展型。总体而言，极重灾区协调发展指数普遍呈上升趋势，部分县(市、区)在2008年有所下降，但随后呈上升趋势。此外，绵阳、德阳与广元市重灾区受灾情况较极重灾区较小，导致恢复重建过程中获得的援助也存在差别。由于重灾区各县(市、区)相对较多，重点结合与极重灾区的差别进行比较。其中属于重灾区的绵阳市的6个县(市、区)，德阳市的4个县(市、区)，广元市的6个县(市、区)协调发展指数普遍呈上升趋势，但相比于极重灾区在2018年时的协调发展指数更高，其中旌阳区、广汉市、旺苍县与苍溪县都达到良好协调发展(图7.17)。

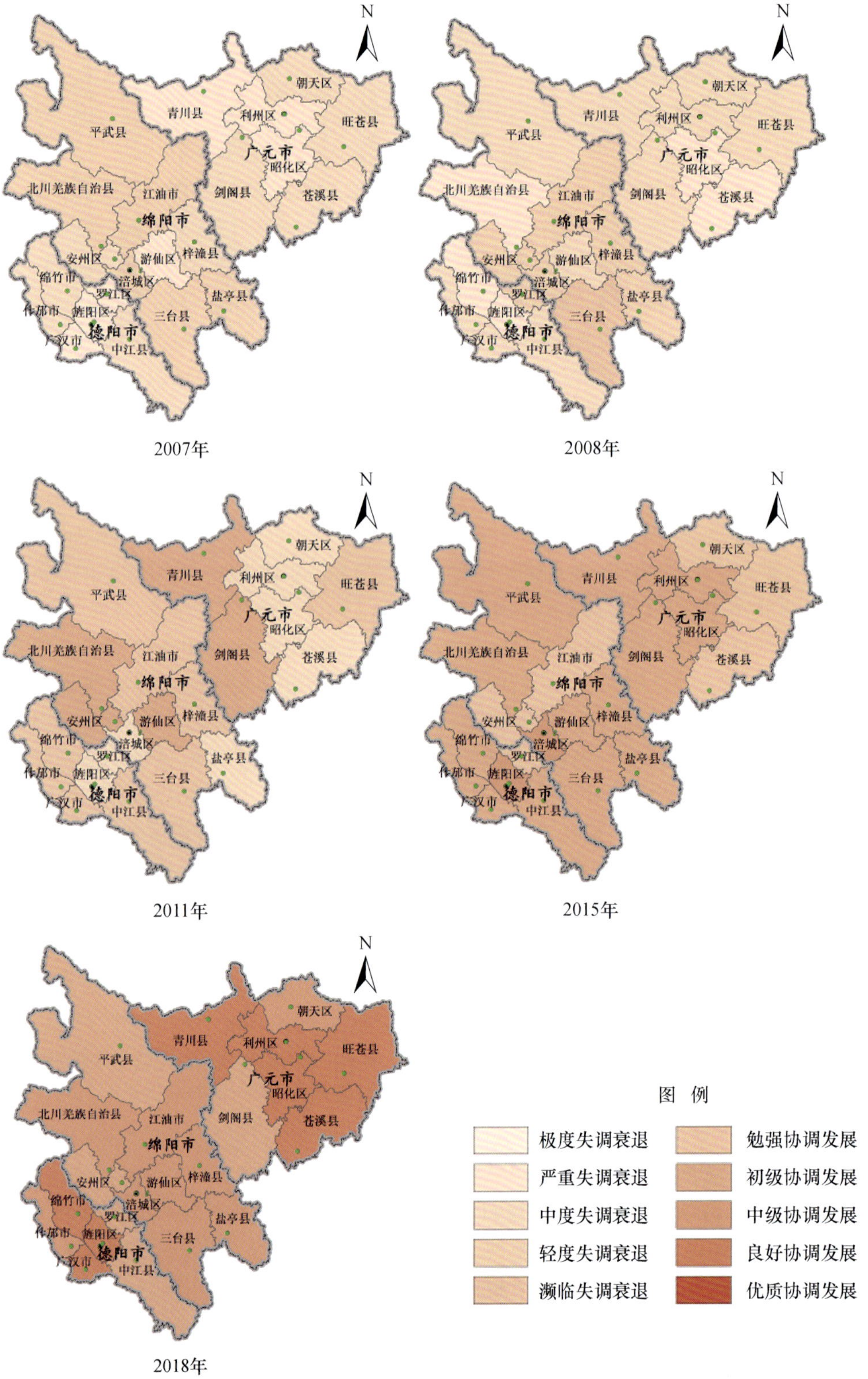

图 7.17　汶川地震灾区主要县(市、区)协调发展指数变化

7.4.7 总体结果与分析

对汶川地震灾区的绵阳、德阳与广元三个城市 2005—2018 年协调发展的分析，综合开展汶川地震典型灾区复合系统协调发展评价，可以了解绵阳市协调发展水平。进一步对相邻的德阳、广元市进行灾区复合系统协调发展评价，通过对比分析可以了解灾后不同区域协调发展的差异程度，有利于分析地震灾害与恢复重建政策对灾区协调发展产生的影响。在协调发展指数方面，三个城市在 2005—2018 年间协调发展指数都得到提升，反映了各城市协调发展水平的升高。同时，三个城市协调发展指数变化存在明显差异，其中，德阳协调发展指数呈先增加后降低的趋势，广元协调发展指数呈不断上升趋势，绵阳协调发展指数呈不断上升趋势。三个城市协调发展水平发生了变化，其中德阳协调发展水平由轻度失调衰退型转变为中级协调发展型；广元协调发展水平由轻度失调衰退型转变为优质协调发展型；绵阳协调发展水平由轻度失调衰退型转变为良好协调发展型。绵阳、德阳与广元等各县（市、区）灾后协调发展水平的差异既与本身灾前资源环境、社会经济有直接关系，同时还受到外界对口援助省份资金规模、产业政策的影响。例如，山东省对口支援四川省北川县 109 亿元，广东省对口支援四川省汶川县 82 亿元，浙江省对口支援四川省青川县 76 亿元等。这些支援省份不仅提供资金的帮助，还结合自身产业优势进行政策对接。例如，山东省投资援建的北川-山东工业园引入大量汽车企业配套，同时还有不少农业龙头企业入驻；广东省安排了 4 亿元援建资金在成都建设“广东-汶川工业园”，鼓励广东企业到灾区投资创业，促进灾区产业经济的可持续发展。

7.5 汶川地震灾区恢复重建后效评价的空间分析

7.5.1 结合空间布局对比的灾区恢复重建研究

尽管绵阳整体市域均属于重灾区，但由于聚落分布与灾害规律导致受灾严重的往往是一些呈点状分布的地区。针对这些地区的恢复重建实施结果与协调发展评价更能突出反映出灾区恢复重建的整体情况。但这些地区由于范围较小、分布零散、灾损不同等原因，导致数据获取困难，借助宏观层面的评价体系往往难以有效开展评价。因此，在微观层面上，借助卫星影像与 GIS 技术开展遥感监测与分析，较为直观地对局部极重灾区恢复重建成效进行评价（Daly et al. ,2017）。

汶川地震后，绵阳市北川县城所在的曲山镇受损严重，结合灾损情况与灾害风险评价，灾后开展了北川新县城异地重建（该县城是汶川地震中唯一整体异地重建的县城），结合“一定要再造一个新北川”的要求，北川新县城（简称“北川新城”）选址在永昌镇。本节结合遥感监测对北川新县城各用地情况进行空间分析。由于云量大、可利用影像少的影响，重点选取灾后2008-08-22、2011-02-17、2014-07-04、2016-09-10、2018-05-06、2020-03-20共六个日期的情况进行对比分析。用地类型包括居住用地、行政及事业单位用地、公益性服务设施用地、经营性服务设施用地、工业与仓储物流用地、道路交通设施用地、市政公用设施用地、绿地等八类。本节利用空间对比分析法从微观尺度下进行北川新县城恢复重建评价研究(图7.18)。

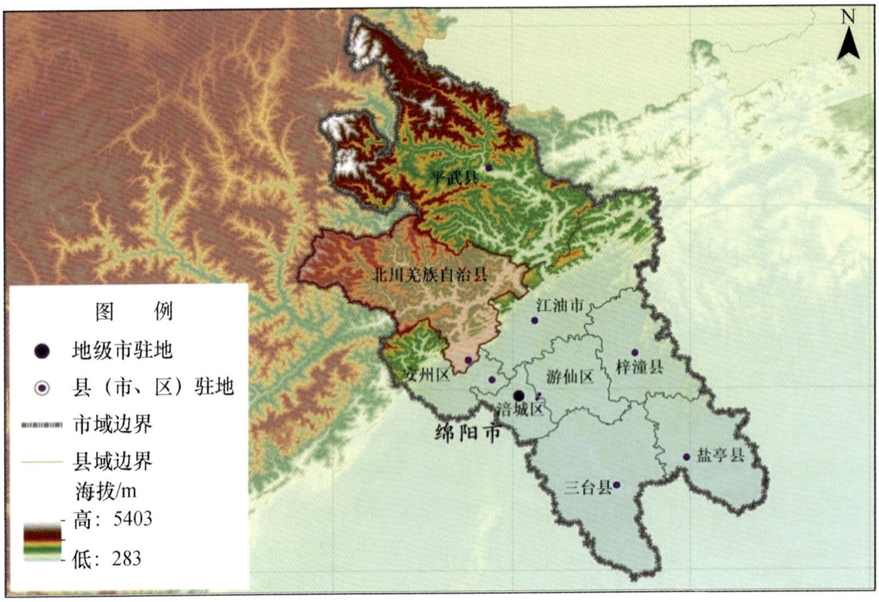

图7.18　北川羌族自治县区位图

7.5.1.1　城市规模控制情况分析

对北川新县城规划图与遥感影像图进行对比分析,可以较为直观地了解2008—2020年北川新县城恢复重建用地情况。选取2008年汶川地震后的主要时间节点,针对北川新县城用地空间实施情况进行对比分析,见图7.19。

北川新县城规划建设用地规模为7.14 km^2,预期人口规模为7万人。结合遥感影像对比分析,北川新县城在灾后三年的2011年完成用地5.21 km^2,约占规划用地的72.97%。在之后几年各类型用地陆续得到开发,截至2020年完成用地6.10 km^2,约占规划用地的85.43%,基本满足灾后城市发展需求(图7.20)。为进一步了解灾区用地情况,对2020年不同用地完成情况与规划情况进行对比发现(图7.21),各类用地实施情况有所差异,其中工业与仓储物流用地、行政及事业单位用地等在面积占比方面完成较高,但也存在部分用地超出规划范围,影响整体实施情况,后续通过各类用地分析具体完成情况(图7.22)。

7.5.1.2　城市空间结构与规划一致性分析

汶川地震后,北川新城通过土地生态适宜性评价确定县城规划范围内开发建设许可分区,包括禁建区、限建区、适建区与已建区。新县城用地结构为“一廊、一环、一带、一轴”,对2020年北川新县城用地情况与规划用地布局进行对比发现,北川新城基本符合规划空间结构,城市空间布局得到较好实施(图7.21右)。

7.5.1.3 各类性质用地空间布局规划实施情况分析

2008 年发布的《北川羌族自治县新县城城市总体规划(2008—2020)》对居住用地、公益性服务设施用地、绿地等八类用地布局进行了说明。通过对截至 2020 年 3 月 20 日各类用地实施情况与规划情况进行对比,发现各类用地符合《城市用地分类与规划建设用地标准》(GB 50137—2011)或《北川羌族自治县新县城城市总体规划(2008—2020)》及专家咨询的标准要求。为进一步开展用地布局完成率(L)的计算,首先由规划文本得到各类用地规划面积(M_i),通过统计测量得到特定类型用地面积(N_i)与该类用地在规划区范围内面积(N_j),得到用地布局完成率(L)的值。综合利用空间分析法开展北川新城恢复重建用地情况研究。

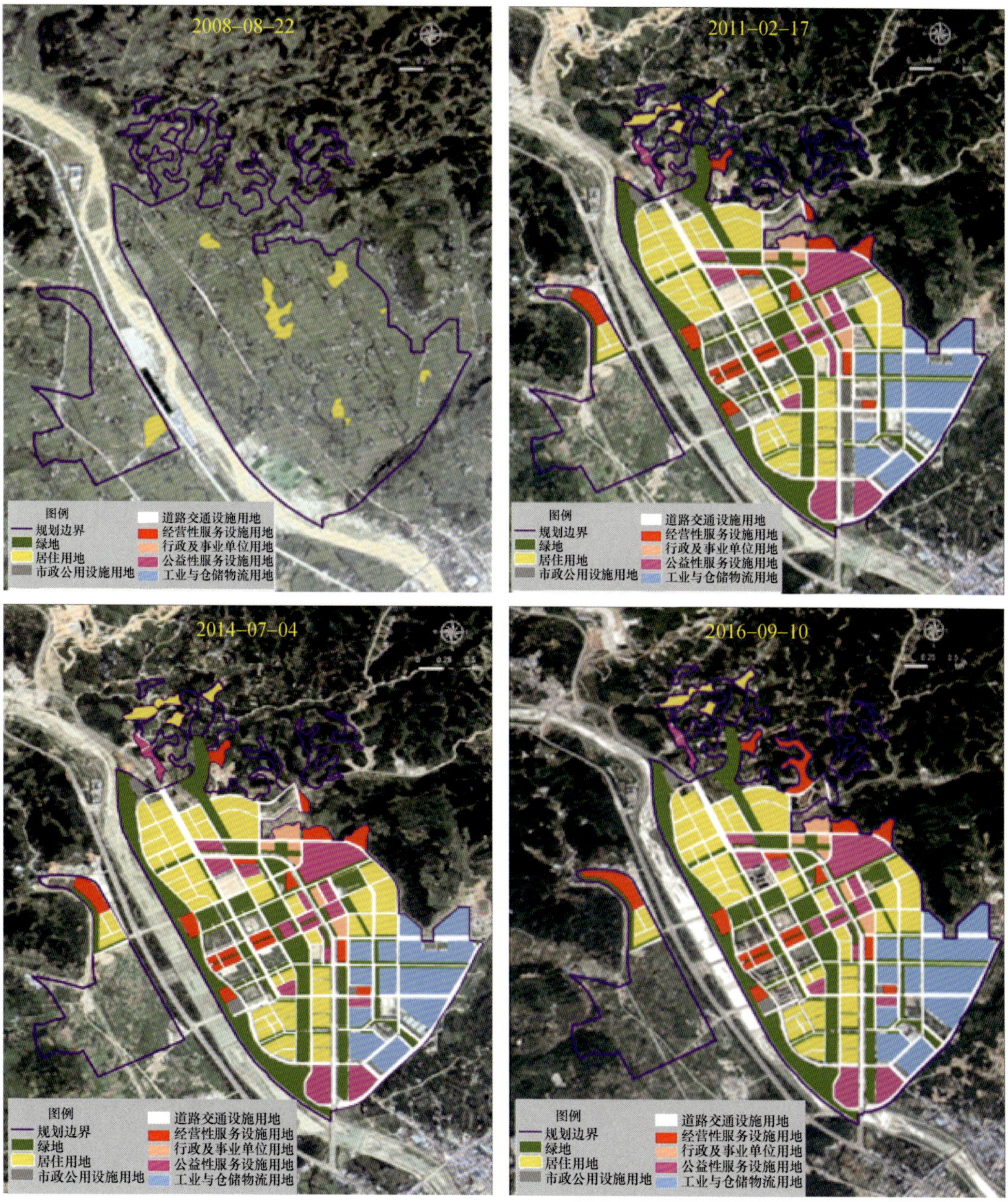

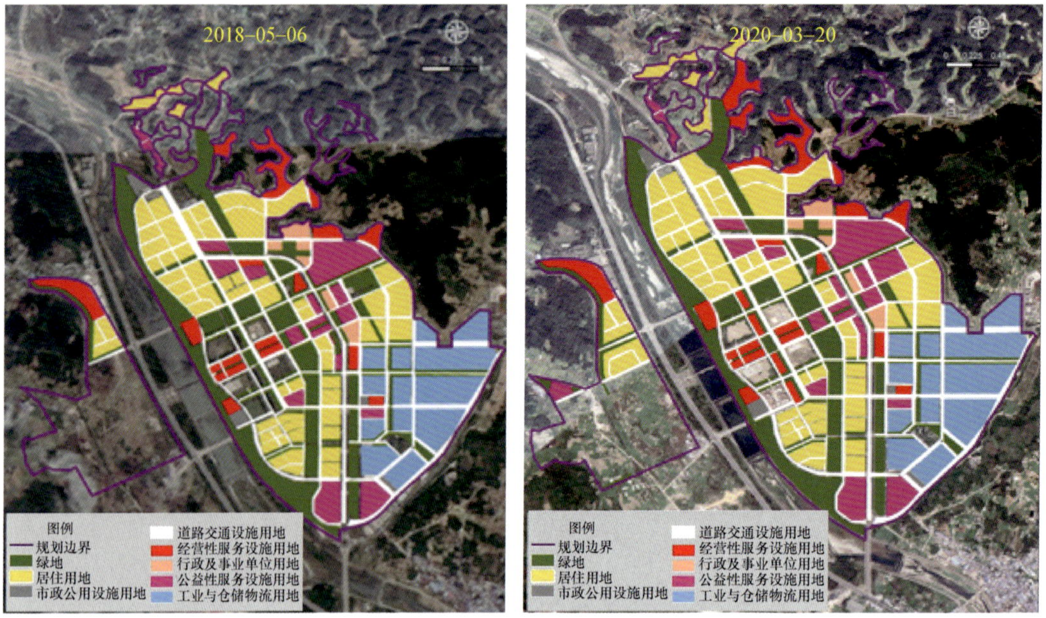

图 7.19 北川新城主要年份用地空间实施情况

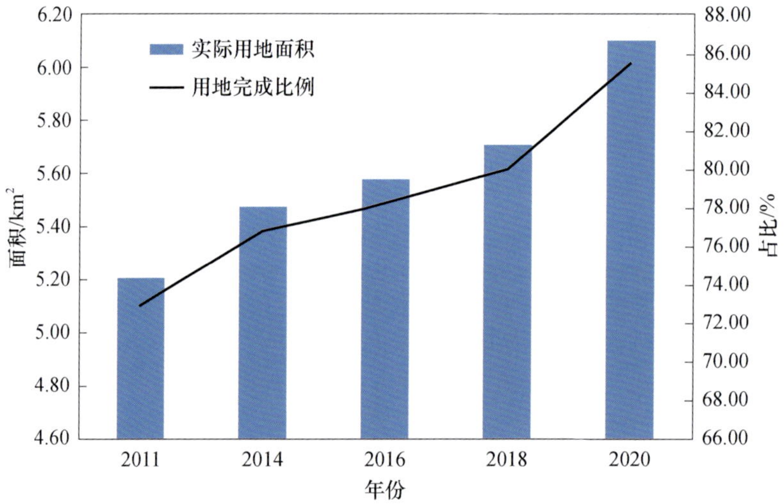

图 7.20 北川新城主要年份的用地面积实施情况

(1)居住用地实施情况分析

从用地面积分析,居住用地在城市建设用地的比例明显上升。2020 年居住用地完成 141.38 万 m^3,约占规划居住用地的 70.68%,大部分居住用地在 2011 年得到利用,之后九年利用较少。另有少量居住用地超出规划范围,得到的居住用地布局完成率为 68%,结合地区人口情况,基本满足居住要求。在北川新城西南面尚有土地未开发,后续结合地区发展进行剩余用地的开发(图 7.23)。

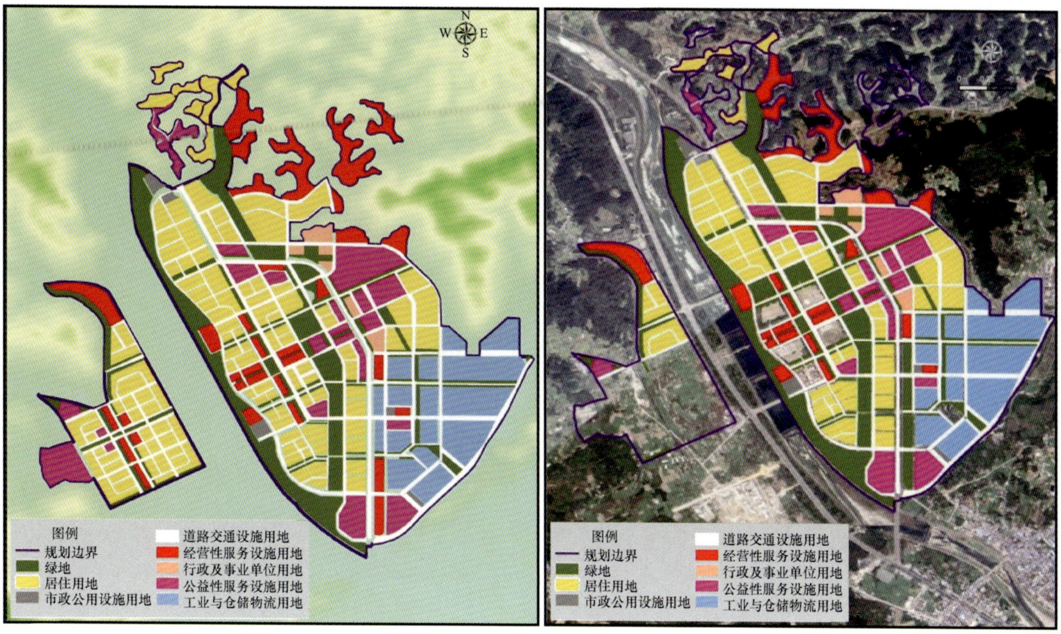

图 7.21　2020 年北川新县城城市规划图及城市建成区规模分析

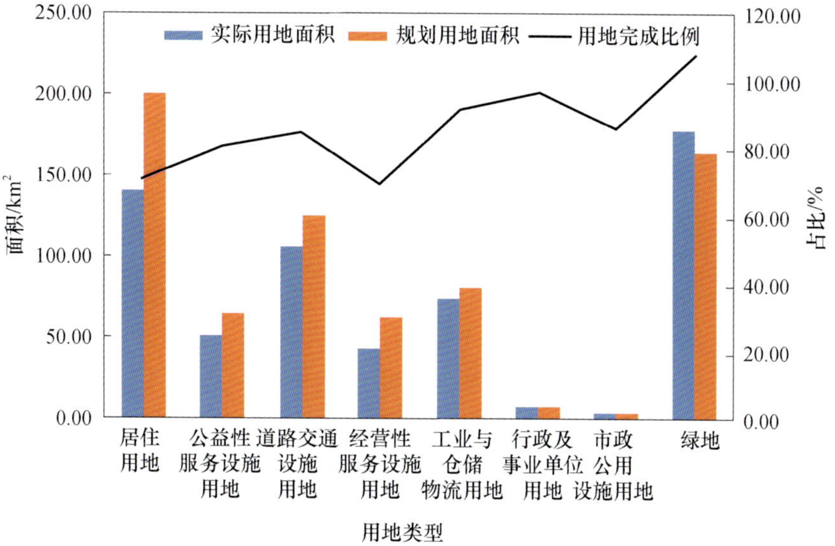

图 7.22　2020 年北川新城各类用地完成情况

(2)公益性服务设施用地实施情况分析

从用地面积分析，公益性服务设施用地增加面积较多。截至 2020 年，公益性服务设施用地完成共计 52.04 万 m^2，约占规划居住用地的 80.36%，其中大部分用地在 2011 年前得到开发。从空间布局上看，公益性服务设施用地有少量超出原先规划空间范围，得到的公益性服务设施用地完成率为 76.50%。在北川新城西南部尚有地块待开发建设(图 7.24)。

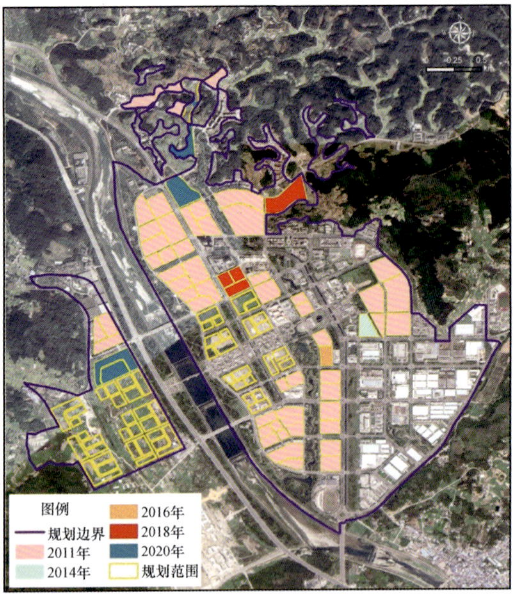

图 7.23 北川新城居住用地的实施情况

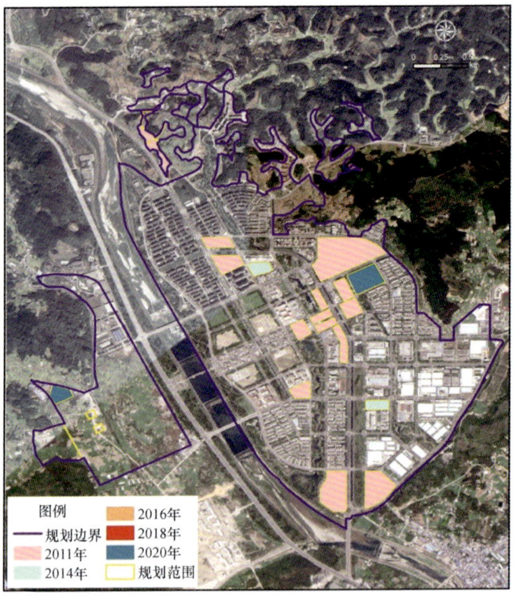

图 7.24 北川新城公益性服务设施用地的实施情况

(3)道路交通设施用地实施情况分析

从用地面积分析,道路交通设施用地增加面积明显。截至 2020 年,道路交通设施用地完成共计 106.48 万 m^2,约占规划道路交通设施用地的 84.86%,其中大部分用地在 2011 年前得到开发。从空间布局上看,道路交通设施用地基本符合原先规划空间范围,得到的道路交通设施用地完成率为 84.86%。未来在北川新城中心城区与西南面有待进一步开展道路交通建设(图 7.25)。

(4)经营性服务设施用地实施情况分析

从用地面积分析,经营性服务设施用地面积增加明显。截至 2020 年,经营性服务设施用地完成 44.01 万 m^2,约占规划经营性服务设施用地的 69.64%,其中大部分用地在 2011 年前得到开发,核心城区地块在后续年份也得到开发。从空间布局上看,经营性服务设施用地基本符合规划空间范围,得到的设施用地完成率为 69.64%。在北川新城西南面与南部尚有地块待开发(图 7.26)。

(5)工业与仓储物流用地实施情况分析

从用地面积上分析,工业与仓储物流用地面积增加明显。截至 2020 年,工业与仓储物流用地完成共计 75.09 万 m^2,约占规划工业与仓储物流用地的 91.72%,其中大部分用地在 2011 年前得到开发。从空间布局上看,工业与仓储物流用地有少部分超过规划范围,最终得到的工业与仓储物流用地完成率为 82.56%,基本得到实施,在已建范围西部尚有地块待开发(图 7.27)。

(6)行政及事业单位用地实施情况分析

从用地面积上分析,行政及事业单位用地占比较少,但也得到相应开发。截至 2020 年,行政及事业单位用地完成共计 8.28 万 m^2,约占行政及事业单位用地的

96.90%，其中大部分用地在2011年前得到开发。从空间布局上看，行政及事业单位用地基本符合规划空间范围，最终得到的行政及事业单位用地完成率为96.90%，基本完成规划任务(图7.28)。

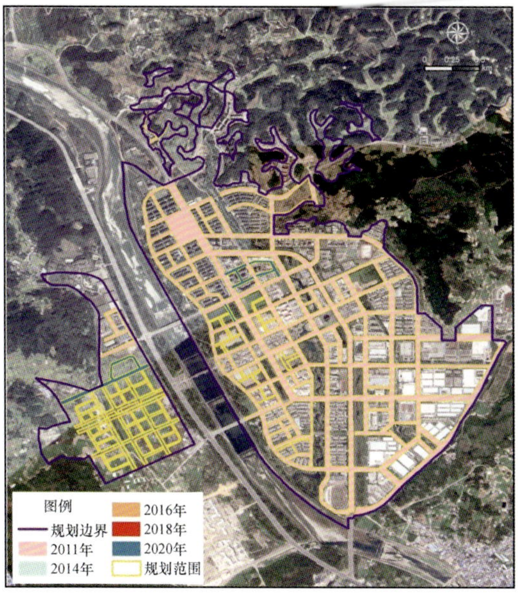

图7.25　北川新城道路交通设施用地的实施情况

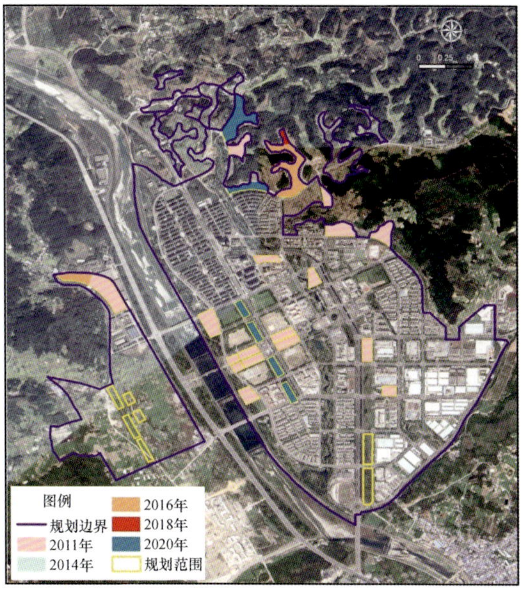

图7.26　北川新城经营性服务设施用地的实施情况

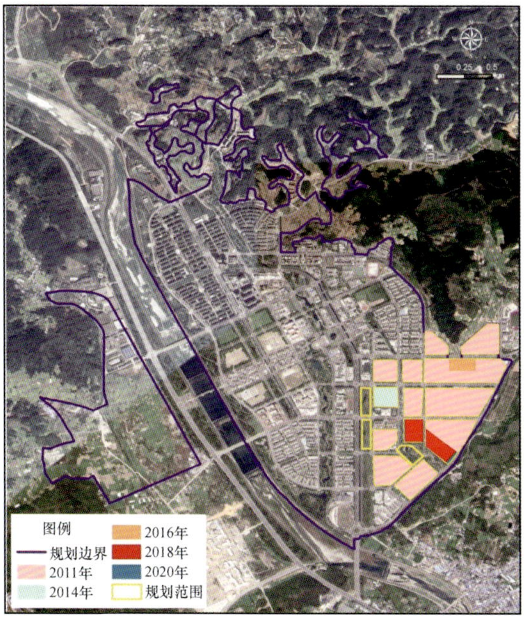

图7.27　北川新城工业与仓储物流用地的实施情况

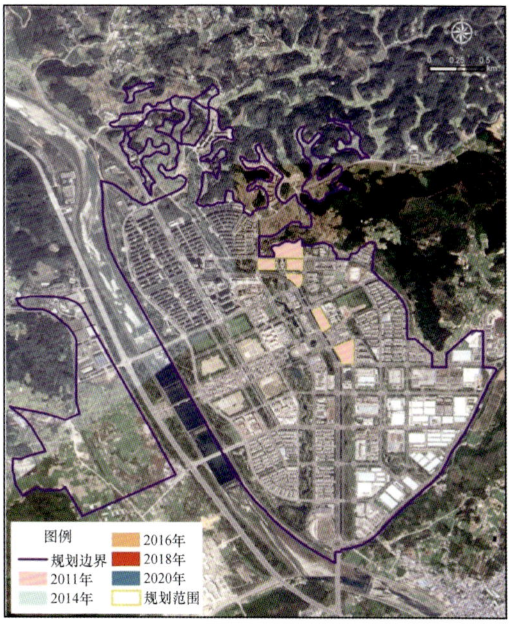

图7.28　北川新城行政及事业单位用地的实施情况

(7)市政公用设施用地实施情况分析

从用地面积上分析,市政公用设施用地分布零散,但面积得到增长。截至2020年,市政公用设施用地完成共计4.33万m^2,约占规划市政公用设施用地的86.11%,其中大部分用地在2011年前得到开发。从空间布局上看,市政公用设施用地基本符合规划空间范围,最终得到的市政公用设施用地完成率为86.11%。基本完成规划开发要求(图7.29)。

(8)绿地实施情况分析

从用地面积上分析,绿地面积增加明显。截至2020年绿地完成共计178.06万m^2,约占规划绿地的107.80%,其中大部分用地在2011年前得到开发。从空间布局上看,由于其他用地类型尚有部分未达到开发目标要求,这些地块目前被建设成公园绿地等,导致现有绿地面积超过规划范围,最终得到的绿地完成率为92.43%。在北川新城西南面尚有绿地待开发(图7.30)。

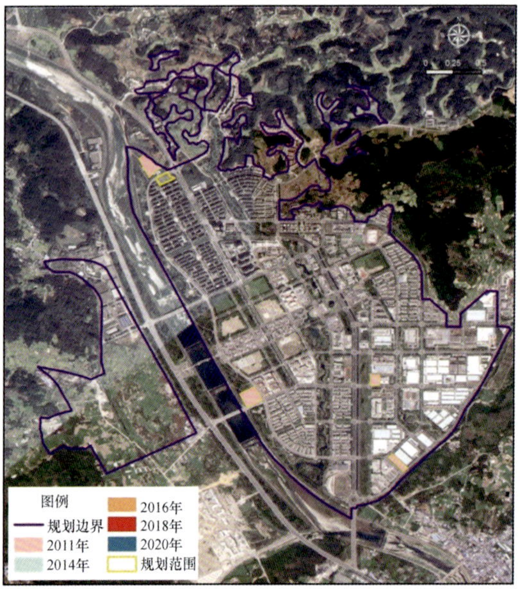

图7.29 北川新城市政公用设施用地的实施情况

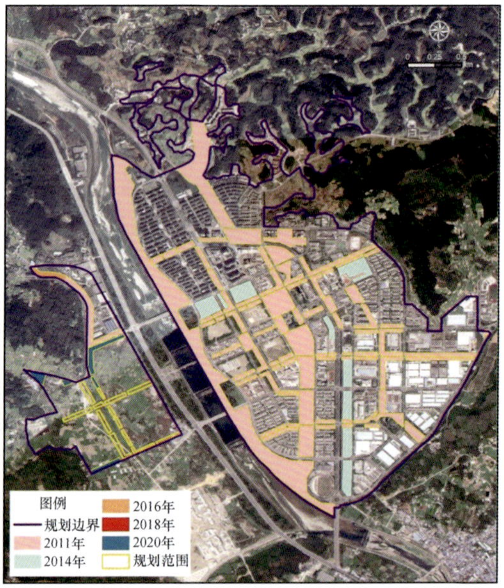

图7.30 北川新城绿地用地的实施情况

7.5.2 结合土地利用变化的灾区协调发展研究

灾区复合系统协调发展评价除借助统计指标进行宏观评价外,还可以从空间尺度上结合土地利用变化进行各类系统数量发展与空间布局上的综合分析。本节以汶川地震灾区的绵阳、广元与德阳三市为例,对其土地利用类型变化状况进行空间统计,对比分析不同地区各土地利用类型的变化差异(图7.31)。三市地处山地向盆地过渡地带,降雨丰沛且地形复杂,是地震、滑坡、泥石流等地质灾害的多发区。本节结合遥感影像重点对三市地震前与灾后不同时期恢复重建状态进行对比,分析自然灾害与恢复重建对土地利用与景观状况产生的影响。

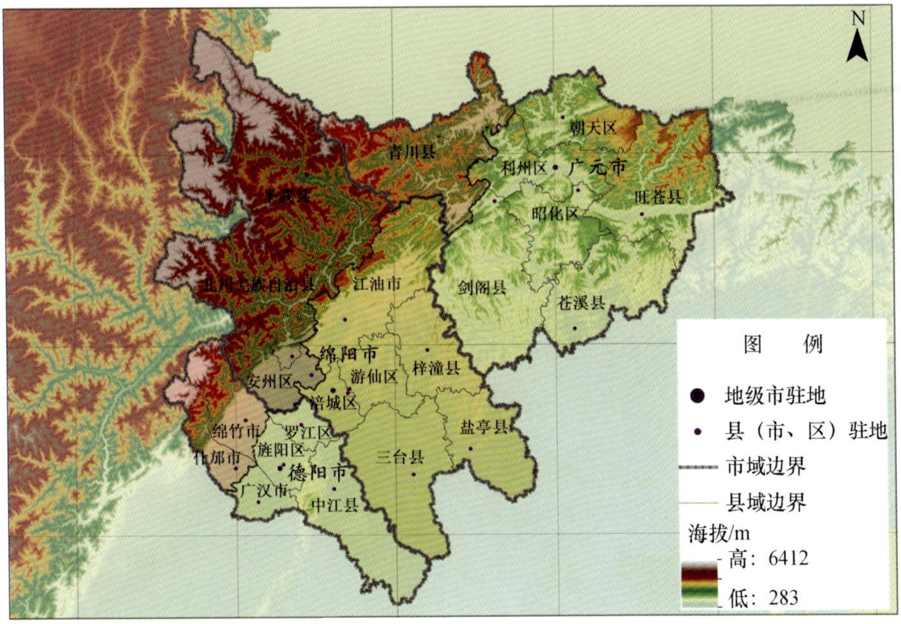

图 7.31　汶川地震灾区绵阳、德阳与广元市地形图

7.5.2.1　基本步骤

对绵阳、广元与德阳三市在震前 2000、2005 年，震后 2010、2015 与 2018 年的土地利用变化进行对比，分析地震对灾区的破坏情况与灾后恢复重建状态。本节结合灾前参考影像、灾后恢复重建影像以及灾后发展影像等影像类型，采用包括三个市的五期 Landsat TM 数据，2000、2005、2010、2015 及 2018 年分辨率为 2 m×2 m 的多张数据影像拼接处理。研究区 DEM 高程数据比例尺为 1∶25 万。遥感影像预处理包括影像的校正和配准、波段融合、影像拼接及裁剪等步骤。通过遥感影像解译与空间分析，采用区域生长法进行景观提取与目视解译，在此基础上采用 GIS 技术，具体结合灾前（2000 年与 2005 年）、恢复重建后（2010 年）、综合发展后（2015 年与 2018 年）五期遥感影像对受灾市域景观分类状况进行研究。经分类得到的土地利用类型包括耕地、林地、草地、水域、建设用地与未利用地等，其中未利用地包括沙地、戈壁、盐碱地等。

7.5.2.2　土地利用空间变化

上述方法分别对五个时期遥感影像进行土地利用分类，可知林地、草地主要分布于西北与北部地区的龙门山脉与四川盆地接壤处。该地区在地震中造成大量的森林与草地损毁，形成大量未利用地。南部盆地地区的耕地与建设用地受损严重，各类用地在 2010 年恢复重建与随后发展中逐步得到恢复（图 7.32）。

7.5.2.3　景观指数分析

（1）基本景观指数

遥感影像解译分析发现，汶川地震及滑坡、泥石流等次生灾害对研究区生态环境影响较

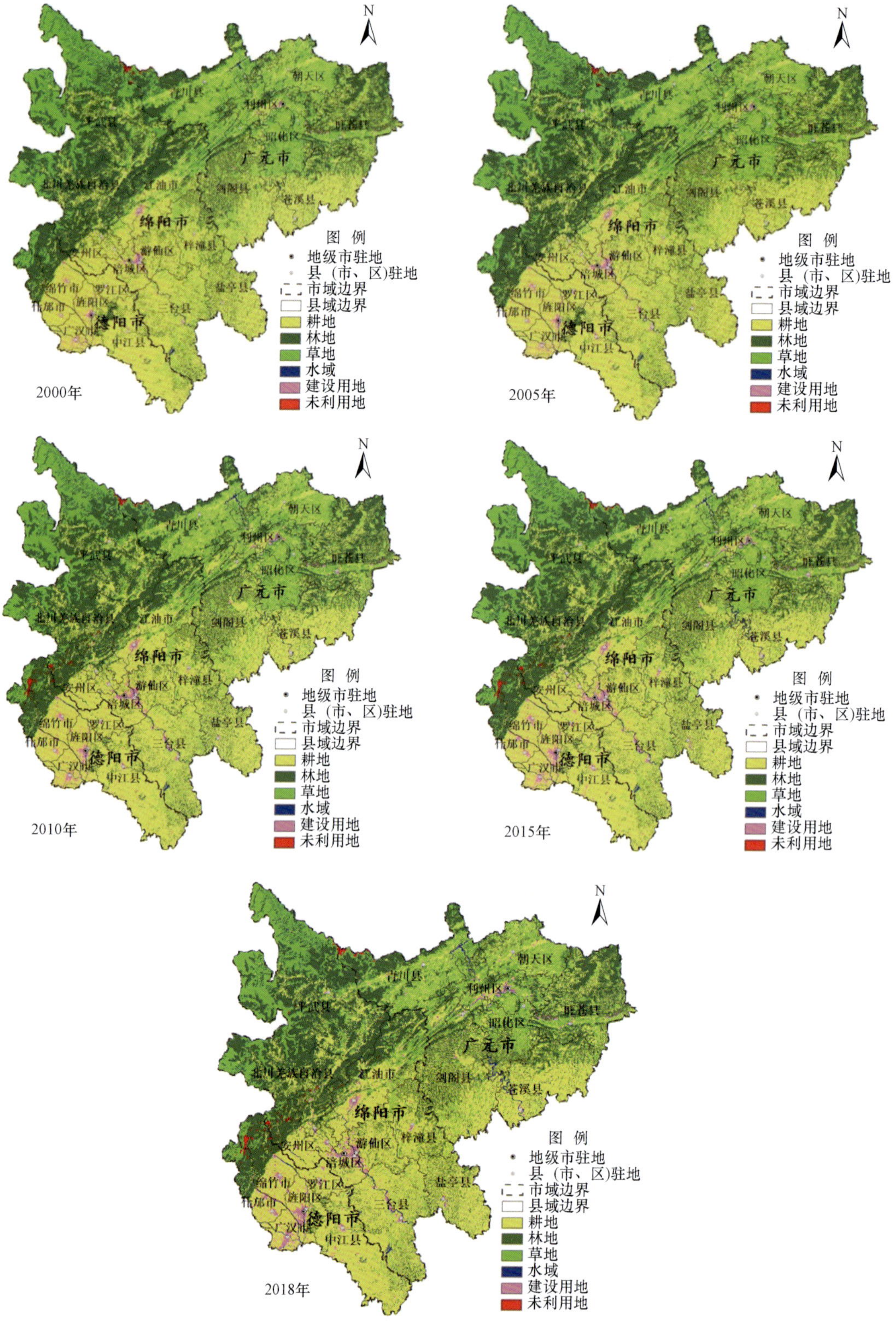

图 7.32 汶川地震灾区 2000—2018 年土地利用变化分析

大，土地利用发生明显变化。相比2005年，2010年森林草地面积有所减少，其中草地面积减少18900 km^2，林地减少5500 km^2，未利用地增加7783 km^2，建设用地增加3400 km^2，另外耕地、水域面积有少量增加。截至2018年，林地、水域、建设用地、未利用地面积都有所增加，耕地与草地有所减少，主要是灾后经过自然与人工辅助恢复促使生态环境状况好转，社会经济发展使建设用地增加。但总体而言，相比震前，未利用地依旧较多，仍有较大恢复空间。

(2)斑块密度指数

灾区的斑块密度越大，说明该土地利用类型破碎度越高。与2000年相比，2005年除了草地斑块密度有轻微增大，未利用地无变化之外，其他土地利用类型都有不同程度的减小，说明地震之前各土地利用类型都有不同程度的变好趋势。与2005年相比，2010年林地、草地、水域、建设用地与未利用地斑块密度基本都增加，说明地震对土地利用破坏严重。与2010年相比，2018年林地、草地与未利用地都有不同程度的下降，下降幅度为0.0039、0.0007与0.0001，说明这几种土地利用类型得到了一定的修复。

(3)破碎度指数

一般来说，破碎度指数(FN)介于0～1，越接近1，破碎度越大，反之则越小。与2005年震前相比，2010年震后除耕地以外，其他土地利用类型的破碎度指数均有不同程度的增长，其中未利用地增长最多，达到0.0001491，说明地震对土地损毁严重。将2018年与2010年进行对比发现，林地、草地与未利用地的破碎度指数都有不同程度的下降，尤其是林地，下降数值达0.0000035；其次是未利用地和草地，分别为0.0000031与0.000006，表明土地得到一定程度修复。

7.5.2.4 基于DEM的典型灾区土地利用变化分析

基于DEM对绵阳、德阳与广元三市开展土地利用分析，分别从不同海拔高程、不同坡度分析土地利用变化的空间格局，对探讨不同地貌中自然与人文因素对土地利用变化过程的作用有重要意义。本节依据相关标准并结合地貌特征将海拔高程和坡度分为6个等级(表7.18)(崔步礼 等，2011)。分析地震前后土地利用随海拔高程和坡度的变化，可为了解地震灾害与恢复重建对地区发展影响提供参考。

表7.18 地形因子分级标准

等级	范围	
	海拔高程/m	坡度/°
1	＜500	＜2(平地)
2	500～1000	2～6(缓平地)
3	1000～2000	6～15(缓地)
4	2000～3000	15～25(斜坡)
5	3000～4000	25～35(缓陡坡)
6	≥4000	＞35(陡坡)

(1)基于海拔高程的汶川地震典型灾区土地利用变化分析

分析汶川地震典型灾区海拔高程发现，该地区大部分土地分布在海拔2000 m以下，海拔 2000 m 以上地区主要分布在西北的青川、平武、北川、绵竹、安州、什邡等县(市、区)。这六个县(市、区)也属于极重灾区。对比各海拔高程范围内耕地、林地、草地等面积的变化,可了解不同海拔高程对各土地利用类型变化的影响(图 7.33)。

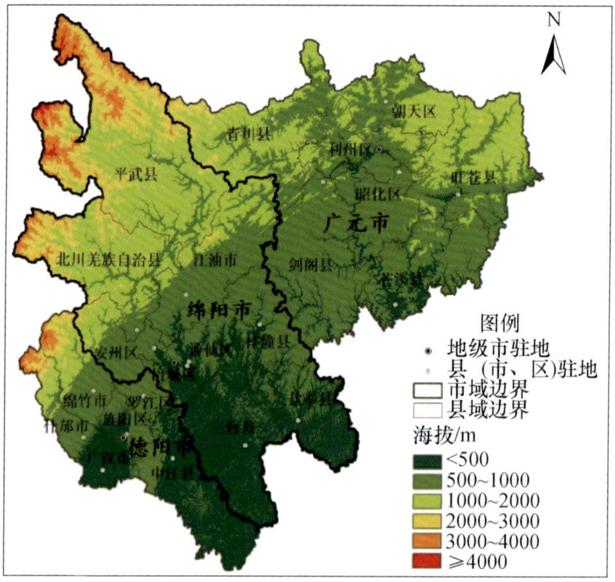

图 7.33　汶川地震典型灾区海拔高程情况

各土地利用类型的分布和变化在不同高程带内呈现不同特征。这些变化是由当地自然与社会因素综合造成的,包括城镇化发展、植树造林、土地开垦、土地荒废、地质灾害等因素。在不同高程范围内,林地、建设用地、水域与未利用地的面积呈增加趋势,耕地、草地面积呈减少趋势。城镇化的发展与地质灾害造成农业生产为主的耕地减少明显,同时开垦低海拔草地进行补充,造成耕地与草地减少。另外,城镇化、植树造林、土地荒废与地质灾害等会造成林地、建设用地、水域与未利用地面积增加(图 7.34)。以下对各类土地变化情况进行分析。

① 耕地主要分布于海拔 1000 m 以下的范围。2000—2018 年,该范围内耕地占总耕地的比重始终在 89%以上。耕地总面积减少 2.04%。其中,海拔 500 m 以下范围耕地面积减少 3.89%,约 272 km^2;海拔 500～1000 m 范围内耕地面积减少 0.91%,约 103 km^2;其他海拔高程范围内耕地变动较小。

② 林地主要分布于海拔 500～2000 m 范围内。该范围内林地占总林地比重始终在 80%以上。2000—2018 年,林地总面积增加 1.05%。其中,海拔 500～1000 m 范围内增加 4.42%,约 185 km^2;海拔 1000～2000 m 范围内林地面积减少 1.21%,约 88 km^2;其他海拔高程范围内林地面积变动较小。

③ 草地分布广泛,海拔 500～4000 m 范围内草地占总草地比重在 94%以上。2000—2018 年,草地面积减少 5.17%。其中,海拔 500～1000 m 范围内草地减少 12.07%;海拔 1000～2000 m 范围内草地增加 4.21%;海拔 2000～3000 m 范围内草地减少 5.37%;海拔 3000～4000 m 范围内草地减少 1.11%;其他海拔高程范围内变动较小。

④ 水域主要分布于海拔 1000 m 以下范围内。该范围内水域几乎占了总水域面积的

99%以上。2000—2018 年,水域总面积增加 20.53%。其中,海拔 500 m 以下范围内水域面积增加 18.88%,约 53 km^2;海拔 500~1000 m 范围内水域面积增加 21.15%,约 37 km^2;其他海拔高程范围内水域面积变动较小。

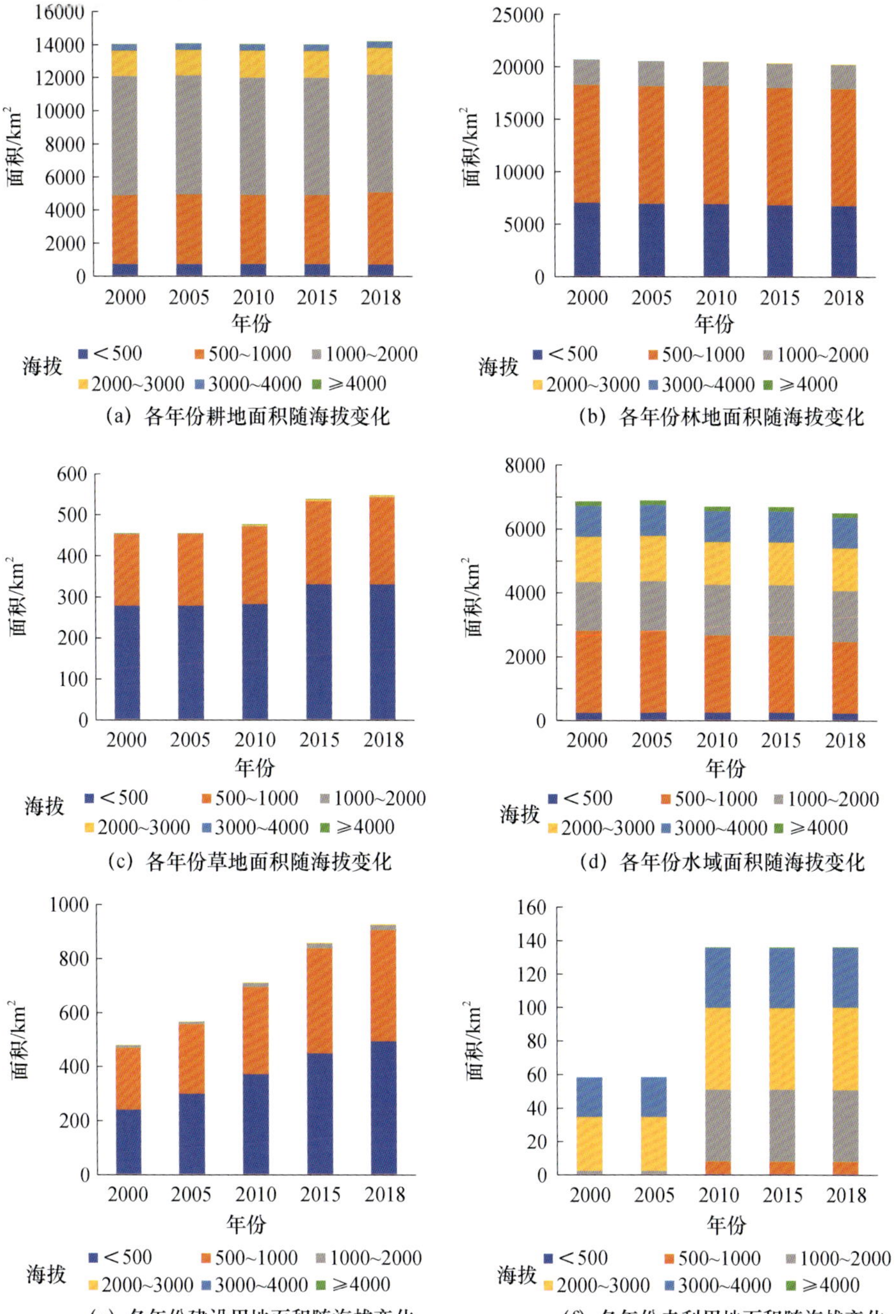

(a) 各年份耕地面积随海拔变化

(b) 各年份林地面积随海拔变化

(c) 各年份草地面积随海拔变化

(d) 各年份水域面积随海拔变化

(e) 各年份建设用地面积随海拔变化

(f) 各年份未利用地面积随海拔变化

图 7.34 汶川地震灾区不同土地利用类型随海拔的变化

⑤ 建设用地主要分布于海拔 1000 m 以下范围内。该范围内建设用地占总建设用地面积比重始终在 98%以上，其中海拔 500 m 以下与海拔 500～1000 m 建设用地分布相当。2000—2018 年，建设用地总面积增加 93.18%，其中海拔 500 m 以下范围内增加 105.24%；海拔 500～1000 m 增加 80.10%；其他海拔高程范围内变动较小。

⑥ 未利用地主要分布于海拔 1000～4000 m 范围内。该范围内未利用地占未利用地面积比重在 94%以上，其中海拔 2000～3000 m 占比较大。2000—2018 年，未利用地增加 133.89%；海拔 1000～2000 m 未利用地增加近 19 倍；海拔 2000～3000 m 增加 51.16%；海拔 3000～4000 m 增加 52.02%；其他海拔高程内变动较小。

(2)基于坡度的汶川地震典型灾区土地利用变化分析

汶川地震典型灾区土地利用变化不仅受高程的影响，还会随坡度的不同有所差异。总体来看，该地区以缓平地、缓地、斜坡为主，主要分布在西南部地区；平地、缓陡坡与陡坡所占比例相对较少，主要分布在北面与西东北面地区。这些坡度较大的地区往往也是地震、滑坡与泥石流灾害的多发区(图 7.35)。

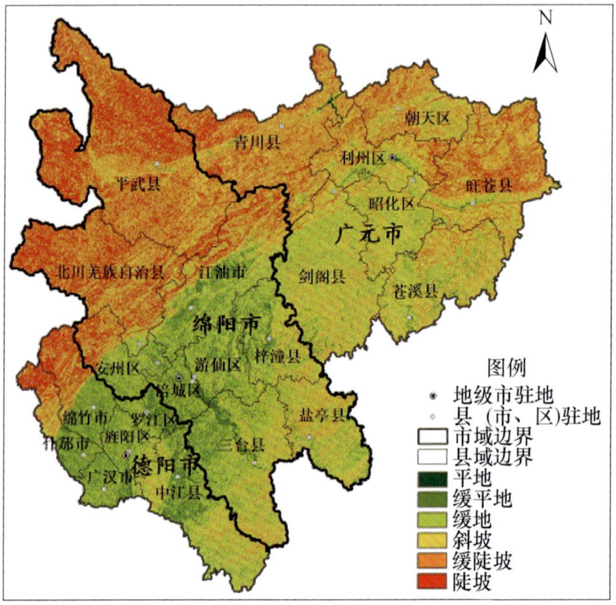

图 7.35 汶川地震典型灾区坡度情况

在海拔高程分析基础上，对比各年份不同土地利用类型随着坡度的变化，可以进一步了解坡度对不同土地利用类型的影响。在不同坡度范围内建设用地、林地、水域与未利用地等面积呈增加趋势，耕地与草地面积呈减少趋势。不同坡度范围内土地利用变化原因与高程基本类似，主要是城镇化发展、草地开垦、植树造林、地震灾害、土地荒废等社会与自然原因综合造成的(图 7.36)。各类土地随坡度的具体变化情况如下。

① 耕地主要分布在缓平地、缓地与斜坡。2000—2018 年，不同坡度范围的耕地面积都有所减少。其中，平地的耕地面积减少 5.24%，约 38 km^2；缓平地的耕地面积减少 3.75%；缓地的耕地面积减少 1.49%；斜坡的耕地面积减少 0.76%；缓陡坡与陡坡的耕地面积变化

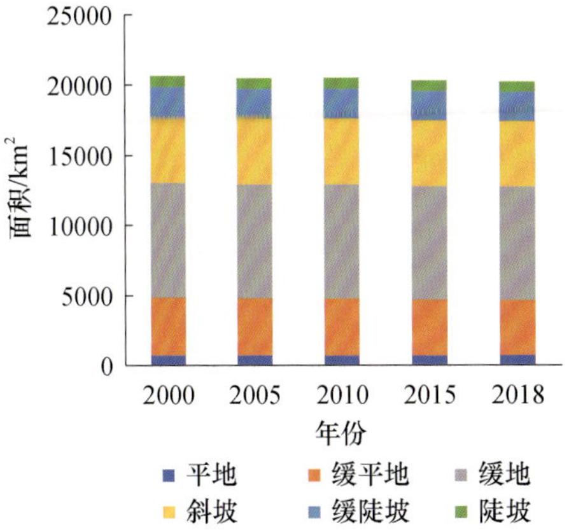

(a) 各年份耕地面积随坡度变化

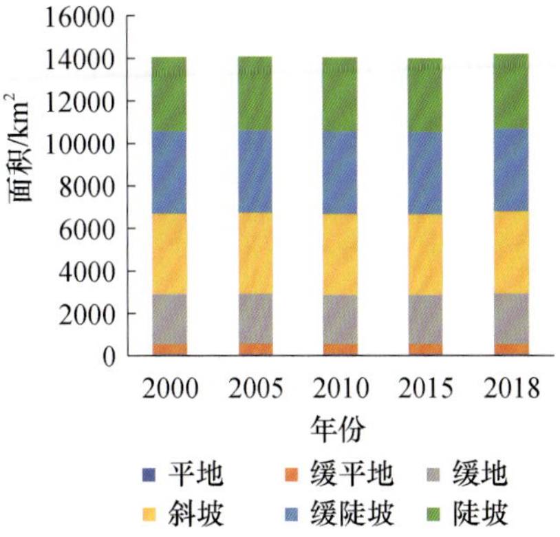

(b) 各年份林地面积随坡度变化

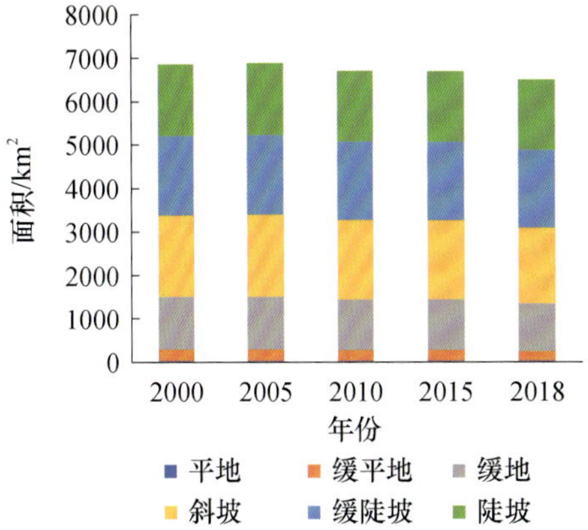

(c) 各年份草地面积随坡度变化

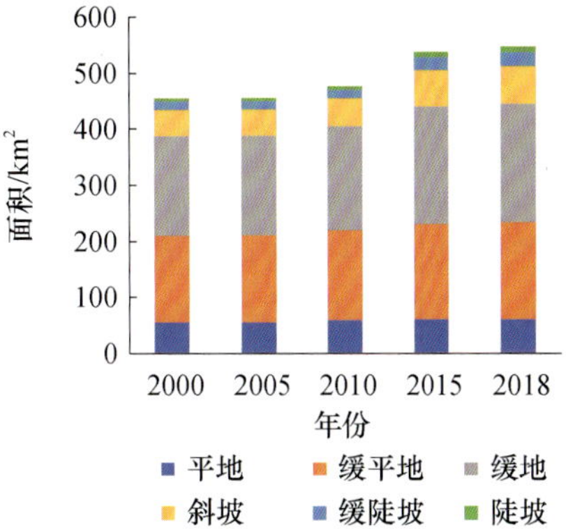

(d) 各年份水域面积随坡度变化

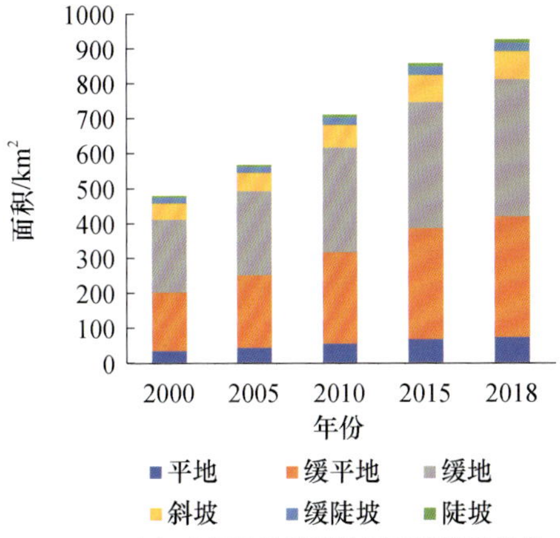

(e) 各年份建设用地面积随坡度变化

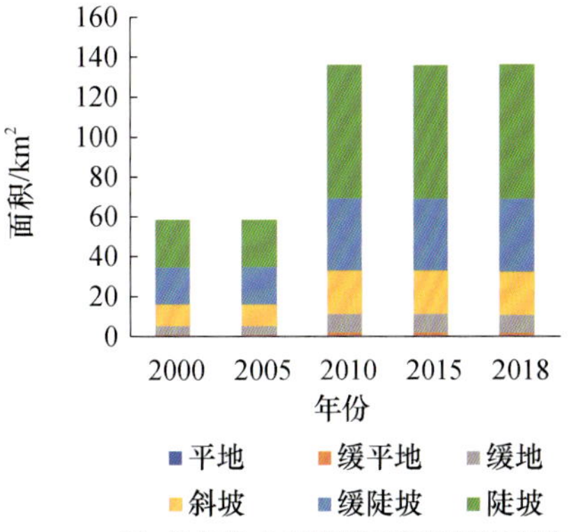

(f) 各年份未利用地面积随坡度变化

图 7.36　汶川地震灾区不同土地利用类型随坡度的变化

较小。

② 林地主要分布在斜坡、缓陡坡与陡坡。2000—2018 年，不同坡度范围内林地面积都有所增加。其中，缓地的林地面积增加 1.37%，约 32 km²；斜坡的林地面积增加 1.86%；缓

陡坡的林地面积增加 0.97%；陡坡的林地面积增加 0.3%；平地的林地面积变化较小。

③ 草地分布相对广泛，主要分布在缓地、斜坡、缓陡坡与陡坡。2000—2018 年，不同坡度的草地面积都减少。其中，平缓地的草地面积减少 15.08%，约 39 km^2；缓地草地面积减少 11.12%；斜坡的草地面积减少 5.51%；缓陡坡草地面积减少 2.29%；陡坡草地面积减少 1.83%；平地草地面积变化较小。

④ 水域主要分布在缓平地与缓地。2000—2018 年，不同坡度范围内水域面积都有所增加。其中，缓平地的水域面积增加 11.79%，约 18 km^2；缓地的水域面积增加 19.11%，约 34 km^2；斜坡的水域面积增加 45.30%，约 21 km^2；平地、缓陡坡、陡坡的水域面积变化较小。

⑤ 建设用地主要分布在缓平地与缓地。2000—2018 年，不同坡度范围内建设用地面积都有所增加。其中，缓平地的建设用地面积增加 105.97%，约 178 km^2；缓地的建设用地面积增加 88.30%，约 183 km^2；平地、斜坡、缓陡坡、陡坡的建设用地面积变化较小。

⑥ 未利用地主要分布在缓陡坡与陡坡。2000—2018 年，不同坡度范围内未利用地面积有所增加。其中，缓陡坡的未利用地面积增加 96.33%，约 17.83 km^2；陡坡的未利用地面积增加 183.59%，约 44 km^2；平地、缓平地、缓地、斜坡的未利用地面积变化较小。

本章以汶川地震灾区为案例，选取典型地区开展恢复重建后效评价，评价分析汶川地震灾区恢复重建总体成效，验证所构建评价体系的可操作性。首先，开展绵阳恢复重建实施结果评价，发现居民住房实施结果评价等级为优秀，生态环境的实施结果评价等级为较差，并分析恢复重建成效与不足。其次，开展绵阳、德阳、广元三市复合系统协调发展评价，分别对各市社会、经济与生态子系统的协调发展状况进行评价对比；还从县级尺度进行协调发展评价，以便了解极重灾区与重灾区的差异。再次，借助相关模型开展灾区恢复重建模拟与区域协调发展预测，分析恢复重建作用与灾区未来发展状况。最后，结合空间分析的方法分别对绵阳市北川县进行研究，从用地情况分析其变化；结合三市土地利用变化与景观指数分析其发展概况。上述分析可以发现汶川地震灾区恢复重建的经验与不足。

参考文献

白理刚，2011.都江堰市灾后安居重建的公众参与评价研究[D].成都：西南交通大学.

毕明，2011.京津冀城市群资源环境承载力评价研究[D].北京：中国地质大学(北京).

邴启亮，李鑫，罗彦，2017.韧性城市理论引导下的城市防灾减灾规划探讨[J].规划师，33(8)：12-17.

茶增芬，张翊，李银富，等，2016.基于全局主成分分析的罗平县资源环境承载力动态评价[J].安徽农业科学，44(32)：43-46，52.

柴国平，徐明德，王帆，等，2014.资源与环境承载力综合评价模型研究[J].地球信息科学学报，16(2)：257-263.

柴洁，梁建国，2017.基于规则格网的区域资源环境承载力测度与综合评价模型[J].城市勘测(2)：30-36.

常燕敏，2013.无人机影像在地震灾区道路损毁应急评估中的应用研究[D].成都：西南交通大学.

常泽岫，2017.基于单时相高分辨率遥感影像的震后道路提取方法研究[D].阜新：辽宁工程技术大学.

陈百明，1989.我国的土地资源承载能力研究——以黄淮海平原为例[J].自然资源(1)：1-8.

陈鸽，2009.北川县擂鼓镇灾后人居环境建设研究[D].成都：成都理工大学.

陈建西，何明章，刘学伟，2011.四川地震灾区灾后重建的农业可持续发展评价指标设计[J].广东农业科学，38(10)：161-163.

陈静，翟国方，李莎莎，2012."3·11"东日本大地震灾后重建思路、措施与进展[J].国际城市规划，27(1)：123-127.

陈明曦，杨玖贤，孙大东，2011.矿产资源总体规划对四川省甘孜州资源-环境承载力影响分析研究[J].四川环境，30(3)：128-132.

陈南祥，申瑜，2008.基于熵权属性识别模型的地下水资源承载能力评价[J].灌溉排水学报，27(4)：173-175.

陈念平，1989.土地资源承载力若干问题浅析[J].自然资源学报(4)：371-380.

陈润，郭忻怡，杜杰，等，2020.地震地质灾害及灾后重建对九寨沟荷叶寨区域生态环境扰动的遥感监测[J].第四纪研究，40(5)：1350-1358.

陈升，冯清平，2011.汶川地震重灾区公共服务恢复重建绩效评价研究[J].公共管理评论，10(1)：39-56.

陈世荣，马海建，范一大，等，2008.基于高分辨率遥感影像的汶川地震道路损毁评估[J].遥感学报(6)：949-955.

陈伟涛，和海霞，杨思全，等，2014.重大自然灾害房屋倒塌程度高分辨率遥感识别方法：以舟曲特大泥石流灾害为例[J].地质科技情报，33(6)：197-202.

陈向红，2010.汶川地震重灾区旅游环境保护与旅游经济协调发展[J].国土与自然资源研究(2)：65-66.

陈修谦，夏飞，2011.中部六省资源环境综合承载力动态评价与比较[J].湖南社会科学(1)：106-109.

陈英姿，2009.中国东北地区资源承载力研究[D].长春：吉林大学.

陈泽文，2014.地震灾后重建地区农村新型社区构建的路径选择[J].昆明理工大学学报(社会科学版)，14(4)：69-74.

程国栋，2002.承载力概念的演变及西北水资源承载力的应用框架[J].冰川冻土，6(4)：361-367.

程国平，薛昇旗，邱映贵，2009.煤炭生产与环境资源承载力的关系模式研究[J].科技进步与对策(24)：

173-175.
程军蕊，曹飞凤，楼章华，2006. 钱塘江流域水资源承载力指标体系研究[J]. 浙江水利科技(4)：1-3.
程莉，汪德爟，2010. 苏州市水资源承载力研究[J]. 水文，30(1)：47-55.
程梦真，惠文华，李延金，2019. 利用影像相关分析的遥感变化检测[J]. 测绘通报(10)：67-71.
程雨光，2007. 江西省区域资源环境承载力评价及启示[D]. 南昌：南昌大学.
初雪，陈兴鹏，贾卓，等，2017. 欠发达地区经济、社会和生态系统的协调发展研究——以甘肃省崇信县为例[J]. 干旱区资源与环境，31(10)：13-18.
崔步礼，李小雁，姜广辉，等，2011. 基于 DEM 的山地丘陵区土地利用/覆被研究——以青海湖流域为例[J]. 自然资源学报，26(5)：871-880.
崔鹏，韦方强，陈晓清，等，2008. 汶川地震次生山地灾害及其减灾对策[J]. 中国科学院院刊(4)：317-323.
崔燕，聂娟，2018. 卫星遥感在大灾恢复重建中的应用[J]. 城市与减灾(6)：78-81.
崔燕，聂娟，刘明，等，2019. 卫星遥感技术在热带气旋监测中的应用——以“伊代”为例[J]. 中国农业信息，31(5)：49-56.
邓伟，2010. 山区资源环境承载力研究现状与关键问题[J]. 地理研究，29(6)：959-969.
邓伟，刘颖，唐伟，等，2013. “4·20”芦山地震灾区重建综合发展能力的构建[J]. 山地学报，31(5)：610-615.
丁昌，王学福，向璨，2009. 复合生态系统理念下农村居住区灾后重建规划设计优化的探讨[J]. 科技资讯(10)，108-109.
丁任重，2011. 西部经济发展与资源承载力研究[J]. 中国西部(15)：120.
董文，张新，池天河，2011. 我国省级主体功能区划的资源环境承载力指标体系与评价方法[J]. 地球信息科学学报，13(2)：177-183.
杜枫，王广鹏，方煜，2018. 治理现代化下的芦山灾后恢复重建模式探索[J]. 规划师，34(11)：48-53.
杜静，2009. 对汶川震后恢复重建项目后评价工作的探讨[J]. 科技进步与对策，26(21)：156-159.
杜若华，刘雷震，沈秋，等，2020. 基于夜间灯光数据的灾后恢复重建动态监测——以鲁甸地震为例[J]. 自然灾害学报，29(6)：59-69.
段华明，2016. 大数据对于灾害评估的建构性提升[J]. 灾害学(1)：188-192.
樊杰，2015. 灾后重建中的资源环境承载能力评价[N]. 经济日报，2015-05-07(3).
樊杰，王传胜，汤青，等，2014. 鲁甸地震灾后重建的综合地理分析与对策研讨[J]. 地理科学进展，33(8)：1011-1018.
樊杰，周成虎，顾行发，等，2009. 国家汶川地震灾后重建规划：资源环境承载能力评价[M]. 北京：科学出版社.
范兰，吕昌河，陈朝，2012. EPIC 模型及其应用[J]. 地理科学进展，31(5)：584-592.
范一大，2015. 我国灾害风险管理的未来挑战——解读《2015—2030 年仙台减轻灾害风险框架》[J]. 中国减灾(7)：18-21.
范一大，杨思全，王磊，等，2008. 汶川地震应急监测评估方法研究[J]. 遥感学报(6)：858-864.
费璇，温家洪，杜士强，等，2014. 自然灾害恢复力研究进展[J]. 自然灾害学报，23(6)：19-31.
封志明，1993. 土地承载力研究的源起与发展[J]. 自然资源(6)：74-79.
封志明，1994. 土地承载力研究的过去、现在与未来[J]. 中国土地科学(3)：1-9.
封志明，刘登伟，2006. 京津冀地区水资源供需平衡及其水资源承载力[J]. 自然资源学报(5)：689-699.
冯海燕，张昕，李光永，等，2006. 北京市水资源承载力系统动力学模拟[J]. 中国农业大学学报，6(6)：106-110.
冯茜颖，黄寰，罗子欣，2013. 灾区重建的技术创新模式研究——汶川地震工业企业实证分析[J]. 西南民族大学学报(人文社科版)，9(9)：124-128.

符国基,徐恒力,陈文婷,2008.海南省自然生态承载力研究[J].自然资源学报(3):412-421.

福建省湄州湾开发区环境规划综合研究,1991.福建省湄州湾开发区环境规划综合研究总报告[R].

付辉,2015.联合国人道主义事务协调办公室2014—2017战略计划[R].

傅伯杰,1997.土地可持续利用评价的指标体系与方法[J].自然资源学报(2):112-118.

高吉喜,2002.新世纪生态环境管理的理论与方法[J].环境保护(7):9-14.

顾林生,马东周,崔西孟,2019.抗灾力红利:迈向具有可持续性和包容性的社会——第六次全球减灾平台大会的启示与思考[J].中国应急管理(6):62-64.

郭虹,杨娜,2008.灾害及灾后重建社会评估研讨会综述[J].社会科学研究(5):196.

郭济,2004.政府应急管理实务[M].北京:中共中央党校出版社.

郭金玉,张忠彬,孙庆云,2008.层次分析法的研究与应用[J].中国安全科学学报,18(5),148-153.

郭亚军,2007.综合评价理论、方法及应用[M].北京:科学出版社.

郭兆成,童立强,郑雄伟,等,2014.四川芦山地震次生地质灾害遥感调查及灾害特征初探[J].国土资源遥感,26(3):99-105.

国务院舟曲灾后恢复重建指导协调小组,2010.舟曲灾后恢复重建总体规划[J].甘肃水利水电技术,46(12):54-62.

韩博,2010.县域资源环境承载力评价研究——以云南省为例[D].昆明:云南大学.

韩金,2021.台风灾害风险评估与减灾决策技术研究[D].兰州:兰州交通大学.

韩九云,2010.常州市经济开发区土地利用规划后评估研究[D].北京:中国地质大学(北京).

韩蕾,曹国良,王静晞,等,2014.关中地区大气环境承载力分析[J].环境工程,32(9):147-151.

韩星,韩玲,李良志,等,2022.基于深度学习的高分辨率遥感图像建筑物变化检测[J].激光与光电子学进展,59(10):55-62.

何舸,蒋国翔,钟远岳,等,2015.生态文明理念下的山地城市灾后恢复重建空间发展研究——以芦山县为例[J].规划师,31(2):65-71.

何宜庆,翁异静,2012.鄱阳湖地区城市资源环境与经济协调发展评价[J].资源科学,34(3):502-509.

贺旺,2011."三位一体"和"一个漏斗"——北川新县城灾后重建规划实施机制探索[J].城市规划(2):26-30.

洪昌富,2010.综合防灾减灾的安全理念在城市规划中的实施路径——以北川新县城灾后重建规划为例[J].灾害学,25(1):25-30.

洪阳,叶文虎,1998.可持续环境承载力的度量及其应用[J].中国人口·资源与环境,3(3):57-61.

侯建卫,周盼,杜雁,2014.基于"空间—社会"同构的骆团侗寨灾后重建规划方案评析[J].建筑与文化(8):113-115.

胡宝荣,杨武年,刘汉湖,等,2009.汶川地震前后震区生态环境遥感评价方法研究[J].中国水土保持(3):52-54.

胡彪,于立云,李健毅,等,2015.生态文明视域下天津市经济—资源—环境系统协调发展研究[J].干旱区资源与环境,29(5):18-23.

胡德勇,2013.遥感技术在防灾减灾中的应用[J].高科技与产业化(11):44-47.

胡锋,2012.珠三角城市综合承载力研究[D].广州:暨南大学.

胡敏,刘心雨,2013.基于层次分析法的江苏省城市资源环境承载力的综合评价[J].经济研究导刊(35):101-104.

胡以志,2008.灾后重建规划理论与实践:以新奥尔良重建为例,兼论对汶川地震灾后重建的借鉴[J].国际城市规划(4):66-70.

黄承伟,彭善朴,2010.《汶川地震灾后恢复重建总体规划》实施社会影响评估[M].北京:社会科学文献出版社.
黄承伟,向德平,2011.汶川地震灾后贫困村救援与重建政策效果评估研究[M].北京:社会科学文献出版社.
黄崇福,2005.自然灾害风险评价:理论与实践[M].北京:科学出版社.
黄春林,孙中昶,蒋会平,等,2021.地球大数据助力"可持续城市和社区"目标实现:进展与挑战[J].中国科学院院刊,36(8):914-922.
黄洁,2014.中原城市群资源环境承载力分析[D].武汉:华中师范大学.
黄敬军,姜素,张丽,等,2015.城市规划区资源环境承载力评价指标体系构建——以徐州市为例[J].中国人口·资源与环境,25(S2):204-208.
黄亮,2020.多时相遥感影像变化检测技术研究[J].测绘学报,49(6):801.
黄宁生,匡耀求,2000.广东相对资源承载力与可持续发展问题[J].经济地理(2):52-56.
黄庆畅,2008.中国应急法制发展的一个重要标志——国务院法制办负责人解读《汶川地震灾后恢复重建条例》[J].中国人大(12):25-26.
黄秋香,2009.矿区资源环境承载力评价指标体系及评价方法[J].矿业研究与开发,29(1):62-64,84.
黄润秋,2008."5·12"汶川大地震地质灾害的基本特征及其对灾后重建影响的建议[J].中国地质教育(2):27-30.
黄维,黄进良,王立辉,等,2016.基于PCA的变化向量分析法遥感影像变化检测[J].国土资源遥感,28(1):22-27.
惠泱河,蒋晓辉,强黄,等,2001.水资源承载力评价指标体系研究[J].水土保持通报,21(1):30-34.
纪学朋,白永平,杜海波,等,2017.甘肃省生态承载力空间定量评价及耦合协调性[J].生态学报,37(17):5861-5870.
姜钧陶,戚浩平,申佩佩,2017.国产卫星影像配准技术研究[J].测绘通报(8):76-79,105.
姜珊珊,杨杰,刘茂,等.2012.基于风险分析的城市防灾减灾规划编制——以地震规划为例[J].中国安全科学学报,22(11):163-169.
蒋晓辉,黄强惠,泱河,等,2001.陕西关中地区水环境承载力研究[J].环境科学学报(3):312-317.
金磊,2008.四川汶川灾后重建规划策略研究[J].建筑创作(6):113-119.
荆锋,黄鹭新,2011.北川新县城灾后重建规划中的公众参与[J].城市规划(S2):53-55.
孔锋,吕丽莉,王志强,等,2017.关注丝路自然灾害风险共建安全"一带一路"建设[J].中国软科学(S1):17-22.
雷勋平,邱广华,2016.基于熵权topsis模型的区域资源环境承载力评价实证研究[J].环境科学学报,36(1):314-323.
李爱农,张正健,雷光斌,2013.四川芦山"4·20"强烈地震核心区灾损遥感快速调查与评估[J].自然灾害学报(6):10-20.
李伯宁,1999.1998年长江、嫩江大水给我们的启示和反思[J].水利水电科技进展(2):1-8.
李偲,海米提·依米提,熊黑钢,2007.喀纳斯风景区旅游环境承载力研究[J].干旱区地理(3):450-454.
李端,2012.区域环境承载力及可持续发展策略研究[D].太原:山西大学.
李凤伟,2012.明挖地铁车站施工期风险分析方法及工程应用[D].北京:北京工业大学.
李国杰,程学旗,2012.大数据研究:未来科技及经济社会发展的重大战略领域——大数据的研究现状与科学思考[J].中国科学院院刊,27(6):647-657.
李国平,彭思奇,杨凌,2013.汶川地震灾后恢复重建政策的效应评价——基于四川省地震灾区受灾群众的视角[J].软科学,27(8):132-135.
李海龙,于立,2011.中国生态城市评价指标体系构建研究[J].城市发展研究,18(7):81-86.

李华燊，陈蓓蓓，刘军伟，2012. 汶川地震灾后重建评估现状分析[J]. 兰州大学学报(社会科学版)，40(1)：126-131.

李久明，1988. 系统动态学方法在土地资源承载能力研究中的应用尝试——以黄淮海平原为例[J]. 自然资源(4)：13-20.

李立云，梁湟琴，贾雷，2019. 基于灰色关联模型改进型层次分析法的基坑降水风险评价[J]. 防灾科技学院学报，21(1)：23-29.

李丽娟，2000. 柴达木盆地水资源承载力研究[J]. 环境科学(2)：20-23，11.

李宁，吴吉东，崔维佳，2012. 基于ARIO模型的汶川地震灾后恢复重建期模拟[J]. 自然灾害学报，21(2)：68-75.

李培，成海霞，2006. 地区资源环境承载力研究——以青岛市崂山区为例[J]. 山东经济，4(4)：113-115，128.

李璞，汤敏，潘元琪，等，2017. 基于生态足迹动态评价的区域可持续发展研究——以地震重灾区四川省绵竹市为例[J]. 国土资源科技管理，34(1)：20-30.

李倩玉，2019. 汶川地震灾后恢复重建政策的经济效应评估[D]. 绵阳：西南财经大学.

李强，张景发，2017. 道路震害遥感提取方法现状与应急应用展望[J]. 地震，37(4)：80-92.

李冉，何大义，许加强，2015. 基于最小叉熵的资源环境承载力多专家综合评价方法[J]. 资源与产业，17(4)：69-74.

李珊珊，苑文颖，宫辉力，2013. 无人机遥感系统在灾害损失实物量评估中的应用[J]. 测绘科学，38(6)：76-78，81.

李少丹，2018. 农村建筑物震害信息遥感提取方法研究[J]. 地理与地理信息科学，34(6)：128.

李书雪，2020. 遥感技术在减灾救灾中的应用[J]. 福建茶叶，42(3)：281-282.

李素菊，刘明，和海霞，等，2020. 卫星遥感应急管理应用框架[J]. 卫星应用(6)：17-25.

李雯，黎恒明，陈翼飞，2015. 遥感影像在地震灾区地质安全与环境恢复中的作用[J]. 资源节约与环保(5)：179.

李想，2020. 基于社交媒体的灾害事件提取与时空分析[D]. 兰州：兰州交通大学.

李晓倩，刘学录，2012. 土地评价指标权重赋值方法的比较分析[J]. 甘肃农业大学学报，47(5)：129-133.

李雪峰，2017. 灾后恢复重建的中国模式——4·20芦山地震灾后重建的过程、经验和启示[J]. 城市与减灾(3)：14-17.

李岩，2010. 资源与环境综合承载力的实证研究[J]. 产业与科技论坛，9(5)：89-91.

李永祥，2018. 迈向以社区需求为导向的防灾减灾研究——写在汶川地震十周年之际[J]. 云南社会科学(5)：1-9，185.

李云，徐伟，吴玮，2011. 灾害监测无人机技术应用与研究[J]. 灾害学，26(1)：138-143.

厉以宁，1997. 转型发展理论[J]. 经济学动态(4)：3-11.

梁伟，冀永进，李海梅，2011. 灾害事件对我国城乡规划的启示[J]. 城市规划，35(2)：26-31.

廖重斌，1999. 环境与经济协调发展的定量评判及其分类体系——以珠江三角洲城市群为例[J]. 热带地理(2)：76-82.

林戈，余成群，1987. 金川县土地承载力研究[J]. 资源开发与保护(3)：22-26.

林家彬，2008. 阪神大地震的灾后重建工作及其启示[J]. 城市发展研究(4)：14-17，29.

刘博斐，雒琛，2021. 基于遥感数据的变化检测问题综述[J]. 电子技术与软件工程(5)：160-164.

刘纯，2020. 基于大数据的煤与瓦斯突出灾害预测方法与技术研究[J]. 江苏科技信息，37(8)：55-57.

刘纪平，刘猛猛，徐胜华，等，2020. 大数据时代下的一体化综合减灾技术综述[J]. 武汉大学学报：信息科学版(8)：1107-1116.

刘佳，2007. 基于可持续发展的山东半岛城市群旅游环境承载力研究[D]. 青岛：中国海洋大学.

刘杰，2017. 灾后恢复重建的多元参与机制研究[J]. 中国公共安全(学术版)，49(4)：44-47.
刘婧，史培军，葛怡，等，2006. 灾害恢复力研究进展综述[J]. 地球科学进展(2)：211-218.
刘蕾，2013. 区域资源环境承载力评价与国土规划开发战略选择研究[M]. 北京：人民出版社.
刘明磊，朱磊，范英，2011. 我国省级碳排放绩效评价及边际减排成本估计：基于非参数距离函数方法[J]. 中国软科学(3)：106-114.
刘强，滕渊，2012. 重大自然灾害灾后重建可持续发展评价模型研究[J]. 防灾减灾学报(3)：8-13.
刘清，吴文魁，张斌才，2020. 遥感影像自动解译与变化检测方法研究与应用[J]. 测绘与空间地理信息，43(12)：122-125，129.
刘三超，范一大，高懋芳，2012. 遥感数据在自然灾害救助中的应用[J]. 航天器工程，21(6)：136-141.
刘晓丽，2013. 城市群地区资源环境承载力理论与实践[M]. 北京：中国经济出版社.
刘晓丽，方创琳，2008. 城市群资源环境承载力研究进展及展望[J]. 地理科学进展，27(5)：35-42.
刘晓琼，刘彦随，2009. 基于 AHP 的生态脆弱区可持续发展评价研究——以陕西省榆林市为例[J]. 干旱区资源与环境，23(5)：19-23.
刘叶志，2012. 矿产资源承载力评价及其环境约束分析——以福建省煤炭资源为例[J]. 闽江学院学报，33(3)：43-48.
刘志亭，孙福平，2005. 基于 3E 协调度的我国区域协调发展评价[J]. 青岛科技大学学报(自然科学版)(6)：555-558.
卢丽琛，洪亮，2021. 面向对象的高分辨率遥感影像建筑物变化检测[J]. 牡丹江师范学院学报(自然科学版)(1)：50-54.
卢阳旭，2015. 合法性基础、行动能力与灾害干预中的政府行为——以汶川地震灾后快速重建为例[J]. 思想战线(3)：87-95.
陆建芬，2012. 资源环境承载力评价研究——以安徽淮河流域为例[D]. 合肥：合肥工业大学.
吕瑞瑞，2020. 遥感技术在防灾减灾救灾工作中的应用探讨[J]. 甘肃科技，36(19)：17-19.
马爱锄，2003. 西北开发资源环境承载力研究[D]. 咸阳：西北农林科技大学.
马超，运迎霞，马小淞，2020. 城市防灾减灾规划中提升社区韧性的方法研究[J]. 城市规划，44(6)：70-77.
马慧敏，丁阳，杨青，2019. 区域生态-经济-社会协调发展评价模型及应用[J]. 统计与决策，35(21)：75-79.
马世骏，王如松，1984. 社会-经济-自然复合生态系统[J]. 生态学报(1)：3-11.
马永亮，2008. 基于系统动力学的崇明岛水资源承载力研究[D]. 上海：华东师范大学.
马宗晋，2009. 2008 年华南雪雨冰冻巨灾的反思[J]. 自然灾害学报(2)：3-5.
马宗晋，张业成，高庆华，等，1998. 灾害学导论[M]. 长沙：湖南人民出版社.
毛汉英，余丹林，2001a. 区域承载力定量研究方法探讨[J]. 地球科学进展，16(4)：549-553.
毛汉英，余丹林，2001b. 环渤海地区区域承载力研究[J]. 地理学报，56(3)：363-371.
梅慧，徐术坤，韩阳昱，等，2021. 标准实施效果基础评价指标体系[J]. 中国标准化(3)：80-85.
孟庆松，韩文秀，2000. 复合系统协调度模型研究[J]. 天津大学学报(4)：444-446.
苗丽娟，王玉广，张永华，2006. 海洋生态环境承载力评价指标体系研究[J]. 海洋环境科学，25(3)：75-77.
牛文元，1982. 自然保护区生态资源评价方法[J]. 生态学杂志(3)：42-45.
牛文元，1994. 持续发展导论[M]. 北京：科学出版社.
牛文元，2008. 可持续发展理论的基本认知[J]. 地理科学进展(3)：1-6.
欧弢，张述清，甘淑，等，2017. 基于 GIS 与均方差决策法的山区县域资源环境承载力评价[J]. 湖北农业科学，56(3)：454-458.
彭立，刘邵权，刘淑珍，等，2009. 汶川地震重灾区 10 县资源环境承载力研究[J]. 四川大学学报(工程科学版)，41(3)：294-300.

彭再德,杨凯,王云,1996.区域环境承载力研究方法初探[J].中国环境科学,1(1):6-10.
齐亚彬,2005.资源环境承载力研究进展及其主要问题剖析[J].中国国土资源经济(5):7-11,46.
祁鑫博,2021.遥感影像面向对象变化检测综述[J].北京测绘,35(4):427-431.
钱正荣,2017."重建得更好":国际灾后重建的政策创新及其实践审视[J].中国行政管理(1):131-136.
覃继牧,易峥,何波,等,2009.生态安全目标导向下的灾后重建规划模式探讨[J].城市规划,33(11):65-68.
邱建,蒋蓉,2009.关于构建地震灾后恢复重建规划体系的探讨——以汶川地震为例[J].城市规划,33(7):11-15.
邱建,唐由海,2020.汶川地震灾后重建跨区域协调规划实践分析——以威州、水磨、漩口三镇为例[J].城市规划,44(8):53-60.
邱月,2020.本真性的困惑:汶川地震后北川羌族的文化展演和身份焦虑[J].民俗研究(1):146-155.
仇保兴,2010.灾后重建生态城镇[J].城乡建设(10):6-13.
任秋如,杨文忠,汪传建,2021.遥感影像变化检测综述[J].计算机应用,41(8):2294-2305.
陕唐剑,钟宏伟,李林辉,2019.遥感影像变化检测方法的研究[J].智能计算机与应用,9(5):198-199,204.
沈清基,马继武,2005.唐山地震灾后重建规划:回顾,分析及思考[J].城市规划学刊(4),23-34.
施雅风,曲耀光,1992.乌鲁木齐河流域水资源承载力及其合理利用[M].北京:科学出版社.
史培军,1996.再论灾害研究的理论与实践[J].自然灾害学报,5(4):8-19.
史培军,2009.四论灾害系统研究的理论与实践[J].自然灾害学报,14(6):1-7.
史培军,王瑛,邹铭,等,2005a.从区域安全建设到风险管理体系的形成——从第一届世界风险大会看灾害与风险研究的现状与发展趋向[J].地球科学进展(2):173-179.
史培军,郭卫平,李保俊,等,2005b.减灾与可持续发展模式——从第二次世界减灾大会看中国减灾战略的调整[J].自然灾害学报,14(3):1-7.
史培军,袁艺,2014.重特大自然灾害综合评估[J].地理科学进展,33(9):1145-1151.
史文中,张鹏林,2018.光学遥感影像变化检测研究的回顾与展望[J].武汉大学学报(信息科学版),43(12):1832-1837.
宋艳春,余敦,2014.鄱阳湖生态经济区资源环境综合承载力评价[J].应用生态学报,25(10):2975-2984.
苏云波,2021.浅谈无人机遥感技术在地质灾害监测中的应用[J].冶金管理(11):82-83,94.
孙施文,胡丽萍,2008.灾后重建规划,为了现在和未来的责任[J].城市规划学刊(4):6-10.
孙施文,邹涛,2010.公众参与规划,推进灾后重建——基于都江堰灾后城市住房的重建过程[J].城市规划学刊(3):75-80.
孙莹,2017.县级土地利用总体规划实施评估研究[D].西安:长安大学.
孙玉超,曾纪胜,杨帆,等,2017.无人机遥感系统在风暴潮灾害损失评估中的应用初探[J].海洋开发与管理,34(4):56-60.
孙越,王宏琦,李峰,等,2018.面向变化检测的遥感影像弹性配准方法[J].武汉大学学报(信息科学版),43(1):53-59.
谭斯颖,2016.中国模式的灾后重建:精英化的景观改造实践——以汶川地震灾后重建为例[J].城市发展研究,23(11):39-44.
唐剑武,叶文虎,1998.环境承载力的本质及其定量化初步研究[J].中国环境科学(3):36-39.
唐朴谦,杨建宇,张超,等,2010.基于像素比值的面向对象分类后遥感变化检测方法[J].遥感信息(1):69-72.
田卫方,2015.基于高分辨率遥感影像的震后道路损毁识别研究[D].北京:北京交通大学.
田彦,2019.无人机遥感技术在地质环境灾害监测中的应用探讨[J].环境与发展,31(4):102,104.
铁永波,唐川,周春花,2006.城市灾害应急能力评价研究[J].灾害学,21(1):8-12.

万华伟，李静，王昌佐，等，2014. 遥感技术在突发自然灾害生态影响监测和评估中的应用研究[J]. 环境与可持续发展，39(5)：28-30.
汪自书，苑魁魁，吕春英，等，2015. 基于资源环境禀赋与压力的城市综合承载力研究——以大连市为例[J]. 干旱区资源与环境，29(8)：64-69.
王彬彬，2008. 西部地区生态承载力动态研究[J]. 青海社会科学，4(4)：83-87.
王大悟，2009. 论羌文化保护与旅游发展的关系——北川羌族自治县旅游业灾后重建研究[J]. 旅游科学，23(1)：57-60.
王岱，张文忠，余建辉，等，2010. 国外重大自然灾害区域重建规划的理念和启示[J]. 地理科学进展，29(10)：1153-1161.
王帆，2012. 基于 GIS 技术的资源与环境承载力研究[D]. 太原：太原理工大学.
王福涛，2011. 重大自然灾害损失遥感评估指标与模型研究[D]. 北京：中国科学院遥感应用研究所.
王慧贤，靳惠佳，江万寿，2019. 高分辨率遥感影像配准与变化检测一体化处理[J]. 测绘科学，44(8)：154-160.
王俭，孙铁珩，李培军，等，2005. 环境承载力研究进展[J]. 应用生态学报，16(4)：768-772.
王金南，潘向忠，2010. 线性规划方法在环境容量资源分配中的应用[J]. 环境科学，26(6)：4.
王井利，马畅，张宁，2018. 基于遥感归一化指数的生态环境破坏和恢复能力的监测与评价[J]. 沈阳建筑大学学报(自然科学版)，34(4)：676-683.
王久懿，王泓沣，战勇，2021. 无人机低空遥感技术在自然资源监测管理中的应用[J]. 信息与电脑(理论版)，33(12)：7-9.
王丽，2009. 生态足迹法评价生态环境承载力的应用案例[J]. 环境与可持续发展，34(1)：58-61.
王明涛，1999. 多指标综合评价中权数确定的离差、均方差决策方法[J]. 中国软科学(8)：100-101.
王楠，程维明，张一驰，等，2017. 全国山洪灾害防治县房屋损毁风险评估及原因探究[J]. 地球信息科学学报，19(12)：1575-1583.
王如松，欧阳志云，2012. 社会-经济-自然复合生态系统与可持续发展[J]. 中国科学院院刊，27(3)：337-345.
王森，肖渝，黄群英，等. 2018. 基于社交大数据挖掘的城市灾害分析——纽约市桑迪飓风的案例[J]. 国际城市规划，33(4)：88-96.
王曦，周洪建，2018. 重特大自然灾害损失统计与评估进展与展望[J]. 地球科学进展，33(9)：914-921.
王晓刚，高飞云，杨磊，等，2019. 无人机遥感技术在自然灾害应急中的应用及前景[J]. 四川地质学报，39(1)：158-163.
王阳，2018. 监测重大自然灾害恢复重建[J]. 中国测绘(4)：56.
王瑜，陈慧，王萍，2018. 遥感定量监测地震灾区生态环境变化——以安县千佛山国家森林公园为例[J]. 测绘，41(2)：76-78.
王志成，2012. 区划调整前后合肥市环境承载力研究[D]. 合肥：安徽大学.
王志伟，耿春香，赵朝成，2010. 开发区资源环境承载力评价方法初探[J]. 价值工程，29(26)：127-129.
韦凤年，2008. 周干峙：要用系统的观念和方法做好灾后重建规划[J]. 中国水利(11)：21.
文传浩，杨桂华，王焕校，2002. 自然保护区生态旅游环境承载力综合评价指标体系初步研究[J]. 农业环境保护，21(4)：365-368.
吴昊宇，2020. 浅析卫星遥感技术在四川减灾救灾中的应用实践[J]. 中国减灾(3)：46-49.
吴吉东，李宁，周扬，等，2013. 灾害恢复度量框架——Katrina 飓风灾后恢复应用案例[J]. 自然灾害学报，22(4)：58-64.
吴吉东，何鑫，王菜林，等，2018. 自然灾害损失分类及评估研究评述[J]. 灾害学，33(4)：157-163.
吴振良，2010. 基于物质流和生态足迹模型的资源环境承载力定量评价研究——以环渤海地区为例[D]. 北京:中国地质大学(北京).
吴珠,2011.长株潭城市群资源与环境承载力研究[D].长沙:湖南师范大学.
夏禹龙,刘吉,冯之浚,等,1983.梯度理论和区域经济[J].科学与科学技术管理,2(2):5-6.
项谦和,杜娟,陈春雷,等,2020.沿海矿山生态环境修复中遥感影像自动配准方法的应用[J].测绘通报(7):58-63.
肖洪未,2018.历史街区影响评估的方法及其应用研究[D].重庆:重庆大学.
谢礼立,1989.减轻自然灾害是人类的共同要求——写在“国际减轻自然灾害十年”开始之前[J].灾害学(3):9-13.
谢盈盈,2012.对汶川县灾后重建规划评估的思考[J].北京规划建设(3):123-128.
谢永刚,赵锡山,2013.大数据背景下的灾害应对:洪水与干旱预测方法面临的新挑战[C]//中国生产力学会年会.
新疆水资源软科学课题研究组,1989.新疆水资源及其承载力和开发战略对策[J].水利水电技术(6):2-9.
熊建新,陈端吕,谢雪梅,2012.基于状态空间法的洞庭湖区生态承载力综合评价研究[J].经济地理,32(11):138-142.
熊立,梁樑,王国华,2005.层次分析法中数字标度的选择与评价方法研究[J].系统工程理论与实践(3):73-80.
徐玖平,杨春燕,2008.四川汶川特大地震灾后重建的产业集群调整分析[J].中国人口·资源与环境(6):148-157.
徐玖平,刘雪梅,2009.汶川特大地震灾后社区心理援助的统筹优选模式[J].管理学报,12(6):1622-1630.
徐卫华,欧阳志云,王学志,等,2008.汶川地震重灾区生态保护重要性评价与对策[J].生态学报,28(12):5820-5825.
徐中民,张志强,程国栋,等,2003.中国1999年生态足迹计算与发展能力分析[J].应用生态学报,2(2):280-285.
许有鹏,1993.干旱地区水资源承载能力综合评价研究——以新疆和田流域为例[J].自然资源学报,3(8):229-237.
闫旭骞,2006.矿区生态承载力定量评价方法研究[J].矿业研究与开发,26(3):82-85.
闫旭骞,徐俊艳,2005.矿区资源环境承载力评价方法研究[J].金属矿山(6):56-59.
阎波,谭文勇,陈蔚,2009.汶川大地震灾后重建规划的思考[J].重庆大学学报:社会科学版(4):124-129.
阳洁琼,2010.长株潭城市群环境承载力评估研究[D].长沙:湖南大学.
杨昌达,李明刚,1992.贵州粮食生产潜力及土地人口承载力初步研究[J].耕作与栽培(5):59-63.
杨景玉,2019.基于高分遥感影像的道路灾害监测关键技术研究[D].兰州:兰州交通大学.
杨理臣,卢宁,樊光洁,等,2016.青海玉树7.1级地震灾后重建地区房屋地震易损性研究[J].地震工程学报,38(S2):314-318.
杨巧宁,孙希华,张婧,等,2010.济南市水资源承载力系统动力学模拟研究[J].水利经济,28(2):16-20,40,75.
杨思全,2018.灾害遥感监测体系发展与展望[J].城市与减灾(6):12-19.
杨一,2017.羌族优秀传统文化震后重建效应评估及再生产研究[J].贵州民族研究,38(5):126-131.
杨月巧,迟宝明,胡俊锋,等,2014.地震灾后恢复重建的后评价框架体系研究[J].灾害学,29(1):18-24.
杨月巧,2017.地震灾后恢复重建的后评价框架体系研究[J].国际地震动态(7):46-47.
杨子生,1988.攀西地区土地资源生产能力及人口承载力的初步分析[J].国土与自然资源研究,6(3):21-26.
姚平,梁静国,陈培友,2008.煤炭城市人口—资源—经济—环境系统协调发展测度与评价[J].运筹与管理

(5):160-166.
叶京京,2007.中国西部地区资源环境承载力研究[D].成都:四川大学.
叶沅鑫,孙苗苗,王蒙蒙,等,2021.结合邻域信息和结构特征的遥感影像变化检测[J].测绘学报,50(10):1349-1357.
叶属峰,2012.长江三角洲海岸带区域综合承载力评估与决策:理论与实践[M].北京:海洋出版社.
殷林森,2010.基于复合系统理论的上海市科技经济系统协调发展研究[J].科技进步与对策,27(4):37-39.
尹稚,2008.救灾规划须注重田野调查遵循科学规律[J].城市规划(7):29-32.
尹子健,2007.区域经济发展理论研究综述[J].中国高新技术企业,2(2):33-34.
于珊珊,2013.湘江流域资源环境承载力测度[D].长沙:湖南师范大学.
俞静,2009.抓住重建机遇,创新城市特色空间——都江堰灾后重建规划中的总体城市设计探讨[J].规划师(11):18-21.
尉建文,谢镇荣,2015.灾后重建中的政府满意度——基于汶川地震的经验发现[J].社会学研究,30(1):97-113.
袁飞,2011.教育发展视野下灾后教育重建的阶段性评价探究[J].重庆交通大学学报(社会科学版),11(4):99-101.
袁艺,2004.日本的灾害管理(之一)日本灾害管理的法律体系[J].中国减灾(11):50-52.
曾倩,2012.基于汶川地震的自然灾害灾后重建效果评估[D].绵阳:西南财经大学.
曾旭正,2008.灾后重建规划体制问题的分析与建议——以台湾9·21地震为例[J].城市规划学刊(4):29-33.
曾珍香,2001.可持续发展协调性分析[J].系统工程理论与实践(3):18-21.
曾忠平,王江炜,邹尚君,2020.基于GIS和逻辑回归分析的山地城市洪涝灾害敏感性评估——以江西省吉安市为例[J].长江流域资源与环境(9):2090-2100.
张碧,张素兰,张世熔,等,2012.灾后重建土地利用规划管理机制与实施对策研究[J].资源开发与市场,28(8):733-736.
张发明,2018.综合评价基础方法及应用[M].北京:科学出版社.
张红,2007.国内外资源环境承载力研究述评[J].理论学刊,10(10):80-83.
张华,1998.区域经济发展理论与中国的区域经济协调发展[J].贵州财经学院学报(5):41-45.
张舰,2012.城市总体规划实施评估理论与方法研究[D].北京:中国科学院大学.
张丽,2012.上海市地质环境承载力评价研究[D].武汉:中国地质大学(武汉).
张晓,2006.人类社会如何应对与气候变化相关的灾害——国际红十字会与红新月会联合会的减灾建议及其意义[J].气候变化研究进展,2(2):43-46.
张馨月,杨东峰,范悦,2011.面向灾害防御的城镇重建规划:中美经验比较[C]//转型与重构——中国城市规划年会.
赵兵,2008.资源环境承载力研究进展及发展趋势[J].西安财经学院学报,21(3):114-118.
赵亮,何凡能,杨帆,2020a.灾区恢复重建后效评估研究进展[J].干旱区地理,43(5):1337-1347.
赵亮,何凡能,2020b.灾后恢复重建规划实施评估研究进展[J].资源科学,42(4):661-671.
赵巧芝,闫庆友,2019.中国省域二氧化碳边际减排成本的空间演化轨迹[J].统计与决策,35(14):128-132.
赵鑫霈,2011.长三角城市群核心区域资源环境承载力研究[D].北京:中国地质大学(北京).
赵延东,2013.了解需求是科学救灾的必要前提[N].科技日报,2013-05-03(8).
赵延东,张化枫,2013.灾后需求评估—理论方法与实践[J].自然灾害学报,22(3):25-31.
郑功成,2017.切实贯彻实施《国家综合防灾减灾规划(2016—2020年)》[J].中国减灾(1):14-15.
钟炜,陆晓春,2009.灾后恢复重建项目绩效评价指标体系的构建方法[J].项目管理技术,7(11):17-20.

周洪建,2017.当前全球减轻灾害风险平台的前沿话题与展望——基于2017年全球减灾平台大会的综述与思考[J].地球科学进展,32(7):688-695.

周俭,夏南凯,2008.立足跨越发展的都江堰城区灾后重建规划思想——关于空间、时间、形态的关系[J].城市规划学刊(4):1-5.

周侃,樊杰,徐勇,2017.面向重建规划的灾后资源环境承载能力应急评价范式[J].地理科学进展,36(3):286-295.

周侃,刘宝印,樊杰,2019.汶川Ms 8.0地震极重灾区的经济韧性测度及恢复效率[J].地理学报,74(10):2078-2091.

周珂,屈军,2014.城市灾后恢复重建规划的核心特征——都江堰市灾后重建规划概念方案国际征集综述[J].城市规划(11):87-92.

周立,2016.遥感技术在减灾救灾中的应用[J].科技展望,26(9):151.

周潇,2015.汶川地震灾区生态环境与经济协调发展评价研究[D].成都:成都理工大学.

朱凤岚,2008.日本的地震危机管理及灾后重建[J].求是(15):61-62.

庄淑娜,2016.在地震灾区地质安全与环境恢复中遥感影像的作用研究[J].资源节约与环保(10):185.

ADGER W N,1998. Sustainability and social resilience in coastal resource use[J]. Oceanographic Literature Review,9:1668.

ADGER W N,2000. Social and ecological resilience: are they related?[J] Progress in Human Geography, 24(3):347-364.

ALDRICH D P,2011. The power of people: social capital's role in recovery from the 1995 Kobe earthquake [J]. Natural Hazards,56(3):595-611.

ALEXANDER D,2010. Valtellina landslide and flood emergency, Northern Italy,1987[J]. Disasters,12(3): 212-222.

ALEXIS SAVERIADES,2000. Establishing the social tourism carrying capacity for the tourist resorts of the east coast of the Republic of Cyprus[J]. Tourism Management,21(2):147-156.

AMIN S,GOLDSTEIN M,2008. Establishing effective systems for relief, recovery, and reconstruction[R]. The World Bank.

APAN A,KEOGH A,KING D,et al,2010. The 2008 floods in Queensland: a case study of vulnerability, resilience and adaptive capacity[R]. National Climate Change Adaptation Research Facility, Gold Coast.

ATHEY S,STERN S,2002. The impact of information technology on emergency health care outcomes[J]. Rand Journal of Economics,33(3):399-432.

AZZIMONTI O L,COLLEONI N,DE AMICIS M,et al,2019. Combining hazard, social vulnerability and resilience to provide a proposal for seismic risk assessment[J]. Journal of Risk Research,23(9):1225-1241.

BANKOFF G,FRERKS G,HILHORST D M,et al,2004. Mapping vulnerability, disasters, development and people[M]. London: Earthscan.

BARBERA E,CURRO C,VALENTI G,2010. A hyperbolic model for the effects of urbanization on air pollution[J]. Applied Mathematical Modelling,34(8):2192-2202.

BASTAMINIA A,REZAEI M R,SARAEI M H,et al,2017. Evaluating the components of social and economic resilience: after two large earthquake disasters Rudbar 1990 and Bam 2003[J]. Jàmbá: Journal of Disaster Risk Studies. 9(1):1-12.

BERKE P,SMITH,G,LYLES W,2012. Planning for resiliency: evaluation of state hazard mitigation plans under the disaster mitigation act[J]. Nat Hazards Rev, 10. 1061/(ASCE) NH. 1527-6996. 0000063: 139-149.

BERKE P R,CAMPANELLA T J,2006. Planning for postdisaster resiliency[J] Ann Am Acad Political Social Sci,604(1):192-207.

BERKES F,FOLKE C,1994. Linking social and ecological systems for resilience and sustainability[R]. Beijer International Institute of Ecological Economics,The Royal Swedish Academy of Sciences.

BISHOP B A,1974. Carrying capacity in regional environmental management[M]. Washington DC:US Government Printing Office.

BRILLY M,POLIC M,2005. Public perception of flood risks,flood forecasting and mitigation[J]. Natural Hazards and Earth System Sciences,5(3):345-355.

BROWN MARK T,ULGIATI SERGIO,2001. Emergy measures of carrying capacity to evaluate economic investments[J]. Population and environment,22(5):471-501.

BRUNEAU M,CHANG S E,EGUCHI R T,et al,2003. A framework to quantitatively assess and enhance the seismic resilience of communities[J]. Earthquake Spectra,19(4):733-752.

BUCKLE P,MARSH G,SMALE S,et al,2001. Assessing resilience and vulnerability:principles,strategies and actions[R]. Department of Emergency Management of Asistralia.

BURTON C,MITCHELL J T,CUTTER S L,2011. Evaluating post-Katrina recovery in Mississippi using repeat photography[J]. Disasters,35(3):488-509.

CARPENTER S,WALKER B,ANDERIES J M,et al,2001. From metaphor to measurement:resilience of what to what?[J] Ecosystems,4(8):765-781.

CHANG S E,SHINOZUKA M,2004. Measuring improvements in the disaster resilience of communities[J]. Earthquake Spectra,20(3):739-755.

CHERRY K E,SAMPSON L,NEZAT P F,et al,2015. Long-term psychological outcomes in older adults after disaster:relationships to religiosity and social support[J]. Aging & Mental Health,19(5):430-443.

CLINTON W,2006. Key propositions for building back better:lessons learned from tsunamis recovery [R]. Conflict Recovery Org.

COMFORT L K,WAUGH W L,CIGLER B A,2012. Emergency management research and practice in public administration: emergence, evolution, expansion, and future directions [J]. Public Administration Review,72(4):539-547.

COUNCIL N R,2006. Facing hazards and disasters:Understanding human dimensions[M]. Washington:National Academies Press.

CRADOCK-HENRY N A,BUELOW F,FOUNTAIN J,et al,2019. Social-ecological inventory in a postdisaster context[J]. Ecology and Society,24(3):9.

CUI K,HAN Z,2019. Cross-cultural adaptation and validation of the 10-item conjoint community resiliency assessment measurement in a community-based sample in southwest China[J]. International Journal of Disaster Risk Science,10(4):439-448.

CUTTER S L,ASH K D,EMRICH C T,et al,2014. The geographies of community disaster resilience[J]. Global Environmental Change,29:65-77.

CUTTER S L,BARNES L,BERRY M,et al,2008. A place-based model for understanding community resilience to natural disasters[J]. Global Environmental Change,18(4):598-606.

DALY P,HALIM A,NIZAMUDDIN,et al,2017. Rehabilitating coastal agriculture and aquaculture after inundation events: spatial analysis of livelihood recovery in post-tsunami Aceh, Indonesia[J]. Ocean & Coastal Management,142:218-232.

DAN REKONSTRUKSI BRRBR,2006. Aceh and Nias:two years after the tsunami[R]//The 2006 Progress

Report. Banda Aceh, Indonesia.

DODSON E K, PETERSON D W, 2010. Mulching effects on vegetation recovery following high severity wildfire in north-central Washington State, USA [J]. Forest Ecology and Management, 260 (10): 1816-1823.

DOORN N, 2017. Resilience indicators: opportunities for including distributive justice concerns in disaster management[J]. Journal of Risk Research, 20(6): 711-731.

DUBE E, 2020. The build-back-better concept as a disasterrisk reduction strategy for positive reconstruction and sustainable development in Zimbabwe: a literature study [J]. International Journal of Disaster Risk Reduction, 43: 101401.

EBERT U, WELSCH H, 2004. Meaningful environmental indices: a social choice approach[J]. Journal of Environmental Economics and Management, 47(2): 270-283.

ESCAMILLA E Z, HABERT G, 2015. Global or local construction materials for post-disaster reconstruction? Sustainability assessment of twenty post-disaster shelter designs[J]. Building and Environment, 92: 692-702.

FOLKE C, 2006. Resilience: the emergence of a perspective for social-ecological systems analyses[J]. Global Environmental Change-Human and Policy Dimensions, 16(3): 253-267.

FRANCIS TINU R, WILKINSON S, MANNAKKARA S, et al, 2018. Post-disaster reconstruction in Christchurch: a "build back better" perspective [J]. International Journal of Disaster Resilience in the Built Environment, 9(3): 239-48.

FURUYA K T B U, 2004. Environmental carrying capacity in an aquaculture ground of seaweeds and shellfish in Sanriku coast(Japan)[J]. Bulletin of Fisheries Research Agency (Japan), 24: 65-69.

GE Y, GU Y, DENG W, 2010. Evaluating China's national post-disaster plans: the 2008 wenchuan earthquake's recovery and reconstruction planning [J]. International Journal of Disaster Risk Science, 1(2): 17-27.

GEORGE H, MITRI, et al, 2013. Mapping post-fire forest regeneration and vegetation recovery using a combination of very high spatial resolution and hyperspectral satellite imagery[C]//International Journal of Applied Earth Observation and Geoinformation.

HALVORSON S J, HAMILTON J P, 2010. In the aftermath of the Qa'yamat: the Kashmir earthquake disaster in northern Pakistan[J]. Disasters, 34(1): 184-204.

HAYASHI T, 2012. Japan's post-disaster economic reconstruction: from Kobe to Tohoku[J]. Asian Economic Journal, 26(3): 189-210.

HOLLING C S, 1973. Resilience and stability of ecological systems[J]. Annual Review of Ecology and Systematics, 4(1): 1-23.

HOLLING C S, 1996. Engineering resilience versus ecological resilience[M]//Engineering Within Ecological Constraints. Washington DC: the National Academies Press.

HOU C, WU H, 2020. Rescuer, decision maker, and breadwinner: women's predominant leadership across the post-Wenchuan earthquake efforts in rural areas, Sichuan, China[J]. Safety Science, 125: 104623.

JIANG W, JIA K, WU J, et al, 2015. Evaluating the vegetation recovery in the damage area of Wenchuan earthquake using MODIS data[J]. Remote Sensing, 7(7): 8757-8778.

JONES B J, 2003. Assessment of emergency management performance and capability[D]. Cranfield: Cranfield University.

JOVEL R J, MUDAHAR M, 2014. Design and execution of a damage, loss, and needs assessment: guidance note for task managers[R].

KANG B,LEE S J,KANG D H,et al,2007. A flood risk projection for Yongdam dam against future climate-change[J]. Journal of Hydro-Environment Research,1(2):118-125.

KILIAN H,SIMONE S,2018. Squaring the circle? Integrating environment,infrastructure and risk reduction in post disaster needs assessments [J]. International Journal of Disaster Risk Reduction, 2018:S2212420917301991.

KLEIN R J T,NICHOLLS R J,THOMALLA F,et al,2003. Resilience to natural hazards:how useful is this concept?[J]Global Environmental Change Part B Environmental Hazards,5(1-2):35-45.

KUSUMASTUTI R D,VIVERITA V,HUSODO Z A,et al,2014. Developing a resilience index towards natural disasters in Indonesia[J]. International Journal of Disaster Risk Reduction,10:327-340.

LIAO K H,2012. A theory on urban resilience to floods:A basis for alternative planning practices[J]. Ecology and Society,17(4):170448.

LIN W T,CHOU W C,LIN C Y,et al,2005. Vegetation recovery monitoring and assessment at landslides caused by earthquake in central Taiwan[J]. Forest Ecology and Management,210(1-3):55-66.

LIN W T,LIN C Y,CHOU W C,et al,2006. Assessment of vegetation recovery and soil erosion at landslides caused by a catastrophic earthquake:a case study in central Taiwan[J]. Ecological Engineering,28(1):79-89.

LIN W T,LIN C Y,TSAI J S,et al ,2008. Eco-environmental changes assessment at the Chiufenershan landslide area caused by catastrophic earthquake in central Taiwan[J]. Ecological Engineering, 33(3-4): 220-232.

LIU X,JIANG W,LI J,et al,2017. Evaluation of the vegetation coverage resilience in areas damaged by the Wenchuan earthquake based on MODIS-EVI data[J]. Sensors,17(2):259.

LU Y,XU D,WANG Q,et al,2017. Multi-stakeholder collaboration in community post-disaster reconstruction:case study from the Longmen Shan Fault area in China [J]. Environmental Hazards,17(2):85-106.

MALTHUS T R,1789. An essay on the principle of population[M]. London:Pickering & Chatto Publishers.

MALTHUS T R,1836. Principles of political economy considered with a view to their practical application [M]. London:Pickering & Chatto Publishers.

MALY E,2018. Building back better with people centered housing recovery [J]. International Journal of Disaster Risk Reduction,29:84-93.

MANNAKKARA S,WILKINSON S,POTANGAROA R,2014. Build back better-implementation in victorian bushfire reconstruction[J]. Disasters,38(2):267-290.

MANNAKKARA S,WILKINSON S,2014. Re-conceptualising "Building Back Better" to improve post-disaster recovery[J]. International Journal of Managing Projects in Business,7(3):327-341.

MANNAKKARA S,WILKINSON S,2016. Selecting an institutional mechanism for Building Back Better: lessons from Victorian bushfires recovery[J]. International Journal of Disaster Risk Reduction, 19: 273-279.

MANYENA S B,2014. Disaster resilience:a question of 'multiple faces' and 'multiple spaces'?[J] International Journal of Disaster Risk Reduction,8:1-9.

MARSH G P,1864. Man and nature,or physical geography as modified by human action[M]. London:Sampson Low,Son and Marston.

MARTIN R,2012. Regional economic resilience,hysteresis and recessionary shocks[J]. Journal of Economic Geography,12(1):1-32.

MAVHURA E,MANYENA S B,COLLINS A E,et al,2013. Indigenous knowledge,coping strategies and resilience to floods in Muzarabani, Zimbabwe[J]. International Journal of Disaster Risk Reduction, 5: 38-48.

MCKEON G M, STONE G S, SYKTUS J I, et al, 2009. Climate change impacts on northern Australian rangeland livestock carrying capacity: a review of issues[J]. The Rangeland Journal, 31: 1-29.

MILES S B, 2015. Foundations of community disaster resilience: Well-being, identity, services, and capitals [J]. Environmental Hazards, 14(2): 103-121.

MILETI D, 1999. Disasters by design: a reassessment of natural hazards in the United States[M]. Washington DC: National Academies Press.

MUBARAK K N, 2011. Everyday networks, politics, and inequalities in post-tsunami recovery: fisher livelihoods in South Sri Lanka[D]. Oxford: University of Oxford.

NICBHLOSCAIDH M, MCCLOSKEY J, PELLING M, et al, 2021. Do social adaptations increase earthquake resilience?[J] International Journal of Disaster Risk Reduction, 52: 101972.

NORRIS F H, STEVENS S P, PFEFFERBAUM B, et al, 2008. Community resilience as a metaphor, theory, set of capacities, and strategy for disaster readiness[J]. American Journal of Community Psychology, 41(1-2): 127-150.

OH K, JEONG Y, LEE D, et al, 2004. Determining development density using the urban carrying capacity assessment system[J]. Landscape and Urban Planning, 73(1): 1-15.

ORTEGA J, VASCONCELOS G, RODRIGUES H, 2017. Traditional earthquake resistant techniques for vernacular architecture and local seismic cultures: a literature review [J]. Journal of Cultural Heritage, 27: 181-196.

PARK R E, 1921 Sociology and the social sciences: The social organism and the collective mind[J]. American Journal of Sociology, 27(1): 1-21.

PEARSON L, PELLING M, 2015. The UN Sendai framework for disaster risk reduction 2015-2030: negotiation process and prospects for science and practice[J]. Journal of Extreme Events, 2(1): 1571001.

PIMM S L, 1984. The complexity and stability of ecosystems[J]. Nature, 5949(307): 321-326.

QASIM S, QASIM M, SHRESTHA R P, et al, 2016. Community resilience to flood hazards in Khyber Pukhthunkhwa province of Pakistan[J]. International Journal of Disaster Risk Reduction, 18: 100-106.

REGIONAL F C, 2010. International and S. T. Children[R]. United Nations International Stratery for Disaster Reduction(UNISDR), United Nations Development Programme(UNDP).

ROBINSON W C, 1973. The limits to growth: a report for the Club of Rome's project on the predicament of mankind[J]. Demography, 10: 289-299.

ROBINSON J, PHILLIPS W, 2014. Assessment of strategies for linking the damage and loss assessment methodology to the post-disaster needs assessment [J]. Ceramics International, 35(8): 3521-3524.

ROSE A, 2007. Economic resilience to natural and man-made disasters: multidisciplinary origins and contextual dimensions[J]. Environmental Hazards, 7(4): 383-398.

SHAW R, TEAM I, 2009. Climate disaster resilience: focus on coastal urban cities in Asia[J]. Asian Journal of Environment and Disaster Management, 1: 101-116.

SHIOYAMA A, UEMOTO M, SHINFUKU N, et al, 2000. The mental health of school children after the great Hanshin-Awaji earthquake: II. Longitudinal analysis[J]. Seishin Shinkeigaku Zasshi, 102(5): 481-497.

SIEBENECK L, ARLIKATTI S, ANDREW S A, et al, 2015. Using provincial baseline indicatorsto model geographic variations of disaster resilience in Thailand[J]. Natural Hazards, 79(2): 955-975.

SINGHAL S, KAPUR A, 2002. Industrial estate planning and management in India—an integrated approach towards industrial ecology[J]. Journal of Environmental Management, 66(1): 19-29.

SUN H,CHENG X,DAI M,et al,2016. Regional flood disaster resilience evaluation based on analytic network process:a case study of the Chaohu Lake Basin,Anhui Province,China[J]. Natural Hazards,82(1):39-58.

TAGLIACOZZO S,MAGNI M,2018. Government to Citizens (G2C) communication and use of social media in the post-disaster reconstruction phase[J]. Environmental Hazards,17(1):1-20.

TAI X,XIAO W,TANG Y,et al,2020. A quantitative assessment of vulnerability using social-economic-natural compound ecosystem framework in coal mining cities[J]. Journal of Cleaner Production,258:120969.

TANG W,LI J,LEI Z,et al,2015. Creating social-physical resilience to natural disasters:lessons from the Wenchuan earthquake[J]. Natural Hazards,79(2):1111-1132.

TEWKESBURY A P,COMBER A J,TATE N J,et al,2015. A critical synthesis of remotely sensed optical image change detection techniques[J]. Remote Sensing of Environment,160:1-14.

TIMMERMAN P,1981. Vulnerability resilience and collapse of society[D]//A Review of Models and Possible Climatic Applications. Toronto:Institute for Environmental Studies,University of Toronto.

UNDP,2018. Post-disaster needs assessment (PDNA): lessons from a decade of experience[N/OL]. UN,(2018-07-19)[2020-03-20]. https://reliefweb. int/report/world/post-disaster-needs-assessment-pdna-lessons-decade-experience-2018.

UNISDR,2015. Sendai framework for disaster risk reduction 2015-2030[C]//Proceedings of the 3rd United Nations World Conference on DRR,Sendai,Japan.

WALKER B,HOLLING C S,CARPENTER S R,et al,2004. Resilience,adaptability and transformability in social-ecological systems[J]. Ecology and Society,9(2):5.

WEI J X,YANG D L,DU P H,et al,2015. Power grid emergency management capability assessment based on the Fuzzy-AHP comprehensive evaluation[J]. Advanced Materials Research(1092-1093):429-433.

WIDODO B,LUPYANTO R,SULISTIONO B,2015. Analysis of environment carrying capacity for the development of sustainable settlement in Yogyakarta Urban Area[J]. Procedia environmental science(28): 519-527.

WILLIAM E R,1996. Revisiting carrying capacity:area-based indicators of sustainability[J]. Population and Environment,17(3):195-215.

WILLIAM V,BERNARD M B,STUART I F,1948. Road to survival[M]. New York:W. Sloane Associates.

WU J,LI N,JI Z,et al,2012. Economic recovery measurement of 2005 hurricane Katrina in Louisiana[C]// 2012 6th International Conference on New Trends in Information Science,Service Science and Data Mining (ISSDM2012). IEEE.

XIAO W,LV X,ZHAO Y,et al,2020. Ecological resilience assessment of an arid coal mining area using index of entropy and linear weighted analysis:a case study of Shendong Coalfield,China[J]. Ecological Indicators,109:105843.

XU J,LU Y,2012. Meta-synthesis pattern of post-disaster recovery and reconstruction:based on actual investigation on 2008 Wenchuan earthquake[J]. Natural Hazards,60(2):199-222.

XU J,LU Y,2013. A comparative study on the national counterpart aid model for post-disaster recovery and reconstruction:2008 Wenchuan earthquake as a case[J]. Disaster Prevention and Management,22(1):75-93.

XU W,ZHONG M,HONG Y,et al,2020. Enhancing community resilience to urban floods with a network structuring model[J]. Safety Science,127:104699.

ZADEH L A,1965. Fuzzy sets[J]. Information and Control,8(3):338-353.

ZHANG N,HUANG H,2018. Resilience analysis of countries under disasters based on multisource data[J]. Risk Analysis,38(1):31-42.

附　录

重大自然灾害灾区恢复重建规划编制规程（讨论稿）

上，对灾区空间布局、城乡住房、城镇建设、农村建设、公共服务等关乎灾区生活、生产和生态的各项事业制订具体的行动计划和措施的过程。

4 总则

4.1 任务

规划编制应贯彻国家综合防灾减灾规划的“以人为本，协调发展；预防为主，综合减灾；分级负责，属地为主；依法应对，科学减灾；政府主导，社会参与”的原则。

本规程以指导灾后恢复重建为主。规划编制应在灾损评估、资源环境承载力评价和灾后重建需求信息评估的基础上，响应灾后重建民众需求，建立恢复重建的规划编制体系，明确规划编制的内容和要求，提出规划实施的保障措施。

4.2 原则

4.2.1 普遍适用性

规划编制是为国家和地方政府防灾减灾和社会经济和谐发展服务的。综合考虑我国多灾种特征和区域差异，在指标选取、方法应用以及成果分析等方面必须具有明确的针对性和实用性。

4.2.2 需求导向性

重建规划编制是灾后重建的基础性工作，要结合国家战略，充分尊重地区发展目标，以灾区需求为导向，设定不同阶段重建任务，全面响应灾后恢复重建不同主体的需求特征。

4.2.3 科学性原则

灾后恢复重建规划编制要以科学理论为指导，运用科学方法，采用最新技术，科学评估灾区灾损和资源环境的承载力，精准获取灾后不同阶段的重建需求。

4.3 依据

灾后恢复重建规划编制应依据：

- 国家有关法律法规；
- 中央、国务院以及地方政府灾后重建指导意见；
- 有关防灾减灾的国际议程(联合国仙台减灾框架)；
- 地方各级政府的相关行政法律文件；
- 灾区社会经济国土空间规划、发展规划、旅游规划等；
- 国家、地方、行业有关技术标准和规定；
- 其他可作为规划依据的评估报告、文件等。

5 实施

灾后恢复重建规划实施一般用三年时间完成恢复重建的主要任务，灾区基本生活条件和经济社会发展水平达到或超过灾前水平。

6 程序

灾后恢复重建规划编制程序由“组建机构-分析评估-规划编制-征求意见”四个阶段组成。附图1为技术流程。

6.1 机构组建

6.1.1 机构构成

特重大自然灾害发生后，在国家应急管理部和灾区省级政府联合指挥部下，设立灾后重建规划委员会（简称规委会）。灾区政府书记担任规委会主任，规委会委员由政府各职能部门、援建方、规划编制委托方共同组成。

灾后恢复重建规委会下设规划工作部、工程建设部和援建工作部。

6.1.2 机构职责

规委会主要职责是协调和统一恢复重建多主体利益、需求，审议和决策各类规划设计、方案和成果。

6.2 需求分析评估

6.2.1 政策法规分析

对国家和灾区与灾后恢复重建相关的法律、法规以及中央政府，地方政府的指导性文件进行系统总结和梳理，全面评估灾后恢复重建所需的法律、政策依据。

6.2.2 资料收集整理

由规划承担单位与灾区政府各职能部门共同进行外业调查，收集与灾后重建规划相关的资料。

6.2.3 多主体需求获取

利用各级灾情报告、网络信息、调查问卷、走访座谈等途径与方式获取灾后重建多主体需求（详见附表1和附表2）。

6.2.4 综合评估

在灾区灾损评价、资源环境承载力评价和灾后重建需求评价的基础上，形成总体规划原则意见。

6.3 规划编制

特重大自然灾害灾后恢复重建由灾区省级人民政府负责总体规划的编制。

灾区政府在总体规划的指引下，负责各专项规划和特色规划。

受政府委托，各级规划承担单位组织编写总体规划文本和图件。承担单位应具有相应的资质认证。

6.4 送审与修改

灾区省一级人民政府组织专家对规划成果进行评审，总结修改意见，形成报批稿。

规划承担单位向灾区省级人民政府和灾区人民政府主管部门提交规划送审材料，包括规划文本、附表、附图和必要的附件和报告(附表5和附表6)。

7 信息获取和综合评价

7.1 多主体需求信息

7.1.1 多主体类型

依职能不同，灾后恢复重建各参与主体可分为以下四大类(附图2)：

· 政府及政府性机构：包括参与灾后重建的中华人民共和国境内的中央-省-市-县-乡镇五级政府、境外政府及政府性机构(联合国等)等，主要负责灾后重建的顶层设计、协调管理、项目推进和国家合作。

· 援建机构：包括国内政府职能部门下设的专业机构、事业单位、国有企业、各类市场组织以及国际灾后援建专业组织等灾后重建参与主体，主要负责具体项目的落实。

· 受灾民众：包括受灾民众个体和居委会、村委会等基层组织。受灾民众是灾后重建最直接的受益者，也是灾后重建需求信息源，具有向政府及援建机构提供灾后需求信息的义务，并以自建的方式参与重建决策和进程。

· 社会力量：包括新闻媒体、中国红十字会、共青团妇女联合会、志愿者和各国NGO、NPO等民间组织。社会力量对灾后重建需求信息进行评估，主要负责灾后重建进程的监督和过程评估。

7.1.2 多主体需求信息内容

依灾后恢复重建的不同阶段，需求信息主要包括两大部分。

(1)过渡安置阶段的主要需求：

· 居住条件：包括基本的生活设施，饮水安全等。

· 物资保障：包括粮食、蔬菜、生活用品、照明设施、移动式发电系统等的保障，以及社区服务中心的日常工作用品、儿童营养食品等的保障。

·防暑防寒:包括御寒帐篷、简易住房、板房等设施配备。

·医疗卫生:包括避难场所公共卫生、药品的保障。

·保险理赔。

·小额金融服务:过渡安置期的家庭生活安排、教育、医疗等方面的现金支付,需要提供小额金融服务。

·心理安抚。

·风险防范:重大自然灾害经常伴随次生灾害的发生,受灾民众受大灾影响,防范意识和能力都有下降,需加强风险防范。

(2)全面恢复重建阶段:全面恢复阶段的需求信息参见附表4。

7.2 信息获取方式

7.2.1 现场调研

现场调研以家庭为基本单元,在两个层次上进行,一是家庭(个人)层级,二是社区层级。

·家庭调研遵循概率统计原则,应包含家庭基本状况和家庭灾后需求两大部分。其中,家庭基本状况要体现家庭人员构成、年龄结构、生计模式等;灾后需求依据多主体需求评估指标体系设置问卷。

·社区调查通过对主要知情人或者社区领导的访谈获取社区的灾后情况。社区调查除了对家庭层级信息的补充外,重点掌握除家庭之外的其他需求信息,如恢复社区生产需求、掌握地方知识、文化传承、特色遗产保护等。

7.2.2 灾后舆情监测

网络大数据的多源、量大、内容复杂、实时性等特征提供了社会公众及灾区民众对灾后重建态度、认知和愿景等的信息,并间接对重建效果起到监督作用。

7.2.3 遥感监测

典型区域的无人机、航空遥感监测。

7.2.4 统计报表

依据《特别重大自然灾害损失统计制度》获取的部门统计数据。

信息获取途径可参照附图3、附表4。

7.3 需求评估

7.3.1 原则

灾后恢复重建需求信息评估应遵循以下基本原则。

·科学、客观、公正原则:以科学思想为指导,实事求是地分析灾区灾损情况、民众在不同时期灾后重建中的需求、灾区资源环境承载力状况,以及灾区未来发展等,为决策提供科学精准的依据。

·定性和定量结合;评估指标能定量的均应该定量化,尚无法定量的应予以定性描述。

续表

部门	职责
公安厅	负责城乡人口变动情况的统计监测
民政厅	负责农村房屋恢复重建和民政福利设施的统计监测
水利厅	负责农田水利、地方电力设施恢复重建情况的统计监测
劳动和社会保障厅	负责劳动就业、培训、社会养老保障的统计监测
教育厅	负责教育设施恢复重建情况的统计监测
卫生厅	负责医疗机构医疗设施恢复重建情况的统计监测
文化厅	负责文化、文物系统恢复重建的统计监测
旅游局	负责旅游产业和旅游设施恢复重建情况的统计监测
电监会	负责电力生产经营设施设备恢复重建的统计监测
交通局	负责铁路部门系统恢复重建的统计监测
通信管理局	负责通信系统恢复重建情况的统计监测
恢复重建对口办	负责对口援建省市援建工作情况的统计监测。农业厅、林业厅、国土资源厅、畜牧局等省直部门负责相应行业系统的恢复重建情况的统计监测
统计局	负责灾后恢复重建统计监测办公室日常组织、协调、管理工作，灾后恢复重建统计指标体系和监测方案的制定，省直各部门、监测范围各市（州）、县（市、区）监测数据的审核汇总、分析评价，统计监测业务的指导，社情民意调查的测评，统计监测信息发布
通信管理局	负责通信系统恢复重建情况的统计监测

附表 4　灾后恢复重建多主体需求基本指标及对应规划体系

大类	指标体系	需求信息获取	规划体系
01 住宅及非住宅用房	房屋拆除、清理废墟建筑及相关设施	*《房屋受损统计表》B01-B03 住建局	(1)城乡住房建设专项规划； (2)城镇体系专项规划
	居住用地需求及城市规划（含遗产地规划）		
02 农业	耕地修复、鱼塘、牧场等投入/工具/机械更新换代、设施重建（灌溉系统）等	*《农业损失统计表》(D01 表) 农牧局	土地利用专项规划 农村建设规划
03 工业	受损规模以上（资质等级）工业设施（原材料、厂房、仓库等）恢复重建、劳动力保障等	*《工业损失统计表》(E01 表) 工商局	生产力布局和产业调整
04 服务业	批发和零售、住宿和餐饮、金融业、文化体育和娱乐、农林牧渔服务业、其他服务业等网点数量、设施恢复和重建	*《服务业损失统计表》(F01 表) 工商局	市场服务体系专项规划
05 基础设施	交通运输、通信、能源、水利、市政、农村地区道路修复和重建	*《基础设施类损失统计表》(G01-G07 表) 交通局 广播电视局等	基础设施专项规划

续表

大类		指标体系	需求信息获取	规划体系
06 公共服务		教育系统、科技系统、医疗卫生系统、文化服务、新闻出版、体育、社会保障与社会服务、社会管理恢复与重建	*《公共服务系统损失统计表(H01-H09 表) 教育局、卫生防疫系统	公共服务设施建设专项规划
07 资源与环境		土地与矿山、自然保护区与野生动物保护、风景名胜区、森林公园与湿地公园、水体污染与土壤污染修复与重建	*《资源与环境损失统计表》(I01 表) 自然资源局	生态修复专项 空间规划 多规融合
08 旅游业		酒店、景区及景区设施(道路、观赏和安全设施、办公设施等)	文旅局	旅游业恢复重建专项规划
09 跨部门领域	政府管理	政府基础设施(监狱、部队)、办公设备和材料、服务能力建设,推动协调和参与	政府办公室	政府管理绩效专项规划
	减轻灾害风险	EOCs(应急指挥中心)、水文气象监测网、搜救与消防、多灾种监测、脆弱性评估、风险信息发布与意识提升等	防灾减灾委员会	防灾减灾专项规划
	就业与生计	职业安全标准与意识,技能培训,重建劳动力需求,建立就业信息中心等	人社局	公共服务设施建设专项
	性别平等与社会融入	整合性保护与支持,性别犯罪和儿童保护,残疾人扶持以及灾后精神抚慰	人社局	公共服务设施建设专项
	贫困与人类发展	搬迁与转移支付,生产资产损失,人力资本与经济脆弱性评估等	扶贫办	精准扶(脱)贫专项规划
10 文化遗产		设施与资产 遗产地、寺院和历史建筑(100 年以上)、寺院和历史建筑(100 年以下)等	文旅部	文化遗产传承与保护专项规划

注:* 表示此项统计依据《特别重大自然灾害损失情况统计制度》而设。

附表 5　不同尺度下灾后重建国土空间规划编制体系

规划层级	规划体系	国家及省、市尺度	县、区尺度
灾损评估	灾损分区	◎	◎
资源环境承载力评估	承载力分区	◎	◎
四区规划	优化开发区域	◎	◎
	重点开发区域	◎	◎
	限制开发区域	◎农产品主产区	◎
		◎重点生态功能区	◎
	禁止开发区域	◎	◎
主体功能定位	耕地保有量	◎	◎
	基本农田	◎	◎
	国土开发强度	◎	◎
	生态保护	◎	◎

续表

规划层级	规划体系	国家及省、市尺度	县、区尺度
三线	城镇开发边界	◎	◎
	永久基本农田红线	◎	◎
	生态保护红线	◎	◎
三区	城镇发展空间	◎	
			◎有条件建设区
			◎城镇蓝绿空间
	农业农村空间	◎	◎粮食生产区
			◎重要农产品生产区
			◎休闲农业区
	自然生态空间	◎	◎农村建设区
			◎生态红线区
			◎生态维育区

注：◎表示必备规划。

附表 6　灾后重建专项规划体系

专项规划	规划内容
城乡住房建设	明确城乡住房恢复重建的分类、规模和年度任务，以及新建住房、加固住房、城镇住区设施配套、农村住区设施配套的建设要求和标准等
产业重建	灾前产业概况及受损情况，指导思想、基本原则和重建目标，生产力布局定位和方向，产业结构调整重点，资金需求与筹措，政策措施，规划实施和重建项目附表
城镇体系	明确城镇恢复重建的类型、城镇人口与用地规模，以及城镇住房、公共服务设施、市政公用基础设施、历史文化名城名镇名村、风景名胜区、城镇地质灾害治理与综合防灾体系的恢复重建要求和标准等
公共服务	包括教育、医疗卫生、计划生育、文化、文物保护、新闻出版、广电、体育、社会福利、就业和社会保障、基层政权的灾害损失情况、灾后恢复重建规划目标、主要任务和投资估算以及组织实施等
基础设施	包括交通（高速公路、干线公路、铁路、民航）、通信（通信、邮政）、能源（电网、电源、煤矿、油气）和水利四个方面内容
农村建设	明确农村居民点的重建类型、规模、要求和恢复重建用地，农村公路、村内道路桥涵、供排水、沼气、垃圾收集转运处理、村庄建设场地平整等农村基础设施，以及农业生产设施和贫困村恢复重建的任务和要求等
防灾减灾	明确灾害风险治理、监测预警、应急指挥和救援救助、综合减灾能力建设的任务和要求等
生态修复	明确生态系统修复、环境整治、大熊猫栖息地及自然保护区恢复、林区基础设施恢复重建的任务和要求等
市场服务体系	明确市场服务体系的规划布局，以及商品零售网络、生活服务网络、商贸批发体系、物流配送体系、屠宰加工体系、粮食流通体系、金融服务网络、市场监管体系恢复重建的任务和要求等
土地利用	明确灾后恢复重建所需临时用地、城镇用地、农村居民点用地、独立工矿用地、基础设施用地和其他建设用地的规模，以及土地整理复垦的任务和要求等
其他	依据灾区和区域增减